普通高等教育教材

HUAXUE
JIAOXUELUN

化学教学论

杜惠蓉　主编

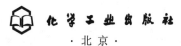

化学工业出版社
·北京·

内容简介

化学教学论是研究中学化学理论及其应用的一门教育学科，是师范教育专业的一门必修课。本书共分 12 章，从教育理论的角度对化学课程、化学教材、化学教与学的原理和方法等内容进行阐述，从化学教学实践的角度对化学教学设计、化学教学技能与教学策略、化学实验教学、化学教学的测量与评价、现代信息技术在化学教学中的应用等内容进行探讨；还从教师专业发展的角度介绍了化学教育实习、教师资格证考试、化学教师的专业化等内容。

本书在编写模式上遵循"理论学习—案例学习—实践应用"三阶段学习的编写模式，有利于读者通过案例学习理解理论并应用理论。在内容上，增加了"说课""化学教师资格证考试""化学教育见习、实习、研习"等内容，突出师范技能培养的实践性。为了增加教材的可读性，设有名言警句、引言、学习目标、问题与思考、课堂讨论与实践、案例展示、推荐阅读、资料卡片、练习与应用等栏目。

本书可作为师范院校化学教育专业师生的学习教材，也可作为一线中学化学教师、化学教育研究者和有志考取中学化学教师资格证的化工专业学生的参考资料，还可作为新课程化学教师培训的参考资料。

图书在版编目（CIP）数据

化学教学论 / 杜惠蓉主编. -- 北京：化学工业出版社，2025. 5. --（普通高等教育教材）. -- ISBN 978-7-122-47633-3

Ⅰ. G633.82

中国国家版本馆 CIP 数据核字第 2025KZ6901 号

责任编辑：廉　静　　　　　文字编辑：谢晓馨　刘　璐
责任校对：宋　玮　　　　　装帧设计：王晓宇

出版发行：化学工业出版社
　　　　　（北京市东城区青年湖南街 13 号　邮政编码 100011）
印　　装：北京云浩印刷有限责任公司
787mm×1092mm　1/16　印张 18½　字数 529 千字
2025 年 6 月北京第 1 版第 1 次印刷

购书咨询：010-64518888　　　售后服务：010-64518899
网　　址：http://www.cip.com.cn
凡购买本书，如有缺损质量问题，本社销售中心负责调换。

定　　价：59.00 元　　　　　　　版权所有　违者必究

前言
PREFACE

化学是在原子、分子水平上研究物质的组成、结构、性质、变化及应用的一门自然科学。从化学课程性质和特征可以看出，化学的研究领域是非常宽泛的，化学是从微观层次认识物质、以符号形式描述物质、在不同层面创造物质。这是化学的魅力，也是化学吸引我们的地方，同时也是导致化学教育的实习生在学科知识上存在差距的重要原因。我们希望本书能够为成为化学教师的每一位读者提供帮助，引发读者对教育的思考。

本书为从事化学教育的在职或未来教师撰写，我们假设所有阅读此书的读者都是化学教育工作者。你可能拥有化学理学学士或工学学士学位，也许拥有与化学相关专业的更高学位，你对化学教育充满热情，并致力于把你的学识与专业精神传递给学生。教师的职业所暗含的责任，使得你不仅仅为了弥补专业知识差距这一单纯的目的而学习，因为学科知识、教育技术以及教育理念处在不断发展之中，你需要在职前及职后经常接受化学教育的培训，及时掌握最新的学科知识、化学教育技术和教育理念，从而能够把这些教育素材准确恰当地体现在课程教学中，有效地传授给学生。

教学是一门艺术，这意味着各种背景的人都能够学到教学的方法、技巧及专业态度，只是不同学科的教学特点不同，所以采用的教学方法和手段也有所不同。我们撰写此书最重要的基础假设是，学习是"以学生为中心的"，我们相信好的化学教师首先是热爱化学科学，热爱化学教育专业，并专注于教师职业的，在教学中会在意与学生之间的交流沟通以及师生情感的培养，因为这是进行有效教学的基础。

本书不仅专注于化学学科知识的内容，还致力于教学方式和学习方式的转变。鼓励读者通过每一章的思考与讨论以及资料引读，学习成为善于观察和思考的人。因此，第1章导论通过对化学教学论课程的发展进程、研究内容、课程任务的梳理，使得未来选择成为化学教师的教育工作者了解为什么需要学习化学教学论，并使他们做好充分的学习准备，明白这门课程的学习需要更多的主动性和实践性；通过对教师职业技能和职业素养的讨论，让读者对教师职业有认同感、使命感。第2章化学课程力图让读者理解为什么教师要研究课程理论，化学课程理论的研究任务、研究对象、研究内容是什么，进而围绕化学课程是什么，影响课程设置的因素有哪些，基础教育课程改革的目的是什么，化学课程有哪些基本的类型，怎样确定和表述化学课程目标，如何理解化学核心素养等问题进行探讨。第3章化学教材介绍了教材的编写原则、中学化学教科书的编写特点和内容构成。第4章化学学习根据"以学生为中心"的教学理念，讨论了有关化学学习的原理、化学学习的动力、影响化学学习的因素、化学学习的策略以及化学学习的不同方式。第5章基于核心素养导向的中学化学教学讨论了化学教学的理论基础、教学目标、教学规律和原则、教学方法、教学资源的开发。第6章化学教学设计介绍了教学设计的概念、教学设计的类型、教学设计的原则、教学设计的基本环节、素养为本的教学设计案例，重点加入了项目式教学设计案例、基于大概念的教学设计案例、以发展化学核心素养为本的教学设计案例。第7章化学教学技能与教学策略介绍了化学课堂教学的类型、结构、基本环节，介绍了几种重要的化学教学技能和教学案例，讨论了化学事实性知识、理论性知识、技能性知识的教学策略，探讨课程改革，强调探究性教学。第8章化学实验教学讨论了化学实验教学的内容、化学实验教学的功能、化学实验教学的要求，并结合新课标要求增加了实验教学改革和创新的案例。第9章化学学习的测量与评价介绍了化学学习测量的方法、化学教学试卷设计的方法，以及化学教学评价的新理念、评价方法和评价目的等内容。第10章化学教师的专业化介绍了教师专业化发展的概念和途径。第11章教育实践与教师资格证考试介绍了教育见习、教育实习、试讲以及微格训练的要求和内容。第12章现代信息技术在化学教学中的应用介绍了信息技术与化学课程整合的内容，以及多媒体技术、手持技术、网络技术在化学教学中的应用。

在本书的编写过程中，我们从有利于学生学习的角度，在每一章设置了"引言""学习目标""问题与思考""课堂讨论与实践""案例展示""推荐阅读""资料卡片""练习与应用"等栏目，以培养学生的从教能力、自学能力、反思能力和热爱教育的情怀。

本书由杜惠蓉担任主编，负责全书结构安排和章节设定，并对全书进行修改审定；陈冰心担任副主编，参与全书的修改和统稿工作；陈美慧、朱佳琳参与部分统稿工作。各章分工如下：第1章、第2章、第4章由杜惠蓉编写，第3章、第11章由兰子平编写，第5章由吴健编写，第6章、第7章由陈冰心编写，第8章、第12章由陈美慧编写，第9章、第10章由朱佳琳编写。

本书的编写历时三年多，既是各位参编人员通力合作的结果，也是学院师生共同努力的结果，学院李甫、廖立敏老师以及白柄臣、肖诗蕊等同学参与了画图工作。本书也得到了化学工业出版社的大力支持，其他编审人员也做了认真负责的工作。在本书付梓之际，谨向所有关心、支持、参与本书编写和出版的单位和个人表示衷心的感谢。

由于编者水平和时间有限，不足之处在所难免，敬请广大读者和专家批评指正。

编者

2025 年 2 月

目录
CONTENTS

《化学教学论》二维码资源目录

第1章

导 论

引言

本章力图解决职前教师的困惑：如何研读教材？如何进行教学设计？如何实施课堂教学和教学评价？化学教学有没有规律可循？如何理解化学教学的价值？通过对化学教学论课程的发展进程、研究内容、课程任务的梳理，使学生了解为什么需要学习化学教学论，明白这门课程的学习需要主动性和实践性；通过对教师职业技能和职业素养的讨论，让学生对教师职业有认同感、使命感和危机感。

学习目标

1. 作为中学教育的一门课程，论述化学教育的价值。

2. 描述化学教学论发展过程中发生的历史性事件。

3. 就师范专业设置化学教学论的意义展开讨论。

4. 描述化学教学论的课程目标。

5. 通过化学教学案例的展示，用"好"教师的标准，帮助学生树立爱岗敬业、乐于为化学教育贡献力量的意识。

6. 建立职业认同，树立教育理想，争做有情怀的"四有"好老师。

1.1 为什么要学习化学教学论

问题与思考

1. 你怎样理解化学教学论这门课？
2. 学完这门课后你收获了什么？
3. 你理想中的化学教师是什么样子的？
4. 你与理想中的化学教师的差距是什么？
5. 你理想中的化学课堂是什么样子的？
6. 哪一节化学课最令你难忘？
7. 这节化学课令你难忘的理由是什么？

在教学中，常常有人质疑化学教学论开设的必要性，如：

"我中学、大学学了那么多化学知识，怎么上化学课还能不知道？"

"化学老师是讲化学的，只要懂化学就一定能够上好化学课，何必学化学教学论？"

"教育学就那么几条规律，我都知道了，化学教育还会有什么新花样？"

"我不在学校里学习这些教学理论，到工作岗位上实践教学时才开始学习行不行？"

"我只学习教学技能技巧，不学教学理论行不行？"

"凭经验和感觉教学不行吗？"

懂化学就能教好化学知识吗？如果学生觉得化学不好学，元素符号、化学式、化学方程式像第二外语一样不好记，你有什么好办法？你了解学生头脑中的"迷思概念"吗？比如，刚开始学习酸碱盐的时候，学生认为酸碱的溶液分别呈酸性和碱性，氯化钠的水溶液呈中性，故而认为盐的水溶液都呈中性；如初中学过 CO_2 通入 $Ca(OH)_2$ 溶液中会生成白色沉淀，$CaCl_2$ 溶液与 $Ca(OH)_2$ 溶液相似，所以就推出 CO_2 通入 $CaCl_2$ 溶液中也会反应生成白色沉淀。你有哪些办法帮助学生厘清"迷思概念"呢？

资料卡片

迷思概念（misconceptions）是指学生对某种事物或现象所持有的与科学概念不一致的认识[1]。由于每个人的知识、经验、认知能力和生活环境的差异，学生在学习科学概念之前头脑里存在一些经验认知。学生头脑中已经存在且能解释自然现象的概念，称为前概念。当前概念与科学概念的认识不一致就叫作迷思概念。前概念是产生迷思概念的根源，但不是所有的前概念都会产生迷思概念。只有那些和科学概念产生认知冲突的，才可能产生迷思概念。

1.1.1 有效教学需要正确教学理论和理念的指导

在每年师范生的教育实习中，实习生对于教学方式的选择很彷徨。有的实习生发现探究教学能够培养学生科学探究的思路和方法，但是一些实习生又觉得这样学习耽误时间，怕影响学生的考试成绩；有的实习生在教学中只管激发学生的学习兴趣、快乐教学，不管教学目标的落实，课堂上看似很热闹，教学效率却不高。对此你有什么应对办法？正如刘耀斌先生所说："仅通晓一门学科并非必然地使他成为该学科的好教师。"学者未必是良师，一个教师要成功地扮演好自己的角

---

[1] 蔡铁权，姜旭英，胡玫. 概念转变的科学教育[M]. 北京：教育科学出版社，2009.

色，在其所教学科知识够用的基础上，更重要的是具有教育科学方面的知识，教师的专业领域毕竟是教学而不是其任教的学科❶。可见，光有专业知识，没有有关教育教学的理论和技巧是当不好老师的。教育教学理论的学习更多地依靠学生在教育学、心理学、化学教学论中的系统学习和积累，这里的"理论"并非指高大上、空泛、晦涩难懂的理论，而是指教师成长必备的教育专业知识，如有关教育理念、教育本质、教师的角色定位、课程、教学、教学评价以及学生的知识。

1.1.2 不能只凭经验进行教学

化学教育的初心是帮助学生用化学的眼光认识物质，研究物质的结构、组成和运动变化规律，从而改造世界；帮助学生形成终身学习和应对未来的工作和学习所具备的关键品格和必备能力。教育理念决定教育行动，如果忘了化学教育的初心，把教育经验建立在以获取考试成绩为根本的基础上，就很容易落入单纯为考试分数而教化学的死胡同。在为考试而教学的理念指导下，题海战术、死记硬背、重知识轻能力、重结果轻过程、重结论轻思路的教学思想将大行其道，在这样的经验指导下的教学可能是低效的、令学生厌恶的，这样的教学也不利于对学生创新能力、实践能力、观察能力和独立思考能力的培养。在这样的教学理念的指导下，可能会出现"只要成绩好，什么就都好"的学习生活，试想这样的学习生活正常吗？孩子失去了快乐的童年，失去了很多观察事物和生活的时间，失去了独立思考和"异想天开"的时间，失去了锻炼自己生活技能的时间。学生的身心发展需要时间和空间，学生的成长需要有独立安排、独立思考的时间。要纠正这些片面认识教育而形成的"错误经验"是很难的，或者需要更多的时间。

也就是说，没有正确教育理念指导的基于经验的教学是背离化学教育的初衷的，也容易导致教学的盲目性，削弱教师职业的专业化水平。另外，凭经验教化学也容易导致教师犯知识性的错误。江苏张家港市的黄金泉、沈文洁两位老师在《化学教与学》2017 年第 2 期中列举了三个因"经验"而想当然地进行教学的案例，仔细阅读该文章会发现，光凭经验或者感觉教学可能首先会犯知识性的错误。化学是一门以实验为基础的科学，任何结论的得出都要以事实为依据，要查阅资料或者通过做实验证实你的结论。根据你的学习和教学经历，结合"案例展示"中的观点回答"课堂讨论与实践"中的问题。

案 例 展 示
二则"经验"教学
案例举隅

> **课堂讨论与实践**
>
> 1. 你认为一位教师如何从懵懂的师范生成长为优秀的教师？
> 2. 请举例并讨论凭经验积累起来的教育教学技能的利弊。
> 3. 讨论"理想中的化学教师"应该是什么样的。
> 4. 哪一节化学课令你最难忘？为什么？
> 5. 与同学讨论和查阅资料，列举初中和高中化学中学生的迷思概念。

1.2 化学教学论概述

> **问题与思考**
>
> 1. 你能说出化学教学论课程的研究内容、研究对象吗？

---

❶ 刘耀斌. 师范院校"学科教学论"课程体系的构建[J]. 教育与职业，2007（36）：118-119.

2. 你能说出化学教学论的课程目标吗？

3. 你能从哪些领域找到化学课程资源？

4. 你能说出化学教学论学科的发展阶段吗？

1.2.1 化学教学论的课程性质

化学教学论是研究化学教学理论及教学规律的一门交叉学科。它以教育学、心理学和化学专业基础课为先修课，以中学化学教与学的理论和实践为研究对象。从理论层面看，它研究中学化学的课程设置、教与学的理念、教与学的基本原理和方法；从实践层面看，它研究中学化学教学设计、化学教学实施、化学教学评价以及如何进行教学研究等；从育人层面看，它引导学生在教学设计、教学实施、教学评价实践中践行教育理念，树立正确的"三观"，理解化学学科独特的情感、态度和价值观，能将知识学习、能力发展和品德养成有机结合，设置综合育人目标，掌握综合育人方法，并能不断总结反思与改进，建立职业认同，树立教育理想，争做有情怀的"四有"好老师。

因此，该课程具有明显的思想性、师范性和实践性，是高师化学专业必修的一门理论课。

1.2.2 化学教学论与其他学科的关系

化学专业基础课程，如无机化学、有机化学、分析化学、物理化学等课程是化学专业学生安身立命的基石。没有扎实的专业基础，化学教学理论和技能的学习都将成为空中楼阁。教育学、心理学是化学教学论课程的理论基础。化学教学论要应用、继承、发扬教育学、心理学的理论。化学教学论的学科归属如图 1-1。

化学教学论是一门交叉学科，不仅教育学、心理学、教学论、课程论是它的理论基础，系统论、信息论也是化学教学论的理论基础。从化学教学系统来看，化学教学是由教师、学生、教学手段和教学内容组成的教学系统，在教学中要研究这个系统中的各要素是如何运行的，各自的作用是什么，各自是如何发挥最优的作用使系统运行的效率达到最

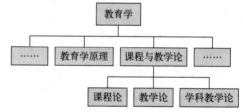

图 1-1 化学教学论的学科归属

高的。从信息论的角度来看，化学教与学是信息输出与输入以及信息提取的过程，在教学的过程中教师要考虑如何高效地输入信息，学生如何有效地加工信息、提取信息。因此，系统论、信息论也是化学教学论的理论基础。

1.2.3 化学教学论的研究内容和研究对象

从化学教学论的发展我们可以看出，化学教学论设课的初心就是为了培养中学化学教学师资。通过化学教学论的学习，提高在职或者未来教师在研究和实践教学理论、研究教材、研究和实践教学方法、研究实验教学及设备、研究学生等方面的能力和智慧。从这样的角度看，化学教学论的研究内容应该包括如下几个方面❶，如表 1-1 所示。

从大的方面来说，化学教学论的研究内容有化学课程、化学教学、化学学习三个方面，具体表现在：在教学中，教师要研究教学理论、教学实践、课程理论、学习理论。

教师要研究的教学理论包括"理、法、评、研"，即学科课程与教学理论以及学习的原理和规律、化学教学方法、化学教学评价方法、化学教学的研究与反思。

---

❶ 李明高. 从松散到聚合：学科教学论课程体系的构建理路[J]. 当代教育科学，2016（17）：10-13.

表 1-1　化学教学论的研究内容

维度	内容	维度	内容
史	中外化学学科教育发展简史	技	学科教学的技能和技术
理	学科课程与教学理论以及学习的原理和规律	艺	学科教学的艺术和智慧
事	学科课程与教学的事实和案例	评	学科教学的评价
法	学科教学的方法和模式	研	学科教学的研究与反思

要研究的教学实践包括"技、艺、事","技"是化学教学的技能,"艺"是化学教学的艺术,"事"是化学教学中的事实和案例。

要研究的课程理论包括理解现行化学课程目标,理解化学课程目标不断变化的原因,即要研究化学课程应该达到的教育目标。研究化学课程的设计,即要研究提供哪些化学教育素材和经验能实现目标。研究怎样有效地组织这些教育素材,即研究怎样编写教材、怎样选择教材、怎样安排与组织教材内容。研究怎样才能确定目标得以实现,即研究化学课程的评价。

要研究的学习理论包括化学学习的原理,即化学学习是如何发生的,化学学习的特点如何,哪些是有效的化学学习方法,如何评价化学学习。

用系统论的观点来看,化学教学是由教师、学生、教学内容和教学手段组成的系统。化学教学论要研究构成该系统的诸要素各自的作用以及要素之间的相互联系和相互作用。即研究教师如何教,学生如何学,如何选择和生成教学内容。要研究的教学手段包括教学方法、教学媒体、教学资源等。其中,学生是学习的主体,教师在教学系统中起着主导和引导作用。化学教学论的研究对象如图 1-2 所示。

图 1-2　化学教学论的研究对象

1.2.4　化学教学论的课程目标

课程目标是指课程本身要实现的具体目标和意图。它规定了某一教育阶段的学生通过课程学习以后,在发展知识、技能、认知策略、情感态度、动作技能等方面期望实现的程度。它是确定课程内容、教学目标和教学方法的基础,它规定了教学活动的方向和要达到的水平或程度。

审视化学教学论的形成过程会发现,化学教学论教学的宗旨是培养从事化学教育的教师,通过化学教学论课程的学习让师范生乐教、会教、会评。要达到这样远大的课程目标,光靠化学教学论的课程教学是不可能完成的,这是师范专业人才培养追求的终极目标,是一个长期的任务,化学教学论课程起到引领和启迪的作用。因此,化学教学论课程目标分为远期目标和近期目标。

远期目标是化学教师一生要追求和不断发展的目标,体现在发展知识、教学技能、认知策略、动作技能以及情感态度和价值观领域,具体目标的阐述如表 1-2 所示。这些目标是动态的,其内涵是随着时代的发展和社会的进步而逐渐发展的。

表 1-2　化学教学论的课程目标

领域	具体目标
情感态度和价值观领域（教育情怀与综合育人能力）	具有正确的学生观与相应行为; 具有正确的教师观与相应行为; 具有教学的信念与责任; 具有正确的课程观与相应行为; 具有正确的教学观与相应行为; 具有正确的教材观与相应行为; 具有教师专业发展的理念

续表

领域	具体目标
发展知识领域（教学能力）	化学专业知识的正确运用； 掌握中学化学课程相关知识； 掌握中学化学教学相关知识
教学技能领域（教学能力）	教学设计技能； 教学实施技能； 教学评价技能
认知策略领域（学会反思与成长）	对比学习策略、反思策略、信息收集策略； 资源利用策略
动作技能领域（教学能力）	熟练进行有关中学化学教学的演示实验； 能够创新实验、改进实验

化学教学论课程的远期目标也可以分为以下几点。

具有一定的教学能力：熟悉中学化学课程的设置，能够说出化学教学理念，掌握化学教学的基本原理和教学基本技能。能应用教育学、心理学相关规律，选择适宜的教学策略，基于课程标准、教材内容进行合理教学设计，初步学会教学实施及评价的方法。了解化学研究基本方法，具有初步教学研究能力。

具有教育情怀：能在教学设计中践行教育理念，引导学生树立正确的"三观"，引领学生健康成长。

学会反思与成长：能在教学设计、教学实施、教学评价实践中不断总结反思与改进。

具有综合育人能力：理解化学学科独特的情感、态度和价值观，能将知识学习、能力发展和品德养成有机结合，设置综合育人目标，掌握综合育人方法。

近期目标是学生学习完化学教学论及相关课程，如化学学科专业课程、微格教学、中学化学课程标准与教材分析等课程以后，在化学学科知识运用、教学设计、教学实施、教学评价四个方面应该达成的目标，而且师范生在规定的时期内应该通过国家规定的全国教师资格笔试和面试。所以，化学教学论课程的近期目标与教师资格考试中《化学学科知识与教学能力》（高级中学）考试大纲相对应，具体的课程目标内容详见教师资格《化学学科知识与教学能力》（高级中学）考试大纲中的考试目标。

推 荐 阅 读
教师资格考试大纲：
《化学学科知识与教学能力》
（高级中学）

1.2.5 化学教学论的课程资源

课程资源的丰富性和多样性是课程得以顺利实施的必要条件。随着互联网的迅猛发展和普及，人类的生活方式、认知方式和思维方式都发生了重大变化，"资源型学习"已成为信息化时代教学改革发展的主流。学科教学论课程必须顺应时代的发展，不断增强资源学习意识，在课程建设中建立起丰富的、多样化的教学资源库，形成全息化的学科教学论课程资源体系和共享平台，为学科教学论教学提供丰富的学习资源和智力支持。全息化的资源体系应该是丰富、多样的。化学教学论的课程资源至少包括以下内容，如表1-3所示。

表1-3 化学教学论的课程资源

类型	资源
人力资源	高校教师、师范生、中小学教学名师、教学专家等
文本资源	学科教学论教材和参考资料、中小学教材和辅助用书、教学案例、试题库、专题文献、期刊、图书等
音像资源	电子教材、教学录音、授课录像、专家讲座视频、学生教学活动视频等
物理资源	教具、微格教室、多媒体教室、技能训练专用教室等

> ◀ **课堂讨论与实践** 👥
>
> 你可以从哪些领域去寻找化学教学论的课程资源？

1.2.6 化学教学论的形成和发展

19 世纪近代化学传入中国，1855 年由英国传教士合信编写的《博物新编》在广州出版发行。自此，我国化学工作者开始研究化学教材和教学方法。至 1932 年，北京师范大学率先开设了"中等学校化学教材教法"课程❶。

1.2.6.1 化学教学论的发展时期

在《我国化学教学论的学科形成》一文中，吴一帆先生把化学教学论学科的形成分为三个时期。前奏期：自 19 世纪 40 年代近代化学传入我国开始到 1932 年化学教材教法成为高师化学系课程止，大约历时 90 年。初步形成期：自 1932 年至 1949 年中华人民共和国成立止，历时约 17 年。经受考验期：自中华人民共和国成立至"文革"后的"拨乱反正"结束，历时约 30 年。经受考验期的结束意味着化学教学论学科的正式建立以及发展期的开始。这三个时期共同组成我国化学教学论学科的形成阶段，即"中学化学教材教法"阶段❷。

张晓凤在《我国学科教学论的百年演变与未来发展》一文中将学科教学论的发展分成：学科教授法阶段——学科的初创（1904—1922 年）；学科教学法阶段——学科初具规模（1922—1949 年）；学科建设徘徊不前阶段（1949—1977 年）；学科教学论阶段——学科体系逐步完善（1978—1986 年）；学科教育学阶段——学科的现代化发展（1987 年至今）❸。

魏壮伟、李玉华两位老师在《再论我国化学教学论的学科发展史》一文中把化学教学论的学科发展分为五个阶段：萌芽期（1865—1931 年），形成期（1932—1948 年），学习期（1949—1956 年），稳定期（1957—1977 年），发展期（1978 年至今）❹。

（1）萌芽期（1865—1931 年）

从我国近代化学教育开端到 1932 年化学教学论正式开设前的 66 年为我国化学教学论学科的萌芽期。

1865 年，清政府洋务派在上海创办江南制造局并附设机械学堂，并于其中开设了我国最早的化学课程，拉开了我国学校化学教育的序幕。

这个时期突出的研究者要么是教会组织，如 1839 年英国教会组织"马礼逊教育协会"在澳门创办的"马礼逊教堂"；要么是造船厂，如 1867 年上海江南制造局附设工艺学堂，教授有关化学方面的知识。1902 年化学被清政府"钦定"为中学课程，这一时期的教材基本由外文翻译过来，教学方法大多是讲经式的注入法。"课堂内死气沉沉，除了老师讲解的声音，学生呆坐的态度，绝少变化的气象，更乏生动的精神"，中小学没有仪器标本，仅仅教授学生一些简单枯燥的原理，使学生觉得比学古文还没有兴味❺。

（2）形成期（1932—1948 年）

从化学教学论学科在大学的正式开设到 1949 年新中国成立之前的 16 年为我国化学教学论学科的形成期。

---

❶ 吴一帆. 我国化学教学论的学科形成（上）[J]. 化学教学，2012（6）：70-71，81.
❷ 吴一帆. 我国化学教学论的学科形成（下）[J]. 化学教学，2012（7）：75-77，81.
❸ 张晓凤. 我国学科教学论的百年演变与未来发展[J]. 当代教育科学，2014（23）：19-21.
❹ 魏壮伟，李玉华. 再论我国化学教学论的学科发展史[J]. 化学教育，2010（6）：13-16.
❺ 陈学恂. 中国近代教育大事记[M]. 上海：上海教育出版社，1981.

1932 年，北京师范大学化学系最早把"化学教学论"作为一门学科正式开设，当时的名称为"中等学校化学教材教法"。当时并没有教材，教育部也没有规定这门课程为必修，1932 年成立的中国化学会和 1933 年创办的《化学》杂志是化学教学论形成的标志之一。化学教学论的研究者大多是师范院校的学科教学法教师，中学化学师资培养方式是部分师范院校设置化学教学法课程或者进行暑期培训。化学教学论研究的内容包括：化学之新发展（约占 25%），化学教学法及教材之研究（约占 50%），化学实验及设备之研究（约占 25%）。

（3）学习期（1949—1956 年）

从新中国成立到 1957 年国内第一本自编教材出版前的 7 年为我国化学教学论学科的学习期。

中华人民共和国成立初期，这一时期的教育全面学习苏联的教育经验，全盘否定西方的教学理论。中央教育部于 1954 年颁布了我国《师范学院化学系暂行教学计划》，明确规定了设置化学教学法课程，并于 1955 年初公布了《师范学院化学系化学教学法试行教学大纲》。化学教学法学科研究的基本内容为：化学课的任务、化学教学过程的一般原则、化学教学的方式方法、化学教学工作的组织、化学教学工作计划、学生成绩的检查与评价、化学课外作业、化学设备、各种内容的教法研究和化学总复习。

（4）稳定期（1957—1977 年）

从国内第一本自编教材出版到 1978 年改革开放前的 20 年为我国化学教学论学科的稳定期。

1957 年初《人民教育》杂志分 4 期发表了《介绍刘景昆先生的化学教学经验》的文章，1957 年人民教育出版社出版了第一本高等师范院校教材《化学教学法讲义》。除了课堂教学方法讲授外，还配合大量实习活动，包括实验、讲习、讨论、见习、试讲、参观、制作教具等。这一时期我国化学教学法以哲学认识论作为自己的理论基础，主要研究知识和技能的教学问题，传统教学法得到推广，后来也开始注意进行启发教学，培养和发展学生的智能。

（5）发展期（1978 年至今）

从改革开放到第 8 次课程改革稳步推进的今天为我国化学教学论学科的发展期。

化学教学论学科已走出一部"化学教学论"教材的框架，拥有化学实验教学研究、化学学习论、化学课程论、化学教育测量与评价、中学化学教材分析、化学教学技能训练、化学教育研究方法等多种教材体系。化学教学论学科人才培养从专科、本科层次上升到研究生层次，1979 年华东师范大学开始招收"化学教材教法"研究生。1983 年，化学教学论学科在硕士培养层面上统一名称后，北京师大、华东师大和东北师大在国内首次招收化学教学论硕士研究生。2006 年，"化学教学论"学科已拥有 44 个硕士点、5 个博士点这样一个庞大的硕博培养体系。

1.2.6.2　各个时期化学教学论学科的研究内容和特点

（1）萌芽期（1865—1931 年）

课程名称：无教材、无课程。

化学教学论研究内容：教材与教学方法。

学科发展传播形式即人才培养方式：暑期培训班。

化学教学论学科课程开设情况：没有开设。

学科发展的标志：一是个别学者以探索化学教学新方法的形式进行了化学教学论重要内容的研究，二是个别大学以举办各种科学教员暑期讲习会的形式开始了我国化学教学论学科的尝试开设。

有无专门的化学教学论教材：没有专门的教材，只有暑期培训讲义。

化学教学论课程的授课形式：讲授法，暑期研讨，"课堂示教实验"化学教学方法。

化学教学论课程研究的特点：重视教学方法的研究，基本没有理论研究，只关注"教"不关注"学"。

（2）形成期（1932—1948年）

课程名称：中等学校化学教材教法。

化学教学论研究内容：化学之新发展、化学教学法及教材之研究、化学实验及设备。

学科发展传播形式即人才培养方式：化学教学论学科是正式开设和非正式开设并存。

化学教学论学科课程开设情况：1932年，北京高等师范学校（北京师范大学前身）最早把"化学教学论"作为一门学科正式开设。

学科发展的标志：1932年成立的中国化学会、1933年创办的《化学》杂志。

有无专门的化学教学论教材：没有教材，教育部也没有规定这门课程为必修。

化学教学论课程的授课形式：讲授法，暑期研讨，"课堂示教实验"化学教学方法。

化学教学论课程研究的特点：课程比较重视"方法"而不够重视"理论"。

（3）学习期（1949—1956年）

课程名称：中学化学教材教法、化学教学法。

化学教学论研究内容：教材、教法、学法、教师、学生。

学科发展传播形式即人才培养方式：暑期培训班和在大学开设化学教学论学科相结合。

化学教学论学科课程开设情况：教育部规定在大学开设化学教学法。

学科发展的标志：教育部于1954年颁布了我国《师范学院化学系暂行教学计划》，明确规定了设置化学教学法课程，1955年初公布了《师范学院化学系化学教学法试行教学大纲》。

有无专门的化学教学论教材：沿用西方的教材；翻译出版苏联教材；1957年出版了自编教材。

化学教学论课程的授课形式：讲授、实习、见习。

化学教学论课程研究的特点：课程比较重视"方法"而不够重视"理论"。

（4）稳定期（1957—1977年）

课程名称：化学教学法。

化学教学论研究内容：教材、教法、学法、教师、学生、教学理论。

学科发展传播形式即人才培养方式：在师范院校开设化学教学法课程。

化学教学论学科课程开设情况：教育部规定在大学开设化学教学法。

学科发展的标志：1957年初《人民教育》杂志分4期发表了《介绍刘景昆先生的化学教学经验》的文章，1957年人民教育出版社出版了第一本高等师范院校教材《化学教学法讲义》。

有无专门的化学教学论教材：1957年人民教育出版社出版的第一本高等师范院校教材《化学教学法讲义》。20世纪60年代以后，北师大和华东师大等高师院校各自编写了化学教学法讲义和教材。教材种类和数量都少。

化学教学论课程的授课形式：课堂讲授外还配合大量实习活动，包括实验、讲习、讨论、见习、试讲、参观、制作教具等。

化学教学论课程研究的特点：课程比较重视"方法"而不够重视"理论"。

（5）发展期（1978年至今）

课程名称：化学教学论。

化学教学论研究内容：教材、教法、学法、教师、学生、教学理论。

学科发展传播形式即人才培养方式：在师范院校开设化学教学论相关课程，培养专科、本科、教育硕士和博士。

化学教学论学科课程开设情况：教育部规定在大学开设化学教学论。

学科发展的标志：化学教学论学科的教材种类多。1979年华东师范大学开始招收"化学教材教法"研究生。1983 年，化学教学论学科在硕士培养层面上统一名称。

有无专门的化学教学论教材：化学教学论学科教材种类多、数量多。

化学教学论课程的授课形式：课堂讲授外还配合大量实习活动，包括实验、讲习、讨论、见习、试讲、参观、制作教具、实习等。

化学教学论课程研究的特点：课程既重视"方法"又重视"理论"。

推荐阅读
化学科学的形成
和发展

课堂讨论与实践

1. 阅读以下文章。

吴一帆. 我国化学教学论的学科形成（上）[J]. 化学教学，2012（6）：70-71，81.

吴一帆. 我国化学教学论的学科形成（下）[J]. 化学教学，2012（7）：75-77，81.

2. 描述在化学教学论发展过程中发生的历史性事件。

3. 就师范专业设置化学教学论课程的意义展开讨论。

练习与应用

1. 请你查查国内外哪些期刊可以接受有关化学教学和教育研究的文章。

2. 小组讨论并分享一下，哪些网站或者期刊可以获得有关中学化学教学方面的资源。

3. 填空题

① 化学课程资源包括：_____、_____、_____、_____。

② 化学教学论的课程远期目标是：_____、_____、_____、_____。

③ 化学教学论的研究对象包括：_____、_____、_____、_____。

1.3 学习做一名化学好教师

问题与思考

1. 你理想中的化学老师是什么样的？

2. 你理想中的化学课程是什么样的？

3. 如何做一名"化学好老师"？

资料卡片

习近平总书记在 2018 年 9 月召开的全国教育大会上强调，"要在坚定理想信念上下功夫""要在厚植爱国主义情怀上下功夫""要在加强品德修养上下功夫""要在增长知识见识上下功夫""要在培养奋斗精神上下功夫""要在增强综合素质上下功夫"。

1.3.1 把教师职业当成事业

学习做一名化学好教师首先需要热爱化学教学，要把教学作为终生奋斗和追求的事业，而不是仅仅当成职业，只有这样你才会在工作中享受到探索教育教学规律，不怕困难、不怕挑战，不断改革和创新教育教学方法的乐趣；也只有当你把教学当成事业的时候，你才能忍受三尺讲台的寂寞和教师的清贫，抵住各种高薪的诱惑；也只有当你把教育当成事业的时候，你才会全心全意地爱学生，接受所有类型的学生，无论学生是听话的、调皮的、成绩好的、成绩差的，都尽全力去引导他们。

1.3.2　必备的教师素质和能力

除了爱岗敬业、爱学生，作为化学教师还应该具备化学专业能力、化学教学及教研能力、教育和管理能力、良好的个性品质、健康的身体和心理素质（图1-3）。

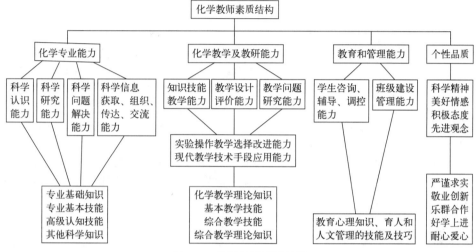

图1-3　化学教师素质结构

资料卡片

一、教师应该具备的职业素养

1. 道德素养

（1）公民道德素养

爱国、敬业、诚信、友善。

（2）职业素养

对待事业：爱岗敬业、终身学习、忠诚于人民的教育事业；

对待学生：关爱学生、教书育人、为人师表；

对待集体：团结协作、共同进步；

对待自己：不断反思、终身学习。

2. 知识素养

① 政治理论知识；

② 精深的学科专业知识（本体性知识）；

③ 必备的教育科学知识（条件性知识），指教育学、心理学和学科教学论等相关的教育学、心理学方面的知识；

④ 实践性知识（教学技能）。

3. 能力素养

语言表达能力、教育教学能力、组织管理能力、自我调控和自我反思能力。

二、教师应该具备的专业精神

蜡烛精神、孺子牛精神、园丁精神、创新精神、敢于实践的精神（业精于勤荒于嬉，行成于思毁于随）。

三、对教师的基本要求

事例1：教育家于漪

"人民教育家"于漪，开设公开课近2000节，培养三代特级教师，著述数百万字。在新教师培训中，于漪多次引用英国小说《月亮与六便士》来阐明观点：作为教师首先心中要有月亮，也就是理想信念，去真正敬畏专业、尊重孩子，还要有学识，如此才能看透"六个便士"，看透物质的诱惑。

走进学生的内心，还必须"一辈子学做教师"。"庸医杀人不用刀，教师教学出了错，就像庸医一样，是在误人子弟。"于漪告诉青年教师，最重要的是在实践中不断攀登，这种攀登不只是教育技巧，更是人生态度、情感世界。

事例2：教育家陶行知

陶行知先生在担任一所学校校长时，看到男生王友用泥块砸班上的同学，当即制止了他，并要他放学后到校长室去。放学后，王友等在校长室准备挨训，陶行知却掏出了一块糖果送给他说："这是奖给你的，因为你按时到这里，而我却迟到了。"王友惊讶地接过了糖果。随后，陶行知又掏出一块糖果放在他的手里，然后说："这块也是奖给你的，因为当我不让你再打人的时候，你立即就住手了，这说明你尊重我。"王友更惊讶了，眼睛睁得大大的。陶行知又掏出第三块糖果塞到王友手里，说："调查过了，你用泥块砸那些男生，是因为他们不遵守游戏规则，欺负女生。你砸他们，说明你很正直善良，有跟坏人作斗争的勇气！"王友感动极了，他流着泪后悔地说道："陶校长，你……你打我两下吧！我错了，我砸的不是坏人，而是我的同学呀！"陶行知满意地笑着说："你能正确地认识错误，我再奖给你一块糖果，可惜我只有这一块糖果了，我的糖送完了，我看我们的谈话也该完了吧！"怀揣着糖果离开校长室的王友，此刻的心情不难想象。

1.3.3 努力实践与反思

学习当一名好教师，除了具备必备的能力和素质外，更重要的是要勇于实践，提高认识转换角色，用教师的标准严格要求自己，补短板、找问题。在学习中讲究方法，提高能力，做到四个"学会"——学会比较、学会总结、学会交流、学会反思。善于向他人学习、善于积累，勇于实践、勇于挑战自己。在学习中要注意收集和研究典型化学教学案例，关注当前中学化学教育改革和发展趋势，关注国际和国内化学教育的发展动态，积极进行教学实践活动。

推荐阅读
《中学教师专业标准》和《国家中长期教育改革和发展规划纲要（2010—2020年）》

课堂讨论与实践

如何才能做一名有情怀的老师？

练习与应用

1. 收集信息，查阅各种版本的化学教学论或者化学课程与教学论教材，列出主编、出版社、出版年份。

2. 列出《化学教育》《化学教学》《中学化学教学参考》《中学化学》《化学教与学》《中学化学教与学》等期刊的主办单位、栏目设置、办刊特色。

3. 画出本章的知识结构图。

4. 填空题

① 教师应具备的知识包括：_____、_____、_____、_____。

② 教师的能力素养包括：_____、_____、_____、_____。

③ 化学教学论是研究_____的一门学科。

④ 化学教学论是_____和_____年更名的。

第 2 章
化学课程

名言警句

课程是教和学相互作用的中介和纽带。一方面连接并受制约于教育目的和培养目标，是培养目标的具体体现，是实现教育目的的基础；另一方面连接并制约着教学的形式、方法，要根据课程及其内容采用相应的教学形式和方法。

引言

本章力图让学生理解教师研究化学课程理论的原因，以及化学课程理论的研究任务、研究对象、研究内容。

现代课程论认为课程论的研究任务主要在三个方面：发现课程现象、揭示课程规律、指导课程实践。课程现象表现为三个层面：一是物质性的，如课程计划、标准、教材、教学指南、补充资料、课程包等；二是活动性的，如课程规划、课程实施和课程评价等课程研制活动；三是关系性的，如内容选择与教育目的的关系、内容组织与文化结构以及学生发展的关系、课程过程与结果之间的关系等。课程规律表现在课程的科学性规律与价值性规律、存在性规律与反应性规律、理论性规律与实践性规律、科学理论与政策法规的对立统一关系问题等。课程实践就是课程工作者所从事的各种课程活动，包括制定课程实践的类型和理论指导实践的机制，如课程管理实践、课程研制实践、课程应用实践、课程论学者参与课程管理和应用、教育管理者和老师成为课程论专家、理论工作者与实践工作者联合工作等机制。

化学课程是什么？影响课程设置的因素有哪些？基础教育课程改革的目的是什么，改什么，如何改？化学课程有哪些基本的类型？怎样确定和表述化学课程目标？如何理解化学学科核心素养？本章将重点围绕这些问题进行讨论。

学习目标

1. 知道化学课程的内涵。
2. 能够说出影响课程设置的因素。
3. 能够说出目前化学课程的组织形式。
4. 知道中学化学新课程的理念和化学课程的内容构成。

5. 理解化学课程目标。

6. 了解最新普通高中化学课程标准和义务教育化学课程标准的架构。

7. 理解化学学科核心素养的内涵。

8. 理解课程改革对国家发展的作用。

2.1 化学课程的内涵

问题与思考

1. 化学课程是什么？
2. 影响化学课程设置的因素是什么？
3. 课程分为哪些类型？

2.1.1 课程的概念

什么是课程？教育界有多种解读。早期的学者认为"课程是学习者在学校指导下所学得的全部经验"。在学校指导下获得的全部经验排除了学生从家庭和社会上获得的经验；全部经验包括知识、技能、思维方法、学习能力和实践活动能力，以及正确的情感、态度、价值观等，即全部经验包括必备知识、关键能力、正确价值观等核心素养。这种课程概念是从学习者的角度定义的。在理解课程的概念方面人们往往也存在一些偏差，由于长期受"知识唯一""理解知识"思想的影响，人们把学习化学课程、学习物理课程等往往理解成学习化学知识、学习物理知识等。

有人认为"课程是有计划的教学活动"，即课程是对课程方案（教学计划）、课程标准和教科书（或教材）中预定的教学内容、教学目标和教学活动的设计。这种课程概念是从课程管理者的角度定义的。

从课程包含的内容维度来看，课程概念包括狭义课程和广义课程。狭义课程是指针对某一学科，如化学学科、数学学科等制定的课程标准、教学计划、教学内容等。狭义课程的概念相当于学科课程的概念，如图 2-1 所示。广义课程是指学校为实现培养目标而选择的教育内容及其进程的总和，它包括学校老师所教授的各门学科，和有目的、有计划的各种教育活动，如图 2-2 所示。

图 2-1 狭义课程的构成

图 2-2 广义课程的构成

从课程设计者的角度来看，化学课程是为实现化学教学目标所设计的全部内容。包括课程计划、课程性质、课程理念、课程目标、课程内容、课程结构、课程媒体、课程评价等。课程计划由国家统一规定；课程性质、课程理念、课程目标是课程教学的起点；课程内容、教材、教科书是课程教学实施的媒介；课程评价是教学结果的评判。

课程的概念具有多重含义，在不同的场合应用课程的概念，表达的含义也不同。在使用课程概念的时候，如果问学校开设了哪些课程，这时的课程概念是指"学科"；如果问学生的化学课程学习包括哪些学习内容，这时的课程概念应该是学生在老师指导下的化学课程学习中收获的"全部经验"，包括化学知识、化学技能、化学思维方法、化学思维观念，以及在化学学习中应具有的情感、态度、价值观等。

> **‹ 资料卡片 →›**
>
> 课程计划是由国家教育主管部门根据教育目的和培养目标制定的有关教育和教学工作的指导性文件。它规定教学的科目、学科的设置顺序、各门学科的教学时数和学年的编制，它体现了国家的教育方针，是学校办学的依据。
>
> 课程标准亦称学科课程标准，是国家制定的基础教育课程的基本规范和质量要求，是课程计划中每门学科以纲要形式编写的、有关学科教学内容的指导性文件。

2.1.2 影响课程设置的因素

课程要反映一定社会的政治、经济的要求，受一定社会生产力和科学文化发展水平以及教育者身心发展规律和特点的制约。因此，社会、知识、学生便构成影响学校课程设置的三大因素（图 2-3）。

（1）社会因素

社会对课程的影响是从社会条件和社会需求两方面来发挥作用的，即一定历史时期内社会发展的要求及提供的物质条件会影响课程的设置。生产力的发展水平、经济基础为课程科目的设置、课程评价、课程教学方法的改进、课程媒体的多样性选择提供了物质基础。

图 2-3　影响课程设置的因素

社会的发展需求、政治制度对学校课程设置提出了发展的要求，他们对课程的发展起着决定性作用，决定课程发展的方向。其中，政治体制影响着课程设置的目的、课程理念、课程的管理体制。社会的不同发展阶段对人才的要求是不一样的，因此社会的发展需求影响着教育目标、课程理念、课程结构、课程内容的选择和课程评价的方法。

（2）知识因素

知识是人类在社会实践过程中认识自然、认识环境、认识人类的精神产物。化学是研究物质的组成、结构、性质、变化规律、合成和应用的一门自然科学。化学知识包括化学理论知识、化学实践操作知识、化学思维方法、化学科学研究方法、化学科学态度、化学科学精神、化学科学伦理等方面的知识。化学课程与化学知识的关系十分密切，学校化学课程正是因人类传递和传播化学知识的需要而产生的，人类积累的化学知识宝库是学校化学课程取之不尽的源泉，学校化学课程内容随着化学知识的不断发展而变化。化学课程要解决的重要问题首先是要研究各级学校化学课程中应该包括哪些化学科学知识和技能；其次是要研究怎样迎接新技术革命的挑战，改革现有化学课程的内容和课程内容呈现方式，力求做到在保证化学科学基础知识和基本技能的有效学习范围内，吸收新的化学科学成就，更新我们的课程。

化学课程的设置受化学学科发展水平的影响表现在，化学学科的发展水平影响化学课程内容的选择、化学知识的表征方式和教学内容的呈现方式。从各个时期的化学教材可以看出，不同时期的化学教学内容与化学学科知识的发展紧密联系；化学知识的表征方式也从最初的宏观表征过渡到符号表征、微观表征；随着科学技术的发展，不同时期的化学教学内容的呈现方式也从纸质文字呈现发展到音像呈现和电子文字呈现。因此，科学技术发展水平影响化学学科知识的呈现方式和呈现手段。

（3）学生的身心发展因素

课程的设置受学生的身心发展水平和发展需要的影响，学生的身心发展水平决定了学生对知识的接受水平，决定了教学内容的选择和知识的呈现方式。学生对课程设置的影响因素包括学生的需要和条件，如兴趣、爱好、接受能力和原有的知识基础，这是影响课程发展的重要因素。课程一方面受学生身心发展阶段（即年龄特征）的制约，另一方面受学生心理发展个性差异（如性别差异）的制约。前者要求我们依据学生不同年龄阶段的认识特点，以知识的科学体系为学科学习体系，按照循序渐进的原则设计各级学校的课程和教材；后者要求我们根据不同条件、不同个性的学生的兴趣和需要，设计多种多样的课程学习计划，编写多套教科书。就此而言，如何在课程设计中兼顾科学体系的逻辑顺序与学科体系的心理顺序，如何兼顾学生个别与一般的心理特征，处理好教育目标与受教育者之间的矛盾，是课程要解决的主要问题之一。

课堂讨论与实践

1. 社会的发展对课程设置的影响体现在哪些方面？
2. 你认为化学知识的发展对化学课程设置的影响体现在哪些方面？
3. 学生的身心发展水平对课程设置的影响体现在哪些方面？

2.1.3　课程类型

课程结构是指在学校课程的设计与开发过程中，将所有课程类型或具体科目组织在一起所形成的课程体系的结构形态。它涵盖三个方面的内容：第一，课程要传递的是什么样的知识，即课程的知识结构；第二，这些知识以什么样的方式来传递，即课程的形态结构；第三，不同类型的课程形态在整个课程结构中的时间分配，即课程的课时比例。即课程结构由课程知识结构、课程形态结构、课程的时间分配结构三部分构成。课程类型是课程的形态结构，是课程结构的基本要素。

2.1.3.1　学科课程与经验课程

（1）学科课程

学科课程是以文化遗产为基础组织起来的传统课程形态的总称，由一定数量的不同学科组成，各门学科各具固有的逻辑和系统。这种课程有悠久的历史，中国古代的"六艺"和古希腊的"七艺"是最早的学科课程。近代学校的学科课程是文艺复兴后逐步形成的百科全书式的课程，即它是以文化知识（科学、道德、艺术）为基础，按照一定的价值标准，从不同的知识领域或学术领域选择一定的内容，根据知识的逻辑体系，将所选出的知识组织为学科，如化学学科课程、物理学科课程、数学学科课程等。

① 学科课程的特点：它是依据知识的门类分科设置的；它是将人类活动经验加以抽象、概括、分类整理的结果；它往往是相对独立、自成体系的；它通常按特定知识领域内在的逻辑体系来加以组织。逻辑性、系统性和简约性是学科课程最大的特点。

② 学科课程的编排特点：一是以学科知识或文化的发展作为课程目标的基本来源，课程开发以学科知识及其发展为基点，强调学科知识的优先性；二是课程组织遵循学科知识的逻辑体系进行。

③ 学科课程的优点：第一，以浓缩的形式集纳人类在各个基本学科领域探索的成果，间接经

验的容量较大，学生可以在短时间内系统地掌握更多的知识，便于提高教学效率，有利于系统传承人类文化遗产。第二，便于按知识逻辑顺序组织教材，使知识系统化，有利于向学生传授系统的科学文化知识。第三，有助于组织教学与评价，便于提高教学效率。

④ 学科课程的缺点：第一，科目繁多的学科课程导致总体课程体系臃肿不堪，同时也会加重学生的课业负担。第二，学科课程是以分门别类的方式组织和编排，以知识的逻辑体系为核心组织起来的，容易轻视学生的需要、经验和生活，而学生的现实生活却是完整的。这种课程上的人为的割裂，造成学生认知结构的支离破碎，不利于学生综合能力的培养和发展。第三，由于学科划分过细，容易造成知识面过窄，内容偏深、偏难。第四，每一门课程都有其悠久的学术传统，都有其相对独立和稳定的逻辑系统，容易忽略社会的现实需要，较少考虑学科之间的联系，各学科相互分离，彼此孤立，造成学习内容相互分离甚至脱节。第五，具体的某门学科课程对于该学科的一位未来专家或专业工作者来说是必备的，但对于其他学生来说也许是多余的，因为它与日常生活和学生的经验缺乏联系。学科自身的需要与学生的需要和兴趣往往有冲突，学科教师面临这种冲突时容易牺牲学生的利益，迫使学生服从学科的要求。

（2）经验课程

经验课程亦称活动课程、生活课程、儿童中心课程，是与学科课程对立的课程类型，它是以学生的主体性活动经验为中心组织的课程。它以学生从事某种活动的兴趣和动机为中心组织课程，以开发与培育主体内在的、自发的价值为目标，旨在培养具有丰富个性的主体。因此，经验课程也称"动机论课程"。

经验课程着眼于学生的兴趣和动机，主张通过一系列由学生自己组织的活动，使学生获得经验、培养兴趣、解决问题、锻炼能力。经验课程对于调动学生的积极性、主动性和创造性，培养学生的兴趣特长，丰富学生的精神生活，促进学生个性发展和思想品德的形成具有重要意义。

经验课程的思想可以溯源到法国自然主义教育思想家卢梭。19 世纪末 20 世纪初，美国的杜威和克伯屈发扬了这一思想，人们一般把杜威的课程称为"经验课程"或"儿童中心课程"。

推荐阅读

1. 刘桂辉. 课程与经验的关系解析——论杜威的经验课程观及教育启示[J]. 当代教育科学, 2016(21): 43-47.
2. 褚宏启. 论杜威课程理论中的"经验"概念[J]. 课程. 教材. 教法, 1999（1）: 59-62.
3. 李晓玉，杨道宇. 借鉴杜威经验推进我国课程体系的均衡发展[J]. 教学与管理（理论版）, 2016（7）: 4-6.

资料卡片

杜威的教育观

① 杜威的实用主义经验论。杜威在《经验与学习》中对教育这样认识和表述："教育就是经验的改造和改组，这种改造或改组，既能增加经验的意义，又能提高指导后来经验进程的能力。"人们把杜威的这种教育理论叫作实用主义经验论。

② 杜威的"教育即生活"。杜威强调说："生活就是发展，而不断发展，不断生长，就是生活。"他在《杜威教育论著选》中指出，这里的"生长"就是指儿童本能发展过程中的各个阶段，不仅包括身体方面，而且也包括智力和道德方面。学校教育的目的就在于通过组织保证儿童继续生长的各种力量，使教育得以继续进行。

③ 杜威的"学校即社会"。他认为人们在社会中参加真实的生活，才是身心成长和改造经验的正当途径。所以教师要把教授知识的课堂变成儿童活动的乐园，引导儿童积极自愿地投入活动，从活动中不知不

觉地养成品德和获得知识，实现生活、生长和经验的改造。

④ 杜威的"从做中学"。杜威认为在传统学校的教室里，一切都是有利于"静听"的，儿童很少有活动的机会和地方，这样必然会阻碍儿童的自然发展。因此，在学校里，教学过程应该是"做"的过程，教学应该从儿童的现实生活经验出发，儿童应该从自身的活动中进行学习，他在《民主主义与教育》中论述道："人们最初的知识和最牢固地保持的知识，是关于怎样做的知识"，"应该认识到，自然的发展进程总是包含着从做中学的那些情景开始"。从"做中学"实际上就是从"活动中学"。

⑤ 课程与教材。杜威认为，学校的"课程计划必须考虑到能适应现在的社会生活需要"，教材的"迫切的问题是要在儿童当前的直接经验中寻找一些东西，它们是在以后的年代里发展成为比较详尽、专门而有组织的知识根基"。由于知识在不断发生变化，不再是凝固不变的，因此，课程和教材也要发生变化。在儿童与课程和教材的关系上，杜威认为，必须站在儿童的立场上，以儿童为出发点来考虑课程与教材❶。

① 经验课程的特征：关注儿童的兴趣、动机和经验。第一，经验课程以学习者当下活生生的直接经验为课程开发的核心，课程目标的基本来源是学习者的经验及其生长需要；第二，在经验课程中，学习者是能动的创造性的存在；第三，在经验课程中，学习者是整体的存在。

② 经验课程的优点：第一，重视学生的需要与兴趣，尊重学生的主体性，有利于学生学习的主动性、积极性的发挥；第二，强调教材的心理组织，有利于学生在与文化、与科学知识的交互作用的过程中获得人格的不断发展；第三，强调实践活动，重视学生通过亲身体验获得直接经验，有利于培养学生解决实际问题的能力；第四，重视课程的综合性，主张以社会生活问题来统合各种知识，有利于学生获得对世界的完整认识。

③ 经验课程的缺点：第一，过分地夸大了学生个人经验的重要性，忽视系统学科知识的学习，容易导致"功利主义"。第二，容易导致"活动主义"，忽略学生思维能力和其他智力品质的发展，往往把学生日常生活中个别经验的作用绝对化，而不顾及这些经验本身的逻辑顺序。结果学生只能学到一些支离破碎的知识，破坏了知识的逻辑结构，降低了学生的系统知识水平，不可避免地会影响学生对基础知识的掌握。第三，对于习惯了学科课程的讲授方式的教师而言，经验课程的组织较困难，因此要求教师要有相当高的教育艺术。

（3）学科课程和经验课程的关系

它们是从课程内容所具有的属性来区分的两种类型。学科课程和经验课程之间的关系反映的是人的直接经验与间接经验、个人知识与学科知识、心理经验和逻辑经验之间的关系。本质上是学生当下的心理经验与凝结在学科中的逻辑经验之间的关系。

2.1.3.2 分科课程与综合课程

（1）分科课程

分科课程是一种单学科的课程组织模式，它强调不同学科门类之间的相对独立性，强调一门学科的逻辑体系的完整性。

① 分科课程的特征：从课程开发来说，分科课程坚持以学科知识及其发展为基点，强调本学科知识的优先性；从课程组织来说，分科课程坚持以学科知识的逻辑体系为线索，强调本学科自成一体。

② 分科课程的优点：第一，有助于突出教学的逻辑性和连续性，它是学生简捷有效地获取学科系统知识的重要途径；第二，有助于体现教学的专业性、学术性和结构性，从而有效地促进学科尖端人才的培养和国家科技的发展；第三，有助于组织教学与评价，便于提高教学效率。

③ 分科课程的缺点：第一，容易导致轻视学生的需要、经验和生活；第二，容易导致忽略当代社会生活的现实需要；第三，容易导致将学科与学科彼此之间割裂，从而限制了学生的视野，

❶ 柏峰. 谈杜威实用主义教育思想的实践与理论[J]. 陕西教育（高教版），2014（3）：34-35.

束缚了学生思维的广度。

（2）综合课程

　　指有意识地运用两种或两种以上学科的知识观和方法论去考查和探究一个中心主题或问题。有综合经验课程、儿童本位综合课程、经验本位综合课程三种类型。

　　① 综合课程的优点：第一，综合课程减少了课程的门类，有利于减轻学生的负担；第二，综合课程打破了学科间的界限，使学科知识学习走向综合化，有利于培养学生对事物的整体认识能力；第三，在内容选择上注重自然科学、社会科学和人文科学的结合，既传授科学知识和方法，又培养学生的人文精神，注重兴趣、动机、意志的培养；第四，综合课程从生活、社会的实际出发，强调科学技术和社会的关系，强调学生解决实际问题能力的培养，具有较强的实践性，有利于培养学生的动手能力。

　　② 综合课程的缺点：第一，编写综合性的教材难度大，编写时容易出现知识不成系统的问题；第二，教师的知识和经验有时不能胜任综合课程的教学；第三，容易增加评价和管理的难度。

（3）分科课程和综合课程的关系

　　它们是从课程内容的组织方式来区分的两种类型。分科课程和综合课程是两种功能互补的课程形态，两种课程具有独特的优越性，分科课程注重知识的逻辑结构和知识的相对独立性，而综合课程强调知识的丰富性和联系性。综合课程并不意味着对传统分科课程的抛弃，相反，它是建立在传统分科课程的基础上的。

2.1.3.3　必修课程与选修课程

（1）必修课程

　　指同一学年的所有学生必须修习的公共课程，是为保证所有学生的基本学力而开发的课程。

（2）选修课程

　　指依据不同学生的特点与发展方向，允许个人选择的课程，是为适应学生的个性差异而开发的课程。

（3）必修课程和选修课程的关系

　　它们是从课程计划中对课程实施的要求来区分的两种类型。其中，必修课程的主导价值在于培养和发展学生的共性，而选修课程的主导价值在于满足学生的兴趣、爱好，培养和发展学生的个性。

2.1.3.4　国家课程、地方课程和校本课程

（1）国家课程

　　国家课程是指国家有关部门规定的统一课程，它体现国家意志，是专门为未来公民在接受基础教育后所要达到的共同素质而开发的课程，它是国家制定的课程标准所对应的必学课程。例如小学阶段开设的数学、语文、英语、科学、品德、音乐、美术、体育，初中阶段开设的历史、地理、物理、化学、生物等都属于国家课程。

（2）地方课程

　　地方课程是在国家规定的各教育阶段的课程计划内，由省级教育行政部门或其授权的教育部门依据当地的政治、经济、文化、民族等发展需要而开发的课程。地方课程在充分利用地方教育资源、反映基础教育的地域特点、增强课程的地方适应性方面，有着重要价值。如信息技术教育就属于地方课程。

（3）校本课程

　　校本课程是 20 世纪 70 年代在英、美等发达国家中开始受到广泛重视的一种与国家课程相对应的课程，是国家基础教育课程设置实验方案中的一个部分。校本课程指学校自行规划、设计、

实施的，适合本校实际的、具有学校自身特点的课程。校本课程开发从本质上说是学校教育共同体在学校一级对课程的规划、设计、实施与评价的所有活动。其基本定位是非学术性或者说是兴趣性的，以发展学生个性为目标指向。课程开发的主体是教师而不是专家。

（4）三者之间的关系

三者是从课程设计、开发和管理主体来区分的三种类型。其中，国家课程的主导价值在于通过课程体现国家的教育意志，地方课程的主导价值在于通过课程满足地方社会发展的现实需要，校本课程的主导价值在于通过课程展示学校的办学宗旨和特色。

2.1.3.5 显性课程与隐性课程

显性课程与隐性课程是根据课程的表现形态来划分的。

（1）显性课程

也叫显在课程、正规课程、官方课程，指的是为实现一定的教育目标而正式列入学校教学计划的各门学科，以及有目的、有组织的课外活动。与隐性课程相对。

显性课程的特点之一就是计划性，计划性是区分显性课程与隐性课程的主要标志。

（2）隐性课程

是学生在学习环境（包括物质环境、社会环境和文化体系）中所学习到的非预期或非计划性的知识、价值观念、规则和态度。

隐性课程的特点主要有：第一，隐性课程的影响具有弥散性、普遍性和持久性；第二，隐性课程的影响既可能是积极的，也可能是消极的；第三，隐性课程的影响是学术性与非学术性的统一；第四，隐性课程对学生的影响是有意识性与无意识性的辩证统一；第五，隐性课程是非预期性与可预期性的统一；第六，隐性课程存在于学校、家庭和社会教育中。

课程的分类标准和价值如表 2-1 所示。

表 2-1　课程的分类标准和价值

划分标准	课程类型	主导价值
根据课程内容具有的属性分类	学科课程	传承人类文明，使学生掌握、传递和发展人类积累下来的文化遗产
	经验课程	使学生获得关于现实世界的直接经验和真切体验
根据课程内容的组织方式分类	分科课程	使学生获得逻辑严密和条理清晰的文化知识
	综合课程	使学生掌握系统完整的知识，并形成把握和解决问题的全息的视野与方法
根据课程计划中对课程实施的要求分类	必修课程	培养和发展学生的共性
	选修课程	满足学生的兴趣、爱好，培养和发展学生的个性
根据课程的表现形态分类	显性课程	对学生的发展产生直接影响
	隐性课程	对学生的发展产生熏陶作用
根据课程设计、开发和管理主体分类	国家课程	通过课程体现国家的教育意志
	地方课程	通过课程满足地方社会发展的现实需要
	校本课程	通过课程展示学校的办学宗旨和特色

‹ 资料卡片 ⇥

　　从课程的任务角度划分，课程分为基础型课程、拓展型课程、研究型课程。基础型课程的内容体现国家对公民素质的基本要求，具有统一性、共性等基础要求，为必修课。拓展型课程着眼于满足学生不同方向、不同层次的需要以及适应社会，体现不同的基础。它包含学科和社会实践两部分，学科部分体现选修性质，而社会实践部分属于必修课程。研究型课程旨在激励学生自主学习，强调主动探究和实践体验。研究型课程分为两类，研究型课程 1 单独授课为必修课，从学生的兴趣与经验出发选题研究，由学生和老师共同开发并实施。研究型课程 2 处于基础型课程和拓展型课程之中，以学生的自主学习为主，其活动方式有实践探究、文献研究、社会调查和作品试制等。

练习与应用

一、单选题

1. 我国中小学开设的语文、数学、外语等课程属于（　　　）。

A. 活动课程　　　　　B. 潜在课程　　　　　C. 综合课程　　　　　D. 学科课程

2. 以下关于活动课程主要属性的描述不正确的是（　　　）。

A. 以儿童为中心，依据儿童当前的兴趣和需要来设置课程

B. 打破学科界限，按活动主题来组织学习经验

C. 课程组织心理学化，要求按儿童心理发展的顺序和特点来组织课程

D. 活动课程即通常所讲的课外活动

3. 第三次全国教育工作会议对基础教育课程体系建设提出的要求是国家课程、地方课程和（　　　）。

A. 活动课程　　　　　B. 社会课程　　　　　C. 校本课程　　　　　D. 特色课程

4. 注重培养学生的探究态度与能力的课程是（　　　）。

A. 基础型课程　　　　B. 拓展型课程　　　　C. 研究型课程　　　　D. 发展型课程

二、填空题

1. 影响课程设置的因素有：_____、_____、_____。

2. 根据课程设计、开发和管理主体可以把课程分为：_____、_____、_____。

3. 根据课程内容的组织方式分类可以把课程分为：_____、_____。

2.2　基础教育课程改革

问题与思考

1. 基础教育课程存在的弊端体现在哪些方面？

2. 义务教育课程改革和高中课程改革分别开始于哪一年？

3. 基础教育课程改革主要聚焦在哪六个方面？

4. 你能够说出现行高中化学课程的结构吗？

2.2.1　改革的原因

基础教育课程改革，是党中央、国务院为迎接知识经济时代的到来，应对日益激烈的国际竞争，立足于全面提高国民素质，提升综合国力做出的重大战略决策。基础教育课程改革以邓小平同志关于"教育要面向现代化，面向世界，面向未来"和江泽民同志"三个代表"重要思想为指导，全面贯彻党的教育方针，全面推进素质教育。

为什么要进行课改呢？《基础教育课程改革纲要（试行）》指出"我国基础教育整体水平还不高，原有的基础教育课程已不能完全适应时代发展的需要"，原有基础教育课程存在的弊端体现在：第一，课程目标不完整；第二，课程结构过于强调学科本位；第三，课程内容繁、难、偏、旧；

第四，课程实施过于僵化；第五，课程评价过于单一；第六，课程管理过于集中。

2.2.2 改革的时间

1999 年召开的第三次全国教育工作会议和 2001 年召开的全国基础教育工作会议先后提出了转变人才培养模式，建立新的基础教育课程体系的建设任务。2001 年，在党中央、国务院的领导下，教育部正式启动了新一轮基础教育课程改革，颁发了《基础教育课程改革纲要（试行）》等一系列政策文件，初步构建了符合时代要求、具有中国特色的基础教育课程体系。

基础教育课程改革从 1999 年开始着手调查研究，组织全国高层次专家进行了顶层设计。2001 年开始在全国 38 个县、区进行义务教育阶段课程改革国家级实验，分层推进，滚动发展。自 2004 年 9 月开始，山东、广东、海南与宁夏 4 省、自治区的高一新生率先进行普通高中新课程实验。

2.2.3 改革的内容

第一，要改变课程过于注重知识传授的倾向，强调形成积极主动的学习态度，使获得基础知识与基本技能的过程同时成为学会学习和形成正确价值观的过程。即课程目标要从太过关注知识与技能，向知识与技能、过程与方法、情感态度与价值观三维目标转变。

第二，要改变课程结构过于强调学科本位、科目过多和缺乏整合的现状，整体设置九年一贯的课程门类和课时比例，并设置综合课程，以适应不同地区和学生发展的需求，体现课程结构的均衡性、综合性和选择性。

第三，要改变课程内容"难、繁、偏、旧"和过于注重书本知识的现状，加强课程内容与学生生活以及现代社会和科技发展的联系，关注学生的学习兴趣和经验，精选终身学习必备的基础知识和技能。

第四，要改变课程实施过于强调接受学习、死记硬背、机械训练的现状，倡导学生主动参与、乐于探究、勤于动手，培养学生搜集和处理信息的能力、获取新知识的能力、分析和解决问题的能力以及交流与合作的能力。

第五，要改变课程评价过分强调甄别与选拔的功能，发挥评价促进学生发展、教师提高和改进教学实践的功能。

第六，要改变课程管理过于集中的状况，实行国家、地方、学校三级课程管理，增强课程对地方、学校及学生的适应性。

（1）课程改革的目标

① 使学生具有爱国主义、集体主义精神，热爱社会主义，继承和发扬中华民族的优秀传统和革命传统；

② 具有社会主义民主法治意识，遵守国家法律和社会公德；逐步形成正确的世界观、人生观、价值观；具有社会责任感，努力为人民服务；

③ 具有初步的创新精神、实践能力、科学和人文素养以及环境意识；

④ 具有适应终身学习的基础知识、基本技能和方法；

⑤ 具有健壮的体魄和良好的心理素质，养成健康的审美情趣和生活方式，成为有理想、有道德、有文化、有纪律的一代新人。

（2）课程结构

普通高中化学课程由必修、选择性必修和选修三类课程构成。

必修课程是全体学生必须修习的课程，是普通高中学生发展的共同基础。必修课程努力体现化学基本观念与发展趋势，促进全体学生化学学科核心素养的发展，以适应未来社会发展需求。必修课程内容包括 5 个主题。

选择性必修课程是学生根据个人需求与升学考试要求选择修习的课程，培养学生深入学习与探索化学的志向，引导学生更深入地认识化学科学，了解化学研究的内容与方法，提升学生化学学科核心素养的水平。选择性必修课程设置 3 个模块。

选修课程是学生自主选择修习的课程，面向对化学学科有不同兴趣和不同需要的学生，拓展化学视野，深化对化学科学及其价值的认识。选修课程设置 3 个系列。2017 年的普通高中化学课程标准规定的化学课程结构如图 2-4 所示。

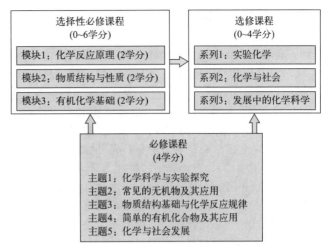

图 2-4　2017 年规定的普通高中化学课程结构

（3）改革后的高中化学课程内容

普通高中化学课程内容包括必修课程设置 5 个主题、选择性必修课程设置 3 个模块、选修课程设置 3 个系列。

必修课程设置 5 个主题，旨在促进全体学生在"宏观辨识与微观探析""变化观念与平衡思想""证据推理与模型认知""科学探究与创新意识""科学态度与社会责任"等化学学科核心素养的各个方面都有一定的发展。

选择性必修课程设置 3 个模块。在"化学反应原理"模块中，将从化学反应与能量，化学反应的方向、限度和速率，以及水溶液中的离子反应与平衡等方面，探索化学反应的规律及其应用。通过本课程模块的学习，引导学生进一步认识化学变化所遵循的基本原理，初步形成关于物质变化的科学观念。了解化学反应中能量转化所遵循的规律，赞赏运用化学反应原理对科学技术和人类社会文明所起的重要作用，发展化学学科核心素养。"物质结构与性质"模块将从原子、分子水平上认识物质构成的规律，以微粒之间不同的作用力为线索，侧重研究不同类型物质的有关性质，进一步丰富学生物质结构的知识，提高学生分析问题和解决问题的能力。通过本课程模块的学习，提升学生有关物质结构的基本认识，深入认识物质的结构与性质之间的关系，发展化学学科核心素养。"有机化学基础"模块设置了有机化合物的组成与结构、烃及其衍生物的性质与应用、生物大分子及合成高分子 3 个主题。通过本课程模块的学习，引导学生建立"组成、结构决定性质"的基本观念，形成基于官能团、化学键与反应类型认识有机化合物的一般思路，了解测定有机化合物结构、探究性质、设计合成路线的相关知识，发展化学学科核心素养。

选修课程设置了"实验化学""化学与社会""发展中的化学科学"3 个系列，旨在为不同的学生提供丰富多样的选择。学生在必修课程或者选择性必修课程的基础上，可以结合兴趣选择选修课程的不同系列进行学习。

（4）课程实施

纲要强调，教师在教学过程中应与学生积极互动、共同发展，要处理好传授知识与培养能力的关系，注重培养学生的独立性和自主性，引导学生质疑、调查、探究，在实践中学习，促进学生在教师指导下主动地、富有个性地学习。教师应尊重学生的人格，关注个体差异，满足不同学生的学习需要，创设能引导学生主动参与的教育环境，激发学生的学习积极性，培养学生掌握和运用知识的态度和能力，使每个学生都能得到充分的发展。

大力推进信息技术在教学过程中的普遍应用，促进信息技术与学科课程的整合，逐步实现教学内容的呈现方式、学生的学习方式、教师的教学方式和师生互动方式的变革，充分发挥信息技术的优势，为学生的学习和发展提供丰富多彩的教育环境和有力的学习工具。

① 强调的化学教学方法有：以实验为主的引导发现法、情境教学法、问题教学法（PBL，

Problem-Based Learning）、案例教学法（CBL，Case-Based Learning）、探究教学法（RBL，Research-Based Learning）、任务驱动法、生讲生评法、以练代讲法、案例点评法、研讨辨析法、项目研究法、边讲边练法、教师导演学生串演法、边做边评法、生问生答法、双师教学法等。

② 新的化学教学模式有：BOPPPS 教学模式是以教育目标为导向、以学生为中心的教学模式，包括课程引入（Bridge）、学习目标（Objective）、课前摸底（Pre-assessment）、参与式学习（Participatory Learning）、课后检查（Post-assessment）和总结（Summary）六个环节。

OBE（Outcome-Based Education）教学模式是以成果为导向的教学模式，或者叫以产出为本的教育模式。它的核心是学生中心、成果导向、持续改进，实施要点是教学设计（反向设计）、教学实施（学生中心）、教学评估（持续改进），即设计、实施、评估。

TBL（Team-Based Learning，小组合作学习）教学模式是一种以异质小组为基本形式，以小组成员之间的合作为主体，以小组学习目标的达成为标准，以小组的总体成绩作为评价和奖励依据的学习形式。小组合作学习强调的是学生之间的互动与合作，通过小组活动，学生可以共同探索、发现信息和学习材料，并通过对话、商讨、争论等形式对问题进行充分论证，以期获得达到学习目标的最佳途径。

ADDIE 教学模式包括分析（Analysis）、设计（Design）、开发（Development）、实施（Implementation）、评价（Evaluation）五个环节。

ARCS 教学模式包括注意（Attention）、关联（Relevance）、信心（Confidence）、满意（Satisfaction）四个层次。

③ 强调的学习方法有：质疑、探究、调查、实践练习、读读议议等。

④ 强调的学习方式有：自主学习、合作学习、探究学习、网络学习（慕课、微课、翻转课堂）。

⑤ 基础教育课程改革涌现出的教学形式有：微格教学、翻转课堂、线上线下混合式教学、线上教学等。

（5）课程评价

新课程改革的评价目标是，建立促进学生全面发展的评价体系、建立促进教师不断提高的评价体系、建立促进课程不断发展的评价体系。

高中化学课程评价的目的是既要促进全体高中学生在科学素养各个方面的共同发展，又要有利于高中学生的个性发展。要达到此目的，应该将评价贯穿于化学学习的全过程，倡导评价目标的多元化和评价方式的多样化，坚持终结性评价与过程性评价相结合、定性评价与定量评价相结合、学生自评互评与他人评价相结合。评价方式要有纸笔测验、学习档案评价和活动表现评价等。

高等学校招生考试制度改革，应与基础教育课程改革相衔接，加强对学生能力和素质的考查，改革高等学校招生考试内容，探索提供多次机会、双向选择、综合评价的考试、选拔方式。

推荐阅读

1. 教育部考试中心. 中国高考评价体系[M]. 北京：人民教育出版社，2019.
2. 教育部考试中心. 中国高考评价体系说明[M]. 北京：人民教育出版社，2019.

资 料 卡 片
基础教育改革背景

练习与应用

一、填空题

1. 改革前基础教育课程存在的弊端体现在：第一，课程目标不完整；第二，课程结构过于强调学科本位；第三，课程内容_____；第四，课程实施_____；第五，课程评价_____；第六，课程管理过于集中。

2. 教育部颁发《基础教育课程改革纲要（试行）》是在_____年。_____年开始在全国 38 个县、区进行义务教育阶段课程改革国家级实验，分层推进，滚动发展。

自_____年 9 月开始，山东、广东、海南与宁夏 4 省、自治区的高一新生率先进行普通高中新课程实验。

3. 高中化学课程评价的目的是既要促进全体高中学生在科学素养各个方面的共同发展，又要有利于_____。要达到此目的，应该将评价贯穿于化学学习的全过程，倡导评价目标的_____和评价方式的_____，坚持终结性评价与过程性评价相结合、_____、学生自评互评与他人评价相结合；评价方式要有_____、_____和活动表现评价等。

二、简答题

1. 简要回答改革后的课程目标和课程结构。
2. 改革后的课程实施要从哪几个方面进行改变？具体的改革措施体现在哪些方面？

2.3　化学课程标准

◀ 问题与思考 💡

1. 你能复述《义务教育化学课程标准（2022 年版）》的课程理念吗？
2. 初中化学学科核心素养包括哪些内容？
3. 你能复述《义务教育化学课程标准（2022 年版）》的课程目标吗？
4. 你能说出初中化学内容标准中的一级标题和二级标题吗？
5. 你能复述《普通高中化学课程标准（2017 年版）》的课程理念吗？
6. 高中化学学科核心素养包括哪些内容？
7. 你能画出高中化学的课程结构吗？
8. 你认为高中化学课程目标变化的原因是什么？

2.3.1　课程计划、课程标准、教学大纲的含义

课程计划是根据一定的教育目的和培养目标，由教育行政部门制定的有关学校教育和教学工作的指导性文件。它具体规定了教学科目的设置、学科顺序、课时分配、学年编制和学周安排。其中，开设哪些科目是课程计划的中心和首要问题。

课程标准是课程计划中每门学科以纲要的形式编写的、有关学科教学内容的指导性文件，是课程计划的展开。顾明远主编的《教育大辞典》（第一卷）对课程标准的定义是：课程标准是确定一定学段的课程水平及课程结构的纲领性文件。根据教育部 2001 年印发的《基础教育课程改革纲要》的界定，课程标准体现国家对不同阶段的学生在知识与技能、过程与方法、情感态度与价值观等方面的基本要求，规定各门课程的性质、目标、内容框架，提出教学和评价建议，是教材编写、教学、评估和考试命题的依据，是国家管理课程和评价课程的基础。

课程计划和课程标准都是教育部制定的，目前的课程计划和课程标准都是依据教育部发布的课程改革纲要编制。它们之间的关系如图 2-5 所示。

教学大纲是根据教学计划，以纲要形式规定一门课程教学内容的文件。其内容包括教学目的、教学要求、教学内容，以及讲授和实习、实验、作业的时数分配等。有的教学大纲还包括参考书目、教学仪器、直观教具等方面

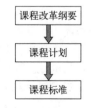

图 2-5　课程计划、课程标准的关系

的提示。列入教学大纲的教材的广度和深度，一般应是学生必须达到的最高标准。教学大纲是编写教科书和教师进行教学的主要依据，也是检查和评定学生学业成绩和衡量教师教学质量的重要标准。

教学大纲不是课程标准。课程标准与教学大纲的区别表现在以下两方面：

第一，大纲是从"教"的角度，规定了教师教什么（教学内容）、怎样教（教材分析与处理、课时安排）、教到什么程度（教学要求，有四个层次，即了解、理解、掌握、运用）。教学大纲是讨论教学目标与教学内容的纲要，它不研究课程的性质、课程设置的目的、课程开发的基本理念等问题。而这些问题恰恰是课程论研究的重点，是课程标准的基本要素。课程标准是从"学"的角度，规定了学生学什么、怎样学、学到什么程度。课程标准是基本要求，上不封顶，下要保底；大纲是最高要求，所以教学和考试都不能超纲。

第二，教学大纲是只讨论教学内容的纲要，不以知识论为基础对课程内容进行深度开发，也不以学习论为基础对课程中学生的学习水平进行详细制订。对于基础教育来说，如果不在知识论层面深入研究各种能力形成所需要的知识结构，不在学习论层面确定清楚各种能力培养要达到的具体水平，那么这种课程的实施效果在很大程度上就只能依赖教师的水平了，而这两个方面都是课程标准的核心问题。因此，课程标准是一个从课程基本问题出发，最终落实到具体知识及其学习标准的完整体系。这与教学大纲以对教学内容的纲要性规划为核心内容显然是有区别的。

2.3.2　义务教育化学课程标准（2022 年版）

进入 21 世纪，随着教育改革的不断深入，《义务教育化学课程标准》经历了几次变化。2001 年教育部颁布了《义务教育化学课程标准（实验稿）》，2011 年又颁布了《义务教育化学课程标准》。2020 年 8 月，按照义务教育课程方案修订稿的顶层设计和整体规划，教育部组织召开义务教育课程修订第二次全体会议，全面推进义务教育各学科课程标准修订工作。2022 年 3 月印发了《义务教育化学课程标准（2022 年版）》。

2.3.2.1　课程理念

（1）充分发挥化学课程的育人功能

化学课程立足学生的生活经验，反映人类探索物质世界的化学基本观念和规律，融入社会主义核心价值观的基本内容和要求，传承中华优秀传统文化；注重学生的自主发展、合作参与、创新实践，培养学生适应个人终身发展和社会发展所需要的必备品格、关键能力，引导学生形成正确的世界观、人生观和价值观，厚植爱国主义情怀，树立为实现中华民族伟大复兴和推动社会进步而奋斗的崇高追求。

（2）整体规划素养立意的课程目标

化学课程既强调化学学科及科学领域的核心素养的培养，又反映未来社会公民必备的共通性素养，倡导学会学习、合作沟通、创新实践，从化学观念、科学思维、科学探究与实践、科学态度与责任等方面全方位构建课程目标和学业质量体系。

（3）构建大概念统领的化学课程内容体系

精心选择促进学生核心素养发展的化学课程内容，注重结合学生已有生活经验，反映化学科学发展的新成就，体现化学课程内容的基础性、时代性和实践性，注重学科内的融合及学科间的联系，明确学习主题，凝练大概念，反映核心素养在各学习主题下的物质化内容要求。

每个学习主题围绕大概念选取多维度的具体学习内容，既包括核心知识，又包括对思维方法、探究实践和情感态度价值观等方面的要求，充分发挥大概念对实现知识的结构化和素养化的功能价值。

（4）重视开展核心素养导向的化学教学

聚焦学科育人方式的转变，深化化学教学改革。基于大概念的建构，整体设计和合理实施单元教学，注重启发式、互动式、探究式教学，引导学生自主学习，开展以化学实验为主的多样化探究活动；创设真实问题情境，倡导"做中学""用中学""创中学"，开展项目式学习，重视跨学科实践活动。

基于每个学习主题的特点与核心素养发展的具体目标，提供有针对性的教学策略建议、情境素材建议和学习活动建议。

（5）倡导实施促进发展的评价

树立科学评价观，重视发挥评价的育人功能。依据核心素养导向的课程目标，设计学业质量和各学习主题的学业要求，为评价的设计、实施提供依据和指导。

改进终结性评价，探索核心素养立意的命题，科学设计评价工具，重视评价学生的化学观念、科学思维、科学探究与实践、科学态度与责任等核心素养；加强过程性评价，关注学生在化学学习活动中的表现，基于证据诊断学生核心素养的发展水平，实现"教—学—评"一体化；深化综合评价，探索增值评价，注重提高学生自我评价、自我反思的能力，引导教师合理运用评价结果改进教学，实现以评促学、以评促教，发挥评价的育人功能。

课堂讨论与实践

1. 请概括每一条课程理念的内容。
2. 比较 2011 年版与 2022 年版《义务教育化学课程标准》中课程理念的变化。

2.3.2.2　课程目标

义务教育化学课程围绕核心素养，体现课程性质，反映课程理念，确立课程目标。

（1）核心素养内涵

核心素养是学科育人价值的集中体现，是学生通过课程学习而逐步形成的适应个人终身发展和社会发展所需要的正确价值观、必备品格和关键能力。化学课程要培养的核心素养，主要包括化学观念、科学思维、科学探究与实践、科学态度与责任，是中国学生发展核心素养在化学课程中的具体化，反映了义务教育化学课程的教育价值与育人功能，体现了化学学科育人的基本要求，全面展现了化学课程学习对学生发展的重要价值。

① 化学观念

化学观念是人类探索物质的组成与结构、性质与应用、化学反应及其规律所形成的基本观念，是化学概念、原理和规律的提炼与升华，是认识物质及其变化，以及解决实际问题的基础。

化学观念主要包括：物质是由元素组成的；物质具有多样性，可以分为不同的类别；物质是由分子、原子构成的，物质结构决定性质，物质性质决定用途；化学变化有新物质生成，其本质是原子的重新组合，且伴随着能量变化，并遵循一定的规律；在一定条件下通过化学反应可以实现物质转化；等等。

② 科学思维

科学思维是在化学学习中基于事实与逻辑进行独立思考和判断，对不同信息、观点和结论进行质疑与批判，提出创造性见解的能力；是从化学视角研究物质及其变化规律的思路与方法；是从宏观、微观、符号相结合的视角探究物质及其变化规律的认识方式。

科学思维主要包括：在解决化学问题中所运用的比较、分类、分析、综合、归纳等科学方法，基于实验事实进行证据推理、建构模型并推测物质及其变化的思维能力，在解决与化学相关的真实问题中形成的质疑能力、批判能力和创新意识。

③ 科学探究与实践

科学探究与实践是指经历化学课程中的实验探究，基于学科和跨学科实践活动形成的学习能力；是综合运用化学等学科的知识和方法，通过一定的技术手段，在解决真实情境问题和完成综合实践活动中展现的能力与品格。

科学探究与实践主要包括：以实验为主的科学探究能力，通过网络查询等技术手段获取和加工信息的自主学习能力，运用简单的技术与工程方法设计、制作与使用相关模型和作品的能力，参与社会调查实践、提出解决实际问题初步方案的能力，与他人分工协作、沟通交流、合作解决问题的能力等。

④ 科学态度与责任

科学态度与责任是指通过化学课程的学习，在理解科学、技术、社会、环境相互关系的基础上，逐步形成的对化学促进社会可持续发展的正确认识，以及所表现的责任担当。

科学态度与责任主要包括：发展对物质世界的好奇心、想象力和探究欲，保持对化学学习和科学探究的浓厚兴趣；对化学学科促进人类文明和社会可持续发展的重要价值具有积极的认识；具有严谨求实的科学态度，敢于提出并坚持自己的见解、勇于修正或放弃错误观点、反对伪科学的科学精神；遵守科学伦理和法律法规，具有运用化学知识对生活及社会实际问题作出判断和决策的意识；形成节约资源、保护环境的习惯，树立生态文明的理念；热爱祖国，增强为实现中华民族伟大复兴和推动社会进步而勤奋学习的责任感。

（2）目标要求

① 形成化学观念，解决实际问题

初步认识物质的多样性，能对物质及其变化进行分类；能从元素、原子、分子视角初步分析物质的组成及变化，认识"在一定条件下通过化学反应可以实现物质转化"的重要性；初步学会从定性和定量的视角研究物质的组成及变化，认识质量守恒定律对资源利用和物质转化的重要意义；能通过实例认识物质的性质与应用的关系，形成合理利用物质的意识；能从物质及其变化的视角初步分析、解决一些与化学相关的简单的实际问题，发展辩证唯物主义世界观。

② 发展科学思维，强化创新意识

初步学会运用观察、实验、调查等手段获取化学事实，能初步运用比较、分类、分析、综合、归纳等方法认识物质及其变化，形成一定的证据推理能力；能从变化和联系的视角分析常见的化学现象，能以宏观、微观、符号相结合的方式认识和表征化学变化；初步建立物质及其变化的相关模型，能根据物质的类别和信息提示预测其性质，并能解释一些简单的化学问题；能从跨学科角度初步分析和解决简单的开放性问题，体会系统思维的意义；能对不同的观点和方案提出自己的见解，发展创新思维能力，逐步学会辩证唯物主义方法论。

③ 经历科学探究，增强实践能力

认识实验是科学探究的重要形式和学习化学的重要途径，能进行安全、规范的实验基本操作，独立或与同学合作完成简单的化学实验任务；能主动提出有探究价值的问题，从问题和假设出发确定探究目标，设计和实施探究方案，获取证据并分析得到结论，能用科学语言和信息技术手段合理表述探究的过程和结果，并与同学交流；能从化学视角对常见的生活现象、简单的跨学科问题进行探讨，能运用简单的技术与工程的方法初步解决与化学有关的实际问题，完成社会实践活动；在科学探究与实践活动中，能根据自己的实际情况制订学习计划，开展自主学习活动，能与同学合作、分享，善于听取他人的合理建议，评价、反思、改进学习过程与结果，初步形成自主、合作、探究的能力。

④ 养成科学态度，具有责任担当

具有对物质世界及其变化的好奇心、探究欲和审美情趣；热爱科学，逐步形成崇尚科学、严谨求实、大胆质疑、追求真理、反对伪科学的科学精神及勇于克服困难的坚毅品质；学习科学家胸怀祖国、服务人民的爱国精神，勇攀高峰、敢为人先的创新精神，淡泊名利、潜心研究的奉献精神；认识科技创新在我国现代化建设全局中的核心地位，努力把科技自立自强信念自觉融入人生追求之中。

赞赏化学对满足人民日益增长的美好生活需要和社会可持续发展作出的重大贡献；具有安全意识和合理选用化学品的观念，提高应对意外伤害事故的意识；初步形成节能低碳、节约资源、保护环境的态度和健康的生活方式；初步认识科学、技术、社会、环境的相互关系，遵守与化学、技术相关的伦理道德及法律法规，能积极参加与化学有关的社会热点问题的讨论并作出合理的价值判断，初步形成主动参与社会决策的意识；树立人与自然和谐共生的科学自然观和绿色发展观，具有为建设社会主义现代化强国、实现中华民族伟大复兴而学习化学的志向和责任担当。

2.3.2.3　课程内容

义务教育化学课程以促进学生核心素养发展为导向，设置五个学习主题，即"科学探究与化学实验""物质的性质与应用""物质的组成与结构""物质的化学变化""化学与社会·跨学科实践"（表 2-2）。

表 2-2　化学课程的内容结构

学习主题	主题内容
1. 科学探究与化学实验	1.1　化学科学本质 1.2　实验探究 　1.2.1　科学探究的能力 　1.2.2　基本的化学实验技能 1.3　化学实验探究的思路与方法 1.4　科学探究的态度 1.5　学生必做实验及实践活动
2. 物质的性质与应用	2.1　物质的多样性 2.2　常见的物质 　2.2.1　空气、氧气、二氧化碳 　2.2.2　水和溶液 　2.2.3　金属与金属矿物 　2.2.4　常见的酸、碱、盐 2.3　认识物质性质的思路与方法 2.4　物质性质的广泛应用及化学品的合理使用 2.5　学生必做实验及实践活动
3. 物质的组成与结构	3.1　物质的组成 3.2　元素、分子、原子与物质 　3.2.1　元素 　3.2.2　分子、原子 　3.2.3　物质组成的表示 3.3　认识物质的组成与结构的思路与方法 3.4　研究物质的组成与结构的意义 3.5　学生必做实验及实践活动
4. 物质的化学变化	4.1　物质的变化与转化 4.2　化学反应及质量守恒定律 　4.2.1　化学变化的特征及化学反应的基本类型 　4.2.2　化学反应的定量关系与质量守恒定律 4.3　认识化学反应的思路与方法 4.4　化学反应的应用价值及合理调控 4.5　学生必做实验及实践活动
5. 化学与社会·跨学科实践	5.1　化学与可持续发展 5.2　化学与资源、能源、材料、环境、健康 5.3　化学、技术、工程融合解决跨学科问题的思路与方法 5.4　应对未来不确定性挑战 　5.4.1　科学伦理及法律规范 　5.4.2　社会性科学议题的合理应对 5.5　跨学科实践活动

五个学习主题之间既相对独立又具有实质性联系。其中，"物质的性质与应用""物质的组成与结构""物质的化学变化"三个学习主题，是化学科学的重要研究领域；"科学探究与化学实验""化学与社会·跨学科实践"两个学习主题，侧重科学的方法论和价值观，反映学科内的融合及学科间的联系，凸显育人价值。

课堂讨论与实践

1. 阅读《义务教育化学课程标准（2022年版）》。
2. 义务教育化学课程内容结构有什么变化？
3. 课程内容要求有什么变化？
4. 为什么要增加学业质量标准？

2.3.3 普通高中化学课程标准（2017年版）

随着经济、科技的迅猛发展和社会生活的深刻变化，面对新时代社会主要矛盾的转化，面对新时代对提高全体国民素质和人才培养质量的新要求，面对我国高中阶段教育基本普及的新形势，普通高中课程方案和课程标准一直在不断地改进中。2003年，教育部印发了普通高中课程方案和课程标准实验稿。2013年，教育部启动了普通高中课程方案和课程标准修订工作。2017年教育部颁布了《普通高中化学课程标准》，并于2020年重新修订。

2.3.3.1 基本理念

（1）以发展化学学科核心素养为主旨

立足于学生适应现代生活和未来发展的需要，充分发挥化学课程的整体育人功能，构建全面发展学生化学学科核心素养的高中化学课程目标体系。

（2）设置满足学生多元发展需求的高中化学课程

通过有层次、多样化、可选择的化学课程，拓展学生的学习空间，在保证学生共同基础的前提下，引导不同的学生学习不同的化学，以适应学生未来发展的多样化需求。

（3）选择体现基础性和时代性的化学课程内容

结合人类探索物质及其变化的历史与化学科学发展的趋势，引导学生进一步学习化学的基本原理和方法，形成化学学科的核心观念；结合学生已有的经验和将要经历的社会生活实际，引导学生关注人类面临的与化学有关的社会问题，培养学生的社会责任感、参与意识和决策能力。

（4）重视开展"素养为本"的教学

倡导真实问题情境的创设，开展以化学实验为主的多种探究活动，重视教学内容的结构化设计，激发学生学习化学的兴趣，促进学生学习方式的转变，培养他们的创新精神和实践能力。

（5）倡导基于化学学科核心素养的评价

依据化学学业质量标准，评价学生在不同学习阶段化学学科核心素养的达成情况，积极倡导"教、学、评"一体化，促进每个学生化学学科核心素养得到不同程度的发展。

案例展示

新课程改革以来，针对原有化学课程与教学存在的问题，许多专家学者都提出中学化学的教学要由"知识为本"的教学转向"观念为本"的教学。化学基本观念是个体在系统学习化学课程的基础上所形成的对化学的总体看法和概括性认识，具有超越知识的持久价值和广泛的迁移作用。在学校教学中，化学基本观念主要来自三个方面：一是来自学生对化学学科知识的反思概括，例如元素观；二是来自学生对化学探究过程、学习方法的反思，例如分类观；三是来自学生对化学科学在社会生活中的价值的认识与反思。

综合上述材料，回答下列问题：

① 在中学阶段，学生应该形成哪些化学基本观念？（至少写出三种，已给的两种除外）

② 简述分类观的含义，并举例说明在教学中应该如何帮助学生形成分类观。

解析：

① 学生在中学阶段的化学学习过程中，形成的基本概念主要包括微粒作用观、能量观、变化观、结构观、实验观等化学基本观念。

② 分类观是指在研究和学习化学物质的过程中，遵循物质变化的规律对研究对象的特点进行系统、规律性分析的思维导向。在教学过程中我们可以通过如下方式帮助学生形成分类观：

第一，基于分类观构建学习情境。人教版高中《化学》必修一中"物质的分类"部分可以设置这样的学习情境：图书馆中大量的书按照设定的标准进行"分类"，从而帮助人们快速地找到自己需要的图书；超市里众多的商品分类摆放，人们可以快速找到需要的商品等。通过这两个与生活紧密联系的分类实例，让学生感知分类为日常生活带来的便利，进一步激发学生学习"分类"的兴趣。

第二，基于分类观构建问题设计。比如在"物质的分类"部分，教师可以设置启发性和驱动性的问题，如对于化学物质如果按照所含物质的种类的多少，可以怎样分类？对于化合物我们按照不同的分类标准进行分类，可以产生哪些分类结果？基于分类观构建问题的设置，需要考虑学生已有的分类经验与将要学习的化学物质的分类之间的联系与差距，以便于学生在迅速理解分类的同时，对分类学习观有更加深入的理解。

第三，基于分类观构建小组活动设计。如在"物质的分类"部分，对于老师设置的问题可以通过小组讨论、引导学生亲自动手进行分类的同时，促进学生思考分类的目的和意义，这样学生不仅学习了新知识，还能学以致用，将学到的新知识用于解释生活中的现象。

课堂讨论与实践

1.《普通高中化学课程标准（2017 年版）》设置的课程理念强调，"结合人类探索物质及其变化的历史与化学科学发展的趋势，引导学生进一步学习化学的基本原理和方法，形成化学学科的核心观念"。请问化学学科的核心观念有哪些？

2.《普通高中化学课程标准（2017 年版）》设置的课程理念强调，"立足于学生适应现代生活和未来发展的需要，充分发挥化学课程的整体育人功能"。请问化学课程的整体育人功能体现在哪些方面？

3.《普通高中化学课程标准（2017 年版）》设置的课程理念强调，"结合学生已有的经验和将要经历的社会生活实际，引导学生关注人类面临的与化学有关的社会问题，培养学生的社会责任感、参与意识和决策能力"。请问这样做的目的是什么？

4. 阅读《普通高中化学课程标准》2017 年版和 2013 年版的化学课程理念，比较它们的变化。

2.3.3.2　学科核心素养与课程目标

（1）学科核心素养

核心素养是当前教育领域的一个热点问题。"核心素养"从字面来讲，"核心"是以培养全面发展的人为核心，"素养"则是从文化基础、自主发展、社会参与三个方面来说的六大素养，即人文底蕴、科学精神、学会学习、健康生活、责任担当、实践创新。所谓化学学科核心素养是指学生经过化学学科学习，逐步形成的正确价值观念、必备品格和关键能力。

化学学科核心素养可以从不同角度和层面进行解读。首先，根据陈进前提出的"基础支撑"和"重点发展"互动模式来看，各个素养在学生全面发展过程中有不同价值[1]。如图 2-6 所示，以科学探究和创新意识作为重点发展内容，其他四个素养作为基础起支撑作用，即"宏观辨识与微观探析"是化学科学探究的基本思维方法，"变化观念与平衡思想"是化学科学探究的基本观念，"证据推理与模型认知"是化学科学探究的科学思维方法，"科学态度与社会责任"是"科学探究

---

❶ 陈进前. 关于化学学科核心素养的三个建议[J].中学化学教学参考，2018，47（17）：1-4.

与创新意识"的出发点和落脚点。

从实践、思维和价值层面来看，化学学科核心素养又可以概括成另一种支撑关系。如图 2-7 所示，科学探究作为实践层面的核心素养，不仅需要来自思维层面素养的智力支撑，同时，实践的目的是实现价值追求，即体现科学态度与社会责任。

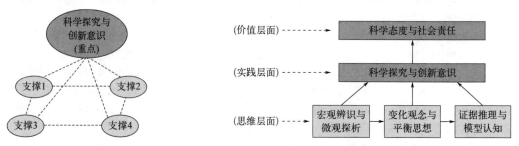

图 2-6 "基础支撑"和"重点发展"互动模式 图 2-7 学科核心素养的"3+1+1"支撑关系

从结构方面来看，普通高中化学课程标准修订组根据《中国学生发展核心素养（征求意见稿）》，结合普通高中化学课程特点，提出了包含有"宏观辨识与微观探析""变化观念与平衡思想""证据推理与模型认知""科学探究与创新意识""科学态度与社会责任"五个方面的高中化学学科核心素养。上述五个方面立足于普通高中学生的化学学习过程，各有侧重又相辅相成❶。

首先，"宏观辨识与微观探析"阐述的是"宏微结合探索物质及其变化本质"的思想，"变化观念与平衡思想"阐述的是化学变化中的动态平衡和相对变化问题。因此，前两种素养反映的是化学学科特有的思维方式和科学思想。而"证据推理与模型认知""科学探究与创新意识""科学态度与社会责任"则分别从化学学科的认识范畴、实践范畴和化学科学价值与应用范畴对化学学科核心素养进行分类，如图 2-8 所示。从化学学科核心素养的结构层次来看，化学学科核心素养经历了由化学科学实践到认识再到科学应用的发展过程。

从化学学科核心素养的构成要素方面来看，各个要素既独立作用又内在联系："宏观辨识与微观探析"是从原子、分子层次对物质结构、性质、能量变化及其应用关系的基本认识，是化学学科"物质结构与性质相联系，宏观与微观相融合"的重要观念与思维视角；"变化观念与平衡思想"是对物质发生化学变化的条件、方向、限度和变化规律的基本认识，是化学学科"物质变化与平衡相统一"的重要思想与思维视角；"证据推理与模型认知"是基于观察、实验等方法，对所获取的物质变化事实进行分析推理、抽象概括和建立模型，是化学学科中运用证据推理及模型化思想解决化学相关问题的能力和品质；"科学探究与创新意识"是既能对化学科学提出合理疑问，也能基于探究过程进行交流评估和反思，是化学学科中既能尊重事实证据独立思考，又能敢于质疑，提出创造性见解的能力品格；"科学态度与社会责任"是在理解 STSE（Science、Technology、Society、Environment，科学、技术、社会、环境）关系的基础上，认识化学科学本质和价值，深化化学学科思维，形成化学科学热爱精神，肩负科学改造社会的重大责任。

这五个要素中，"科学探究与创新意识"应当处于五大核心素养的中心位置，"宏观辨识与微观探析""变化观念与平衡思想"既是科学探究的内容也是结果，"证据推理与模型认知"是科学探究形成结论的思维方法，"科学态度与社会责任"是科学探究过程中形成的正确价值观。其关系如图 2-9 所示。

新版的课程目标更加突出化学学科的核心素养的要求，体现化学学科的特点。并且在此标准中，化学学科核心素养不仅通过内涵、目标来描述，而且对 5 个方面的素养进一步划分出 4 级水平，便于在教学和评价中具体实施。

---

❶ 郑长龙. 化学课程与教学论[M]. 吉林：东北师范大学出版社，2011：17-29.

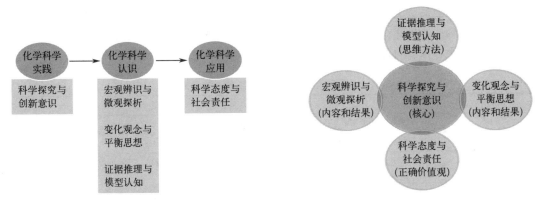

图 2-8　学科核心素养的"实践—认识—应用"递进关系　　图 2-9　学科核心素养五个要素的关系

课堂讨论与实践

阅读《普通高中化学课程标准（2017 年版）》，尝试理解化学学科五维核心素养的四种水平。

推荐阅读

1. 吴先强，顾家磊，王祖浩. 素养导向的高中化学学业质量标准比较研究[J]. 课程. 教材. 教法，2021，41(8)：118-124.
2. 尹博远，王磊. 电解质溶液主题学科核心素养的系统构成[J]. 化学教育，2021(7)：56-62.

（2）课程目标

根据化学学科核心素养对高中学生发展的具体要求，提出高中化学的课程目标如下。

通过观察能辨识一定条件下物质的形态及变化的宏观现象，初步掌握物质及其变化的分类方法，能运用符号表征物质及其变化；能从物质的微观层面理解其组成、结构和性质的联系，形成"结构决定性质，性质决定应用"的观念；能根据物质的微观结构预测物质在特定条件下可能具有的性质和发生的变化，并能解释其原因。

认识物质是在不断运动的，物质的变化是有条件的；能从内因与外因、量变与质变等方面较全面地分析物质的化学变化，关注化学变化中的能量转化；能从不同视角对纷繁复杂的化学变化进行分类研究，逐步揭示各类变化的特征和规律；能用对立统一、联系发展和动态平衡的观点考察化学反应，预测在一定条件下某种物质可能发生的化学变化。

初步学会收集各种证据，对物质的性质及其变化提出可能的假设；基于证据进行分析推理，证实或证伪假设；能解释证据与结论之间的关系，确定形成科学结论所需要的证据和寻找证据的途径；能认识化学现象与模型之间的联系，能运用多种认知模型来描述和解释物质的结构、性质和变化，预测物质及其变化的可能结果；能依据物质及其变化的信息建构模型，建立解决复杂化学问题的思维框架。

能发现和提出有探究价值的化学问题，能依据探究目的设计并优化实验方案，完成实验操作，能对观察记录的实验信息进行加工并获得结论；能和同学交流实验探究的成果，提出进一步探究或改进的设想；能尊重事实和证据，破除迷信，反对伪科学；养成独立思考、敢于质疑和勇于创新的精神。

具有安全意识和严谨求实的科学态度；形成真理面前人人平等的意识；增强探究物质性质和变化的兴趣，关注与化学有关的社会热点问题，认识环境保护和资源合理开发的重要性，具有"绿色化学"观念和可持续发展意识；能较深刻地理解化学、技术、社会和环境之间的相互关系，认识化学对社会发展的重大贡献，能运用已有知识和方法综合分析化学过程对自然可能带来的各种影响，权衡利弊，强化社会责任意识，积极参与有关化学问题的社会决策。

课程目标中各术语的含义如表 2-3 所示。

表 2-3　课程目标中各术语的含义

术语	具体含义
分析	仔细思考以寻找其中的含义或关系，以及识别模式和异同点
评价	对于事物的优点、重要性或价值提供详细检测和有依据的判断
证据	在科学中，证据是指可以用于支持特定的观点、结论或决策的可靠、有效的数据，通过考虑证据的可信度、接受度、偏差和合理性，给证据赋予意义和价值
模型	能描述阐述或解释事物系统的工作原理、结构和关系的一种表示方法

课程标准中行为动词的含义[1]如下。

了解：从具体事例中知道或举例说明对象的有关特征；根据对象的特征，从具体情境中辨认或者举例说明对象。

理解：描述对象的特征和由来，阐述此对象与相关对象之间的区别和联系。

掌握：在理解的基础上，把对象用于新的情境。

运用：综合使用已掌握的对象，选择或创造适当的方法解决问题。

经历：在特定的化学学习活动中，获得一些感性认识。

体验：参与特定的化学学习活动，主动认识或验证对象的特征，获得一些经验。

探索：独立或与他人合作参与特定的化学活动，理解或提出问题，寻求解决问题的思路，发现对象的特征及其与相关对象的区别和联系，获得一定的理性认识。

〈 课堂讨论与实践 🏫

你认为哪些因素可影响化学课程目标的确立？

2.3.3.3　课程结构

（1）学分设置

高中化学课程内容分为必修、选择性必修和选修三部分。

必修课程不划分模块，共 4 学分。选择性必修课程包括三个模块，每个模块 2 学分，共 6 学分。选修课程包括 3 个系列，每修习完成 9 学时可获得 0.5 学分，最高可获得 4 学分。各模块的主要内容如表 2-4 所示。

（2）选课要求

全体高中学生必须修习 4 学分的必修课程。

选择化学作为计入高校招生录取总成绩的学业水平考试科目的学生，需要修习选择性必修课程全部 3 个模块的内容，获得 6 个学分。其他学生也可选择修习选择性必修课程的部分模块，获得相应的学分。

选修课程供学生自由选择修习，学分为 0～4 学分。

（3）学业质量

学业质量是学生在完成本学科课程学习后的学业成就表现。学业质量标准是以本学科核心素养及其表现水平为主要维度，结合课程内容，对学生学业成就表现的总体刻画。依据不同水平学业成就表现的关键特征，学业质量标准明确将学业质量划分为不同水平，并描述了不同水

---

❶ 黄耿阳.基于核心素养的高中化学教学目标设计——以"金属钠的性质与应用"一课为例[J]. 化学教学，2017（11）: 113-115.

平学习结果的具体表现。化学学业质量水平划分为 4 级。在每一级水平的描述中均包含化学学科核心素养的 5 个方面，依据侧重的内容将其划分为 4 个条目。学业质量水平是考试与评价的重要依据。

表 2-4　普通高中化学课程结构

课程性质	模块	内容主题
必修	不分模块	主题 1：化学科学实验探究 主题 2：常见的无机物及应用 主题 3：物质结构基础与化学反应规律 主题 4：简单的有机化合物及其应用 主题 5：化学与社会发展
选择性必修	模块 1：化学反应原理	主题 1：化学反应与能量 主题 2：化学反应的方向、限度和速率 主题 3：水溶液中的离子反应与平衡
	模块 2：物质结构与性质	主题 1：原子结构与元素的性质 主题 2：微粒间的相互作用与物质的性质 主题 3：研究物质结构的方法与价值
	模块 3：有机化学基础	主题 1：有机化合物的组成与结构 主题 2：烃及其衍生物的性质与应用 主题 3：生物大分子及合成高分子
选修	系列 1：实验化学	主题 1：基础实验 主题 2：化学原理探究 主题 3：化工生产过程模拟实验 主题 4：STSE 综合实验
	系列 2：化学与社会	主题 1：化学与生活 主题 2：化学与技术 主题 3：STSE 综合实践
	系列 3：发展中的化学科学	主题 1：化学科学研究进展 主题 2：作为交叉学科的化学 主题 3：化学工程研究进展

练习与应用

一、单选题

1. 下列课程中侧重落实"情感态度与价值观"目标的是（　　）。
A. 微粒构成物质　　B. 认识化学元素　　C. 质量守恒定律　　D. 化学物质与健康
2. 新课程改革提倡师生新关系，新课程改革中具有现代师生关系的模式是（　　）。
A. 合作模式　　B. 平等模式　　C. 管理模式　　D. 授受模式
3. 课程标准作为衡量教育质量的基本依据，其核心部分是（　　）。
A. 课程内容　　B. 课程目标　　C. 课程结构　　D. 课程理念
4. 高中化学课程中，体现化学学科的基本特点和侧重探究能力和方法培养的是（　　）。
A. 实验教学　　B. 化学与技术　　C. 物质结构与性质　　D. 有机化学
5. 高中化学课程中，侧重体现化学在现实生活中的应用及其与社会发展相互关系的是（　　）。
A. 有机化学基础　　B. 化学与生活　　C. 化学反应原理　　D. 物质结构与性质
6. 下列选项属于《普通高中化学课程标准（2017 年版）》内容结构中六大部分的是（　　）。
A. 行为目标　　B. 标准　　C. 课时分配　　D. 实施建议
7. 《普通高中化学课程标准（2003 年版）》对目标要求的描述所用词语分别指向不同的学习目标，下列行为动词的描述属于"技能性学习目标水平"的是（　　）。
A. 合作　　B. 识别　　C. 解决　　D. 模仿

8. 在《普通高中化学课程标准（2017年版）》中，"研究氢键对物质性质的影响"内容标准对应的课程模块是（　　）。

A. 化学2　　　　　　　　　　　　　B. 化学与技术

C. 物质结构与性质　　　　　　　　　D. 化学反应原理

9. 下列不属于普通高中化学选修模块课程名称的是（　　）。

A. 化学原理探究　　　B. 化学与技术　　　C. 化学与生活　　　D. 物质结构与性质

10. 依据《普通高中化学课程标准（2017年版）》，我国高中化学课程包括（　　）个主题，（　　）个模块，（　　）个系列。

A. 5、3、3　　　　　B. 2、4、5　　　　　C. 2、3、4　　　　　D. 2、4、3

11. 化学课程标准的作用不包括（　　）。

A. 指导教学　　　　B. 选拔人才　　　　C. 编写教材　　　　D. 评价学习

12.《普通高中化学课程标准（2017年版）》中，下列主题属于必修模块的是（　　）。

①常见无机物及其应用　②物质结构基础　③化学与健康　④化学与社会发展

A. ①②③　　　　　B. ①③④　　　　　C. ②③④　　　　　D. ①②④

13. 下列高中化学认知性目标的学习行为所对应的学习水平最高的是（　　）。

A. 证明　　　　　　B. 知道　　　　　　C. 说明　　　　　　D. 了解

14. 全面落实高中化学课程目标的含义是（　　）。

A. 使学生在知识与技能、过程与方法、情感态度与价值观方面均得到发展

B. 让学生掌握化学基础知识，建立化学基本观念

C. 让学生掌握科学探究方法，培养科学精神

D. 让学生热爱化学，关心环境，增强社会责任感

15.《普通高中化学课程标准（2017年版）》给出的实施建议包括（　　）。

①教学与评价建议　　　　　　②学业水平考试命题建议

③教材编写建议　　　　　　　④地方和学校实施本课程的建议

A. ①②　　　　　　B. ②③　　　　　　C. ①②③　　　　　D. ①②③④

16. 高中化学课程标准倡导的评价不包括（　　）。

A. 目标多元　　　　　　　　　　　　B. 方式多样

C. 过程与结果并重　　　　　　　　　D. 注重甄别与选拔

17. 下面四位教师用各自的方法开始了高中化学第一课，其中最符合新课程理念的是（　　）。

A. 强调必须学好化学才能考上大学，否则没有前途

B. 强调许多化学物质有腐蚀性或毒性，化学工艺也有很多污染

C. 强调化学很重要，但化学是很难学的学科

D. 强调化学很有趣，且人类社会的进步与发展离不开化学

18. 下列不属于《普通高中化学课程标准（2017年版）》基本理念的是（　　）。

A. 设置多样化的课程模块，拓展学生选择空间

B. 以发展化学学科核心素养为主旨

C. 加强探究教学，培养化学科技人才

D. 选择体现基础性和时代性的化学课程内容

19. 倡导基于化学学科核心素养的评价的不正确做法是（　　）。

A. 依据化学学业质量标准，评价学生在不同学习阶段化学学科核心素养的达成情况

B. 积极倡导"教、学、评"一体化，促进每个学生化学学科核心素养得到不同程度的发展

C. 积极倡导学生自我评价、活动表现评价等多种评价方式，关注学生个性的发展，激励每个学生走向成功

D. 评价以纸笔测验为主，主要看学生的考试分数

20. 下列不属于开展"素养为本"的教学的要求是（　　）。

A. 倡导真实问题情境的创设，开展以化学实验为主的多种探究活动

B. 重视教学内容的结构化设计

C. 只关注知识与技能目标的达成

D. 促进学生学习方式的转变，培养他们的创新精神和实践能力

21. 化学课程目标，是人们赋予化学课程教育功能时所规定的（　　）。

A. 最低教育要求　　　B. 最高教育要求　　　C. 一般教育要求　　　D. 中等教育要求

二、材料分析题

下面是某化学教师关于化学能转化为电能的课题教学实录片段。

老师：能量存在多种形式，如热能、电能、风能等，它们之间在一定条件下能相互转化吗？

学生 1：可以，比如风力发电，风能转化为电能。

学生 2：热能也能转化为电能，如火力发电。

老师：那么，化学能能否转化为电能呢？

学生：（思考……）

老师：我们知道，电子的定向移动能够形成电流，这对化学能转化为电能有什么启示？

学生 3：有的化学反应伴随着电子的转移，如果电子能定向移动的话也可以产生电流。

老师：好，那么是哪些反应呢？

学生 4：氧化还原反应，因为有电子的转移，有可能产生电流。

老师：能不能设计一个实验来证明我们的假设呢？

第 1 组的实验方案及结果如表 2-5：

表 2-5　实验方案

实验过程	将铜片和锌片平行插入稀硫酸中，并用导线连接，在导线间连接一个电流表
实验现象	电流表指针发生偏移
结论	化学能可直接转化为电能

第 2 组：……

老师：下面请第一组派一位代表向大家讲述他们的实验设计及结果。

问题：该教师的教学流程体现了哪些课程理念？

三、简答题

《普通高中化学课程标准（2017 年版）》指出，为了向学生提供基础性、多样化和可选择的课程，高中化学课程分为必修课程、选择性必修课程和选修课程，满足不同学生的学习兴趣与个人需求。

结合材料，回答下列问题：

① 说明设计《化学与生活》模块可使学生在哪些方面得到发展。

② 试根据《化学与生活》模块特点，选择适合的化学教学策略。

第3章

化学教材

引言

教材是课程标准实施的重要保证。我国已经历多次教育改革和教材更新，将化学教材的本土化和科学素养的培养结合起来。化学教科书编写以化学新课程标准为依据，在课程结构、内容编制、版式设计、呈现方式、栏目设计上都有很大的变化。

化学新课程改革倡导自主、合作、探究的学习方式，使实施新课程的教学过程成为师生之间积极互动、相互交流、共同探究的过程。中学化学教科书不再是教学的全部内容，而是为展开教学活动、师生互动产生知识提供的一种范例和素材，是重要的课程资源，是教师进行教学的范例。教科书的编写要充分利用学生已有的知识经验，引导他们理解和体会知识的产生过程，自主构建知识体系，进一步增强学习化学的兴趣。编写教科书时，要在内容编排体系、呈现方式、学生活动方式、考核评价等方面为教师的教学提供示范和启示；同时留给教师较大的教学创造空间，使教师在实践中充分发挥教学的主动性和创造性。

我国中学化学教材经历了哪些变化？中学化学教材、中学化学课程的区别有哪些？中学化学课程标准与教材有何关系？中学化学教材编写有哪些主要内容？有哪些呈现特点？教材内容的选择有何特点？我们怎样理解和使用化学教材？本章将重点围绕这些问题进行讨论。

学习目标

1. 了解教材与教科书，知道中学化学课程、化学教材和化学教科书三者之间的关系。
2. 了解我国现行中学化学教材编写的特点，体会化学课程编写理念。
3. 熟悉中学化学教材的主要内容及其编排设计。

4. 了解化学教科书发展的历程。

5. 理解教材变革一定要与时俱进，与国家经济等的发展相适应。

3.1 认识教材与教科书

问题与思考

1. 你能够说出课程、教材、教科书之间的关系吗？
2. 你认为教材在教学中的功能体现在哪些方面？
3. 你知道中学化学教材的变革历程吗？

3.1.1 教材的含义

教材是教师教学和学生学习不可缺少的重要媒介，是教学中最主要的材料。它主要通过纯文本的方式，向学生直接呈现事实、概念和原理，被看作是学科知识的浓缩和反映，发挥着作为信息资源的功能。从本质上说，教材不仅仅是一种信息资源，更是学生直接作用的对象，是促进学生发展的工具和材料。因此，教材是构成教学系统的最基本要素，也是各学科课程标准实施的重要保证。

3.1.2 中学化学教材的功能

中学化学教材是使学生达到中学化学课程标准所规定的目标要求的内容载体，通常具有如下功能。

（1）提供学生学习的范例

化学教科书是依据国家中学化学课程标准编写的化学学科材料，是中学化学课堂教学的重要依据。师生能够以这些材料为基础，有效地展开化学教学活动，理解和研究化学知识、化学技能、化学思维观念、化学研究方法和化学学习方法，是培养学生化学学科核心素养的重要载体，为教师的教学和学生的学习提供范例。

（2）影响学生学习化学学科的学习方式

学习方式是学生在完成学习任务过程中基本的行为和认知取向。教材作为学生主要的学习资源和直接作用的对象，发挥着重要的作用，它为学习方式的形成提供了"物质"载体。化学教材以科学探究为突破口。在教材内容的呈现上，不拘泥于对具体事实和概念的陈述和解释，注重过程和方法，以真实的问题情景引发学生的认知冲突，激发学生的探究欲望，引导学生在假设、实验、讨论交流、小结等探究过程中学习收集、加工和处理信息的方法，把"要求学生学习"变成"学生要学习"，促进学生学习方式的转变。

（3）促进学生科学价值观的形成

价值观是个人对自身、人与自然、社会和他人之间的关系的整体认识。科学的价值观主要表现为对自然的关爱、对社会的责任感，以及善于合作、积极进取的科学态度等。科学价值观的形成需要以一定的知识为载体，让学生在实践活动中体验人与自然、社会和谐发展的重要性。中学化学课程教材，让学生感受化学科学对个人生活和社会发展的贡献，关注与化学有关的社会问题，逐步形成可持续发展的思想，树立珍惜资源、爱护环境、合理使用化学物质的观念，体现了化学课程对学生科学价值观的培养。以此为目标，现在的化学教材注重从学生已有的经验出发，紧密联系社会生活实际开展探究活动，引导学生在亲身实践中体验科学探究的艰辛和喜悦，感受化学世界的奇妙与和谐。重视教材作为信息资源的功能，强调教材促进学生发展的功能，为科学价值观的形成创造有利的条件，促进学生科学价值观的形成。

（4）引导学生进行自我反思与评价

课程改革积极倡导学生进行自我反思和自我评价，充分发挥评价对学生的激励、促进和发展功能。通过设置各种栏目，引导学生对学习过程和结果进行自我总结、反思与评价。例如，在很多探究实验后都设有"讨论"栏目，让学生将自己观察到的现象、得到的结论等与同学交流讨论。这种讨论，一方面为学生提供了一个自我表达、表现的机会，激励学生不断进取；另一方面促使学生对自己的探究活动做出反思与评价，不断调整、改进和完善自己的行为。以九年义务教育教材为例，设置了"你已知道什么""活动与探究""拓展视野""联想与启示""观察与思考""交流与讨论""练习与实验"等多种师生活动形式；教材在每部分内容结束后，设计了一些总结性栏目，以问题的形式或者是提供一定的线索引导学生对学习的内容进行系统整理。在这一过程中，学生对自己的学习活动进行反思，对知识和方法进行再认知，及时调整自己的学习策略和思维方向。这些内容和形式的设计都充分体现了教材引导学生进行自我反思与评价的功能。

3.1.3　中学化学教材的变革

人民教育出版社建社后的 70 多年里，化学教材建设经历了从艰辛到辉煌的历程，先后研究、编写、出版了十套中学化学教材。

（1）新中国成立初期的化学教材

中华人民共和国成立前，东北解放区于 1949 年下半年起编译苏联十年制学校化学教科书（通常称为"东北本"）。新中国成立后，除东北外的其他地区的课本非常复杂，暂用原来的中学课本代替。

（2）20 世纪 50 年代至 80 年代的化学教材

人民教育出版社出版的第一套化学教材是由王洪年所编的《初级中学实用化学课本》，之后张江树、章涛合编的《高级中学化学课本》，对逐步统一教学要求、加强化学实验、改进教学方法、提高全国中学化学教学质量起了积极作用。

1952 年起，人民教育出版社以苏联最新出版的十年制学校化学教科书（东北本）为蓝本，编译并出版了一套新的初高中化学课本。这套课本学习苏联教育经验，在提高教学质量，特别是加强基本知识和基本技能方面取得了很大成绩，但也存在结合我国实际不足等问题。

1960 年下半年开始，人民教育出版社组织力量赶编"缩短年限、不提高程度"的中小学十年制教材，化学室编写的十年制学校化学课本从 1962 年起供全国选用。

1963 年秋，人民教育出版社又编写了一套新的全日制十二年制学校中学化学课本，但此套课本只用了初中化学和高中化学第一、二册，和高中化学第三册。这套教材受到广大教师的好评，普遍认为是新中国成立后一套较好的教材。

1977 年 9 月，教育部组织了全国中小学教材编写。化学组编出了全日制十年制中学全套化学课本初稿，并于 1978 年秋由人民教育出版社出版初中化学课本，供全国试用。后续的高中课本广泛征求意见修改后陆续出版供应。这套中学化学课本的主要特点是以先进的科学知识充实教材，理论知识得到更新，元素化合物知识广泛详细，注意理论联系实际，重视和加强化学实验，教材知识的编排体系较为严密等。对提高教材质量、加强基础理论知识和基本技能、提高化学教学质量起了一定的作用。不过，全国都使用这一套教材，许多学校反映教材的理论偏多、偏深，学生学习负担过重。

（3）改革开放后的化学教材

1981 年以后的十几年中，根据教育部的教学要求和教学大纲的调整变化，人民教育出版社又对化学教材不断进行精简、修订和改编。

1986 年到 1990 年，人民教育出版社又编写了义务教育三年制初级中学教科书《化学》（实验本）。1994 年对教材进行了修订，并编制成"六三"和"五四"两种学制使用的两种版本义务教育化学教科书，供全国选用。

1996 年，根据国家教委颁布的《全日制普通高级中学化学教学大纲（供试验用）》的要求，人民教育出版社化学室经过广泛深入的调查和研究，编写了相应的高中化学教科书，从 1997 年秋季开始出版，陆续供各地选择试用。这套教科书首先在天津、江西、山西等省市试验，以后逐步扩大在全国使用。这套义务教育初中化学教科书，受到广大化学教师的认可，认为知识面广且难度减小，易于学生接受，注意知识与实际的联系，有利于全面提高学生素质。不足是信息量稍大，对学生的个性特长发展重视不够，也未考虑全国各地学生情况差异。

（4）21 世纪的化学教材

根据课程标准的推行并结合试教情况，在 2000 年和 2003 年再次对教科书做了两次较大的修订，使教科书不断发展和完善。这套教科书渗透了许多新的教育观念，内容丰富，保持了利于教和学的特点；设置了多种栏目，并增加了学生活动的比例。教科书采用了较新颖的排版方式，使用双色、双栏排版。实践表明，这是一套社会反响较好的教科书。

21 世纪以来，人民教育出版社化学室组织包括化学学科专家、化学教育专家、一线教学专家及教材编写专家的国内一流专家队伍，编写出版了《义务教育化学课程标准实验教科书·化学》和《普通高中化学课程标准实验教科书·化学》，这是人教版第十套中学化学教科书。这套教材重视基础性，突出时代性，体现选择性；在保证科学性基础上，在体系构建上体现学科知识逻辑与学生学习逻辑的融合，在内容上突出化学与实际的联系，在呈现上体现教与学的关系；且版式设计新颖清晰，图文并茂。教材审查通过后，在全国大部分地区试验。这套教材的编写和出版，为化学教材的发展提供了新的研究基础。随着课程改革的不断深入，人教版中学化学教材越来越受到广大使用者的肯定和欢迎。

随着《义务教育化学课程标准（2022 年版）》的发行，中学化学课本又进行改编。

> **‹ 资料卡片 →›**
>
> 近十年，在全国统一新课程标准指导下，我国的中学化学教材在国家、地方、学校多种形式出现了不同版本。我国出现的初中化学教材有 11 种，一般称为人教版、苏教版、冀教版、华东版、华北版。
>
> ① 鲁科版八年级全册（旧）（五四学制）；
> ② 鲁教版八年级全册（新）（五四学制）；
> ③ 鲁科版九年级全册（新）；
> ④ 人教版八年级全册（五四学制）；
> ⑤ 人教版九年级上、下册（新）（六三学制）；
> ⑥ 粤教版九年级上、下册（新）；
> ⑦ 沪教版九年级上、下册（新）（上海版）；
> ⑧ 沪教版九年级全册（新）（全国版）；
> ⑨ 仁爱版九年级上、下册；
> ⑩ 湘教版九年级上、下册（新）；
> ⑪ 北京版九年级上、下册（新）。

回顾我国 70 多年化学教材建设和发展的历史，不难看出，从改编到自主研发，从黑白文字描述为主到彩色图文并茂、栏目多样，从着重教师"教本"到重视学生"学本"，几代教材编者呕心沥血，付出了艰辛的劳动。以下总结教材建设过程中的几大要点。

第一，教材的编写必须建立在研究的基础之上。教材研究是多方面、全方位的，如国内外教材研究、专题研究、调查研究（城镇、农村、工厂、矿山、企业、教研部门、学校参观、考察、听课、座谈）等。

第二，必须从实际出发。我国地域辽阔，人口众多，各地发展不平衡，必须从我国社会、经济、教育发展的实际情况出发，适合我国国情。

第三，必须充分考虑学生的生理、心理及认知发展水平，关注学生的可接受性。充分考虑化学学科知识的系统性和发展的阶段性，明确中学阶段的要求；要处理好教学内容要求与学生学习负担的关系。

第四，化学科学课程的内容应围绕公民必须具备的科学素养来选择，主要包括构成科学的基本概念、体系和观念，解决问题的能力，科学研究的方法，科学态度和科学精神，科学、技术与社会的关系。

第五，教材体系和教学内容的安排要符合教和学的客观规律，要利于在教学中发挥学生的主体作用和教师的主导作用，利于学生学，便于教师教。更要与时俱进，培养社会进步和国家发展所需的人才。

3.1.4　课程、教材、教科书之间的关系

课程是指国家对学生科学素养发展的最基础的学习要求；是对教育目标、教学内容、教学活动方式的规划和设计，是教学计划、教学大纲等诸多方面的实施过程；是以实现各级各类教育目标而规定的学科及其目的、内容、范围与进程的总和；是包括学校老师所教授的各门学科和有目的、有计划的教育活动。课程内容一般指特定形态课程中学生需要学习的事实、概念、原理、技能、策略、方法、态度及价值观念等。

教材是体现课程目标要求的资料，它是依据课程标准编制的、系统反映学科内容的教学用书。教材是课程标准的具体化，通常按学年或学期分册，划分单元或章节。教材的主体主要由目录、课文、习题、实验、图表、注释和附录等部分构成。随着科学技术的发展、教学手段的进步和现代化，教学内容的载体也变得多样化。除教材以外，还有各类指导书和补充读物；工具书、挂图、图表和其他教学辅助用具，以及教学程序软件包；幻灯片、电影、视频、音像磁盘等多媒体电子信息资料。教材是课程标准的物化形态，教材的主要表现形式为教科书，教科书是教材内容之一，是一门课程的核心教学材料。教学内容和教学过程都要以课程内容为基准。

教科书一般要经过教育部门审定，经过试用、修订，然后推广使用。中小学教科书一般强调规范、标准和统一，在编排结构上层次分明，按知识体系循序渐进地安排内容，便于学生逐步、系统地接受和掌握知识，由低到高地训练学生的学科学习能力。

教学内容不仅包括教材内容（素材内容），还包括引导作用、动机作用、方法论指示、价值判断、规范概念等。教材是教学内容的重要成分，但它仅是教学内容的一部分。课程内容、教学内容、教材是相互联系而又有区别的三个重要概念，它们与教学目标及课程目标紧密相连，它们的关系见图3-1。

图3-1　课程内容、教学内容、教材三者关系图

3.1.5　"教教材"与"用教材教"

多年来，"教教材"是我们教书的主要任务。"教教材"是课改前的认识，人们把教材与教科书等同起来。教材就是教科书，按照这一教材观，教科书的内容就是教学内容，要求教师的教学要源于教材、忠于教材、吃透教材，不能脱离教材、超越教材。这种传统教材观把教材看作是教学的出发点和全部，处处以教材为中心。在这种情况下，教材本身是学习的目的，教师的任务就是传授教材的每一个知识点，教师的作用在于指导学生获得教材所提供的、系统化的知识。为了达到这种目的，课堂教学无论是新课还是复习，无论是练习还是考试，一切以教师传授、学生消化记忆书本知识为中心，学生成了被动接受知识的容器。这种教学不仅限制了教师的创造性及其教学的个性化，更使师生无法在教学中真正体验到化学的价值和学习化学的乐趣。

我国的教育改革全面推进素质教育，要在 21 世纪构建起符合素质教育要求的基础教育课程体系。新课程改革关注学生发展、强调教师成长、重视以学定教，新的课程观、知识观、学生观、教师观、学习观、教学观、教材观都在逐步渗透于教师的教学中。现在的教材观中，教材是使学生达到课程标准所选定的内容载体和素材，是教师"教"与学生"学"的主要工具与资源。教学就是合理利用校内外各种课程资源，这些资源不仅包括学校的一切可以利用的场地，还包括各种社会资源、自然资源及信息化资源等。狭义上的教材一般是指教科书；广义上的教材是指教师为实现确定的教学目标，在教学活动中使用的、供学生选择和处理的、负载着知识信息的一切手段和材料，包括以教科书为主体的图书教材、各种视听教材、电子教材以及来源于生活的现实教材等。

新课程理念下的教材观要求教师树立"用教材教"，创造性地使用教材，即教师对教材的二次开发。在核心素养体系建设中的教材的二次开发，要求教师首先要更新教学理念，审视核心素养视角下教材应有的作用，努力为落实"立德树人"的教育方针、培养学生成为社会主义的建设者和接班人服务。教师对教材的开发利用也不再是传统意义上的备课，不再局限于教学是由教师到学生的传输过程，探索符合最新课程目标的教学方法，加强对教学的反思能力。教材就是一种媒介、一种工具、一种资源。学校教学的教材、教师、学生三角形模型中，教材主要扮演着学生"学习资源"或者"学习材料"的性质，教师更重要的作用是作为学生学习的引导者。这些都需要教师针对教材的相关内容重新调整、整合，挖掘更深层次的内容，设置训练思维的活动和题目，让学生学以致用，并且能够促使他们在生活中运用所学的知识，将理论紧密联系实际生活，尽可能地满足不同个性特征的学生的需求。

所以说，"用教材教"是指新课程理念下的教材观。教材只是为教师提供了一定的素材，教师教学应该用教材素材为教育教学服务，把教材看成实现教学目标的一种教学资源。把化学教材作为师生开展化学教学活动、学生获得价值体验和进行化学知识建构的一种课程资源，使学生通过对教材内容知识点的学习，在获得知识和技能的同时，在过程与方法、情感态度与价值观等核心素养方面也得到全面和谐的发展。这种教学不仅是学习知识本身，更重要的是重视学生获取知识的过程，重视引导学生通过自主探究去获得知识的结论，体现了"以学生发展"为中心。

事实上，教师从"教教材"到"用教材教"是教材观和教学理念的重要转变。要完成课程内容、实现课程目标的重要基础，仍然是在理解教材基础上的教学内容组织，是教师基于自身专业知识、专业素养和教材观，对教材意义的解读过程。一方面，由于各中学使用指定教材，教师"教教材"的现象始终存在；另一方面，各学段教材有多种版本，如初中化学教材现有六种版本，分别为人教版、鲁科版、沪教版（上海教育出版社出版）、北京版（北京出版社出版）、科普版（科学普及出版社出版）、科学粤教版（科学出版社、广东教育出版社出版）。由于存在"一标多本"，不同版本之间既存在一定的共性，又存在着一定的差异性，所以如何正确理解教材，合理组织教学内容，以完成课程内容、实现课程目标，是每一位教师未来要思考的内容。

课堂讨论与实践

1. 请分析在我们中学的学习过程中，教师是如何使用化学教材的？
2. 请讨论中学化学教材知识体系和内容。
3. 请画出中华人民共和国成立后教材的变革历程。

课程内容的选择需要解决"学什么"的问题。随着"以学生发展为本"等理念日渐深入人心，化学课程内容设计上注重历史和现实的结合、理论和实践的结合、科学和人文的结合，使丰富多彩的化学课程为更多的学生所接受。以学科知识结构及其知识发展逻辑为依托的课程内容的确定与教材编撰，路径相对明确，核心素养成为课程内容选择的重要依据，基于核心素养来组织和选择课程内容，根据课标编写教材。

以初中化学教材为例，在核心素养课标下的化学教材内容：一是合理把握内容的深度和广度，即教材内容选择力求凸显化学学科特征和育人价值，重视知识间的内在联系，精选有利于促进大概念形成和发展的核心知识。综合考虑每个学习主题的内容要求和学业要求，依据学科逻辑和学生的认知特点，合理把握教材内容的深度和广度，实现基础性与发展性的统一。二是体现化学与人文的融合，即选择着力体现化学对人类文明发展的重要贡献，关注化学科学发展史和科学家的故事。注重从中华优秀传统文化中汲取营养，介绍我国化学家的创造发明，引导学生认识科学本质，传承科学精神，感悟民族智慧，增强文化自信。三是密切联系社会生活经验，即选择密切联系学生的生活经验和社会发展现实，反映时代特点和现代意识，体现跨学科知识的内容。帮助学生了解科学、技术、社会、环境的相互关系，对某些社会问题作出积极的思考和决策，培养学生从化学学科及跨学科视角分析和解决实际问题的能力，为学生的终身发展奠定基础。四是重视实验探究活动，即选择重视实验探究活动，围绕核心知识精选实验内容，设计有科学探究意义的实验活动，为学生提供亲身经历和体验实验探究的机会，充分发挥化学实验的教学功能，培养学生的创新意识和实践探究能力。高度关注实验安全问题，引导学生养成规范操作的习惯和自觉的安全意识。

中学教育中的化学课程呈现出普及性的化学课程，选择最基本的化学知识和能力相关的社会生活与技术，从知识掌握型转变为理解型的化学课程，从以课堂学习为主转变为注重与实践相结合的化学课程。重视实验和实际操作在课程学习中的教育价值和训练价值，加强科学与人文之间的联系，拓宽了课程学习的范围，从学术中心转变为化学与社会相联系，从单一学科迈向跨学科综合，引入 STSE 教育。

练习与应用

1.【多选】课程内容、教学内容、教材内容之间的关系是（　　　）。
A. 课程内容是教材内容和教学内容的上位
B. 教材内容是承载课程内容与教学内容之间关系
C. 教学内容是教材内容的教学化
D. 三个内容都是解决"教什么"的问题
2. 怎样理解"用教材教，而不是教教材"的内涵？

3.2　教材内容编排的物理形态设计

问题与思考 🔆

1. 高中化学教材内容的选择依据是什么？
2. 义务教育化学教材的编排依据是什么？
3. 高中化学教材的编排和设计依据是什么？

3.2.1　义务教育阶段化学教材

（1）内容的编排和设计

　　义务教育化学教材，在综合考虑学生已有经验和心理发展水平、化学学科内容特点、化学与技术和社会的联系的基础上，确定了"科学探究与化学实验""物质的性质与应用""物质组成与结构""物质的化学变化""化学与社会·跨学科实践"5 个一级主题（内容主题），每个一级主题由若干个二级主题（内容单元）构成。以人民教育出版社出版最新教材为例，包含了 5 个一级标题、25 个课题，其中有多个实验和实践活动。

资　料　卡　片
人民教育出版社 2022 年版
《化学八年级全一册》
《化学九年级全一册》目录

（2）设计说明

　　每个学习主题由五个维度的内容构成，包括大概念、核心知识、基本思路与方法、重要态度、必做实验及实践活动，围绕大概念构建学习主题的内容结构，将课程目标具体化为各学习主题的内容要求。

3.2.2　高中化学教材

（1）内容的编排和设计

　　高中化学教材内容分为必修和选修两个部分。我国新推出的高中化学课程教科书以促进学生发展、提高学生的科学素养为主旨，落实知识与技能、过程与方法、情感态度与价值观三个方面的课程目标。在选择和组织各个主体内容时，确立了三条基本的内容线索，即化学学科的基本知识线索；科学探究和化学学科的思想观念、研究方法和学习策略；反映化学与社会、环境、个人生活实际以及其他科学和技术的广泛联系、相互作用和影响，具有 STSE 教育价值的内容主题和学习素材。高中化学教材分为必修、选择性必修和选修三个部分，具体内容见如下的二维码。

资　料　卡　片
人民教育出版社普通高中教科书《化学》必修、选择性必修、选修目录

（2）设计说明

　　高中化学的必修课程是在义务教育的基础上为全体高中生开设的，课程设计注重对高中学生科学探究能力的培养，重视化学基本概念和化学实验，体现绿色化学思想，突出化学对生活、社会发展和科技进步的重要作用。目的在于促进学生在五维核心素养等方面的发展，进一步提高学生的科学素养和学习化学的兴趣，同时也为学生学习相关学科课程和选修其他化学模块课程打下基础。

　　选修"物质结构与性质"模块从原子、分子水平揭示物质构成的规律，以微粒之间不同作用力为线索研究不同类型物质的有关性质，帮助学生从物质结构与性质关系的角度进一步理解物质变化的本质，激发他们探究物质构成奥秘的兴趣，提高学生的理性思维能力。

　　选修"化学反应原理"模块从化学反应与能量、化学反应速率和化学平衡以及溶液中的离子

平衡等方面，探索化学反应的规律及其应用。

选修"有机化学基础"模块比较系统地介绍了常见有机物的组成、结构和性质，揭示了有机物之间的相互转化关系和有机化学基础，关注有机物在日常生活、人类健康和技术发展等方面的应用。

选修"化学与生活"模块主要目的是让学生认识生活中必需的化学物质，能够用化学知识解决生活问题，认识到化学可以使人类的生活更美好，形成正确的价值观。

选修"化学与技术"模块以化学知识为基础，介绍化学在自然资源的开发利用、材料制造和工农业生产中的应用，使学生能运用所学的化学知识对与化学有关的一系列技术问题做出合理的分析，强化学生的应用意识和实践能力。

选修"实验化学"模块将化学知识、实验技能、实验方法、实验思想、科学态度、科学价值观融为一体，在解决具体实验课题的过程中实现课程目标，较好地体现了实验在科学探究和提高学生科学素养方面的重要作用。

3.2.3 　教材形态和栏目

教材内容体系科学、合理。在教材内容的呈现方式方面，依据科学学习规律和学生心理发展特点，突出结构性、建构性、层次性，运用丰富多样、功能强大的教材栏目体系。

（1）化学教材的形态

① 纸质版。在同一课程标准指导下，在我国有多个版本教材。除上述列举的人民教育出版社的版本外，还有北师大版、鲁教版、沪教版、苏教版、华东版、东北版等。在我国，不同地方选择的教材并不统一，甚至有的学校用自己编的校本教材。

② 电子版。印刷有纸质版的上述教材，一般都有相应的电子版本，有与其配套的资源库。在化学学科网等教学资源中，还有很多有关教学设计、实验演示、教学视频、教学课件、教学复习、学生练习、考试试卷等资源，丰富多样。

（2）化学教材栏目设置

化学课程改革带来了教材内容和形式的改革。教材栏目在转变学生的学习方式方面起着重要作用。栏目设置丰富多彩，除教材章节知识的主题正文外，通常还有许多的形式。

观察与思考：老师演示实验，同学们分析思考。展示的实验、模型、图表中蕴含深刻的化学道理，引导同学们认真观察老师所做的演示实验，准确记录实验现象，仔细分析现象产生的原因，不断提高观察能力和思维能力。

联想与质疑：联想已有经验，提出新问题。一般出现在新内容学习的开始，在同学们已有的经验或者熟悉的事实和现象的基础上设置有关的学习情境并提出问题、引发思考，使同学们对将要学习的内容充满兴趣。

活动与探究：亲自动手实践，探索解决问题。在此栏目所设置的学习活动，引领同学们积极投身实践活动，在"做中学"的自主探究中享受发现的快乐，同学们将通过实验探究或其他形式的探究活动来揭示化学科学的奥秘。

迁移与应用：学习了新的知识后，同学们可以利用此栏目提出的问题或介绍的方法来检验自己对新知识的掌握程度。

概括与整合：学完一节课程后，同学们可以在此栏目的引导下建立新旧知识之间的联系，对在知识与技能、过程与方法、情感态度与价值观三方面的收获进行总结。

交流与研讨：人人参与讨论，分析归纳总结。此栏目设置了一系列的问题情景，引导同学们展开讨论，为充分表现同学们的聪明才智和丰富的想象力提供机会，这是同学们各抒己见的园地。通过对此栏目所提问题的交流讨论，同学们将获得更多的信息，并使自己对有关问题的认识更加深刻。

你知道吗：引导同学们回顾已有知识，在新旧知识之间架起"桥梁"，联系自己原有的经验，激发探究的欲望。

问题解决：在教材阐述的化学原理、规律之后插入相关的问题，考查同学们知识迁移和问题解决的能力。

信息提示：以简洁的语言介绍化学的核心概念、基本原理、物质性质和技能方法等。

拓展视野：提供更多、更生动的素材，使同学们在完成必要的学习任务之余开拓视野，进一步领略化学的奇妙和魅力。

整理与归纳：将每个专题的核心知识、思想方法整合，形成结构体系，既展现本专题教材建构的思路，又提炼出基本的知识点，帮助学生理解教材、把握重点。

回顾与总结：提示同学们参照所给的问题或线索整理知识，以问题的形式联系本专题重点的知识、技能和方法，增加自我反思和评价的力度。

练习与实践：帮助同学们巩固知识，应用知识解决某些实际问题。

类似还有联想与启示、追根寻源、方法导引、科学视野、信息搜索、资料卡片、资料在线、历史回眸、知识点击、概括与整合、阅读与探究、实践活动、练习与活动、本章自我评价等。另外还有插图、习题和大量的附录，比如相对原子质量表、元素周期表、酸碱盐溶解性表等。这些栏目有助于引发学生的学习动机，调动相关的已有经验，使学习的指向性更强，也更加有利于指导学生学习。

3.2.4　化学教材的编写特点

化学知识结构化是学生化学学科核心素养形成和发展的重要途径，化学教材内容编排注重化学知识的结构化，反映化学学科知识之间的内在逻辑。化学教材围绕化学核心概念确定教材内容主题，将核心概念与情境、活动和问题解决融为一体，凸显教材内容主题的素养发展功能。目前化学教材编写主要有以下几个主要特点。

（1）联系实际，贴近生活，关注环保教育

教材注重化学与社会、生活、生产、科学新技术之间的联系。早在 2000 年教育部的指导意见中就明确提出"理科考试要结合具体问题考查学生对基本概念和原理的理解，以及运用这些概念和原理分析和解决简单实际问题的能力"。"化学"与"社会""日常生活"的广泛联系和结合，体现了化学学科的特点，具有鲜明的时代性和浓郁的生活气息，把理论和实践有机地结合起来。经过 20 多年发展的现在，国家"碳达峰、碳中和"双碳经济理念政策的推行，更是注重环境保护教育。

（2）以人为本，安全第一，体现人文精神

化学实验，是学生的化学学习的基础。通过演示实验和学生实验，教材将培养学生的安全意识提高到一个新的高度，体现作为实验的个体——人的安全是第一位的思想。防火、防爆、安全第一的思想贯穿了教材的始终。例如，"白磷的燃烧"验证燃烧条件的演示实验，就要求在通风橱里进行；认识生产生活中常用的六种消防安全标志；了解灭火器知识；在讲述氢氧化钠使用时，用黑体强调"更应防止溅到眼睛里"。这些内容的特意安排，目的就是要加强安全教育，增强安全意识，体现人文精神。

（3）栏目设置推陈出新，具有弹性和开放性

为适应社会的发展需要，扩大学生的知识视野，现行教材考虑到化学教学的实际情况，在整体要求降低的基础上，增设了"阅读""资料""研究性学习"三个栏目。这些集知识性、资料性、可读性、趣味性、实用性和研究性的内容，经过合理编排，丰富了教学内容，使教学具有更大的弹性、灵活性和开放性，有利于培养学生开放的思维、个体的自信，挖掘学生可持续发展的潜能，培养学生综合运用知识和解决实际问题的能力。

除以上外，初高中化学的内容又各有其鲜明特色。

义务教育化学教科书重视学生的生活经验和对科学过程的感受,不过分强调知识的逻辑顺序,使化学教科书在一定程度上体现生活性、实用性以及初中学生的年龄特点。新课程教科书强化其作为学生学习工具的作用,改变学生的学习方式,加强探究的力度,精心创设活动与探究的情境以及多种形式的学习活动,引导学生更多地采用体验学习和探究学习。教科书内容的选择注意密切联系学生的生活和社会实际,反映最新科技成果,并注重培养学生运用知识解决实际问题的能力。加强实验,淡化演示实验与学生实验的界限,改革实验内容和方法,使实验简单化、微型化和生活化。改革习题的内容和形式,使习题分层次,既注意对习题"量"的控制,又注意对习题"质"的突破。实行弹性设计,有利于因材施教和学生个性特长的发展。大量增加图画,加大以图代文和利用图画、资料等创设学习情境的力度,语言生动活泼,丰富多彩的图片和广阔的背景素材将科学精神教育和人文精神教育进行了有机的融合,大大加强了化学教科书的人文性和艺术性,增加了化学教科书的素质教育内涵。这些都充分体现了"从生活走进化学,从化学走向社会"的思路以及"理论性知识与事实性知识穿插编排"的特点。

普通高中化学教科书由 2 个必修模块和 6 个选修模块构成。从化学课程模块的结构来看,选修模块是以必修模块"化学 1"和"化学 2"为基础,"化学 1"和"化学 2"两个课程模块是递进关系,6 个选修模块是并列关系。"化学 1"和"化学 2"为全体学生科学素养的发展建筑新的平台,为后续和相关课程的学习打好必要基础。"物质结构与性质""化学反应原理"和"有机化学基础" 3 个模块教材,突出化学学科的核心观念、基本概念原理和基本思想方法。"化学与生活"和"化学与技术"两个模块教材,则大胆凸显社会生活问题中心、技术问题中心的课程设计取向,使学生直面个人生活、工农业生产、技术进步和社会发展中的重要问题,学习化学、应用化学。"实验化学"模块教材首次探索性地采用以过程方法中心和实验活动中心为主的课程设计取向,向学生展示化学是一门以实验为基础的自然科学的丰富内涵和独特魅力,激发学生的学习兴趣,提高学生认识和解决问题、进行科学探究的能力。

根据不同课程模块的功能定位和风格特点,对 3 条内容线索加以不同的处理。高中化学教科书充分利用新高中课程方案和高中化学课程结构、课程标准搭建起的课程模块的新框架,采用多种课程设计取向,发挥多种课程设计取向的优势,设置多种水平层次,提供多样性选择,满足不同学生的发展需要,适应不同地区和学校的条件。新课程化学教科书的体系结构采用了学科中心与社会中心体系结构各自的优点,综合考虑化学知识的逻辑性、社会需要和学生发展相融合的方式,学科中知识的应用相对加强。

综上可知,我国高中化学教科书的总体编写模式是融合型的,各章的设计也是融合型的,每章由几节组成,各节的内容相互融合,并具有一定的完整性。从教科书的单元内容结构来看,内容上都注重化学知识与生活的联系,注重学生学习能力和积极性的培养,内容呈现也较具趣味性,注重教材单元和知识的融合,内容组织上体现了教材的逻辑顺序、学生的认识顺序、学生的心理发展顺序。教材栏目设计多样化,重视学生的生活经验,突出科学探究和探究学习,注重精简内容与调整难度,加强实验内容和实验教学难度的改革,拓展了课程内容的来源和范围,加强了 STSE 教育的渗透与融合。

资料卡片
高中化学(人教版)教材的概述与内容分析

‹ 课堂讨论与实践

1. 我国的中学化学教材已经发行多个版本,请收集 1949 年以来不同版本的初中化学教材,比较教材内容的变化。

2. 人教版和鲁科版的"氧气的制取和性质"是义务教育化学教科书中非常经典的教学内容。请比较人教版和鲁科版的这个化学课题内容,比较两者在编写风格上有什么区别。

3. 查阅文献,说明国内教科书栏目设计的特点,总结栏目设计的基本要求。

练习与应用

1. 列表比较人民教育出版社 2017 年版和 2022 年版的初中《化学》第二单元内容，分析它们有哪些异同。

2.【多选】初中化学教材编写的原则是（　　　　）。

A. 全面贯彻党的教育方针，落实立德树人根本任务

B. 以课程标准为依据，促进学生全面发展

C. 加强学生化学实验开展和跨学科实践活动设计

D. 重视教材编写的规范

E. 重视教材编写的特色与创新

3. 简述教材在学生学习中的功能。

4. 请简要说明 2022 年版人民教育出版社出版的义务教育化学教材的主要内容。

5. 请简要说明现行高中化学教材的编写特点。

6. 教材实验类型有概念内容的导航实验、随堂实验、微型实验、家庭实验等，请讨论每一种的内容特点。

第4章

化学学习

 引言

　　2021年11月，教育部教材局申继亮先生在《从国家教材修订，看K12教育的走向》一文中谈到，"义务教育阶段不要着急，关键看成长的质量"。2018年9月，习近平总书记在全国教育大会上指出，教育最突出的问题是中小学生太苦太累，办学中的一些做法太功利太短视。这些问题值得我们去反思，我们的教育质量到底怎么样？什么是高质量的教育？我们究竟要培养什么样的人才？怎样才能为学生减负？怎样克服教学中太功利太短视的现象？怎样培养学生的核心素养？

　　本章的目的在于，为化学教师提供关于化学学习的原理、动机、学习兴趣的思考。思考化学教学如何促进学生智力的发展，使学生在化学学习中有积极的情感体验，学习效率高，使愿意从事化学科学相关工作的人数增加。在化学教学中不仅要关注"怎么教"，更要关注"怎么学"，理解和接受学生以不同的方式学习这一事实。在进行教学规划的时候，需要考虑学生的化学基础、天资、兴趣、性格、技能、文化背景、精力的多样性和差异性等。因此，化学教师要考虑以什么样的方式让化学有助于学生语言表达、信息收集和处理能力的培养，有助于知识的迁移应用以及自主学习能力的发展；思考如何培养学生的化学学科核心素养，引导学生学会寻找证据的方法，学会基于证据进行推理；让学生学会用宏观、微观、符号相结合的"三重表征"方式去认识物质和化学变化；让学生形成"做"科学的学习能力，学会用化学知识去解释和解决生活中的问题。

学习目标

1. 能够说出化学学习的含义，知道影响化学学习的因素。
2. 理解什么是有效学习。

3. 能够描述化学学习的不同方式。

4. 能够理解为什么化学学习有助于发展学生的语言表达、信息收集、逻辑推理以及实验探究能力。

5. 能够帮助学生找到合适的学习策略。

6. 理解新时代的教育目标是立德树人。

7. 能有意识地搜集与化学相关的人物故事,将化学史实融入学生活动中,激发学生学习动机。

4.1 认识化学学习

< 问题与思考 💡

1. 你认为人类的学习内容应该包含哪些方面?
2. 与其他学科相比,化学学科有哪些特点?
3. 化学学习最显著的特点是什么?
4. 你能够按照不同的分类标准把学习活动进行分类吗?

什么是学习?学习活动是如何发生的?学习是以怎样的方式进行的?不同的学习有什么规律可循?影响学习的因素有哪些?怎样才能提高学习效率?这些都是学习理论研究的主要问题。

4.1.1 学习的含义

广义的学习是指人和动物在生活过程中,通过练习获得个体行为经验的过程。它强调的是学习的发生是通过经验而引起的,学习的结果是使得个体的行为发生持久的变化。

狭义的学习是指学生的学习,是指在学校情境中,学生在教师指导下有目的、有计划、系统地掌握人类社会历史经验以积累个体经验的过程。学生学习的特点是,学生的学习以间接经验为主,是在较短的时间内接受前人所积累的科学文化知识的过程。其内容分为几个方面:一是知识、技能和学习策略的学习;二是问题解决能力和创造能力的发展;三是道德品质、健康的心理和身体的培养。化学学习不仅包括学习化学知识、化学技能,还包括学习化学问题解决的策略和思维方法。即化学学习不仅包括化学知识和技能的学习,还包括化学观念、科学思维方法、科学探究方法、实践能力、科学态度与社会责任的学习。

< 课堂讨论与实践

1. 你认为化学学习的内容应该包含哪些方面?
2. 寻找一节优质化学课,讨论在该课中包括了哪些类型的化学学习内容?

4.1.2 化学学习活动

教学是教与学的双向活动过程,只有教没有学,再好的教学也没有效果。因此在教学过程中,教师一定要清楚化学学习的特点,针对学习任务,设计学生的学习活动。

4.1.2.1 化学学习活动的特点

化学科学是在原子、分子水平上研究物质的组成、结构、性质及应用的一门基础科学，其最显著的特征是研究分子和创造分子，化学研究最重要的手段是实验。化学在日常生活、工农业生产、国防科技、生物医药、环境友好等方面应用广泛，即化学与科学、技术、社会、环境（STSE）密切相关。因此，化学学习活动是有别于其他学科的特殊认识活动，它需要学生从宏观、微观层面去认识物质；需要用符号去表示物质的组成、结构和反应；需要用实验的方法去研究物质、创造物质；需要联系化学在"STSE"中的应用学习化学。而且，中学学习的是前人的间接经验，这些经验是经过简化处理的，它不能完整地展现科学家发现这些知识的过程，很多的实验验证和探究都是直接奔着结论去的，中学生在学习这些知识的过程中，如果没有教师的引领就会机械记忆有关的结论和过程，而不能体会到知识发现的过程，不能学到发现知识的思维方法。

4.1.2.2 化学学习活动的类型

中学生常用的化学学习活动有：预习、听课、记笔记、练习、讨论、复习、实验、观察、调查、考试等。把这些学习活动按照不同的分类标准进行以下分类。

（1）按照学习过程分类

课前学习活动：预读、预做、预练、课前线上讨论等。

课中学习活动：听课、记笔记、发问、思考、讨论、练习、实验探究、查阅资料等。

课后学习活动：复习、总结、做作业、考试等。

（2）按照认识过程分类

收集资料和事实阶段的活动：查阅资料、观察、实验、调查等。

整理资料和事实阶段的活动：表格化、图形化、符号化。

得出结论和规律阶段的活动：提出假说和验证假说、科学抽象（比较、分类、归纳、演绎）、建立模型等。

（3）按照完成活动的方式分类

实验类活动：实验设计、实验探究、实验验证、实验区分、实验比较、实验推断、分离、提纯、鉴别、配制、实验观察等。

调查类活动：调查、查阅、参观、观看、访谈等。

交流类活动：交流、合作、发现问题、讨论、回答、汇报、比较、解释等。

（4）按照学习活动的复杂程度分类

可以分为基本的化学学习活动和综合的化学学习活动，综合的化学学习活动又叫综合的化学学习方法。

基本的化学学习活动：预读、预做、预练、课前线上讨论、听课、记笔记、发问、思考、讨论、练习、实验探究、查阅资料、复习、总结、做作业、考试等课前学习活动、课中学习活动、课后学习活动中所有的学习活动。

综合的化学学习活动：接受再现学习活动、探究发现学习活动、问题解决学习活动、计算机辅助学习活动、线上线下混合式学习活动等。

（5）按照学习活动的主体的参与程度分类

主动参与的学习活动：主动接受学习、主动探究学习、主动发现学习、主动合作学习。

被动参与的学习活动：被动接受学习、被动探究学习、被动发现学习、被动合作学习。

4.1.2.3 化学学习思维活动

（1）化学学习中的形象思维方法——化学形象思维活动

形象思维又叫具象思维，是用直观形象和表象来解决问题的思维，特点是具体性、完整性和跳跃性。形象思维的基本单位是表象，当人们利用已有的表象解决问题，或借助表象进行联想和想象，通过抽象概括成一幅新形象时，这种思维过程就是形象思维。

化学形象思维方法，是在形象地反映化学事物具体形态的感性认识基础上，通过意象、联想和想象来揭示化学事物本质和建立模型的思维活动。在化学学习活动中运用形象思维的一般机制是：观察、意象、联想、想象、模型、模仿、模拟。

表象：是经过感知的事物在头脑中的形象反映。

意象：是对同类事物一般特征的反映，即对形成的化学事物的表象经过分析、比较、综合等活动，找出对象的共性。

联想：是由一事物想到另一事物的思维活动。

想象：是在联想的基础上，经过分析综合，加工原有意象，创造出新的意象的思维活动。根据想象的独立性、新颖性和创造性，可以把想象分为再造想象和创造想象。

案例展示

表象、意象、联想案例：感知并描述二氧化碳与水反应、与碱反应、与碱性氧化物反应的实验事实的思维过程是表象。通过许多实验都证实酸性氧化物可以与水反应、与碱反应、与碱性氧化物反应，从而得出酸性性氧化物的通性的思维过程是意象。由于二氧化硫是酸性氧化物，可以联想到二氧化碳的性质，得出二氧化硫具有酸性氧化物的通性的思维过程是联想。

联想案例：拉瓦锡在测定空气中氧含量的时候，利用了红磷燃烧消耗密闭容器中的氧气，使得密闭容器中气体体积变小，压强降低，从而在外部大气中水压作用下，使得与密闭容器相连的烧杯中的水进入集气瓶，通过测量进入集气瓶的水量来确定空气中氧气的体积分数。同样，在做钢铁的析氢腐蚀和吸氧腐蚀实验的时候，可以利用析氢腐蚀使得密闭容器中的气体压强增大，吸氧腐蚀使得密闭容器中的压强减小的原理设计实验。这种思维过程也是联想，或者叫知识的迁移应用。

想象案例：在化学科学史上创造想象的例子屡见不鲜，例如道尔顿原子理论、门捷列夫元素周期律、卢瑟福原子模型等都是大胆想象的结果。

课堂讨论与实践

请你在化学学习中找出 2~3 个意象案例。

（2）化学学习中的抽象思维方法——化学抽象思维活动

抽象，是把一个重要的特征抽出来，去掉不重要的特征的过程。抽象思维是建立在形象思维基础之上的高级思维，又叫逻辑思维，它可以解决本质规律等问题，如建立概念、验证假说、建立数学模型等。它包括分析与综合、分类与比较、归纳与演绎、抽象概括与具体、假说验证、建立数学模型等思维方法。

推荐阅读

马萍. 数学方法在化学教学中的应用[J]. 湖州师范学院学报，2001，23（5）: 138-139.

练习与应用

1. 化学形象思维的一般机制是：_____、_____、_____、_____、_____、_____、_____。
2. 抽象思维包括：_____、_____、_____、_____、_____、_____等思维方法。
3. 化学学习活动的分类标准有：_____、_____、_____、_____、_____。

4. 按照学习活动的性质可以把综合的化学学习方法分成两大类：接受性、再现性学习方法和（　　　）。

A. 趣味性、探究性学习方法
B. 研究性、发现性学习方法
C. 探究性、发现性学习方法
D. 研究性、探究性学习方法

5. 简述化学学习活动的特点。

4.2 影响化学学习的主要因素

问题与思考

1. 学生的哪些特征会影响学习的效果？
2. 你认为教师的哪些特征会影响学生的学习？
3. 教与学的过程是怎样影响学习的？
4. 学习成果是怎样影响学习的？

教学系统由教师、学生、教材和教学媒体构成。因此，影响学习的主要因素有学生因素、教师因素、教学媒体因素等，如图4-1所示。

从学生的特征来看，学生的知识基础、学习预期、学习动机、学习能力、社会文化因素、学习方式、学习习惯、合作技巧、学习成果（学生的学习成果包括知识、认知能力、技能、学习技巧和策略提升、自尊心和自信心等方面）等影响学习的效果。

从教师的特征来看，影响学习的因素有：教师关于学习的观念、教师的专业技能和技巧、对教育目标的理解和教师对学生学习评价的技巧。

从教与学的过程来看，影响学习的因素有：学生的学习是主动还是被动、学习的程度是表层学习还是深层学习、学习过程中是个人学习还是合作学习、学习的技巧和策略如何、是否明确学习目标、是否了解学习方法。

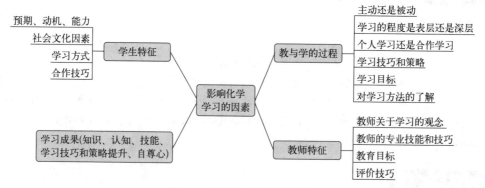

图 4-1　影响化学学习的因素

4.2.1 学生特征对化学学习的影响

学生是学习的主体，学生的特征对学习的影响是主要影响。学生的特征包括：学生的化学学习需要、学习兴趣、学习动机；化学学习情感、学习意志；学生的性格、气质、认知风格；学生的知识基础、认知能力、技能、学习方式；社会文化因素；合作技巧等。本节主要讨论学习需要、学习兴趣、学习动机、学习情感，以及学生的性格、气质对化学学习的影响。

4.2.1.1　学习需要对化学学习的影响

教育起源于需要,有学习需要才有学习动机。美国教育史学家保罗·孟禄（Paul Monroe）认为,教育起源于生活中儿童对成人的无意识的模仿;苏联教育学家米丁斯基、凯洛夫等倡导的劳动起源论说明,教育源于劳动需要;我国马克思主义理论家杨贤江等认为,教育起源于需要,并认为教育的发生就根植于人们实际发生的生活的需要,教育是帮助人谋划生活的一种手段。可见,没有学习需要,学习是不会发生的。

根据马斯洛的需要层次理论,结合化学学科的特点,人们认为化学学习需要有以下几个层次（表 4-1）。

表 4-1　化学学习需要的层次

需要的层次	需要的内容	需要的水平
第五层次（潜能需要——自我实现的需要）	模仿楷模、自我完善的需要	最高
第四层次（实现理想的需要）	做出贡献的需要	很高
第三层次（审美需要）	满足化学美感的需要	高
第二层次（展示才能的需要）	解决化学问题的需要	较高
	认识化学问题的需要	
第一层次（学习中求生存的需要）	学好化学得到尊重的需要	低
	升学、就业的需要	
	避免失败的需要	

从上表可以看出,需要的水平从下到上依次升高。第一层次是避免失败的需要,在初学化学的阶段大部分学生处在需要的第一层次。教学中教师要全面了解学生,清楚学生的需要,满足学生的需要,尽量把学生的需要引向第二、第三层次。

> **课堂讨论与实践**
>
> 1. 化学学习需要的层次顺序是什么?
> 2. 如何让学生有学习化学的需要?
> 3. 你的化学学习需要处在哪一个层次?

4.2.1.2　学习兴趣对化学学习的影响

学习兴趣是指一个人对学习的一种积极的认识倾向与情绪状态。学生对某一学科有兴趣,就会产生愉悦的学习体验,持续地、专心致志地钻研它,从而提高学习效果。从对学习的促进来说,兴趣可以成为学习的原因;从通过学习产生新的兴趣和提高原有兴趣来看,兴趣又是在学习活动中产生的,可以作为学习的结果。所以,学习兴趣既是学习的原因,又是学习的结果。化学学习兴趣对化学学习活动能起到准备、推动、促进作用,是化学学习动力中最主要的成分之一。

学习兴趣可以分为直接学习兴趣与间接学习兴趣两种。前者是由所学材料或学习活动以及学习过程本身直接引起的。由学习材料引起的直接学习兴趣包括:学生观看丰富多彩的化学实验、参加化学课外活动、体会到化学的社会应用价值,认为化学内容丰富多彩、趣味性很强等。由学习过程引起的直接学习兴趣包括:学生对教师启发性的讲解感兴趣,正如涂阳军所说"那些对学生有着发自内心的关切和兴趣、对本领域知识十分精通且能够在教学中以学生能够理解的教学语言来传递知识的老师,其学生课堂学习的兴趣最高"[1],学生亲自参与化学探究活动引起的兴趣,

---

[1] 涂阳军. 论学习兴趣的养成:对西方近二十年来学习兴趣研究的反思[J]. 江苏高教, 2013（1）：38-39.

学生在化学学习过程中思维的深刻性得到发展产生的兴趣等。

间接兴趣是由学习活动的结果引起的。包括学习策略是否有效、先前背景知识是否与目前学习的知识有关联、学习结果是否使学生有成功的体验、学生是否体验到了化学知识的应用价值、学生是否预测到任务漂亮完成会得到奖赏等。

化学学习兴趣发展提高的一般过程是：由对化学现象的认识兴趣向对化学规律的认识兴趣发展；由直接兴趣向间接兴趣发展；由暂时兴趣向持久兴趣发展。教师在教学过程中要充分了解影响学生学习兴趣的因素，将直接兴趣转化为间接兴趣，不断深化和巩固学生的化学学习兴趣。教学中教师要了解影响学习兴趣的因素，掌握学习兴趣发生和发展的规律，利用多种方法激发和保持学生的学习兴趣。

推荐阅读

1. 托德老师. 点燃孩子的学习动力[M]. 北京：机械工业出版社，2020.
2. 涂阳军. 论学习兴趣的养成：对西方近二十年来学习兴趣研究的反思[J]. 江苏高教，2013（1）：38-39.
3. 梁杏娟，陈才铸，张武山. 新课程对高一学生化学学习兴趣影响的调查[J]. 化学教育，2006（9）：42-44，50.

课堂讨论与实践

1. 影响化学学习直接兴趣的因素有哪些？
2. 影响化学学习间接兴趣的因素有哪些？
3. 如何培养学生的化学学习兴趣？

4.2.1.3 学习动机对化学学习的影响

动机是指激发、维持并使行为指向特定目的的一种力量。动机对个体的行为和活动有引发、指引、激励功能。它涉及三个方面的问题：引发行为的起因是什么？使行为指向某一目的的原因是什么？维持这一行为的原因是什么？

化学学习的动机是引发、指引、激励化学学习行为的内部力量，决定着化学学习行为的激发强度和方向，是形成化学学习内部准备状态的重要部分。化学学习动机与化学学习的目的、兴趣、价值取向、抱负、态度有密切关系。社会和教育条件是影响化学学习动机的外部因素，学习者的知识经验、发展水平及个性特点是影响化学学习动机的内部因素。

动机具有加强学习的作用。高动机水平的学生，其成就也高；反之，高成就水平也能产生高的动机水平。不少心理学家认为，动机的中等程度的激发或唤起，对学习具有最佳的效果。动机过强或过弱，不仅对学习不利，造成学习效率的降低，而且对动机的保持也不利。

化学学习动机可以分为认知动机、自我提高动机和附属动机三类。认知动机包括：知识具有吸引力，期待学习新的化学知识，渴望用化学知识解决生活中的问题，认真研究化学实验中遇到的特殊现象等。自我提高动机包括：考试取得优异成绩比家长、老师的表扬更重要，努力学习化学是为了证明自己在化学学科中的学习能力，学好化学是为了以后能更好地胜任相关工作，学好化学是为了更容易地考入理想的大学等。附属动机包括：学习化学是受迫于老师和家长的压力，化学取得好成绩是为了获得老师的表扬，学好化学在同学中有面子，学习化学是为了满足父母的期待等[1]。教学中教师要了解影响学习动机的内因和外因，利用多种方法激发学生的学习动机。

[1] 周仁，侯鲲. 深圳市某中学化学学习动机及影响因素调查研究[J]. 化学教与学，2021（12）：27-29.

◁ **推荐阅读** 📚

1. 周仁，侯鲲. 深圳市某中学化学学习动机及影响因素调查研究[J]. 化学教与学，2021（12）: 27-29.
2. 李开国，张文化.高中生化学学习动机、学习效能感与学习成绩的关系调查研究[J]. 化学教育（中英文），2019（21）: 48-55.

◁ **课堂讨论与实践** 👥

1. 影响化学学习动机的因素有哪些？
2. 你有什么调动学生学习动机的好办法？

4.2.1.4　学习情感对化学学习的影响

情感作为非智力因素的重要组成部分，是人们对客观事物的态度体验。这种体验是人们对现实的一种特殊反映，它由客观事物是否能满足人的需要而产生。情感教育的目的是使学生产生肯定的情感体验，消除否定的情感体验，形成健全的人格，从而对学习、对人的全面发展产生积极的影响[❶]。

化学学习中的情感是在认知化学事物时对学习行为起制约作用的一种内心体验，常常表现为对化学事物或者化学学习活动的好恶倾向和心理感受。能够促进化学学习、提高效率的情感称为化学学习的积极情感；由外因或内因影响而产生的不利于化学学习或抵触化学学习的情感称为化学学习的消极情感。对化学学习积极情感的培养目标，《普通高中化学课程标准（实验）》是这样阐述的："发展学习化学的兴趣，乐于探究物质变化的奥秘，体验科学探究的艰辛和喜悦，感受化学世界的奇妙与和谐；有参与化学科技活动的热情，有将化学知识应用于生产、生活实践的意识，能够对与化学有关的社会和生活问题做出合理的判断；赞赏化学科学对个人生活和社会发展的贡献，关注与化学有关的社会热点问题，逐步形成可持续发展的思想；树立辩证唯物主义的世界观，养成务实求真、勇于创新、积极实践的科学态度，崇尚科学，反对迷信；热爱家乡，热爱祖国，树立为中华民族复兴、为人类文明和社会进步而努力学习化学的责任感和使命感。"

可见，化学学习情感培养目标包括对化学科学探究的态度和情感：主动探究、不怕艰辛、体验探究乐趣；包括应用化学知识解决生活问题、社会问题、环境问题的意识；包括做事应具有的科学态度：辩证、求真务实、实践、创新、崇尚科学、反对迷信；包括热爱家乡、热爱祖国、为人民文明做贡献的情感。

◁ **课堂讨论与实践** 👥

中学化学教师培养学生化学学习情感的方法有哪些？

4.2.1.5　学生的性格、气质对化学学习的影响

化学学习活动包含着主体多种多样的心理活动，心理活动过程的产生和表现是因人而异的，因而化学学习活动总是带有主体的个性特征。这些个性特征主要取决于学习主体的性格、气质、认知风格、习惯以及能力特点等因素，它们构成了化学学习的定型系统。

（1）性格

性格是在对人、对事物的态度和行为方式上所表现出的个性特征，如刚强、懦弱、热情、孤僻等。性格在化学学习中的表现主要有以下几个方面：①表现在对化学学习和化学事物的态度方

---

❶ 王伟群. 化学教学中情感教育的设计[J]. 化学教学，2002（1）: 20-22.

面的性格特征，主要有爱学习或不爱学习；勤奋或懒惰；喜动或喜静；认真或马虎；细心或粗枝大叶；创新或保守；简朴或浮华；等等。②表现在对自己、教师、同学和集体的态度方面的性格特征，主要有虚心或骄傲、自负；自尊、自信或自卑；严于律己或放任自己；关心他人、关心集体或自私自利；喜欢交流、讨论或不喜欢交流、讨论；喜欢合作或不喜欢合作；等等。③意志特征，表现为意志的自觉性、自制性、果断性和坚毅性等。④情绪特征，表现为受情绪感染、支配的程度；情绪受意志控制的程度；情绪反应的快慢、表现的强弱；情绪的稳定性、持久性、主导心境等。⑤理智特征，表现在知觉特点上有被动知觉型或主动观察型、具体描述型或概括印象型、粗略型或精确型等；在记忆方面有直观形象型或抽象概括型；在想象方面有显示再造型或幻想创造型；在思维方面有归纳型或演绎型、复合型或发散型等。这些特征与活动方式的选择习惯有关。

课堂讨论与实践

制定一个性格判断表格，让学生知道自己的性格特点。

（2）气质

气质是人的个性心理特征中的一个主要成分，是人的一种较为稳定的个性特征，如容易兴奋、活泼好动、沉默安静等，和通常说的"脾气""性情"相近。它以同样的方式表现在各种心理活动中，并且不以活动的内容、目的和动机为转移，是人的典型的、稳定的心理特点。气质影响人的心理活动的速度、均衡性、稳定性、强度和指向性，使学习者的学习活动积极性、行为均衡性、适应学习环境的灵活性等形成不同的类型特点。

不同气质类型的学习者在同一化学学习情境中表现明显不同。例如，在化学学习中碰到有一定难度的问题时，属于胆汁质类型的学习者能敏锐地认识到问题意义和实质，以很大的热情来试图解决问题，不怕困难，全身心地投入，常常连续地进行学习活动。当问题得到解决时，往往兴高采烈；如果经过很大努力仍未获得成功，他很可能失去信心，要恢复原来的学习态度，常常要经过较长时间间隔。属于多血质类型的学习者，当认识到问题有意义、对问题感兴趣时，表现出学习热情，积极地动脑筋，使问题比较快速、巧妙和有效地解决。当一种方法不成功时又换用另一种方法，甚至企图从别人那里得到现成的办法。但是，如果他发现问题没有什么意义或者单调、枯燥、不感兴趣时，就会迅速失去热情，转向其他的问题或活动。属于黏液质类型的学习者遇到问题时，能沉静、平稳地进行思考，按部就班地解决问题。虽然兴奋程度不高、解决问题过程时间较长，但能专心埋头学习，坚持把问题解决，不轻易放弃努力，解决问题后往往不露声色。属于抑郁质类型的学习者害怕和回避问题，碰到比较难的问题时就束手无策，期待别人给予帮助；对自己的解题方法缺少把握，解题过程迟缓；但能较好地模仿别人的解题过程；在外界的指导下，能比较顺利地解决有一定难度的问题。

在一个化学实验失败后，不同气质类型的学习者表现也不一样：胆汁质的学习者往往不假思索地"推倒重来"，立即开始新的努力；多血质的学习者往往积极搜寻失败原因，在认定失败的某种原因后，就变换实验的方案或操作方法，重新进行实验；黏液质的学习者通常一声不响地思索失败原因，在找到肯定的原因后，再不慌不忙地调整或者重新设计实验方案进行实验；抑郁质的学习者则去看别人如何实验，寻求合作或指导。

生活实践和教育能够使学习者的气质发生变化，不过这种变化比较缓慢，需要多方面的协调。教学中教师要关注学生的性格和气质类型，有意识地引导学生认识自己的个性，克服缺点，发扬优点。

4.2.2 教师特征对化学学习的影响

要让学习真实发生，首先要让学生进入学习状态，有些学生人坐在教室里，可是心却畅游世界去了。为什么学生的学习注意力不容易集中？哪些因素在影响学生的学习？从教师的角度看，教师在学生的学习过程中起主导作用，是学生学习的启发者和引导者。教师的教学理念是否符合人的发展和社会的发展需要、教师的教学手段与方法是否新颖有趣、教师的讲解是否富有逻辑推理、是否以问题为导向、教学任务的发布是否明确、教学任务的难易程度是否符合学生的知识基础和能力水平、教师对学生学习的评价是否公平准确等，都是影响学生化学学习的主要因素。

‹ 课堂讨论与实践 🙌

你认为教师的哪些特征会影响学生的学习？

4.2.2.1 教师关于学习的观念对学习的影响

在化学学习中，教师正确的学习观念即教师对于学习的全面理解，是影响学习效果非常重要的因素。学习究竟怎样才能发生，是教师讲得好、讲得详细学习就能发生，还是需要学生自己动脑筋去思考、去实践学习才能发生？化学学习的内容只是化学知识、化学技能，还是包括化学观念、科学思维方法、科学探究方法、实践能力、科学精神与社会责任等内容？学习是为了升学考试，还是为了让学生的化学思维能力、思考问题的方法、解决问题的方法、情感态度与价值观得到有效发展？

教师正确的化学学习观会引导学生找到合适的学习方法，帮助学生树立学习化学的自信心，增强学习动机，激发学习兴趣，收获成功的果实，让学生的化学思维能力、思考问题的方法、解决问题的方法、情感态度与价值观得到有效发展。

‹ 课堂讨论与实践 🙌

请列举教师不同的教学观念对学生学习产生影响的案例。

4.2.2.2 教师的专业技能对学习的影响

教师的专业技能包括：教学理论的学习能力、教学设计与创新能力、课堂教学能力、课堂管理能力、教学评价能力等。

课堂教学能力包括：语言表达能力、课堂讲授的能力、导课能力、结课能力、板书板画的能力、变化能力、强化能力、调控能力等。

课堂管理能力包括：对课堂学习记录的管理、对课堂学习气氛的管理等。

影响化学教师教学设计能力的因素包括：教师的教学理念、对教材的理解、对学科的理解、对学生的理解、对核心素养的理解。教师只有在正确的教学理念的指导下，通过对学生成才和未来发展的正确理解，关注学生需要的必备知识、关键能力、必备品格和正确的价值观，充分理解化学知识的学科价值、社会价值、社会应用价值，进一步增进学科理解，才能设计出高质量的化学课堂教学。

‹ 资料卡片 ⇥

化学学科理解是指教师对化学学科知识及其思维方式和方法的一种本源性、结构化的认识。它不仅是对化学知识的理解，还包括对具有化学学科特质的思维方式和方法的理解。

4.2.2.3 对教学目标的不同理解影响学习的质量

教学目标是指在教学活动中，教师对学生将要达到的某种学习效果或行为的预设，它是教学活动的出发点和依据，也是教育教学活动的归属。因此在教学过程中，教学内容的选择要服务于教学目标，教学活动的设计必须以教学目标为导向，教学评价必须以教学目标为依据。

在化学教学中教学目标发生的变化是：从重视基础知识和基本技能的"双基目标"，变到知识与技能、过程与方法、情感态度与价值观为目标的"三维目标"，再变到以培养学生化学学科核心素养为宗旨的"素养目标"。

有什么样的教学目标就会有什么样的教学设计，如"以双基为本的化学教学设计""基于情感目标的化学教学设计""素养导向的化学教学设计""基于化学观念建构的教学设计"等。对教学目标的正确理解和设计，不仅会影响教师教学能力的提升，更会影响学生的学习方式、学习能力、思维能力，影响学生的知识构成，影响学生解决化学问题的能力等。如果教学目标的设计只是为了单纯的考试得高分的目的，教师在教学过程中可能就不容易关注到化学思维方法、化学观念、解决问题的能力以及关心社会的情感等化学学科核心素养目标的落实，满堂灌、题海战术式的教学方式就会成为常态。

课堂讨论与实践

你认为只强调知识学习的教学目标设置对学生学习结果的影响体现在哪些方面？

4.2.2.4 不同的学习评价对学习的影响

对学生的学习评价不仅可以激励学生，而且影响学生的自信心、自尊心。老师对学生的评价要体现公平性、激励性、过程性，要关注学生在知识、技能、核心素养方面的发展，关注学生的思维方法、学习方法、解决问题的方法、实践能力、创新精神等。

教师给予的激励性的评价，对学生学习自信心和学习兴趣的激发起着举足轻重的作用。在对学生的评价中，不要使用伤害学生自尊心、打击学生自信心的语言，尽力寻找更多的机会，激励每一位学生。心理学研究表明，把失败归因于内在的不可控的智商会导致无助感和不愉快感产生，而将失败归因于可控的因素如努力程度不够时，就会提升自我效能感和产生愉快的情绪。因此，在评价中，老师需要多用赞许的语言，如"不错，有进步""很棒，有创意""有创新""有独创性""你的书写让人赏心悦目""你的解答让人意想不到"等语言激励学生。

在评价的时候，学生希望老师不要只盯住纸笔测验的考试分数，学生非常在乎老师的评价是否公平公正，在评价的过程中是否关注学生的学习过程、努力程度、思维能力、实践能力、创新精神以及用所学知识解决生活问题的能力。

课堂讨论与实践

1. 为什么说教师不同的评价观会影响学生的学习积极性？
2. 你能够设计几种对学生的评价吗？

4.2.3 教与学的过程对化学学习的影响

教与学的过程对化学学习的影响表现在"教"的过程和"学"的过程。"教"的过程主要是看老师的教学是否具有情境性、问题性、启发性；设计的教学目标是否指向化学学科核心素养的培养；设计的学习活动是否落到了实处。"学"的过程对学习的影响体现在：学生的学习是主动还是被动，学习过程中是只有个人学习还是有合作学习，学习的技巧和策略如何，是否明确学习目标，是否了解学习方法，学习目的是否明确。

如果学生只打算记住特定的信息而不去寻找意义，他们通常会使用机械背诵学习和记忆学习这种表面性的浅层的学习方法。相反，如果他们的学习动机在于形成深刻的理解并用以解决问题，就会采用逻辑推理学习、探究学习等多种深层次学习方式。前者可能是学生的学习动机在于获得高分，而并不关心是否理解，但是学生可能不知道的是，恰恰是机械的记忆使得他不可能获得高分。

资料卡片 ⇥

1. 具有化学学科特质的高阶思维活动包括：分类与概括，证据与推理，模型与解释，归纳与演绎，宏观、微观、符号"三重表征"。

2. 引导学生解决化学问题的方法有小组合作、实验探究、交流讨论、调查与访谈、资料收集与整理。

3. 综合评价，指的是对化学学习的全过程进行多层次、多维度的评价。评价的主体有教师评价、学生互评、社会人员的评价。评价的方式有纸笔测验，对学生的突出表现、学习感悟、富有新意的提问、创新解决化学问题的思路进行的语言评价。

课堂讨论与实践 👥

1. 你认为"学"的过程对学习的影响主要体现在哪些方面？
2. 你认为"教"的过程对学习的影响主要体现在哪些方面？

练习与应用 ✈

一、填空题

1. 影响化学学习的因素有：_____、_____、_____、_____。
2. 学习兴趣的层次分为：第一层次_____、第二层次_____、第三层次_____、第四层次_____、第五层次_____。
3. 化学学习兴趣发展提高的一般过程是：由对化学现象的_____兴趣向对化学规律的认识兴趣发展；由_____发展；由暂时兴趣向持久兴趣发展。
4. 化学学习动机可以分为_____、_____和_____三类。
5. 课堂教学能力包括：_____、_____、_____、_____、板书板画的能力、变化能力、强化能力、调控能力等。
6. 教师的专业技能包括：_____、_____、_____、_____、_____等。

二、简答题

1. 简述学习者的哪些特征对化学学习有影响。
2. 你认为化学学习情感目标包括哪些方面？
3. 教师的哪些特征会影响学生的化学学习效果？

4.3　有效学习

问题与思考 💡

1. 你认为什么样的化学学习是有效学习？
2. 你有哪些办法帮助学生提高学习化学的效率？
3. 你认为化学学习的价值体现在哪些方面？

4. 什么是情境教学？情境教学的意义是什么？

5. 你有哪些办法帮助学生克服自卑心理？

4.3.1 有效学习的含义

有效学习也称高效学习，就是用更少的时间获得更高的学习成效，并且针对所学的学科特点能够找到合适的学习方法，能够克服学习中的一切困难，一直坚持学习。即使是在科目众多的中学时代也能够很好地安排好各科学习的时间，而且能够高效地把各种碎片化的时间安排好，用于自学和反思。

美国学者乌尔里希·伯泽尔（Ulrich Boser）在他的《有效学习》一书中认为，学习是一个过程、一种方法、一套理解事物的体系。学习活动需要注意力，需要规划，需要反思。一旦人们懂得如何学习，将会更高效、更深入地掌握所学的专业知识[❶]。

要帮助学生进行有效学习，首先要摒弃对学习的一些错误观念。比如，认为学习能力是与生俱来的，就像我们头发的颜色是天生的一样，是不可改变的。其次要理解学习的概念，学习是指反复阅读一本教科书，还是指机械做例题、死记硬背？"练习"是指重复同一个技巧吗？练习的方式有哪些？练习是否需要具体的反馈意见？练习需要高难度，还是需要循序渐进，需要非常有趣？化学学习的根本目的是追求考试分数，还是培养学生的学习能力和核心素养？弄清楚这些问题，在化学教学中教师就会在关注学生获得的化学知识的同时，帮助学生提升化学学习能力、树立化学观念、提升化学思维能力和实践能力，从而提升化学学习的效率。

4.3.2 帮助学生有效学习的方法

（1）找到化学学习的价值，激发学习化学的内在动力

游戏为什么吸引人？是因为游戏有趣，游戏的过程有答案、有奖励，它激励玩家去完成学习过程。化学学习不是打游戏。化学有自己的化学语言系统，化学用语中的元素符号、化合价、元素在周期表中的位置等需要学生记住、理解、应用；化学学习需要学生在解决实际问题中实践和实验；实验操作、实验方法、实验设计需要理性思维和实践意识、实践能力；化学学习需要把微观粒子和宏观物质联系起来，需要学生具有微观想象能力，具有从宏观、微观、符号三方面认识物质、表征物质的"三重表征"能力；化学学习需要借助现代科学仪器帮助我们认识物质结构，需要学生学会操作现代科学仪器、需要学生读懂化学实验数据和图谱，需要复杂的思维活动。因此，学习化学需要独特的思维方式和学习方法，需要学生付出努力。只有学生具有强烈的化学学习的内在动力，有效的化学学习才能发生。

很多研究表明，如果学生知道化学学习的价值，他会觉得学习是一个有趣的、值得为之付出努力的过程。那么化学学习的价值体现在哪些方面呢？

① 化学学习能让学生变得更智慧。高效的化学学习能够让学生抽象思维能力、解决问题的能力、知识的实际应用能力、宏微辨识的能力、证据推理的能力等有大幅度的提升；高效的化学学习能够帮助学生树立起化学核心观念，如"化学变化观""化学平衡观"，帮助学生建立认识研究化学的思路，如"结构决定性质""性质决定用途"等。

② 化学学习能让学生感知化学应用的无穷魅力。化学在医疗、营养与健康、农药与化肥、日常生活用品、航空航天材料、环境保护等方面应用广阔。

③ 化学学习能让学生感受化学的美。刘健梅、韦宝光在《引导学生欣赏化学的美》一文中指出，化学的美表现为自然美、结构美、规律美、社会美、探索美、实验美，不仅如此，化学的美还表现为化学应用美、化学材料美、化学工艺美。正如上海科技大学物质科学与技术学院教授章跃标

---

❶ 乌尔里希·伯泽尔. 有效学习[M]. 张海龙，郭霞校，译. 北京：中信出版社，2018：15.

所说："那是我们第一次用三维渲染软件把 MOF（金属有机框架）的晶体结构画出来，把它复杂的孔洞结构画得很漂亮，我一辈子都可以拿出这张图来说，这是我画过的最漂亮的一张晶体结构图。"

④ 学好化学能让学生有成就感，在班级社交活动中有地位，在帮助同学的过程中寻找快乐，感受学习化学的价值。吴耀勺老师在《兵教兵教学策略在初三化学复习中的尝试》一文中指出，"兵教兵"小组互助合作学习能发挥学生的主体作用。在合作学习中，组内成员互相合作、互相帮助，组与组之间相互竞争，既培养了学生的团队精神，又挖掘了个体学习潜能，并且培养了学生的创新精神和实验能力❶。

⑤ 通过讲述我国化学与世界化学在理论研究、实验仪器的研发、化学材料的合成等方面存在的差距，激发学生树立远大理想，为报效祖国学习化学。

因此，化学学习的价值体现在：化学学习能够提升学生的能力和核心素养，能够让学生感受到化学的广阔应用，能让学生感受化学的美，学好化学能让学生有成就感，能激发学生树立报国志向等。教学中，教师要深入挖掘这些内容，让学生爱上化学。

推荐阅读

1. 徐艳慧，章跃标. 演绎化学之美[J]. 科学中国人，2021（28）：50-51.
2. 刘健梅，韦宝光. 引导学生欣赏化学的美[J]. 广西教育，2013（30）：13-13，22.

课堂讨论与实践

1. 你认为化学学习的价值体现在哪些方面？
2. 你认为化学的美还体现在哪些地方？举例说明。

（2）有效的化学学习需要学生明白学习任务

小李老师和小张老师都是刚从师范院校毕业的新教师，他们在讲授化学课程的时候具有的共同特点是讲课条理清晰，讲述过程中有课堂提问，有课堂练习。不同的是，小李老师除了讲知识外，还想方设法让学生明白学习任务，教给学生学习方法。比如在初中学习氧气的化学性质的时候，小李老师给学生的学习任务是：知道研究化学性质的方法是用实验来证明氧气有哪些化学性质，学会观察化学实验的方法，学会记录实验现象和描述实验现象的方法，在学习中要动手做、动嘴说，把看、听、做、思联系在一起，学习通过实验现象推理得出氧气的化学性质的方法。而小张老师认为只要我讲课讲好了，孩子们就应该听懂了。殊不知学生刚学习化学，很多学生并不明白氧气的化学性质的学习目标是：会观察实验现象，会描述实验现象，会根据实验现象总结出氧气具有的化学性质。

在课堂上，小李老师会针对学生学习目标反复练习和不断强化，而小张老师只管完成课堂任务讲完了事。结果是，在课后作业环节，小李老师的学生明显比小张老师的学生完成作业的速度更快、质量更高。这个案例说明，让学生明白学习任务，是帮助学生有效学习化学的方法之一。

课堂讨论与实践

请针对钠与水的反应为学生设置学习任务。

（3）帮助学生建立适合本门学科的学习方法

当我们学习一门新的学科时，一定要知道该门学科的特点，找到适合本门学科的学习方法，

---

❶ 吴耀勺. "兵教兵"教学策略在初三化学复习中的尝试[J]. 福建教育研究：基础教育（A），2012（3）：29-31.

有效学习才能够发生。化学有独特的化学用语，化学是以实验为基础的一门科学，化学有完整的理论体系，化学从宏观和微观的角度研究物质的组成、结构、性质、变化和用途。化学符号需要记住，化学符号表示的意义需要理解；化学实验需要亲自动手操作，反复练习才能够形成实验技能；化学原理需要理解和应用，要让学生明白化学在分子层面上研究物质的组成。因此，学习化学需要具有与学习其他学科不同的学习方法。

比如，学习物质的化学性质需要用到两种方法：方法一，实验探究、现象观察、符号表征、结构解释、理论分析、总结归纳；方法二，理论预测、实验验证、现象观察、符号表征、理论分析、总结归纳。而理论预测物质化学性质的方法有以下四种，如图4-2所示。

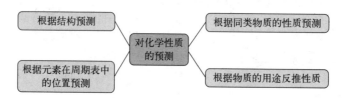

图 4-2　预测物质化学性质的方法

无论是方法一还是方法二，对于物质化学性质的学习都要用到化学独特的思维方法：宏观辨识、微观探析、符号表征，即宏观、微观、符号"三重表征"的化学特有的思维方法。

另外在元素化合物的学习中，学生除了掌握上述研究物质化学性质的思路外，还要学会一些凸显化学学科特点的学习方法：①全面地观察实验现象，确切地描述实验现象。②根据实验现象正确读、写化学方程式。③在学习中能够将元素化合物知识与生活实际相联系学习，并用于解释现象、解决实际问题。在学习中能够抓住结构决定性质、性质决定存在、制法以及用途的思路学习。

> ## 课堂讨论与实践
>
> 你认为哪些学习方法适合化学学科的学习？请针对不同类型的化学知识进行讨论。

> ## 资料卡片
>
> 人们根据化学知识的组成成分，把化学知识分为化学用语、化学基本概念、化学基础理论、元素化合物、有机化学知识、化学化工生产知识等类型。

（4）发挥情境教学的作用，促进知识的主动建构

建构主义认为，知识不是通过教师传授得到的，而是学生在一定情境下，借助教师或学生的帮助，利用必要的学习材料，通过意义建构的方式获得的。建立在有感染力的真实事件或者问题基础上的教学称为情境教学（抛锚式教学）。知识、学习是与情景化的活动联系在一起的。学生应该在真实任务情境中尝试发现问题、分析问题、解决问题。

真实的、与学生日常生活相联系的学习情境可以让学生在获得生动丰富的感性认识基础上，提升获取化学知识的情感体验，使学生的情感和理智、有意识活动和无意识活动共同进行，从而充分挖掘大脑的潜能，激发学生学习化学的兴趣。还可以激发和促进学生的认知活动和实践活动，能够提供丰富的学习素材，有效地改善教与学。在化学教学中，紧密联系学生的生活实际，从学生的生活经验和已有的知识出发，创设生动有趣的教学情境，引导学生开展观察、操作、猜想、

推理、交流等活动，使学生通过学习活动掌握基本的知识和技能，初步学会观察事物、思考问题，提升科学探究的能力。开放式的教学情境为学生提供广阔的探索空间，有利于学生自主学习、自由探索，提高学生的实践能力和创新精神。因此，真实、具体的问题情境是学生化学学科核心素养形成和发展的重要平台，为学生化学学科核心素养提供了真实的表现机会。

教学情境是课堂教学的基本要素，创设教学情境是教师的一项常规教学工作，创设有价值的教学情境则是教学改革的重要追求。因此，开展情境教学有利于提升教师的教学技能。（情境教学详见第 5 章）

资料卡片

《义务教育化学课程标准（2022 年版）》对学生提出的一项学业质量要求是：在探索化学变化规律及解决实际问题的情境中，能够基于化学变化中元素种类不变、有新物质生成且伴随着能量变化的特征，从宏观、微观、符号相结合的视角说明物质变化的现象和本质。在实验探究情境和实践活动中，能根据解决与化学相关的简单问题的需要，运用混合物分离、常见物质制备、物质检验和性质探究等实验探究的一般思路和方法，设计简单的实验探究方案。在常见的生产生活和社会情境中，能初步运用化学观念解释与化学相关的现象和事实，参与相关的简单的实践活动。

《普通高中化学课程标准（2017 年版）》指出：真实的 STSE 问题和化学史实等，都是有价值的情境素材。例如，"氧化还原反应"的教学，教师可以提供有关"汽车尾气及其危害"的素材，使学生产生运用化学方法解决这一问题的欲望，提出"如何根据氧化还原原理对汽车尾气进行绿色化处理"的问题。"什么是绿色化处理？""汽车尾气的主要成分有哪些？""如何将有毒有害物质转化为无毒无害物质？如何转化？转化需要哪些条件？"等，这些具体的问题解决任务，促使学生查阅文献、设计方案、实验探究等，正是在这样的问题解决过程中，学生的化学学科核心素养得到了提升，生态文明的意识得到了增强。

推荐阅读

1. 张连花，王应红，张海连. 基于真实情境的化学教学设计——以"检验食品中铁元素"为例[J]. 乐山师范学院学报，2022（8）：110-116.

2. 刘前树. 试论化学教学中情境的内涵与功能[J]. 课程.教材.教法，2021（1）：125-131.

3. 姚培龙，孙佳欢，任铁钢. 实验教学中巧设"示错情境"发展化学思维——以"防倒吸装置及原理"教学为例[J]. 教育与装备研究，2020（5）：48-52.

课堂讨论与实践

对于氯气的性质的教学你能设置哪些教学情境？

（5）帮助学生克服自卑心理和避免过度自信

过度自卑会让人放弃学习。当人们处于过度自卑的状态时，会认为自己完全不会学习，无论怎么努力也学不会。因此他们不会把精力和注意力投入学习上，从而不求上进，自暴自弃。自卑的人在课堂上的表现是：不敢回答问题，不敢正视老师的眼睛，不愿意与同学讨论问题，而且越是自卑的人越在意别人对自己的印象和评价。

过度自信也会阻碍有效学习。当人们处于过度自信的状态时，就会停止学习。一旦他们认为自己已经懂了，就会马上放弃继续寻找知识内在关系的努力，更不会考虑知识和技能在不同场景下的运用，他们不会再进行练习，也不会继续追问。

过度自信可不单单是影响监控学习进度或者元认知❶方面的问题，而是停止了努力思考、停止了反省。因此，学习者要知道对所掌握知识进行回顾反思的各种方法，帮助自己在学习中做到融会贯通。

从学生的角度来看，有效的化学学习的方法是：找到学习的价值，找到适合化学学科的学习方法，设立学习目标，提升知识与技能，把知识付诸实践，要融会贯通，要不断反思与回顾，不过度自卑也不过度自信，接受教师和家长的帮助。

从教师的角度来说，帮助学生有效学习的方法有：设定期望值，合理安排活动的时间间隔，鼓励专注，鼓励犯错，采用类比的方法，鼓励回顾与反思，帮助学生找到合适的学习方法，在教学过程中关注学生的情感因素，不断充实教材内容，更新教学方法和手段，拓宽学习活动场所，以培养学生的学习能力和学科核心素养为主要目标。

学生如果要成为一名成功的学习者，教师还要在课堂上为学生提供以下机会。

说：清晰并有效地向不同听众传达信息和观点。

听：专注倾听他人，获知其含义、目的与感悟。

阅读：可以从书面文字中自信地获取观点、信息与激励。

书写：可以准确并适当地表达理解并展示信息，表达出具有想象力的观点。

做：动脑设计实验，动手做实验。

在课堂教学中给学生提供以上机会，让他们通过讨论争辩提升语言表达能力，并让他们从各种角度讨论化学问题，用多种方法讨论化学问题，包括描述和解释、协商与劝说、探索与假设、挑战与辩论，这样有效学习就能发生。

练习与应用 ✈

1. 如何帮助学生找到适合的有效学习化学的方法？
2. 分别考察 1 名无效学习、低效学习、高效学习的学生，探究影响其学习效果的原因。
3. 谈谈学生在学习中产生自卑心理的原因，你有什么办法帮助学生克服自卑吗？

4.4 化学学习策略

问题与思考 💡

1. 你知道学习策略的构成吗？
2. 你认为元素化合物知识的学习应该主要采取哪些策略？
3. 在元素化合物知识的学习中，哪些化学学科核心素养会得到提升？
4. 你能够说出化学概念学习的认知策略吗？
5. 你能够说出化学概念形成需要经历的过程吗？
6. 你有哪些巩固化学概念的策略？
7. 对于化学用语的学习你有哪些策略？

---

❶ 元认知，又称反省认知、监控认知、超认知、反审认知等，是指人对自己的认知过程的认知。

4.4.1　学习策略的含义

关于学习策略的概念，学术界还没有统一的界定。张大均教授认为："学习策略是指在学习过程中，学习者为了达到有效学习的目的而采用的规则、方法、技巧及其调控方法的总和。它能够根据学习情境中的各种变量、变量间的关系以及变化对学习活动和学习方法的选择与使用进行调控。其中，学习过程中用来进行信息加工的学习策略，被称为学习认知策略；用来调节和控制学习过程，保障信息加工过程有效进行的学习策略，被称为学习监控策略。"麦基奇（McKeachie）等人（1990）对学习策略进行了分类，认为学习策略包括认知策略、元认知策略和资源管理策略三部分[1]。有人又把认知策略叫作学习方法策略。因此，学习策略包括学习方法策略（W）、元认知策略（M）、学习资源调控策略（C）等，如图 4-3 所示[2]。

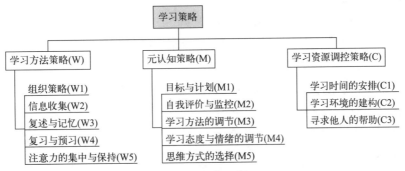

图 4-3　学习策略的构成

学习方法是学习者在完成学习任务过程中相对固定的行为模式，如记笔记、不断重复口述、分类和比较、分析和归纳等，它是外显的可操作的过程。学习方法与学习任务有关，但与学习者的人格特质等无关，其更多的是学习者对环境的适应。学习策略是学习者对学习方法选择和综合运用的意识和倾向，是学习方法正确发挥作用的必要条件。可见，学习方法是学习策略的基础，没有学习方法或者学习方法缺乏就不可能形成较高水平的学习策略。学习方法是具体的、微观的，学习策略是方向性的、宏观的。

‹ 资料卡片 ›

1. 元认知(Metacognition)的含义：元认知一词最早出现自美国儿童心理学家弗拉威尔（J.H.Flavell）在 1976 年出版的《认知发展》一书。所谓元认知就是人对自己的认知过程的认知，指的是个人对认知过程的认识和调节这些过程的能力，即对思维和学习活动的认识和控制能力。因此元认知又称反省认知、监控认知、超认知、反审认知等。学习者可以通过元认知来了解、检验、评估和调整自己的认知活动。认知的实质是对认知活动的自我意识和自我调节[3]。

2. 有机化学中学习策略使用情况调查：
① 预习时是否会在书上画线、做标记？
② 会使用复述这种方法复习吗？
③ 会独立对解题方法进行归纳概括吗？
④ 会独立对知识进行归纳概括吗？
⑤ 期末复习之前你会就整个复习做全面的计划吗？

[1] 张大均. 教育心理学[M]. 3 版. 北京：人民教育出版社，2015：170-172.
[2] 常雯，李远蓉. 学习策略在高中化学学习中使用情况的调查[J]. 化学教育，2008（3）：50-52.
[3] 张大均. 教育心理学[M]. 3 版. 北京：人民教育出版社，2015：187-193.

⑥ 学习新内容时你会问自己这是什么性质的内容，与以往学过的某个知识有相似或不同的地方吗？

⑦ 听课时会关注预习的问题是否得到解决吗？

⑧ 学习某类有机物的性质时，你会考虑什么是重点吗？

⑨ 学完有机化学，你会问自己学到了哪些知识，锻炼了哪些能力吗？

⑩ 遇到难题时，你是否随时提醒自己当前目标是什么，以便及时对解题思路做出调整？

⑪ 遇到难题时，你会选择找老师、找同学、上网、看参考书和别的方法来解决吗？

其中①、②项主要考察复述、组织等学习方法策略的应用情况，③、④项主要考察组织策略的应用情况，⑤~⑩项主要考察元认知策略的使用情况，第⑪项主要考察寻求他人帮助策略的应用情况❶。

课堂讨论与实践

1. 阅读上述有机化学中学习策略，理解其对学习策略的分类。

2. 回顾自己学习初中化学的历程，总结自己在学习中自觉或不自觉地运用过哪些学习策略。

4.4.2 元素化合物知识的学习策略

元素化合物知识不仅种类多，而且涉及的学习方面也多，包括物质的组成、结构、性质、制备、用途等。比如，在学习物质的化学性质时，学生既要记住不同物质在发生化学反应时呈现的不同化学现象、表现出的不同性质，又需要学生从物质结构或物质类别的角度去预测和理解物质的性质，需要用化学方程式、离子反应方程式、氧化还原反应等去表征物质的性质，还需要建立认识组成、结构、性质、制备、用途之间的关系的认识思路，学习具有化学学科特质的思维方法——宏观、微观、符号"三重表征"法。因此，元素化合物知识不仅涉及的内容多，而且需要的认知活动比较复杂，学生在学习的时候感到需要记忆的化学反应现象、反应条件多，需要进行的认知活动有记忆、理解、实验、调查等。学生往往认为元素化合物难学，其突出的问题是繁、乱、杂、难，打开课本能懂，合上课本就忘。因此，研究学生学习化学的有效策略，有利于帮助学生走出学习困境，提升学习效率。

4.4.2.1 物质性质的学习策略

（1）知识类型

在学习物理性质的时候，学生需要描述物质具有哪些物理性质，需要通过证据证明物质具有的物理性质。因此从心理学对知识的分类来看，物理性质属于陈述性知识。

资料卡片

（1）陈述性知识：陈述性知识也叫"描述性知识"，是个人有意识地提取线索，因而能够直接加以回忆和陈述的知识。主要用来说明事物的性质、特征和状态，用于区别和辨别事物。这类知识主要解决"是什么"的问题。这种知识具有静态的性质，例如氧气是无色无味的气体。

（2）程序性知识：程序性知识也叫"操作性知识"，是个人没有意识地提取线索，因而其存在只能借助某种作业形式间接推测的知识。这类知识主要用来解决"做什么"和"怎么做"的问题。这种知识具有动态的性质，例如如何制取氧气。

学生学习制取氧气的知识属于陈述性知识，学生学习制取氧气的操作步骤则属于程序性知识。

从基本结构看，陈述性知识是符号所代表的概念、命题与原理表征的意义，掌握陈述性知识的关键是理解符号所表征的意义；程序性知识是对陈述性知识的应用，其基本结构是动作或产生式，形成程序性知

❶ 陈英. 傈僳族、景颇族和汉族学生在化学学习中学习策略情况的调查[J]. 师范高等专科学校学报，2011，20（2）：80-84.

识的关键是对操作方法的熟练掌握。

从输入输出看，陈述性知识是相对静态的，容易用言语表达清楚；程序性知识是相对动态的，不太容易用言语表达清楚。

从意识控制程度看，陈述性知识的意识控制程度较高，激活速度较慢，往往是有意识的搜寻过程；程序性知识的意识控制程度较低，激活速度较快。

从学习速度看，陈述性知识的学习速度较快，能在短时期内突飞猛进或积累，但遗忘也较快；程序性知识学习速度较慢，需要大量的练习才会达到熟能生巧的程度。程序性知识一般属于过度学习，因而保持比陈述性知识牢固。

从记忆储存看，由于陈述性知识具有结构化、层次化的特点，因而陈述性知识的储存呈现非独立的网络性，其迁移具有叠加扩充的特性；程序性知识的储存呈现独立的模块性，程序性知识的迁移具有序列转移的特性。

从测量角度看，陈述性知识通过口头或书面"陈述"或"告诉"的方式测量；程序性知识只能通过观察行为，是否能做、会做什么的方式测量。

（3）智慧技能：西方心理学家认为，智慧技能是将已习得的知觉模式、概念、规则运用到实际情况，从而顺利完成任务的能力。智慧技能包括的五个层次分别为以下几种。

辨别：能区分刺激物的特征，发现事物之间的差异。如能区分电解质和非电解质。

具体概念：能列举出事物的名称。如能识别各类化合物的共同属性，并赋予其类比术语，把化合物分为酸、碱、盐、氧化物等（分类）。

定义概念：能理解以命题和公式表示的事物的本质属性。如能理解电解质和非电解质的本质特征（理解概念）。

规则：能按规则性操作，做出正确的反应。如能解化学方程式。

高级规则：能用简单规则解决较复杂的问题。如能运用公式求解。

——张大均.教育心理学[M]. 3 版. 北京：人民教育出版社，2015：202.

（2）核心素养发展要求

即能够用证据证明物质具有哪些物理性质，能够基于物质结构分析物质物理性质变化的原因，或能够用分子间作用力的变化来说明物质溶解性和密度的变化（智慧技能），具有模型认知的能力（形成认知物理性质的认识思路和图式），具有科学精神与社会责任（物理性质的社会应用）。

（3）认知策略：感知+建立图式+复述

① 感知的方法

直接感知："观"（颜色、状态）、"闻"（气味）、"摸"（硬度）。即在学习物理性质的时候要采用多种感官协同感知，使用"多种感官协同记忆策略"。

‹ 资料卡片 ⇥

多种感官协同记忆策略：心理学的研究表明，人们接受信息的通道有视觉、听觉、嗅觉、触觉等，而且由于感觉器官的不同，记忆的保持率也会有所不同。如果只靠耳听，3 小时后可保持 70%，3 日后只保持 10%；如果只靠眼看，3 小时后保持 72%，3 日后保持 20%；如果用眼耳结合的视听法，3 小时后能保持 85%，3 日后能保持 65%。宋代学者朱熹主张读书必须"心到、眼到、口到"。化学强调以实验为基础，所以在学习化学的时候需要做到"心到、眼到、口到、手到"。心到是指精神集中、全神贯注，有渴求学习的动机，心到是关键和基础；眼到指目光专注，观察仔细；口到指在学习化学知识的时候，要学会对化学现象进行完整的叙述；手到是指在学习元素化合物知识的时候，要多亲自动手进行实验操作。这样通过对化学事实的多感官全面感知，增进对元素化合物的理解和记忆。

间接感知：a. 通过实验来证实，例如用实验证明二氧化碳的密度比空气大。b. 通过生活中的案例来证实，尽量联系生活中的现象学习物理性质。如深菜窖底部二氧化碳浓度比窖口大，说明二氧化碳的密度比空气大；利用鱼能够在水中生存，来证明氧气可以溶于水。即多把化学学习与科学、技术、社会、环境中的现象或应用联系起来，体现从化学走向生活、在生活中学习化学的理念，体现 STSE 教育理念，采用化学学习与实际应用密切联系的策略。c. 推理证实，即通过分子间作用力的变化来分析物质溶解度或密度的变化。例如，苯酚在水中的溶解度比苯大，冰的密度比水小，同一主族元素对应的单质的密度在逐渐增大，烷烃的密度在随着碳原子数的增加而增大等。（智慧技能的学习）

② 建立图式：心理学家安德森指出，图式是对范畴的规律性做出编码的一种形式❶。建立图式有利于学生高效学习知识，高效储存知识，高效提取知识。在物理性质的学习中建立图式的方法就是把物理性质包含的全部内容列出来，寻找证据证明物质具有的物理性质。这样既有利于学生掌握学习物理性质的方法，又有利于学生把物理性质顺利地存入脑海，同化到自己的认知结构中去（表 4-2、表 4-3）。

表 4-2 "氧气的物理性质"的图式

色	味	态	密度	溶解性
无色	无味	常温下气态，可变成蓝色液体和雪花状的蓝色固体	比空气大	不易溶于水

表 4-3 "钠的物理性质"的图式

色	味	态	密度	溶解性	导热导电性
无色	无味	常温下固体	比水小，比煤油大	不易溶于水	好

③ 复述策略：通过练习及时复习巩固物理性质的知识，增加复习的次数，对物质的物理性质进行分类比较，把相似或相同的物理性质进行辨别，有效储存知识。

4.4.2.2　化学性质的学习策略

（1）知识类型

在学习化学性质的时候，学生不仅需要描述物质具有哪些化学性质，还需要从结构等方面说明物质为什么具有这些化学性质。因此化学性质属于陈述性知识，也属于智慧技能知识。

（2）核心素养发展要求

证据推理的能力：能够寻找证据证明物质具有哪些化学性质，并能够根据化学反应现象归纳总结物质的化学性质，给某物质的化学性质一个定性描述，比如具有氧化性、还原性、金属的通性等。

预测化学性质的能力：基于结构预测物质的化学性质，基于物质类别预测化学性质。

用化学原理认识化学反应的能力：用氧化还原理论、离子反应理论，以及化学反应的快慢、方向和限度认识化学反应的能力。

实验探究的能力：设计实验证明物质的化学性质，提升科学探究能力，具有创新精神意识。

模型认知的能力：形成认知化学性质的认识思路，树立化学核心观念如化学变化观、化学平衡观、守恒观、分类观、元素观等。

宏观辨识与微观探析素养的提升：能够从宏观、微观、符号三方面对化学性质进行表征，学会用"三重表征"的方法表征物质的化学性质。

科学精神与社会责任：体会化学性质的社会应用价值。

---

❶ 张大均. 教育心理学[M]. 3 版. 北京：人民教育出版社，2015：210.

1.《义务教育化学课程标准（2022 年版）》中的"学业质量内涵""学业质量描述"部分。

2.《普通高中化学课程标准（2017 年版）》中的"学业质量内涵""学业质量水平""附录 1：化学学科核心素养的水平划分"部分。

（3）认知策略：证据推理+建立认识思路+知识结构化

① 证据推理的方法

a. 实验证明：通过实验来证明物质具有的化学性质，在实验的过程中要采用多种感官协同感知，使用"多种感官协同记忆策略"学习化学性质。

b. 用同类物质化学性质的相似性来推测，如酸性氧化物的通性、金属的通性、烃类物质的通性等。

c. 用物质的结构、官能团、元素周期律预测物质的化学性质。如由于分子结构的差异，氧气的化学性质活泼，氮气的化学性质稳定；苯酚比苯的化学性质活泼。

d. 从元素化合价变化的角度推测物质的化学性质，如 Fe^{3+} 只具有氧化性，而 Fe^{2+} 既具有氧化性又具有还原性。SO_2 中的硫元素既具有氧化性又具有还原性，而 SO_3 的硫元素只具有氧化性。

e. 利用各种现代仪器分析图谱如红外光谱、核磁共振谱等推断化学性质。

f. 从物质展现的现象来反推物质的化学性质。如为什么可以用铁制品和铝制品来储存浓硫酸、浓硝酸？为什么拿破仑要用铝碗来证明他的尊贵地位？在化学学习中要多把化学学习与科学、技术、社会、环境中的现象或应用联系起来，体现从化学走向生活、在生活中学习化学的理念，体现 STSE 教育理念，采用化学学习与实际应用密切联系的策略。

根据以上证据推理元素化合物性质的策略又叫"联系-预测策略"。即在化学学习中我们可以根据元素化合物的结构、官能团性质、实验事实等预测元素化合物的性质。

课堂讨论与实践

1. 针对氯气的化学性质，分小组讨论上述"联系-预测策略"在元素化合物中的应用，并各举一例。

2. 以钠与水反应为例，说明如何运用多种感官协同记忆策略学习钠与水反应的化学性质。

② 建立认识思路

a. 建立学习元素化合物的认知模式——认识思路的结构化。在元素化合物学习中，为了提高学习效率，一定要掌握如上述寻找证据证实元素化合物化学性质的方法，即建立证据推理和联系预测的认识思路，并学会根据化学反应现象归纳总结物质的化学性质。

b. 树立学习元素化合物性质的核心认识观。建立认识模型，树立"结构决定性质""性质反映结构""性质决定用途""用途反映性质""性质决定存在方式和保存方法"的核心认识观。

c. 重视化学与 STSE 和其他学科的联系——寻找化学的应用价值。能够把元素化合物的学习与实际应用联系起来，能够用化学知识去解释日常生活中的一些现象，解决一些实际问题，如环境保护问题、化学材料的先进性问题、化肥农药的合理使用问题等。当学生把化学学习与社会应用联系起来时，就会觉得化学是一门非常有用、有趣的学科，激励学生持续保持学习兴趣。

在化学学习中如果能够与语文、数学、物理、生物、地理等知识联系起来，则有利于解决问题能力的提升，有利于知识之间的融会贯通。

课堂讨论与实践

1. 寻找一道近几年的高考题，说明化学的社会应用价值。

2. 寻找一道近几年的高考题，说明化学与其他学科的联系。

③ 知识结构化——复述策略

结构化策略实际上是指把知识按照一定的规律进行排列组合，使它们由零乱变得有序，由没有联系变成有机联系，把知识变成有序的结构体。认知心理学家布鲁纳认为，除非把一件件事情放进构造好的模型里，否则很快就会忘记。详细的资料是靠表达它的简化方法来保存在记忆里。获得的知识如果没有完美的结构把它们关联在一起，多半很快就会被遗忘。因此，结构化的知识有利于学生记忆的保持。碎片化的知识不容易贮存和提取，结构化的知识能够让其相互联结，是实践应用知识的核心，有利于学生解决问题能力的提高。

a. 寻找顺序关系的策略。以核心元素形成的单质和化合价为线索，将不同类别的物质作为横坐标，化合价作为纵坐标，找出各种物质，写出各物质相互反应的化学方程式。或者以该元素化合价的高低为线索，将不同的物质联系起来形成知识主线，如图4-4所示。

b. 寻找因果关系的策略。事实性物质之间的因果关系表现在：结构决定性质，性质决定用途、制备方法、存在方式、保存条件。元素在周期表中的位置决定物质的结构，结构决定性质，即用"位、构、性"之间的因果联系，找到事实性知识之间的因果关系，如图4-5所示。

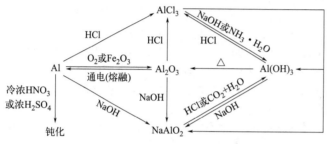

图 4-4　铝及其重要化合物间的转化关系图

图 4-5　物质结构、性质、用途、制法之间的关系

c. 利用种属关系建立学习策略。找到知识间的种属关系，分析该类物质与其他知识的内在逻辑联系。如初中各类无机物酸、碱、盐、酸性氧化物、碱性氧化物、金属单质、非金属单质之间的反应关系；高中各类有机物烃与烃的衍生物之间的关系等。图4-6展示了二氧化硫与各物质之间发生化学反应的关系图，这样的关系图有利于对二氧化物化学性质的结构化认识。

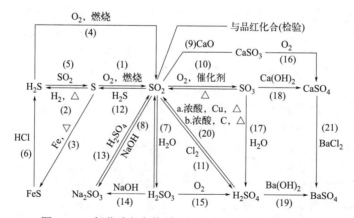

图 4-6　二氧化硫与各物质之间发生化学反应的关系图

化学知识的结构化既有利于对化学知识的深刻理解，又有利于对化学知识的有序储存和有效提取。总之，事实性知识的学习策略，主要包括多种感官协同记忆策略、联系-预测策略、知识结构化策略、寻找化学应用价值的策略。在元素化合物的学习中要形成研究物质物理性质和化学性

质的研究思路，树立"结构决定性质""性质反映结构""性质决定用途""用途反映性质""性质决定存在方式和保存方法"的核心认识观。认识到证据推理与模型认知、宏观辨识与微观探析等"五维核心素养"的提升在学习中的作用。

> ◁ **课堂讨论与实践** 👥

　　1. 请画出氯元素性质之间的关系图。
　　2. 小杨今年上高三，在学习化学性质的时候刻苦但不得法，经常写错化学方程式，如果你是他的老师，你应该如何帮助他？

4.4.3　理论性知识的学习策略

　　理论性知识是指反映物质及其变化的本质属性和内在规律的化学基本概念和基本原理。化学概念分为有关物质组成与分类的概念，如单质、化合物、混合物、原子、分子概念等；有关化学性质的概念，如化合反应、氧化还原反应、单质、化学键概念等。化学概念是学习化学原理的前提，化学基本原理反映的是物质的内在规律，如质量守恒定律、化学平衡原理、元素周期律等。

　　化学理论性知识是中学化学教学内容的精髓，它体现了化学学科的基本概念，在化学教材中起着统领和制约全局的作用。化学理论性知识的意义表现在：首先，化学理论性知识是对物质及其变化的本质和规律的反映，它具有高度的概括性，直接影响着学生对化学事实、现象的观察和理解。其次，化学理论性知识的学习有助于培养学生的思维能力。理论是在丰富的具体的事实材料中抽象概括出来的，理论性知识的学习绝不是简单的记忆，而是通过积极的思维活动去理解物质变化的本质。理论性知识学习的过程就是积极思维的过程。最后，化学理论性知识的形成过程体现着丰富的科学概念、科学方法和科学态度，是对学生进行科学方法训练和情感教育的良好素材。

　　本节主要讨论化学概念的学习策略。

　　知识类型：在学习化学概念的时候，学生不仅需要理解概念的本质，还需要辨识概念、应用概念解决化学问题。因此化学概念属于智慧技能知识。

　　核心素养发展要求：具备证据推理的能力，能够寻找证据证明概念的内涵，能够举出正例和反例说明概念的外延。

　　认知策略：概念形成策略+概念图策略。

4.4.3.1　概念形成策略

　　心理学上，一般把概念定义为符号所代表的具有共同关键特征的一类事物或性质，即概念是人脑对客观事物的本质的反映。大多数概念都包含四个方面：概念名称、概念定义、概念例证和概念属性。

　　例如置换反应的概念，概念名称是"置换反应"，概念定义是"由一种单质跟一种化合物起反应，生成另一种单质和另一种化合物的反应叫作置换反应"。它是对一类化学反应共同特征的概括。概念例证是一切符合置换反应定义特征的反应都是置换反应的例证，如金属锌与稀硫酸的反应被称为概念的正例；一切不符合置换反应定义特征的反应，如一氧化碳与三氧化二铁的反应被称为概念的反例。概念属性又称关键特征，是指概念的一切正例的共同本质属性。"置换反应"这一概念的关键特征是，反应物与生成物都只是一种单质和一种化合物。

　　在概念的学习过程中，要知道概念包含的四个方面，理解概念的定义，能够根据概念的关键特征寻找正例和反例。从概念的形成机理来看，任何概念的形成都要经历从感性认识到理性认识再到实践应用三个阶段。在概念学习中学习者需要遵循概念的形成规律，从大量可以理解的例证中形成感性认识，再通过比较、辨别、归纳、演绎等方法抽象出概念，然后在实际应用中进一步理解概念。

（1）感性认识阶段

学习化学概念的时候，学生首先需要获得足够多的感性认识。这时需要教师精心设计，从学习者的角度通过化学实验事实的呈现、数据的分析对比，以及图表、模型、多媒体视图的呈现等手段，把抽象的概念分解成让学生看得见、摸得着的模拟实物或数据，让学生对概念有具体感知，形成感性认识。

比如，在学习溶解度的概念的时候，根据溶解度概念的定义，找到需要感知的要素为：溶剂的多少、溶解的温度、溶液是否达到饱和、溶剂的种类、溶质本身的性质对物质溶解质量的影响。因此，可以设计这样一组实验：第一，对于同一种物质，溶剂的多少、溶解的温度、溶液是否达到饱和对溶解的质量多少有影响；第二，同一物质在不同溶剂中的溶解度情况；第三，不同物质在同一条件下的溶解度情况。通过实验，让学生充分感知后，抽象出溶解度的概念。

课堂讨论与实践

1. 在学习电解质的概念时，需要对电解质概念中的哪些关键要素进行充分感知？
2. 举例说明在学习元素周期律的时候，用哪些方法感知元素金属性的周期性变化？
3. 试分析学习化学基本理论对学生化学学习的意义。

（2）理性认识阶段

这一阶段主要是对获得的感性认识运用分析、比较、辨别、归纳等方法找出其共同特征，对共同特征进一步抽象和概括从而形成概念。

形成概念时首先需要理解概念的内涵和外延。例如，上述溶解度的概念就可以通过控制变量的实验，分析抽象出溶解度的概念是：在一定温度下，某固态物质在100克溶剂中达到饱和状态时所溶解的溶质的质量，叫作这种物质在这种溶剂中的溶解度。该概念的内涵是：在一定条件下溶解的固体物质的质量，至于固体物质溶解能力的强弱，是什么类型的固体物质都无关紧要。该概念的外延是一切固体物质。

其次是使用忆旧、导新、比较等方法，充分利用已知概念理解新概念。比如，在学习溶解度概念的时候，饱和溶液的概念就是已知概念，学生需要能够判断溶液是否为饱和溶液才能够进一步理解溶解度的概念。

学习新概念时需要找到概念的关键特征，如溶解度概念中的"溶解达到饱和、温度一定、溶剂100克"，并通过寻找正例和反例充分理解概念。如下面的案例所示。

1. 判断溶液是否饱和

室温下向一定质量的氯化钠溶液中加入10克氯化钠固体，充分搅拌后尚有部分固体未溶解，加入10克水后固体全部溶解，下列判断正确的是（　　）。

A. 加水前一定是饱和溶液　　　　　B. 加水前可能是饱和溶液
C. 加水后一定是饱和溶液　　　　　D. 加水后一定不是饱和溶液

2. 判断温度对溶解度的影响

20℃时，将盛有饱和碳酸钠的小试管放入盛水的烧杯中，向水中加入某物质后变为不饱和溶液，加入的物质可能是（　　）。

A. 氯化钠　　　　B. 氢氧化钠　　　　C.硝酸铵　　　　D.蔗糖

资料卡片

概念的内涵与外延：传统逻辑认为，概念的内涵是指该词项所反映的对象的本质属性的总和，也即对事物的特有属性的反映，如"电解质"的内涵就是"在水溶液中或者熔融状态下能够导电的化合物"，至于这个化合物的导电能力强还是弱无关紧要，都是特殊的、次要的、非本质的属性。概念的外延是指具有该概念所反映的本质属性的一切对象，也即概念指代的事物所组成的那个类，如"电解质"的外延就是各种能够导电的化合物，包括酸、碱、盐、金属氧化物、水等。

‹ 课堂讨论与实践 🧠

1. 你认为化合反应的内涵是什么？外延是什么？
2. 学习分解反应概念你会用什么信息策略？

抽象出概念以后需要进一步理解和同化概念。心理学家认为，在原有概念与新概念之间存在如下三种关系：上位学习、下位学习、并列结合学习。

通过上位学习，可以对原来的概念进行包容、总括，形成新的概念。比如学习了溶液、浊液、胶体概念后对分散系就有了更深的理解。分散系是溶液、浊液、胶体概念的上位概念。

通过下位学习，原有的概念得到扩展、限制或修饰。比如学习取代反应之后再学习酯化反应、硝化反应、水解反应，不需要教师讲解，学生也会意识到这些反应本质上也是取代反应。

当新知识与学生认知结构中的原有观念是并列或者类比关系时，便产生并列结合学习。即当学生已经获得了几个包摄程度相同并且彼此之间相互关联的概念以后，便会在此基础上获得另一个同样性质的概念。例如，学生在学习了钠、镁、铝等元素的性质和特征之后，再学习铜、铁、锌等概念就比较容易，这是因为它们是同样性质的概念，学生可以在已有概念的基础上获得新概念的意义。

‹ 资料卡片 ↪

同化：指的是学习者接纳、吸收和合并知识，并将其转化为自身认知结构的一部分的过程。

认知结构：是学习者头脑里的全部观念的内容和组织，或者是学习者在某一特殊领域内的观念的内容和组织。

上位学习：指学习者在已经形成若干观念的基础上，学习包摄程度更高的知识，这种学习又称总括学习，如学习溶液、乳浊液等概念后再学习分散系的概念。

下位学习：指学习者认知结构中原有的观念在包摄和概括水平上高于新知识，在新旧知识之间构成一种种属关系，所以下位学习又称为类属学习，如学习了酸性氧化物的通性以后再学习二氧化硫作为酸性氧化物的性质。

并列结合学习：是指当新知识与学生认知结构中的原有观念是并列或者类比关系时，便产生并列结合学习。

——张大均. 教育心理学[M]. 3 版. 北京：人民教育出版社，2015：202-206.

（3）实践应用阶段

从理性认识到实践应用可以深化对概念的理解。概念刚形成的时候，学生对概念的理解往往是肤浅的、不准确的，必须经过去粗取精、去伪存真的过程，通过变式练习等方法才能实现对概念的深化理解。

变式是指概念正例的变化，一切包含概念关键特征的事物就是概念的正例。例如，化学反应热与物质所处的状态、环境温度、压力等有关系，与反应现象、反应条件等没有关系。学习过热化学方程式后，可以通过判断、计算、书写热化学方程式等练习把握概念中的关键特征，舍去无关特征，加深理解。

4.4.3.2 概念图策略

概念图策略也是概念性知识的结构化策略，是深化理解和巩固概念的好方法。概念图是组织和表征知识的工具，它包括众多的概念以及概念之间的关系，每两个概念之间的关系通过连接线和连接线上的词表示。概念图能以简练的形式展示重要概念和原理，概念图的层级结构能够使知识之间得到有效组织。通过画好每个主题的概念图，在教学中就能把握好概念之间的联系和主次关系，避免遗漏或曲解主要概念。概念图作为学生整理知识的工具，有利于学生正确地理解概念，找到新旧概念之间的联系。因为如果学生对概念不理解，是很难将这些概念组织成层次清晰、关联准确的概念图的。因此，经常制作概念图，一方面促进学生将所学知识结构化，另一方面促使学生深入思考和学习，促进学生有意义学习、合作学习。电解质的概念图如图 4-7 所示。

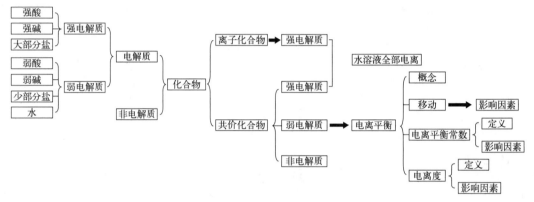

图 4-7　电解质的概念图

总之，化学概念的学习属于智慧技能的学习，在学习中需要辨识概念，理解概念的本质特征，清楚概念的使用对象。理解概念一定要经历概念形成的三个阶段：感知概念，分析概念的本质特征形成概念，在实际应用中理解概念。因此，概念学习的认知策略是：感知概念策略、形成概念策略、深化概念策略。与之对应的有效学习方法是：①利用化学实验等各种手段感知概念；②通过分析、比较、辨识、归纳等方法得出概念；③抓住关键词理解概念的内涵；④遇到易混淆的概念想办法加以区分；⑤通过做辨析题巩固理解概念；⑥通过概念图深刻理解概念；⑦复述概念。

案例展示

1. 通过练习下列判断题，学生会更加理解电解质的内涵和外延。
① NaCl 溶液导电，所以 NaCl 溶液是电解质。(×)
② 固体 NaCl 不导电，但 NaCl 是电解质。(√)
③ Cu 能导电，所以 Cu 是电解质。(×)
④ 氧化钠溶于水能导电，所以它是电解质。(×)
⑤ SO_3 溶于水能导电，所以 SO_3 是电解质。(×)
⑥ $BaSO_4$ 的水溶液不导电，所以 $BaSO_4$ 是非电解质。(×)
⑦ $CaCO_3$ 难溶于水，高温下分解，所以它不是电解质。(×)

2. 整理归纳，深刻理解概念。
① 电解质和非电解质的研究范围：化合物。
单质和混合物不是电解质也不是非电解质。
② 电解质导电须有外界条件：水溶液或熔融状态。
只要在满足其中的一种情况下能够导电，这样的化合物就是电解质。
③ 电解质必须是在一定条件下化合物自身电离而导电的化合物。

④ 导电性与是否是电解质无关。电解质不一定导电，如 NaCl 固体、纯 H_2SO_4。导电物质不一定是电解质，如铜、氯化钠溶液、盐酸；不导电物质不一定是非电解质，如 NaCl 固体、HCl、S。

这样通过对概念的辨析，学生就能深刻理解电解质的内涵。

课堂讨论与实践

1. 请画出"分子"的概念图，体会概念图对深化概念的作用。
2. 请找出电解质概念中的关键词。
3. 你认为在学习电解质概念中哪些地方易混淆？

4.4.4 化学技能性知识的学习策略

在中学阶段，学生要掌握的化学技能包括化学用语的技能、化学计算的技能以及化学实验的技能等。

知识类型：化学技能属于程序性知识，解决"怎么做"的问题。

核心素养与能力发展要求：具有实践能力（会使用化学用语，会进行化学计算，会化学实验设计及操作），能够理解化学用语表达的宏观意义和微观意义，具有实验探究与创新意识（在实验设计过程中体现创新能力），具有科学精神与社会责任（在做实验的过程中体现实事求是、精益求精的科学精神与保护环境、节约资源的社会责任）。

4.4.4.1 化学用语的学习策略

化学用语是学习化学的基础，也是国际纯粹与应用化学联合会（IUPAC）统一规定的化学语言文字。在中学化学教学中，化学用语主要包括表示粒子的符号、表示粒子特征的符号、表示粒子结构的符号，以及表示物质化学变化的化学方程式、电离方程式、离子方程式、热化学方程式、电极反应式、电解方程式等，如图 4-8 所示。

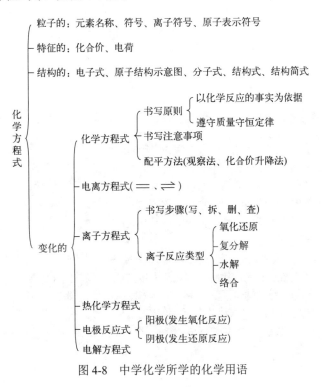

图 4-8 中学化学所学的化学用语

（1）化学用语的特点

通用性：化学用语是化学工作者交流的共同语言。

抽象性：化学用语所表达的含义不像文字语言表达的那样具体直接，它是从具体的形式抽象出来的，是宏观现象的微观表征。通过学习这种简单的符号用语，可以培养学生的抽象思维能力。

简明性：化学用语可将大量琐碎的化学知识进行简化，形成体系并创建完善的结构，便于知识的储存。

（2）化学用语学习困难原因分析

化学用语数目多、内容庞杂抽象、枯燥且语义丰富，致使学生在学习化学技能的时候产生畏难情绪。在教学化学用语时，很多教师喜欢用课堂讲授式教学模式进行教学，把化学技能性知识的学习当成陈述性知识的学习，认为只要理解记住知识就行，且高估学生理解化学用语的能力，没有时刻关注学生对于化学用语的掌握情况，没有留出足够的时间让学生练习使用这些技能，致使技能训练没有落到实处。

（3）化学用语学习策略

主动学习策略：在教学中，教师要引领学生主动规划对化学用语的学习、理解和应用，学生在学习中要大胆实践、主动应用。

分散难点、化整为零策略：从初中化学序言课开始，整体规划、分散难点、化整为零，把元素符号、化学式等化学用语的学习分散在每一节化学学习内容中。

多重练习策略：化学用语虽然是用字母、数字、短线等组成的简单符号、方程式或者图示，但是其中的内涵是很丰富的，学习的时候要注意多理解记忆、多练习。尽量把符号表示的宏观物质、微观粒子之间的关系连接起来，让学生在学习化学用语的时候，经历从宏观物质到微观粒子再到符号的三重认识方式。化学式表示的意义如表 4-4 所示。

表 4-4　化学式表示的意义

维度	表示的意义
宏观	表示一种物质
	表示物质的元素组成
微观	表示一个分子
	表示物质的分子组成

资料卡片 →

化学方程式表示的意义

例如，化学方程式 $CaCO_3 + 2HCl == CaCl_2 + H_2O + CO_2\uparrow$ 的学习，利用"本质与变化"策略教学，要求学生将化学方程式的记忆与宏观世界、微观结构紧密联系起来，将本身无意义的化学符号与具体的表象、可计量的数值、可想象的微观结构相结合，引导学生从多个方面学习相关的化学方程式，实现对化学方程式的扩展与提升，促进学生灵活地提取和应用化学方程式去分析和解决问题。具体分析以上反应，可从以下几个方面进行深刻理解。

① 可观察的宏观世界。反应物的化学性质：碳酸钙和盐酸可以反应；反应条件：碳酸钙和盐酸在常温下就可以反应；生成物的性质：碳酸钙和盐酸反应可以生成 H_2CO_3，H_2CO_3 不稳定，易分解，生成的 $CaCl_2$ 易溶于水；反应现象：反应中有气体稳定产生，固体物质逐渐消失。

② 量的关系。例如以上反应化学方程式表示 $CaCO_3$、HCl、$CaCl_2$、H_2O、CO_2 分子个数比为 1：2：1：1：1；还表示以上物质的质量比为 100：73：111：18：44。此外，在敞开体系中还可以测到体系的质量减少，溶液的质量变大。

③ 微观方面。以上化学式 $CaCO_3$、HCl、$CaCl_2$、H_2O、CO_2 代表的微观结构以及微观的反应过程是：HCl 在水中电离产生 H^+ 和 Cl^-，$CaCO_3$ 与溶液中的 H^+ 产生反应生成 Ca^{2+} 和 H_2CO_3，H_2CO_3 不稳定，易分解成 H_2O，CO_2 完全反应之后，溶液中的溶质是 $CaCl_2$，$CaCl_2$ 在水中电离产生 Ca^{2+} 和 Cl^-，且其粒子个数比为 1∶2。

④ 变与不变。化学反应中的 6 个不变：宏观方面，反应物和生成物总质量不变，元素的种类不变，同种元素质量不变；微观方面，原子的种类不变，原子的数目不变，原子的质量不变。2 个一定变：宏观方面，物质的种类一定变；微观方面，分子的种类一定变。1 个可能变：分子的总数目可能变。

——张发新. 基于模型建构的"初中化学用语"教学——从知识传递走向深度学习[J]. 化学教育（中英文），2021，42（5）：40-44.

思维可视化策略：传统意义上的可视化（visualization）指的是，利用计算机图形学和图像处理技术，将数据转换成图形或图像在屏幕上显示出来，并进行交互处理的理论、方法和技术。化学用语学习中的可视化指的是，用图示、图形等形象地表示微观粒子、化学变化过程，或者简洁地展示化学方程式计算中的相关物质和相关量的思维可视化过程。化学用语中利用思维可视化学习策略，可以帮助学生将不可见的抽象的微观粒子与图像联系起来，帮助学生理解化学用语。图 4-9 就把表 4-5 符号表示的意义可视化了。

图 4-9　符号 H、2H、H_2、$2H_2$ 的意义

表 4-5　符号 H、2H、H_2、$2H_2$ 的意义

符号	宏观意义	微观意义
H	氢元素	1 个氢原子
2H	无意义	2 个氢原子
H_2	①氢气；②氢气由氢元素组成	①1 个氢分子；②1 个氢分子由 2 个氢原子构成
$2H_2$	无意义	2 个氢分子

4.4.4.2　化学计算技能的学习策略

（1）化学计算学习困难原因分析

① 化学计算不像单纯的数学计算，化学计算除了用到数学计算的公式和法则外，还需要懂化学原理。化学计算中涉及的化学原理包括：初中涉及的原子的构成、分子的构成、化学式、化合价、化学式量的含义、化学方程式的含义与配平、质量守恒定律、溶解度、溶液的含义、溶质质量分数的概念等；高中涉及的守恒原理，如质量守恒、原子守恒、能量守恒、得失电子守恒、化合价升降守恒、电中性原理等；物质的量、阿伏伽德罗常数、摩尔质量、气体摩尔体积、物质的量浓度、离子反应、氧化还原反应、物质的转化、化学平衡原理、化学反应速率、化学反应热、电解池原理、原电池原理、晶体的概念等。

正因为化学计算需要学生在理解化学概念和原理以及物质的变化规律的基础上进行，所以对于化学基础知识掌握不好的学生来说，遇到化学计算他们会一筹莫展。比如在根据化学方程式进行计算的时候，可能写错或者不会写化学方程式；又如在计算物质的量浓度或溶解度的时候，没有掌握物质的量浓度和溶解度的概念，不清楚其中各组成部分的量的关系等。

② 化学计算涉及的范围广。比如，近年来的高考化学计算涉及的方面有：氧化还原反应、化学反应速率、阿伏伽德罗常数、物质的量、质量分数、焓变、平衡常数、转化率、体积、化学式

和化合价等。

③ 化学计算需要学生具有在新情境中整理信息的能力和知识迁移应用的能力。给学生一个不熟悉的新信息，要求学生书写化学（离子）方程式并进行相关计算成为高考的必考项。要完成此类化学计算还需要具备多项关键能力，如信息接受、吸收、整合的能力，以及分析问题和解决（解答）化学问题的能力、在解决问题中理解与辨析的能力、分析与推测能力、归纳与论证能力、探究与创新能力。所以根据新信息、新情景书写方程式并进行相关的计算，是学生在应用"必备知识"解决具体问题时需要的"关键能力"，是非常难的，也是很多学生畏惧化学计算的原因之一。正如李广州所说，高中学生解决计算类化学问题时的表征可划分为五个不同层次（文字表征、具体表征、抽象表征、形象表征和数学表征），解决策略划分为四种不同类型（盲目搜索策略、情境推理策略、原理统率策略和数学模型策略）。化学知识处于零散、孤立状态的学生未能形成结构化知识组块，使其表征正确率低、表征时间长，无法选择相对优化的问题解决策略❶，如表 4-6 所示。

表 4-6　高中学生解决计算类化学问题的表征层次及时间的界定

表征层次	解释及具体划分	不同学生间的区别	表征时间界定
文字表征	问题中出现的文字、符号、图标等，通过视觉以其最原始的编码进入脑中，主要与问题的文字描述与关	阅读的速度和质量不同	从被试接触问题至读题完毕
具体表征	对问题中出现的关键字、词进行有意义转换，编码进入工作记忆中，但是相互之间仍然保持独立，还未建立有关联系	对问题中出现的部分用语意义理解不同	从读题完毕至第一个化学概念、反应事实出现
抽象表征	在头脑中选择、激活、调用原有认知结构中有关的化学等学科的抽象概念、原理和理论，把工作记忆中独立的、分散的信息点和信息片段整合起来，建立联系，形成有意义的信息组块	所选择、调用知识的内容及其深度、科学性和出现时间不同	从第一个化学反应事实（或概念、原理、理论）出现至不再出现为止
形象表征	利用有关的化学用语、实验装置、图形表格、公式、文字或语言等工具，把头脑中已经形成的信息以外的形式表达呈现出来，是抽象表征的具体化和外显化	化学用语等表达的正确性和适时性不同	从第一个化学用语（如化学式、化学方程式）出现至不再出现为止
数字表征	利用数学工具教学具体运算的过程	计算的速度简洁程度和正确率不同	从数字计算开始至计算完毕

④ 化学计算需要学生具有读透图表、读出内涵，建立物质与曲线、反应进程与曲线的关系的关键能力。应用曲线提供的信息，迁移应用有关知识解决化学问题，需要学生具有较强的抽象思维能力和信息处理能力，需要学生对曲线表达的含义进行表征和转化，学生要能够读懂曲线上的关键信息和数字，这些问题往往也是学生在化学计算中遇到的难点。

‹ 资料卡片 ›

以酚酞为指示剂，用 0.1000mol/L 的 NaOH 溶液滴定 20.00mL 未知浓度的二元酸 H_2A 溶液。溶液中，pH、分布系数 δ 随滴加 NaOH 溶液体积 V_{NaOH} 的变化关系如图 4-10 所示。[比如 A^{2-} 的分布系数：

$$\delta(A^{2-}) = \frac{c(A^{2-})}{c(H_2A) + c(HA^-) + c(A^{2-})}$$]

---

❶ 李广洲，任红艳，余嘉元. 高中学生解决计算类化学问题的表征及其与策略关系的研究[J]. 心理发展与教育，2001（3）：33-39.

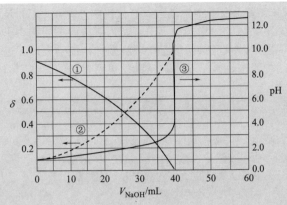

图 4-10　变化关系

下列叙述正确的是（　　　）。

A. 曲线①代表 $\delta(H_2A)$ ，曲线②代表 $\delta(HA^-)$

B. H_2A 溶液的浓度为 0.2000mol/L

C. HA^-的电离常数 $K_a=1.0\times10^{-2}$

D. 滴定终点时，溶液中 $c(Na^+) > 2c(A^{2-}) + c(HA^-)$

随着新课程改革理念的落实，越来越多的新观念、新反应、新物质、新的测量手段、新的表述方式等都将出现在高考化学计算题中。而准确提取出其反应的原理，准确地用化学原理、化学术语和各种关系式来定量表述计算，是化学计算的改革方向，也是培养学生学习能力、解决问题能力的有效手段，也是《中国高考评价体系》中所说的"应用性""关键能力""必备知识"的融合体现。

资料卡片 →

　　一种有效成分为 $NaClO_2$、$NaHSO_4$、$NaHCO_3$ 的"二氧化氯泡腾片"能快速溶于水，溢出大量气泡，得到 ClO_2 溶液。上述过程中生成 ClO_2 的反应属于歧化反应，每生成 1molClO_2 消耗 $NaClO_2$ 的量为 _____mol。

——董军，侯春. 从必备知识、关键能力和核心素养的高度看高考化学计算题的命题与解题——简析 2020 年高考化学计算题[J]. 数理化解题研究，2021（4）: 93-96.

⑤ 在化学计算中学生还需要学习化学计算的一些特殊技巧。比如极值法、十字交叉法、差量法、守恒法、平均值法等。

（2）化学计算技能学习策略

① 深刻理解化学原理和概念。只有理解了化学原理、化学概念，熟练掌握了物质的化学性质，才能够利用数学运算法则进行化学计算。比如溶解度的概念里面暗含了溶剂是 100 克的数量，而且"100 克"指的是溶剂的质量，物质的量浓度中的体积是指溶液的体积。又如气体摩尔体积指的是每摩尔气体所占的体积，由于气体分子间的距离远远大于分子本身的体积，所以气体的体积主要取决于微粒数目和微粒间的距离,因此同温同压下,1 摩尔任何气体所占的体积相同,且在 0℃、101kPa 的条件下，1 摩尔任何气体的体积约为 22.4L。反应热通常是指，体系在等温、等压过程中发生化学的变化时所放出或吸收的热量，是指每摩尔这样的化学反应所放出或吸收的热量，而不是每摩尔反应物发生化学反应放出或吸收的热量。只有理解了这些化学原理和概念，才能正确进行化学计算。

② 思维过程的可视化策略。很多学生之所以害怕化学计算，一方面是因为对化学原理和概念不理解，另一方面是对文字表达的信息抽提不出来，也就是读不懂题。引导学生分析题意，用简洁的方式将思维过程呈现出来，就能够帮助学生理解题意，使学生计算过程中能够用更直观的方法对数据进行整理，使结构清晰、关系明了，帮助学生用有序的思维突破化学计算这个难点。

资料卡片

例如：现有100g10%的氯化钾溶液，若使其变成溶质的质量分数为20%的溶液需加KCl_____g或蒸发_____g水（不考虑其他条件的改变，蒸发水分过程中没有晶体析出）。

这道题对于初学者难度较大，如果借助列表对数据进行整理（表4-7），结果将大相径庭。整理完数据后依据定义式列方程求解，所有学生都会手到擒来。

表4-7 溶质的质量分数计算中数据的分析

KCl溶液	溶质的质量	溶剂的质量	溶液的质量	溶质的质量分数
原溶液	10g	90g	100g	10%
加入质量为X的KCl后	10g+X	90g	100g+X	20%
蒸发质量为Y的水后	10g	90g−Y	100g−X	20%

③ 一题多解策略。化学计算需要学生在理解化学概念、化学原理的基础上进行，化学计算一题多解不仅能够考查学生对化学概念和原理的理解，也能够帮助学生学会知识的迁移应用，有利于培养学生思维的发散性、敏捷性和灵活性。这类试题的特点往往是常规解法与巧解法并存，若用常规思路解答，虽然能得到结果，但费时费力，复杂易错；若用巧解法，则因解题方法简捷、独特、效率高而解题迅速。无论应用什么解法，都需要理解化学原理，巧用数学思维。

总之，学生在进行化学计算技能学习的时候有效的学习策略有：①解题时用笔画出已知、求解项目；②对复杂计算题画出流程图；③重视解题规范；④找到解计算题的规律；⑤欣赏题目的巧解并能自己设计巧解方法和一题多解的方法；⑥理解化学计算中包含的化学原理。

推荐阅读

熊字坤. 化学计算中的一题多解数理化解题[J]. 研究·高中版，2017（2）：93-94.

4.4.4.3 化学实验技能的学习策略

（1）化学实验技能的特点

技能是通过练习形成的控制动作执行的合乎法则要求的行动方式。技能是由一系列动作组成，不是先天就有的，而是后天练习获得的。

根据技能的性质和特点，可以把技能分成智力技能和操作技能。智力技能是人们在头脑中借助内部语言表示事物映象，以极简约的方式进行智力活动，如阅读技能、写作构思技能、运算和解题技能、实验设计技能等。动作技能是通过学习而形成的合法则的操作活动方式。可见实验技能包括智力技能和运动技能。其中，实验操作技能属于动作技能，有相应的操作规范和一系列的动作要求，设计实验方案、收集实验数据、处理实验结果、解决实验中的问题等技能属于智力技能。在此，我们主要讨论化学实验操作技能的学习策略。

（2）化学实验技能形成的标准

既然化学实验操作技能属于运动技能，就要像骑自行车、开汽车那样通过不断、反复的实践练习，使学生的化学实验操作达到规范性、协调性，具有一定的操作速度，最后达到自动程序化的程度。

规范性是指实验操作中的每一个动作或步骤的规范要求。比如，过滤时，倾倒液体用玻璃棒引流；加入酒精不超过容积的2/3，禁止向燃着的酒精灯里添加酒精；给试管里的液体加热，液体体积一般不超过试管容积的1/3等规范操作。

协调性好一般是指动作的配合度好。化学实验操作中的协调性是指实验操作过程中，能够按照操作步骤顺序协调地进行。例如氯酸钾制氧气的操作步骤是"查、装、定、点、收、离、熄"。抽滤的操作步骤是：①安装仪器，检查布氏漏斗与抽滤瓶之间连接是否紧密，抽气泵连接口是否漏气。②抽滤瓶上配一单孔塞，布氏漏斗安装在塞孔内，漏斗管下端的斜面朝向抽气嘴。但不可靠得太近，以免滤液从抽气嘴抽走。③修剪滤纸，使其略小于布氏漏斗，但要把所有的孔都覆盖住，并滴加蒸馏水使滤纸与漏斗连接紧密。④往滤纸上加少量水或溶剂，轻轻开启水龙头，吸去抽滤瓶中部分空气，以使滤纸紧贴于漏斗底上，免得在过滤过程中有固体从滤纸边沿进入滤液中。⑤打开抽气泵开关，开始抽滤。在抽滤过程中，当漏斗里的固体层出现裂纹时，应用玻璃塞之类的东西将其压紧，堵塞裂纹。如不压紧也会降低抽滤效率。若固体需要洗涤时，可将少量溶剂洒到固体上，静置片刻，再将其抽干。⑥从漏斗中取出固体时，应将漏斗从抽滤瓶上取下，左手握漏斗管，倒转，用右手"拍击"左手，使固体连同滤纸一起落入洁净的纸片或表面皿上。揭去滤纸，再对固体做干燥处理，溶液应从抽滤瓶上口倒出。⑦停止抽滤时先旋开安全瓶上的旋塞恢复常压，然后关闭抽气泵。

操作速度需要在操作的规范性和协调性的基础上，经过反复练习达到非常熟练的程度，才能够提高。化学实验操作技能的训练首先必须着重操作的规范性和协调性，在不断熟练的基础上，逐步提高操作速度。比如，托盘天平的使用，必须每次训练学生调零，称量时左物右码，用镊子夹取砝码。学生刚开始学习天平调零的时候会把握不住轻重，也会很慢，多次练习后，动作熟练，操作也快，这才能说明学生具备了该项技能。否则完全不考虑速度，就谈不上具备了该项技能。

自动程序化就是当某项操作技能达到了非常熟练的程度，并且已经形成了操作习惯，不需要有意提醒自己也会按照操作规范顺序去做。就像学会了开车并且很熟练的时候就再也不需要思考油门和刹车的位置了，会自动地根据需要去踩油门和刹车。比如，托盘天平零点的调节，通过多次练习，学生能准确规范地操作并迅速使天平平衡，而不需要再去思考操作规范和操作顺序。

（3）化学实验技能学习策略

① 认识理解策略指的是，在学习实验操作技能时，首先学生必须清楚中学需要掌握的基本操作有哪些。比如常见仪器的使用、药品的取用、称量、物质的分离提纯、溶液的配制、物质的制备与检验等。其次，学生要认识常见的仪器和设备，了解它们的结构、形状、性能，理解使用要求。最后，通过教师的示范操作和原理讲解，理解操作目的，知道操作规范和操作顺序。

② 分项模仿练习策略指的是，学生在教师指导下，分单项（如加热、药品取用、物质称量）模仿教师的示范操作进行操作练习。操作的模仿是形成操作技能最重要的步骤和最有效的途径。模仿的对象可以是教师现场操作示范，可以是教师自拍的单项操作示范视频，也可以用网络视频资料或者智慧实验室资料库中的视频资料。

③ 全过程自主反复训练策略指的是，学生独立反复进行的全过程实验操作练习。这时学生需要把之前练习过的单项操作联系起来，形成操作的连贯性和协调性，能够按照实验目的和要求，按一定的操作程序进行规范的操作。比如，氯酸钾制氧气的操作就是单项操作的综合，包括了药品的取用、加热、仪器的选择和安装、气体的收集和检验等单项操作。

④ 操作形成运用策略指的是，学生通过反复练习，达到非常熟练、运用自如的程度。这时学生的规范性、协调性、敏捷性、灵活度都高，学生完全掌握了各项操作的要求，并且还能够迁移

应用，进行实验设计、实验方案或装置的改进等。

总之，实验技能需要反复练习。学生在化学实验技能学习中有效的学习方法表现在：①对实验感兴趣，并且知道如何观察总结老师的演示实验；②能根据实验现象判断反应产物，书写化学方程式；③做实验时能记住操作要点；④知道实验报告的意义，并能如实填写；⑤如实发现并记录与书本不相符的实验现象；⑥实验失败会主动找原因并重做；⑦理解实验原理并能够自己设计实验方案。

练习与应用

一、填空题

1. 学习策略包括_____、_____、_____等。
2. 学习具有化学学科特质的思维方法：_____、_____、_____"三重表征"法。
3. 在中学阶段学生要掌握的化学技能包括：_____、_____以及_____等。
4. 化学计算的策略包括：_____、_____、_____。
5. 化学技能的学习策略包括：_____、_____、_____、_____。

二、简答题

1. 简述化学性质的学习策略。
2. 简述化学概念的学习策略。
3. 简述在化学用语的学习中可视化的策略。

4.5 化学学习方式

问题与思考

1. 你能够说出化学学习方式的类型有哪些吗？
2. 为什么说研究性学习是一种学习方式？
3. 探究性学习发生的条件是什么？
4. 自主学习发生的条件是什么？如何帮助学生自主学习？

《基础教育课程改革纲要（试行）》提出，改变课程过于注重知识传授的倾向，强调形成积极主动的学习态度，使获得基础知识与基本技能的过程同时成为学会学习和形成正确价值观的过程。大力推进信息技术在教学过程中的普遍应用，促进信息技术与学科课程的整合，逐步实现教学内容的呈现方式、学生的学习方式、教师的教学方式和师生互动方式的变革。这说明把学习方式的改变放到了很突出的位置。什么是学习方式？为什么要强调学习方法的转变？它跟学习方法、学习策略有何联系？在化学教学中应该提倡哪些学习方式？本节将研究以上问题。

4.5.1 化学学习方式的类型

什么是学习方式？有人认为，学习方式是指学生在完成学习任务的过程中基本的行为取向。也有人认为，学习方式是学生在学习活动中的参与方式，同一学习任务可以通过不同的学习方式来完成。

按照获得信息的来源划分，可以将学生的学习分为接受学习和发现学习。按照学习者参与学习的积极性来划分，可以将学生的学习分为被动学习和主动学习。按照参与学习的学习者多少划分，可以将学生的学习分为自主学习和合作学习。如果把上述学习方式组合起来，可以得到如表 4-8 所示的学习方式类型。

表 4-8 学习方式的类型

主动	接受学习	被动	接受学习
	发现学习		发现学习
	自主学习		自主学习
	合作学习		合作学习

目前新课程改革强调的是主动探究学习、主动接受学习、主动发现学习、主动合作学习和主动自主学习。传统的学习方式存在的问题是：被动接受得多，主动探究得少；个人理解得多，小组合作得少。教师要帮助学生提高学习的自主性和积极性，把被动学习转化为主动学习。

4.5.2 探究性学习、研究性学习、自主学习和合作学习

4.5.2.1 探究性学习

美国国家科学教育标准中对"探究"的定义是，"探究"是多层面的活动，包括：观察；提出问题；通过浏览书籍和其他信息资源发现什么是已经知道的结论；制订调查研究计划；根据实验证据对已有的结论做出评价；用工具收集、分析、解释数据；做出解答、解释或预测；交流结果，共八个方面。

探究性学习，亦称发现学习，是学生在学习情境中通过观察、阅读，发现问题，收集资料，形成结论，获得答案并进行交流的一种学习方式。探究性学习（Hands-on Inquiry Based Learning，HIBL）的主要倡导者施瓦布认为，探究性学习是指：儿童通过自主地参与获得知识的过程，掌握研究自然所必需的探究能力，同时形成认识自然的基础——科学概念，进而培养探索未知世界的积极态度。我国新课程改革的倡导者认为：探究性学习是一种积极的学习过程，是指在教学当中让学生成为研究者，有更多的机会主动去探索问题、发现规律、体验成功和失败的一种学习方式。即探究性学习是新课程倡导的一种学习方式，探究性学习能让学生从探究中主动获取知识，应用知识，解决问题。探究性学习提倡让学生像科学家一样在探究过程中发现科学概念、科学规律，培养学生的探究能力和科学精神。

> **◁ 推荐阅读 📚**
>
> 1. 高凌飚，张春燕.探究性学习的特点——一个国外案例的分析[J]. 课程.教材.教法，2002（5）：16-21.
> 2. 吴亚萍. 基于新基础教育的探究性学习——以数学为主例[J]. 课程.教材.教法，2004（5）：37-42.

4.5.2.2 研究性学习

研究性学习是教育部 2000 年 1 月颁布的《全日制普通高级中学课程计划（试验修订稿）》中综合实践活动板块的一项内容。它是指学生在教师指导下，从学自然、社会和生活中选择和确定研究专题进行研究，并在研究过程中主动地获取知识、应用知识、解决问题的活动。研究性学习与社会实践、社区服务、劳动技术教育共同构成"综合实践活动"，作为必修课程列入《全日制普通高级中学课程计划（试验修订稿）》中。

从这里可以看出，教育部把研究性学习列入了"综合实践活动课程"，是中学生的一门必修课程。研究性学习不同于综合课程，虽然在很多情况下，它涉及的知识是综合的，但是它不是几门学科综合而成的课程，也不等同于活动课程。虽然它是学生开展自主活动，但它不是一般的活动，而是以科学研究为主的课题研究活动。它不等同于问题课程，它虽然也以问题为载体，但不是接

受性学习，而是以研究性学习为主要学习方式的课程。从研究性学习的活动方法来看，"研究性学习"是一种学习方式。

推荐阅读

1. 裴新宁，刘启东，明莉. 从"化学与药物"案例看研究性学习的设计[J]. 山东师范大学学报（自然科学版），2002，17（3）：45-49.

2. 许世生，董占伟，袁东霞. 因地制宜地开展自主研究性学习化学综合实践活动教学案例[J]. 化学教育，2010（8）：28-31.

3. 朱钦舒，张琳，陆真. 高中化学研究性学习活动设计与思考——"化学元素与人体健康"案例实践[J]. 学科教育，2003（6）：37-40.

4.5.2.3 探究性学习与研究性学习的联系与区别

（1）联系

① 来源相同。探究性学习和研究性学习都是由英文"Inquiry Learning"翻译而来的，是人们在总结了发现学习和有意义学习的经验的基础上，提出的以学生自主探究为主的一种学习方式。

② 都强调了学生的主动性、互动性，是一种以学生为主体的学习方式。

③ 都是解决问题的学习，以"问题"为载体、以探究问题为目的，强调学生通过亲身实践增强探究和创新的意识，学习科学的研究方法，发展综合运用知识的能力。

④ 都开放性地突破了传统学科教学的封闭状态，让学生走出教室、走出校门、走上社会。

⑤ 都注重探究的过程，体现尊重个性发展和适应学习的需要，强调结果，但更强调过程，强调学生的体验和感悟。

（2）区别

① 探究性学习虽然强调了学生的主动性、活动性，但学生的活动仍然是在教师精心安排下实施的，教师指定学习内容。在研究性学习中，教师是以平等的参与者身份介入，教师不指定研究内容，教师"指导不指令，参谋不代谋"。

② 探究性学习的课题是教师选定的，结果是预知的。教师对学习过程是可操纵的，对学习成绩的评定具有绝对的权威。而在研究性学习中，学生从生活和社会中选择，自主确定研究课题，教师对学习过程、结果无法预知，也不对学习过程进行操纵，对学生的成绩评定以学生的自我评价和相互评价为主。

③ 探究性学习既重过程也重结果。研究性学习重在过程，在评价学生成绩的时候不以成败论英雄。研究性学习的实质是学习者对科学研究的思维方法和研究方法的学习运用。

作为一种学习方式，发现学习、探究性学习与研究性学习从本质上看是一致的。它们都提倡学生用与科学家进行科学研究类似的方法进行学习，它们都把学习过程之中的发现、探究、研究等认识活动凸显出来，使学习过程更多地成为学生发现问题、提出问题、分析问题、解决问题的过程。

它们的区别体现在：选择研究题目的主体不同、学习目标不同、教师指导程度不同、学习评价主体和评价内容不同。研究性学习既是一种学习方式、一种学习过程，在许多情况下又是一种课程。而探究性学习（科学探究）是一种学习方式、一种学习活动、一种学习过程。

案例展示

1. 如何评价探究性学习的有效性？

解析：应该从学生在知识与技能、过程与方法、情感态度与价值观三方面的收获来考虑。首先看看学生是否能够从情感态度方面描述自己的体验，看看他们在学习理念和价值观上是否有转变，如是否具有科学精神、合作意识等。其次在过程和方法上，要看看学生在探究新事物、进行探究性学习各个环节中是否学会了科学探究的一般方法，是否掌握了"宏微辨识""证据推理与模型认知"等化学思维方法，是否具有合作与交流、反思与创新的意识等初步能力。

2. 以"铁钉在不同环境下的锈蚀情况"的活动为主题，设计简要的探究性学习活动方案。

[创设情景] 学生查阅资料，了解我国每年因钢铁生锈造成的经济损失。

[提出问题] 铁为什么会生锈？不同条件下对铁的生锈产生哪些影响？

[提出假设] ①与空气接触；②与水蒸气接触；③与空气和水同时接触。

[实验验证]

实验1：取一支干燥试管，放入一根铁钉，用橡皮塞塞紧试管口。

实验2：取一支试管，放入一根铁钉，加入刚煮沸过的蒸馏水至浸没铁钉，然后在水面上注入一层植物油，使铁钉只与水接触。

实验3：取一支试管，放入一根铁钉，然后注入蒸馏水，不要浸没铁钉，使铁钉与空气和水同时接触。

[结论] 常温下，铁在干燥的空气或隔离空气只与水反应都不生锈，当铁同时与空气和水接触时才会生锈。因此铁生锈的原因是水和空气共同作用的结果。

4.5.2.4　自主学习

（1）自主学习的含义

"自主学习"是相对于"他主学习"而言的，主要是以学生主动参与的意识、能力和强度为判断尺度的。行为主义心理学家认为，自主学习包括自我监控、自我指导和自我强化。而认知建构主义学派则认为，自主学习实际上是元认知监控的学习，是学习者根据自己的学习能力和学习任务的要求，积极主动地调整自己的认知策略和努力程度的过程。自主学习要求个体对为什么学习、学习什么、能否学习、如何学习等问题有自觉的意识和反应。

学习的主动性是学习的内在的高品质，表现为学生的内在需要、学习兴趣与学习责任。如果学习作为一种内在需要成为生活的重要组成部分，学生就会根据自身兴趣、爱好等特点设定学习目标，有意识、有计划地使用自己特有的学习策略，合理安排时间进行高效学习，并对自己的学习效果有合理的判断。

（2）自主学习发生的条件

自主学习的发生必须具备三个条件：一是要"能学"，即学习者要达到一定的发展水平，有学习的能力；二是要"想学"，即学习者具有学习的动机；三是要"会学"，即学习者具备一定的学习策略和学习方法。

（3）自主学习的实施

① 自学能力的提升中要特别注意阅读能力的提升。学生在刚开始学习化学时，就要培养自己阅读课本的习惯和能力，不能只是不会做作业时才去阅读有关的课本。化学课本的内容包括文字叙述、化学用语和图画等部分。学生一般比较重视阅读文字部分，这是正确的。但不能忽略化学用语和图画等部分。阅读化学用语时，应该记住并领会它们所代表的意义和说明的问题。阅读图画时，如阅读实验装置图，应该联想到实物原形、名称及用途，达到形、名、图三位一体。对化学实验的阅读要联想到实验装置的搭建、实验操作方法、实验原理、实验的宏观现象、实验原理的符号表示，尽量用宏观表征、微观表征、符号表征的"三重表征"方法去认识实验。

阅读课本要讲究方法，初学时应该接受老师的指导，参考老师发给的自学提纲或自学问题，了解阅读重点和要解决的问题。在老师的指导下阅读课本，容易抓住关键性问题，培养良好的学习习惯。

阅读时，一般内容应该通读，重要内容应该精读。通读的部分要正确理解其内容，能用自己的语言有条理地复述、归纳、概括出课文的大意。精读的内容主要是化学概念、理论等难度较大的部分，对这些部分不能只停留在字面上的认识，应该认真思考，提出疑问，从有疑到释疑。阅读时对关键的字、词、句不仅要读几遍，还要"咬文嚼字"，仔细推敲，达到理解、掌握的目的。

阅读课本要根据学习要求与识记相结合。需要记忆的内容，应该在阅读过程中有意识地识记，如化学用语、基本概念等，不能等到考前突击记忆。需要识记的内容和要求，应该听从教师的指导，明确所要识记的内容的价值，以增强记忆的自觉性，并且最好在理解的基础上进行记忆。

阅读课本应该记阅读笔记，写阅读小结。对笔记或小结的要求，应从实际出发，讲求实效；灵活掌握，不必强求一律。根据自己的情况，笔记可以写成有自己特色的纲要式、对比式、记录式等。课前笔记，有助于抓住重点，理清脉络；课后小结，能起到及时复习和使零散知识系统化的作用。记阅读笔记，写阅读小结，开始是较难的，应该通过练习逐步掌握要领。先从一堂课、一篇课文写起，渐渐扩大到对全章、全单元进行总结。坚持这样做，就能从中认识知识间的内在联系，把书读活，真正学有所得，提高自学能力。

② 自学能力的提升中要特别注意语言表达能力和逻辑推理能力的提升。化学学习中，学生需要通过语言和文字清晰地表达自己的观点。培养学生的语言表达能力，需要教会学生使用语法准确的句子，准确地描述化学事实和结论；培养学生的逻辑推理能力，需要引导学生根据实验事实总结归纳出物质的性质，弄清楚它们之间的逻辑关系。例如，氢气还原氧化铜的实验现象是：看到有红色物质生成，有无色液体生成，而不能说看到有红色的铜生成，有水生成。后面的结论是从看到的现象推理出来的。根据氧气可以与众多物质发生剧烈反应的实验事实，总结得出氧气的化学性质是：氧气化学性质活泼，能够与很多物质发生剧烈的氧化反应，反应过程中放出大量的热，物质在纯氧中反应比在空气中反应更剧烈。

案例展示

结合材料，回答相关问题：

教师在指导学生自主进行"配制一定物质的量浓度的溶液"实验时，学生用天平称量氯化钠固体时，忘了拆下天平物盘下的胶垫，出现了第一次称氯化钠为 100 克，第二次称氯化钠为 10 克。学生疑惑不解，而该老师把两次测量 10 倍之差向学生解释是天平这种测量工具的误差。

问题：

① 假如你是这位老师，你会如何解决？

② 谈谈自主学习的条件有哪些？

解析：

① 老师在课堂上出现错误是不可避免的，对待课堂上出现的错误，应该善待错误而不是放纵错误，并通过教学机智把错误的事实转变为探究问题的情境，打破课前的预定目标，促使具有鲜活个性的探究发现在课堂中创造生成。案例中那位老师，当发现这个"天平"称量出现相差 10 倍的错误时，假若以此来创设问题情境，把"怪球"踢给学生，则能迅速激起学生探究的欲望，让他们亲身经历寻找问题和解决问题的过程。学生不仅会发现问题，还能通过亲自观察、积极思考、动手操作等感知和体验，从而获得认识天平、使用天平的经验。

② 第一，自主学习必须以一定的心理发展水平为基础，也就是要"能学"。第二，自主学习必须以学生的内在学习动机为前提，也就是要"想学"。第三，自主学习必须以学生掌握一定的学习策略为保障，也就是要"会学"。第四，自主学习必须以意志控制为条件，也就是要能够"坚持学"。

推荐阅读

1. 皇甫倩. 王后雄. 自主学习能力与学习成绩相关性分析——基于对化学学科学生自主学习能力的实证研究[J].化学教育，2014，35（3）：64-68.

2. 谭韶伟，毕华林. 化学新课程教学中学生自主学习能力现状调查[J]. 化学教育，2009，30(11)：42-45.

4.5.2.5　合作学习

（1）合作学习的含义

"合作学习"是相对于"个体学习"提出的，是指学生在小组或团队中为了完成共同的任务，有明确的责任分工的互助学习。这是我国新一轮课程改革所倡导的一种重要学习方式[1]。

合作学习有以下几个方面的要素：积极承担在完成共同任务中的责任，积极地相互支持、配合，特别是面对面的促进性互动；所有学生都能够积极进行有效的沟通，建立并维护小组成员之间的相互信任，有效地解决冲突；对个人完成的任务进行小组加工，对共同任务的成效进行评估，寻求提高其有效性的途径。

合作学习是一种富有创意与实效的学习方式，如果学生长期处于个体的、封闭的、竞争的学习状态中，容易形成孤僻、冷漠、自私等不良性格，不利于学生的健康发展。合作学习能促进学生合作能力的提升，包括合作的知识、技能和情意等方面，即合作学习不但能促进学生学业成绩的提高，而且能培养学生合作的技巧和健康的心理。小组间的互助合作学习还有助于提高学困生的学习成绩。

因此，合作学习有利于强化学生在学习过程中的交流意识、互助意识；有利于培养团队意识和协作精神；有利于促进学生对知识的获得、能力的发展；有利于丰富学生的情感，促进良好个性的形成。

（2）合作学习的实施

合作学习的教学设计项目：陈述教学目标、进行分组、分配角色、安排教室、设计材料、解释学术任务。

教师要向学生清楚地解释要学习的概念、原理、技能等，并使之与学生过去的学习经验相连接，最大程度地实现学习的迁移和保持，同时向学生提出问题，检查学生的理解程度，建立积极的目标互赖。明确成功的标准，说明期许的合作行为，进行追踪与指导，实施评价与反馈。

乙醇的催化氧化反应
教学视频

课堂讨论与实践

请讨论视频展示的教学中体现了哪些学习方式？

推荐阅读

1. 索桂芳，任学印. 新课程体系下合作学习教学模式的构建[J]. 课程.教材.教法，2008，26（8）：18-22.
2. 任跃红，李鹏鸽. 化学教学中合作学习存在的问题与策略[J]. 教学与管理，2011（6）：141-142.
3. 韩雪，党佳瑛，薛嘉莹. 任务驱动下的高中化学小组合作学习[J]. 中国教育技术装备，2021（7）：82-83，94.

练习与应用

1. 学习方式是学生在研究解决其学习任务时所表现出来的具有个人特色的方式，传统化学学习存在的问题是（　　）。

A. 主动探究多，被动接受少

B. 个人理解多，小组合作少

C. 合作学习多，自主学习少

[1] 高艳，陈丽.合作学习的内涵、特质及教学设计[J]. 当代教育科学，2004（3）：16-17，21.

D. 探究学习多，发现学习少

2. 影响学习的主要因素有（　　　）。

A. 教师因素、学生因素、教与学的过程、学习成果

B. 学习动机、学习兴趣

C. 学生因素、家庭因素、社会因素

D. 学习习惯、学习方法、教师因素

3. 推动、指导、支配学生化学学习的内部力量是（　　　）。

A. 学习习惯　　　　　　　B. 学习方法　　　　　　　C. 学习动机　　　　　　　D. 学习成绩

4. 对化学学习活动起准备、推动、促进作用的是（　　　）。

A. 学习习惯　　　　　　　B. 学习情感　　　　　　　C. 学习兴趣　　　　　　　D. 学习成绩

5. 什么是概念图？请以分子的概念为例制作一份概念图。

6. 请你设计钠与水反应的教学策略。

7. 请你设计化学式的学习策略。

第5章
基于核心素养导向的中学化学教学

名言警句

　　1936年，爱因斯坦在美国高等教育300周年纪念会上的演讲"论教育"中有这样一段话："如果人们忘掉了他们在学校里所学到的每一样东西，那么留下来的就是教育。"这段话在教育界流传甚广，爱因斯坦在关于教学的价值是"培养独立工作和独立思考的人"的演讲中说："如果青年人通过体操和远足活动训练了肌肉和体力的耐劳性，以后他就会适合任何体力劳动；脑力上的训练，以及智力和手艺方面技能的锻炼也类似这样。"也就是我国古人所说："授人以鱼，不如授之以渔，授人以鱼只救一时之急，授人以渔则可解一生之需。"

🌐 引言

　　新修订的《普通高中化学课程标准（2017年版）》要求教师开展"素养为本"的化学课堂教学。"素养为本"是"素养取向"化学课堂教学所秉持的基本理念。站在化学学科的视角，将具有化学学科特质的科学观念、科学实践和科学思维作为发展"化学学科核心素养"的突破口，是"素养为本"化学课堂教学的本质特征。

　　本章的目的在于，基于核心素养的教学理解与评价导向，从以下几个方面突出"素养为本"的教学落实。第一，注重知识的单元化与情境化。第二，注重问题解决与支架教学。第三，注重科学探究与逻辑推理。第四，注重教、学、评一体化的设计❶。

🎯 学习目标

1. 了解建构主义理论及其代表人物。
2. 理解新课程化学教学理念，知道化学核心素养教学的内涵。
3. 理解化学教学目标及其制定依据。
4. 理解教、学、评一体化的教学设计方法，理解化学教学的规律和原则。
5. 掌握常用化学教学基本方法、教学模型类型和教学资源的开发与应用策略。

---

❶ 童文昭，邹国华，杨季冬. 基于标准的化学核心素养的教学理解[J]. 中小学教师培训，2020（1）：66-69.

6. 理解新时代教育改革实践先进的教育理念和国家人才强国战略。

7. 充分考虑学生的成长需要，培养学生终身学习的能力。

8. 贴近学生的生活实际，培养学生的社会责任感和创新精神。

9. 结合化学学科特点，有机融入社会主义核心价值观。

5.1 建构主义理论

问题与思考

1. 你能够举例说明"知识不是一成不变的，而是随着人们认识的变化而变化"的知识观吗？
2. 你认同"学习是学习者主动建构知识的意义，生成自己的经验、解释、假设的过程"吗？
3. 你认为学生要怎样学习才能成为知识的主动建构者？
4. 你能够理解学习具有社会互动性和情境性吗？
5. 你能说出建构主义的教学观吗？

5.1.1 建构主义理论的概念与内容

建构主义理论是一种与传统的客观主义不同的学习理论。它认为学习是一个积极主动的建构过程；知识是个人经验的合理化，而不是说明世界的真理；知识的建构并不是任意的和随心所欲的；学习者的建构是多元化的。建构主义理论的内容主要分为知识观、学生观、学习观和教学观。在知识观上，建构主义理论在一定程度上对知识的客观性和确定性提出了质疑，强调知识的动态性。在学生观上，建构主义理论强调学生经验世界的丰富性和差异性。在学习观上，建构主义理论强调学习的主动建构性、社会互动性和情境性三方面。在教学观上，建构主义理论强调教学不能无视学习者的已有知识经验，不能简单强硬地从外部对学习者实施知识的"填灌"，而应当把学习者原有的知识经验作为新知识的生长点，引导学习者从原有的知识经验中，主动建构新的知识经验。

（1）知识观

知识不是客观的东西，而是主体的经验、解释和假设。知识是人在实践活动中面对新事物、新现象、新信息、新问题所作出的暂定性的解释和假设。也就是说，知识不是一成不变的，它随着人们认识的变化而变化。

资料卡片

物质燃烧理论的发展——燃素说和现代燃烧理论

德国化学家贝歇尔和其学生斯塔尔提出了燃素说。他们认为，一切物质能够燃烧是因为其中含有燃素，当燃素逸至空气中就会产生燃烧现象。燃烧的强烈与否，与逸出燃素的强度有关，程度越强，燃烧越剧烈。即使一种不含燃素的物质，同含有燃素的物质相作用也会产生燃烧现象。如果一种物质在有限的空间里燃烧，中途会熄灭，是因为周围空气为燃素所饱和，即使物质中含有燃素，也不能从物质中逸出了。

现代燃烧理论指出，燃烧是一种发光发热的剧烈的氧化反应。

（2）学生观

建构主义者强调，学生并不是空着脑袋走进教室的。在日常生活中，在以往的学习中，他们已经形成了丰富的经验，小到身边的衣食住行，大到宇宙、星体的运行，从自然现象到社会生活，他们几乎都有一些自己的看法。有些问题即使他们还没有接触过，没有现成的经验，一旦当问题呈现在面前时，他们往往也可以基于相关的经验，依靠他们的认知能力（理智），形成对问题的某种解释。并且这种解释并不都是胡乱猜测，而是从他们的经验背景出发而推出的合乎逻辑的假设。所以教学不能无视学生的这些经验，另起炉灶，从外部装进新知识，而是要把学生现有的知识经验作为新知识的生长点，引导学生从原有的知识经验中"生长"出新的知识经验。教学不是知识的传递，而是知识的处理和转换。教师不是简单的知识的呈现者，而是应该重视学生对各种现象的理解，倾听学生的看法，洞察学生这些想法的由来，以此为根据，引导学生丰富或调整自己的理解。这不是简单的"告诉"就能奏效的，而是需要与学生共同针对某些问题进行探索，并在此过程中相互交流和质疑，了解彼此的想法，彼此做出某些调整。由于经验背景的差异，学生对问题的理解常常各异，在学生的共同体之中，这些差异本身便构成了一种宝贵的学习资源。教学就是要增进学生之间的合作，使他看到那些与他不同的观点，从而促进学习。

（3）学习观

学习是学习者主动建构知识的意义，生成自己的经验、解释、假设的过程。他们认为世界是客观存在的，但是对于世界的理解和赋予的意义却是由每个人自己决定的。人们是以自己的经验为基础来建构现实，或者至少说是在解释现实，每个人的经验世界是用自己的头脑创建的，由于人们的经验以及对经验的信念不同，因此人们对外部世界的理解便也迥异。也就是说，学习具有主动建构性、社会互动性和情境性的特点。

① 学习具有主动建构性的含义。即使对同一件事，每个人的理解都是不一样的。所谓仁者见仁，智者见智；立场不同，观点不同。如在 17～18 世纪，光的微粒说与光的波动说一直是争论的焦点，直至 20 世纪初才公认光有"二象性"，即光既有波动性又有粒子性。德布罗意在光的波粒二象性启发下，于 1924 年提出了所有微观粒子如电子、原子等也具有波粒二象性，并通过高速电子束衍射实验得到证实。

学生要成为意义的建构者，需要在学习过程中从以下几个方面发挥主体作用：要善于提问和总结，用探索法、发现法去建构知识；在对知识意义建构的过程中要主动收集有关的信息和资料，对所学习的问题要提出各种假设并想法加以验证；要把学习的内容尽量与自己知道的事物相联系，并对这种联系加以认真的思考。会"联系"和会"思考"是能够有意义建构的关键。

② 学习具有社会互动性的含义。人是个体存在与社会存在的统一。美国社会学家乔治·H. 米德认为："自我所产生的过程是一个社会的过程，它意味着个体在群体内的相互作用，意味着群体的优先存在。它还意味着群体的不同成员都参与其内的某种合作性活动。"这就是说，人以及人所拥有的一切都是在一定关系中生成的，自我的产生是在与他人的互动中生成的，每一个体置于一定的群体中，在与他人的互动中完善自我的个性，个性自我受到所属群体组织和整个社会发展状况的制约。从这个意义上说，学习不仅是人之内在自然本性的需要，还是人之社会本性的需要，学习是隶属于社会关系之网中的互动、对话活动。

一个真正的学习活动既有个人认知的改变，又有合作建构的知识的产生，同时还包含了共同体支持的文化的共享和身份的产生。学习的社会性要求将学习置于一种社会环境中使其成为真实的社会实践活动。学习的社会性主要体现在，将学习作为一种对话与互动活动，即在学习中如果能够把联系和思考与同学的交流、讨论、争辩结合起来，则建构的意义会更高、质量会更好。"联系和思考"又叫"自我协商""内部协商"，"讨论与交流"又叫"相互协商""社会协商"。

SO₂的性质

1. 酸性氧化物

导入：SO_2是城市雾霾的主要来源之一，我们国家能源结构约 70%来源于煤的燃烧，含硫的煤燃烧过程中就释放出 SO_2 气体。我们如何根据 SO_2 性质控制雾霾呢？

学生：可以用碱性物质吸收 SO_2 气体。

教师：这就是燃烧前、燃烧中、燃烧后的洁净煤技术。

燃烧前：煤加工成型时加入了石灰或石灰石粉固硫剂，可使 SO_2 排放减少 40%~60%。

燃烧中：煤在高炉流化床（又称沸腾床）燃烧中添加石灰或石灰石可减少二氧化硫排放量，同时炉渣可以综合利用。

$$CaCO_3 = CaO + CO_2 \qquad CaO + SO_2 = CaSO_3$$

燃烧后：高炉尾气脱硫有氨水吸收法，其脱硫效率可达 93%~97%；石灰乳浊液吸收法，其脱硫效率可达 90%以上。石灰价格比烧碱便宜很多。

$$2Ca(OH)_2 + 2SO_2 = 2CaSO_3 \cdot 0.5 H_2O + 2H_2O$$

$$2NH_3 + H_2O + SO_2 = (NH_4)_2SO_3 + H_2O$$

$$(NH_4)_2SO_3 + SO_2 + H_2O = 2NH_4HSO_3$$

还有双碱法等其他一些方法。

$$Na_2CO_3 + SO_2 = Na_2SO_3 + CO_2$$

$$2Na_2SO_3 + 2Ca(OH)_2 + H_2O = 4NaOH + 2CaSO_3 \cdot 0.5H_2O \quad （回收烧碱）$$

2. SO_2 的还原性

$$2CaSO_3 + O_2 + 4H_2O = 2CaSO_4 \cdot 2H_2O（用途广泛的工业材料和建筑材料）$$

教学目的：

① 关注与化学有关的社会热点问题，认识环境保护和资源合理开发的重要性。

② 能运用已有SO_2酸性氧化物知识和方法，综合分析化学过程对自然可能带来的各种影响，权衡利弊。

③ 强化社会责任意识，积极参与有关化学问题的社会决策。

③ 学习具有情境性的含义。结合学生年龄特点和学科特征，重视以学科大概念为核心，使课程内容结构化，以主题为引领，使课程内容情境化，促进学科核心素养的落实。学习环境中的情景必须有利于学习者对所学内容的意义建构，在教学设计中创设有利于学习者建构意义的情景是最重要的环节。

胶体的性质

问题：初中化学学习了浊液，分散质粒径大于100nm，不稳定，易下沉或上浮，不均一、不透明；溶液中分散质粒径小于1nm，状态稳定，均一、透明。请预测粒径1~100nm分散质物质的性质。

学生：预测这种新物质性质为半透明，不太均一，半稳定。

教师：通过展示鸡蛋清溶液和食盐溶液，学生仅凭肉眼分辨不出来。再通过激光灯照射，让学生观察现象并讨论，学生凭生活经验能够分辨出哪个是鸡蛋清溶液，而且顺便展示了丁达尔现象。教师由此得出胶体的性质：透明、不均一、介稳状态，具有丁达尔现象。这种情境教学比单纯灌输知识更能启发学生思考和激发学生学习兴趣。

教学目的：

① 通过学生熟悉的感性生活常识，主动构建知识体系。

② 培养学生观察、分析和归纳能力。

（4）教学观

根据建构主义的知识观和学习观，知识不是东西，学习不是接受东西，那么教学就不是传递东西，而是创设一定环境和支持、促进学习者主动建构知识意义的过程。即由于知识的动态性和相对性以及学习的建构过程，教学不再是传递客观而确定的现成知识，而是激活学生原有的相关知识经验，促进知识经验的"生长"，促进学生的知识建构活动，以实现知识经验的重新组织、转换和改造。

案 例 展 示
"物质的量"教学设计

5.1.2　建构主义理论的起源和发展

建构主义心理学兴起于 20 世纪 80 年代，被视为"教育心理学的一场革命"，是心理学发展史中从行为主义发展到认知主义后的进一步发展。建构主义心理学的创始人为瑞士著名心理学家皮亚杰，后来在维果茨基、奥苏伯尔、布鲁纳等人的推动下，这一理论得到充分发展并形成了较为完整的体系。

苏格拉底著名的"产婆术"无疑是建构主义教学的成功范例。意大利著名哲学家维科被当代建构主义者尊奉为建构主义的先驱。德国著名哲学家康德也具有明显的建构主义色彩。一般认为建构主义观点是由瑞士心理学家让·皮亚杰于 1966 年提出的，他创立的学派被称为"皮亚杰派"，是认知发展领域中最有影响的学派。现代建构主义的直接先驱是皮亚杰和维果茨基的智力发展理论。皮亚杰在 1970 年发表了《发生认识论原理》一书，其中主要研究知识的形成和发展。他从认识的发生和发展这一角度对儿童心理进行了系统、深入的研究，提出了认识是一种以主体已有的知识和经验为基础的主动建构，这正是建构主义观点的核心所在。维果茨基强调学习者的社会文化历史背景的作用，提出了"最近发展区"的重要概念；科尔伯格在认知结构的性质与认知结构的发展条件等方面作了进一步的研究；斯滕伯格等人则强调了个体的主动性在建构认知结构过程中的关键作用，并对认知过程中如何发挥个体的主动性作了认真的探索；维特罗克提出学习的生成过程模式；乔纳森等人提出非结构性的经验背景。现代建构主义中的"极端建构主义""个人建构主义"也都是建构主义的新发展。所有这些研究都使建构主义理论得到进一步的丰富和完善，为建构主义理论应用于教学实践奠定了基础。

5.1.3　建构主义理论的代表人物

5.1.3.1　皮亚杰

皮亚杰是瑞士心理学家，发生认识论创始人。其发生认识论的基本假设是：认识既起因于主体（成熟论者所强调的），也起因于客体（行为主义者所强调的），是主体与客体之间的相互作用。但相比之下，学习从属于发展。皮亚杰坚持认为，只有在学习者仔细思考时才会产生有意义的学习。学习的结果，不只是知道对某种特定刺激做出某种特定反应，而是头脑中认知图式的重建。决定学习的因素，既不是外部因素（如来自教育环境和社会环境的刺激），也不是内部因素（如个体心理成熟），而是个体与环境的交互作用。在他看来，对儿童思维运演变化过程的描述，本身就构成了对学习的解释。

（1）主要观点

① 学习是一种能动建构的过程。在皮亚杰看来，学习并不是个体获得越来越多外部信息的过程，而是学到越来越多有关他们认识事物的程序，即建构新的认知图式。皮亚杰认为，人类每个

智慧活动都含有一定的认知结构。认知结构涉及图式、同化、顺应和平衡四个基本概念。图式是指动作结构，是个体对世界的知觉理解和思考的方式。皮亚杰认为，图式是认知结构的起点和核心，是人类认识事物的基础，因此图式的实质与变化是认知发展的实质。同时认知发展还受到同化、顺应和平衡三个环节的影响。同化是指个体对刺激输入的过滤或改变的过程，即个体在感受到刺激时，总是把新刺激纳入头脑之中，使之成为自身的一部分，犹如消化系统将营养吸收一样。同化是指个体把客观环境纳入主体的图式之中引起图式量的变化，促进调整原有图式并创立新的图式。顺应是指有机体调节自己内部结构以适应既定情境的过程。正是有了认知图式的不断同化和顺应的过程，才实现了认知的不断建构过程。平衡是个体通过自我调节机制，使认知发展从一个平衡状态向另一个较高水平平衡状态过渡的过程。这种不断发展的平衡，就是认知结构的形成和发展过程，也就是人类智慧的实质所在。

② 错误是有意义的学习所必要的。皮亚杰认为，让学生犯错误是应该的。为了使学生从事自我调节这一平衡过程的实质性部分，学生需要经历某些冲突或不平衡。错误会引起学生驯化自己的知识结构，并把所观察到的结果同化到修正过的知识结构中去。

③ 否定是一种有意义的学习。皮亚杰认为，通过否定的行动解决矛盾、消除差异、排除障碍或填补间隙，这些都是否定的形式。随着儿童的发展，他们使用不同的否定类型；当儿童学习一个具体的概念时，会表现出不同的否定水平。

（2）贡献与不足

皮亚杰对影响认知发展的因素（成熟、物理环境、社会环境以及平衡过程）的分析，在理论上是比较全面、辩证的。但他忽视了社会过程和认知过程之间的因果关系，认为儿童的认知发展有它自己的规律，只能让儿童自己去探索，自然而然地发展，轻视了教育和教师的作用。

5.1.3.2　维果茨基

苏联心理学家、社会文化历史学派的创始人维果茨基所提出的"文化历史发展理论"认为：人的高级心理机能亦即随意的心理过程，并不是人自身所固有的，而是在与周围人的交往过程中产生与发展起来的，是受人类的文化历史制约的。

（1）主要观点

① 心理发展观。从起源上看，低级心理机能是自然的发展结果，是种系发展的产物。高级心理机能是社会历史发展的产物。对于个体来说，高级心理机能是在人际交往活动的过程中产生和发展起来的。

维果茨基指出，人的心理发展的第一条客观规律是，人所特有的被中介的心理机能不是从内部自发产生的，它们只能产生于人们的协同活动和人与人的交往之中。人的心理发展的第二条客观规律是，人所特有的新的心理过程结构最初必须在人的外部活动中形成，随后才可能转移至内部，成为人的内部心理过程的结构。据此，维果茨基阐明了儿童文化发展的一般发生法则：在儿童的发展中，所有的高级心理机能都两次登台，第一次是作为集体活动、社会活动，即作为心理间的机能；第二次是作为个体活动，作为儿童的内部思维方式，作为内部心理机能。显然，这种从社会的、集体的、合作的活动向个体的、独立的活动形式的转换，从外部的、心理间的活动形式向内部的心理过程的转化，就其实质而言是人的心理发展的一般机制到"内化"机制。同时，这也表明内化的过程是一种转化的过程，而不是传授的过程。

② 最近发展区。维果茨基将最近发展区定义为实际的发展水平与潜在的发展水平之间的差距。前者由儿童独立解决问题的能力而定，后者则是指在成人的指导下或与能力较强的同伴合作时儿童能够解决问题的能力。

（2）贡献与不足

维果茨基把心理过程看成是社会历史的发展过程，不利于创造性的培养，心理发展不是既成社会历史一方、一元机械决定的，而是在劳动过程中使对象变化的同时，自身也在发展变化；忽视了儿童发展和学习的主动性；没有给心理发展的内部矛盾以足够的重视；过分强调了人的发展的社会历史性，忽视了人的遗传素质；偏重认知的发展，没有从人格的总体上进行把握。

5.1.3.3　布鲁纳

美国教育心理学家、认知心理学家杰罗姆·布鲁纳认为，教育的主要目的是为学生提供一个现实世界的模式，学生可以借此解决生活中的一切问题。这个模式涉及储存信息的内部系统，而信息是通过人与周围环境的相互作用获得的。学习任何一门学科时，总是由一系列的片段组成，而每一片段（或一个事件）总是涉及获得、转换和评价三个过程。布鲁纳由此认为，学生不是被动的知识接受者，而是积极的信息加工者。强调知识结构的重要性以及学习是一个主动的过程。

（1）贡献

布鲁纳的学习理论和教学论思想是既注重知识的理解，又注重对学生能力的培养的理论。这符合学习和教学的一般规律和本质特征，因此，是正确的和有指导意义的。

（2）局限性

① 布鲁纳的学习理论特别强调学生对概念和原理的学习，并且对人工概念的形成做了比较严格的实验研究。但是，布鲁纳却没有从事原理学习的实验研究，原理学习的实验研究仍然是一片空白。

② 布鲁纳提出"编码系统"可以产生新的创造性信息，这是符合实际的。但是，对新信息产生的心理机制却没有进行深入的探讨和研究。这使得我们对学生创造性的培养仍然无所适从，成为可信而不知如何使之然的事情。

③ 布鲁纳过于强调学生的发现学习。但是，发现学习确有费时费力的缺陷。而且，完全独立的发现学习实际上是不存在的。因此，应该强调发现学习与接受学习的相互配合和有效补充。

5.1.4　建构主义理论在教学中的应用

建构主义理论在教学中的应用主要有以下方面：探究学习、合作学习、支架式教学、情境教学。

（1）探究学习

通过有意义的问题情境，让学生通过不断地发现问题和解决问题，来学习与所研究的问题有关的知识，形成解决问题的技能以及自主学习的能力。支撑探究学习的理论是建构主义的主动建构理论和情境性学习理论。

（2）合作学习

主要是以互动合作（师生之间、学生之间）为教学活动取向，以学习小组为基本组织形式，来共同达成教学目标。支撑合作学习的理论是建构主义的主动建构理论和社会互动性学习理论。

（3）支架式教学

是指教师为学生的学习提供外部支持，帮助他们完成自己无法独立完成的任务，然后逐步撤去支架，让学生独立探究学习。建构主义者正是按照维果茨基的最近发展区理论，借用建筑行业上的"脚手架"做出形象的比喻。通过这种脚手架的支持作用，即支架作用，不停顿地把学生的智力从一个水平提升到另一个新的更高水平，真正做到使教学走在发展的前面，即支撑支架式教学的理论是维果茨基的最近发展区理论、主动建构理论和情境性学习理论。

支架式教学由以下几个环节组成：

① 搭建支架——围绕当前学习主题，按"最近发展区"的要求建立概念框架。

② 进入情境——将学生引入一定的问题情境（概念框架中的某个节点）。

③ 独立探索——让学生独立探索。

④ 协作学习——进行小组协商、讨论。

⑤ 效果评价——对学习效果的评价包括学生个人的自我评价和学习小组对个人的学习评价[❶]。

案例展示

盐类水解

① 搭建支架——溶液的酸碱性：$[H^+]>[OH^-]$，溶液显示酸性；$[H^+]<[OH^-]$，溶液显示碱性。

② 进入情境——观察实验现象（表 5-1）。

表 5-1　实验现象

	$Al_2(SO_4)_3$	CH_3COONa	Na_2CO_3	Na_2SO_4	NaCl	NH_4Cl
pH	<7	>7	>7	=7	=7	<7
溶液酸碱性	酸性	碱性	碱性	中性	中性	酸性

③ 独立探索——如何使水的电离平衡正向移动。

水的电离平衡 $H_2O \rightleftharpoons H^+ + OH^-$

CH_3COONa　　$Al_2(SO_4)_3$

Na_2CO_3　　NH_4Cl

④ 协作学习——进行小组协商、讨论。

我的过程：略
结果：略

老师的过程：
1. CH_3COONa、Na_2CO_3 与水中 H^+ 结合，促进水的电离平衡，$[H^+]$ 减小，$[OH^-]$ 增大。
2. $Al_2(SO_4)_3$、NH_4Cl 与 OH^- 结合，$[H^+]$ 增大，$[OH^-]$ 减小。
3. Na_2SO_4、NaCl 不能使水的电离平衡发生移动。
结果：盐类水解促进水的电离平衡移动。

⑤ 效果评价——盐溶液中水的电离。

本节课从"如何使水的电离平衡正向移动"入手，学生通过讨论，能够想到通过降低 $c(H^+)$ 或 $c(OH^-)$ 浓度来实现。这一部分让学生结合强弱电解质的概念，运用平衡移动的知识来分析，降低了理解的难度。

由于盐在水中能够电离出阳离子和阴离子，在分析离子对水的电离平衡影响的基础上，分析氯化铵溶液中离子的行为，更能够帮助学生建立盐类水解的概念，并加深对盐类水解本质的理解。这一部分教师通过对氯化铵溶液的分析，给学生建立示范。在此基础上，学生分析醋酸钠、硫酸铝和硫酸钠溶液呈现酸碱性的原因，落实了水解方程式的书写。

盐类水解研究的对象是抽象的溶液中离子，运用的方法是更为抽象的平衡理论，因此，教师在教学中设问要搭好台阶，便于学生理解。

（4）情境教学

建立在有感染力的真实事件或者问题基础上的教学称为情境教学（抛锚式教学）。知识、学习是与情境化的活动联系在一起的。学生应该在真实任务情境中尝试发现问题、分析问题、解决问题。"情"是指情感，"境"是指教学环境。它既包括学生所处的物理环境，如学校的各种硬件设施，也包括学校的各种软件设施，如教室的陈设与布置，学校的卫生、绿化以及校园文化等。

---

❶ 林正雄. 中学化学新课程教学设计[M]. 北京：科学出版社，2014.

① 基本程序

创设情境：与现实情况一致或者类似。

确定问题：问题就是"锚"，这一环节的作用就是"抛锚"。

自主学习：教师不是把知识直接讲给学生听，而是只提供解决问题的线索，学生自己学。

协作学习：讨论、交流，完善理解。

效果评价：在学习过程中随时观察并记录学生的表现。

② 设计原则

a. 学习和教学活动应该围绕某一"锚"来设计；

b. 课程的设计应允许学习者对教学内容进行探索。

③ 模式运行原则

量力性原则："锚"也就是设置的问题要从学生的实际出发，充分了解学生不同的性格、水平等，创设学生可以接受的问题情境。

整体性原则：课堂上创设的问题应该本着服务于整堂课的教学目的，教师在设置"锚"的时候要树立全局意识。

启发性原则：教师在学生探究、合作的过程中尽量不要做给予者，要善于引导，选择适当的时机，提供给学生思维方法和探究途径，让学生自主发现。

发展性原则：现代教育倡导终身学习。对学生而言，学习不仅仅是知识技能的学习，还有人格、品德（与人合作、克服困难的意志等）的学习。教师要在抛锚式教学中促进学生的全面发展❶。

④ 情境教学的意义

a. 学习的过程不只是被动地接受信息，更是理解信息、加工信息、主动建构知识的过程。适宜的情境可以帮助学生重温旧经验、获得新经验，可以帮助学生理解、组织丰富的学习素材和信息，促进知识技能的体验、链接。从而有利于学生主动地建构和探究，有利于学生体验知识的发生和发展过程，最终有利于学生认知能力、思维能力的发展，使学习达到比较高的水平。

b. 脱离具体情境的认知活动是效率低下的。适宜的情境不但可以激发学生的兴趣和愿望，可以不断地维持、强化和调整学习动力，促使学生主动地学习、更好地认知，还对教学过程起导引、定向、支持、调节和控制作用，而且提高学习效率。

c. 适宜的教学情境不但可以提供生动、丰富的学习材料，还可以提供在实践中应用知识的机会，促进知识、技能与体验的连接，促进课内向课外的迁移，让学生在生动的应用活动中理解所学的知识，了解问题的前因后果和来龙去脉，进一步认识知识的本质，灵活运用所学的知识去解决实际问题，发展应用能力，增长才干。

⑤ 创设化学教学情境的方法

从教学情境包含的内容可以看出，真实的 STSE 问题、化学史实、文学、艺术、音乐、游戏活动等，都是有价值的情境素材。因此，可以从以下几个方面创设教学情境。

a. 利用化学实验创设教学情境。例如"滴水点灯"实验，把钠粒放入酒精灯灯芯，滴入水滴，可见酒精灯被点燃。水能够灭火，怎么把酒精灯点燃了呢？引起认知冲突，引发探究兴趣。

b. 利用化学史和科技成果创设教学情境。例如惠施说："一尺之棰，日取其半，万世不竭。"意思是一尺之棰，今天取其一半，明天取其一半的一半，后天取其一半的一半的一半，如是日取其半，总有一半留下，所以万事不竭。一尺之棰，是一个有限的物体，但它却可以无限分割下去，说明物质是可以无限分割的。物质真的可以无限分割吗？墨子说："非半弗斲，则不动，说在端。"不能分为两半的东西是不能砍开的，也就是对它不能有所动作，它便是"端"了，其实就是不可分割的意思。这说明物质有不可再分割的最原始单位，就相当于古典原子叙述中的原子概念，也可以说明分子是保持物质化学性质的最小单位。

---

❶ 林正雄. 中学化学新课程教学设计[M]. 北京：科学出版社，2014.

c. 从化学与社会生活的结合点创设教学情境。例如创设西部盐湖探宝教学情境，教师导课，播放音像资料。教师讲述："西部这片神奇而辽阔的土地上，分布着许多美丽而神奇的盐湖，其中蕴藏着极其丰富的盐类资源，在这些晶莹剔透的晶体中，有我们熟悉的物质——食盐和纯碱。今天我们将探究它们的性质和用途，并用这些知识解决一些具体问题。"

d. 利用角色扮演创设教学情境。例如在研究影响气体体积的因素时，采用角色扮演的方式，有利于学生对这个问题的理解。

A 组学生扮演气体分子：4 名高个子男同学分别位于教室的 4 个角落，4 名小个子女同学也分别位于教室的 4 个角落，比较他们围成矩形面积的大小。几乎一样。

B 组学生扮演固体或液体分子：4 名高个子男同学围成一个矩形，相互之间保持约 10 厘米的距离，4 名小个子女同学同样按上述操作，比较他们围成矩形面积的大小。男生"分子"围成的面积明显大于女生。

学生通过形象的角色扮演在游戏中掌握了抽象的知识。气体体积与分子自身大小几乎无关，相同数目分子的体积取决于分子间的距离，在此基础上介绍气体摩尔体积必然水到渠成。

e. 通过表演生动有趣的短剧和做游戏创设教学情境。例如通过打化学扑克牌，让学生熟悉物质之间的化学反应。

f. 通过引入与化学相关的诗词创设教学情境。例如明朝爱国诗人于谦，12 岁时写下了一首名诗"千锤万凿出深山，烈火焚烧若等闲，粉骨碎身浑不怕，要留清白在人间"。

此外，还可以根据化学教学内容播放各种具有情感色彩的音乐来创设教学情境。

案例展示
氧化还原反应

练习与应用

一、单选题

发现教学模式倡导学生独立发现问题、解决问题，实现认识的过程，强调学生的主体性，这一教学模式的提出者是（　　）。

A. 奥苏贝尔　　　　　B. 布鲁纳　　　　　C. 柯勒　　　　　D. 瓦·根舍因

二、填空题

1. 建构主义理论的代表人物有_____、_____、_____。

2. 建构主义认为学习具有社会性，"联系和思考"又叫_____、_____，"讨论与交流"又叫_____、_____。

3. 建构主义强调的学习方式有_____、_____、_____。

5.2 化学教学目标

问题与思考

1. 化学教学目标和课程目标的区别与联系是什么？

2. 如何理解教学目标的分类？

3. 你知道化学教学目标在化学教学中的功能和价值吗？

4. 你知道化学教学目标的制定依据吗？

5. 你知道化学教学目标的表达要求吗？

5.2.1　制定化学教学目标的原因

我国基础教育改革教学目标先后经历了从落实"双基",到落实"三维目标",再到当下提倡的发展学生学科核心素养的三个阶段。2018 年 1 月,教育部颁布了《普通高中课程方案和语文等学科课程标准(2017 年版)》,拉开了此次课程改革的序幕。为适应新时代发展对人才培养的要求,新的化学课程标准凝练了五个维度的化学学科核心素养,更新了学科教学内容,研制了学业质量标准,明确学生完成学科学习任务后其学科核心素养应该达到的水平。课程改革和新的课程标准对基础教育的新要求呼唤课堂教学的转型。"素养为本"的教学设计和课堂教学成为当前讨论的热点问题。

教学目标是关于教学将使学生发生何种变化的明确表述,是指在教学活动中期待得到的学生的学习结果。教学目标是一切目标的基础,它对每一学段、每一课时、每一知识、每一项活动都具有导向功能和评价功能。在整个教学过程当中,教学目标不仅是教师教学的指南,同时也是学生学习的指南。因此,整个课堂教学过程均要围绕教学目标而设计,即教学内容的选择要服务于教学目标,教学活动的设计必须以教学目标为导向,教学评价必须以教学目标为依据,以解决"教什么""怎么教""教得怎么样"的问题,体现教学目标的导教、导学、导评功能。

然而,一直以来,在实际的教育教学活动中,许多一线的中学化学教师对教学目标的设计仍然不够重视。加之,学科核心素养是此次课改才被提出,对广大中学化学教师来说仍然属于一个新生事物。许多中学化学教师对新化学课程标准及其提出的化学学科核心素养的内涵的理解还不够准确与深刻,不能快速适应新化学课程标准所提出的新要求、新变化。表现为:不能结合具体的教学内容和学生实际来制定教学目标;不能科学且准确地表达教学目标;设计的教学目标缺乏一定的科学性、合理性,使得教学目标设计表面化、形式化,难以发挥教学目标的导教、导学、导评功能。因此,如何基于核心素养设计教学目标成为化学师范生和广大中学化学教师面临的一个新课题❶。

5.2.2　化学教学目标概述

(1)教育目的

教育目的是一个国家教育工作的长期目标,是把受教育者培养成为一定社会需要的人的总要求,是根据一定社会的政治、经济、生产、文化、科学技术发展的要求和受教育者身心发展的状况确定的。它反映了一定社会对受教育者的总要求,它由国家制定,关系到将受教育者培养成什么样的社会角色和具有什么素质的人才的根本性问题,是教育的指导方针。

> **‹ 资料卡片 →|**
>
> **我国的教育目的**
>
> 教育必须为社会主义现代化建设服务、为人民服务,必须与生产劳动和社会实践相结合,培养德、智、体、美等方面全面发展的社会主义建设者和接班人。教育应当坚持立德树人,对受教育者加强社会主义核心价值观教育,增强受教育者的社会责任感、创新精神和实践能力。
>
> ——《中华人民共和国教育法》(2015 年修正版)第五条、第六条
>
> 教育是国之大计、党之大计。培养什么人、怎样培养人、为谁培养人是教育的根本问题。育人的根本在于立德。全面贯彻党的教育方针,落实立德树人根本任务,培养德智体美劳全面发展的社会主义建设者和接班人。坚持以人民为中心发展教育,加快建设高质量教育体系,发展素质教育,促进教育公平。
>
> ——中国共产党第二十次全国代表大会报告

---

❶ 姜建文,王丽珊. 基于核心素养的化学教学目标设计策略[J]. 化学教育(中英文),2020,41(5):37-44.

（2）培养目标

培养目标是指依据国家的教育目的和各级各类学校的性质、任务提出的具体培养要求，是教育目的的下位概念，它是由教育行政部门确定的。比如，我国普通高等教育分为研究生教育、本科教育和专科教育等层次，其中研究生教育又分为博士和硕士两个层次。不同层次的高等教育对人才培养的要求是不一样的，所以有专科生培养目标、本科生培养目标、研究生培养目标等。

教育目的是针对所有受教育者提出的，而培养目标是针对特定的教育对象而提出的。各级各类学校的教育对象有各自不同的特点，各层次教育对象的需求不同，因此制定培养目标需要考虑各自学校学生的特点和各层次学生的特点，但是培养目标一般不设计具体的学习领域和具体的课程。

（3）课程目标

课程目标是指课程本身要实现的具体目标和意图，是培养目标的下位概念。课程目标是指导整个课程编制过程最为关键的准则，由课程专家制定。确定课程目标，首先要明确课程与教育目的和培养目标的衔接关系，以便确保这些要求在课程中得到体现；其次要在对学生的特点、社会的需求、学科的发展等各个方面进行深入研究的基础上，才有可能确定行之有效的课程目标。

资 料 卡 片
普通高中的培养目标

（4）教学目标

教学目标是关于教学将使学生发生何种变化的明确表述，是指在教学活动中所期待得到的学生的学习结果。课程目标是教学目标制定的直接依据。

从上面的叙述中可以看出教育目的、培养目标、课程目标、教学目标之间的关系，如图 5-1 所示。

资 料 卡 片
普通高中化学课程目标

（5）化学教学目标与课程目标的联系与区别

化学教学目标与化学课程目标既相互联系又有区别。它们的联系在于：化学课程目标是化学教学目标制定的最直接依据，化学教学目标是化学课程目标的展开和具体化。区别在于：化学课程目标由化学课程专家制定，在化学课程标准中发布，化学课程目标一旦确定，具有相对稳定性。化学教学目标由化学教师制定，化学教学目标因学生、教材、教学资源和教师的不同而有所不同。

根据学生学习的不同阶段，又把教学目标分为年级教学目标、章（或单元）教学目标、课时教学目标等，如图 5-2 所示。

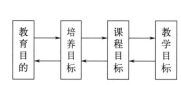

图 5-1 教育目的、培养目标、课程
目标、教学目标之间的关系

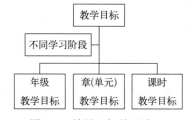

图 5-2 教学目标的层次

（6）教学目标的分类

美国教育心理学家布鲁姆把教学目标分为认知领域、情感领域和动作技能领域，这三个领域可被分为类、亚类和次类等不同的层次。

认知领域：知识；领会；运用；分析；综合；评价。

情感领域：接受；注意；反应；组织；由价值观形成的性格化。

动作技能领域：知觉；行动的倾向与行动的组织；动作活动[1]。

---

[1] 刘知新. 化学教学论[M]. 5 版. 北京：高等教育出版社，2018.

5.2.3　化学教学目标的制定

5.2.3.1　制定化学教学目标的依据

案例展示

同一教师对同一内容在不同的教学理念指导下制定的教学目标

1. 化学反应速率

（1）教学目标（双基目标）

① 了解化学反应速率公式；

② 正确书写化学反应速率公式；

③ 了解化学反应速率的意义和应用。

（2）教学目标（核心素养）

① 通过实验观察，了解不同化学反应快慢不同；

② 通过观察化学反应现象，了解如何判断化学反应快慢；

③ 探究如何定量表达化学反应速率。

2. 氯气的化学性质

（1）"双基"下的教学目标

① 了解氯气与金属和非金属的反应和基本实验操作；

② 掌握氯气与水、氯气与碱的反应和基本实验操作；

③ 了解次氯酸和次氯酸盐的性质；

④ 关注氯气在生产和生活中的应用。

（2）"三维目标"的教学目标

① 通过实验探究，了解氯及其化合物的主要性质；

② 通过对氯气性质的探究过程，体会分类、观察、实验等方法在研究物质性质中的应用，深入分析认识研究物质性质的基本程序，初步建立研究元素化合物的认识模型；

③ 认识氯及其化合物在生产、生活中的应用，感受含氯物质相互转化在自然资源综合利用中的重要价值。

（3）"素养目标"的教学目标

① 根据氯原子结构特征，预测氯气的化学性质；

② 实验验证氯气与部分金属、非金属的反应，以及实验探究氯气与水的反应等，帮助学生进一步体会研究物质性质时运用的观察、分类、实验等方法；

③ 能运用氧化还原反应、离子反应的观点解释氯气的某些化学性质，能运用化学语言进行正确表述，培育学生的微观探析、模型认知和变化观念的素养；

④ 通过了解氯气的广泛应用，体会化学与生产、生活、环境等之间的关系，培养学生的科学态度和社会责任感。

（4）教学评价目标

课堂在"情境→问题→探究→解决"中逐步推进或螺旋推进，不断解决在课堂初始或课堂过程中所提出的问题，在问题的持续生成和解决中获得氯气的相关知识，获得学科思维的培养和问题解决能力的提升。

从上述案例来看，对于同一教学内容，同一教师在不同的教学理念指导下可以制定出不同的教学目标。

教学理念随着课程理念的变化而变化，2017 年修订的高中化学课程标准的基本理念是：以发展化学学科核心素养为主旨，设置满足学生多元发展需求的高中化学课程，选择体现基础性和时代性的化学课程内容，重视开展"素养为本"的教学，倡导基于化学学科核心素养的评价。

要实现上述教学理念，必须切实准确地制定教学目标，以便发挥教学目标的导教、导学、导评功能。由于学业质量是学生在完成本学科课程学习后的学业成就表现，因此，学业质量标准是制定教学目标的主要依据。由于高中化学学科核心素养是学生通过化学学科学习而逐步形成的化学思维方法（宏微辨识、证据推理、模型认知）、思维观念（变化观、平衡观）、正确价值理念（科学态度与社会责任）、实践品质（科学探究与创新意识）等正确的价值观、必备品格和关键能力，反映了社会主义核心价值观下化学学科育人的基本要求，全面展现了化学课程学习对学生未来发展的重要价值，因此化学学科核心素养的评价标准也是制定化学教学目标的依据。

推荐阅读
学业质量要求与学业
质量水平

5.2.3.2 影响化学教学目标制定的因素

在实际的化学教学中，不同教师由于其知识基础、教学能力水平、教学理念不同，造成其对课程目标的理解不同，设计出的教学目标也会有所不同。同一教师针对不同水平学生、不同教学条件设计出的教学目标也不会相同。因此，影响化学教学目标制定的因素有：教师对教学的理解，学生的基础知识、能力水平，学校的教学条件等。

案例展示

不同教师对同一内容在相同的教学理念指导下制定的教学目标
"氯气的化学性质"教学目标1
问题驱动式：教师提出一系列问题，学生猜测，探究得出结论，自主构建知识。
① 复习氯原子结构，对比氧气性质，预测氯气性质。
② 教师演示实验验证，氯气化学活泼性强于氧气。如铜丝能在氯气中燃烧，氧气不能；氯气能与水反应，氧气不能。
③ 学生的学科核心素养发展水平（主要是证据推理与模型认知、科学探究与创新意识）得到一定程度的提升。
④ 认识氯气在生产和生活中的运用。
"氯气的化学性质"教学目标2
"自主实验、探究学习"的开放式教学：教师把班级同学编成若干小组，探究如"氯气的性质""氯水的成分""氯气的用途"等，组织引导学生自主学习，如观察铁丝和铜丝在氯气中对比氧气中燃烧的难易，证明氯气比氧气活泼。
① 使学生主动探索、主动学习，充分调动了学生的积极性，促进了学生思维能力的发展。
② 激发了学生浓厚的学习兴趣，学生有强烈的创新意识，发散思维的动机保持在一个较高的水平上。
③ 培养学生严谨求实的科学态度、科学方法，提高学生的综合素质。
④ 认识氯气在生产和生活中的运用。
评价：第一位教师实现教学目标的方式是问题驱动式，学生的学科核心素养发展水平得到一定程度的提升。第二位教师实现教学目标的方式是让学生自主学习和合作学习，激发了学生浓厚的学习兴趣，培养了学生强烈的创新意识。

5.2.3.3 化学教学目标制定中存在的问题

教学目标虚化：教学目标形同虚设，课堂教学不顾教学目标，课时教学完成后不管目标是否达成。

教学目标的泛化：不管哪一种课堂教学目标都大同小异。

教学目标的错位、缺位：课堂教学目标定位不当或者没有定位，导致内容安排不当，甚至有的没有安排，教无原则，想怎么上就怎么上。

化学教学目标制定中存在的问题

1. 不以学习者为行为主体，描述学生的行为如"使学生树立……观点""培养学生动手能力"。

2. 没有选用可观察、可测量的具体行为动词，如对氯气物理性质这一知识目标的编制应该是"通过实验和观察能正确说出氯气的颜色、气味、溶解性"。而许多老师常常写为"了解氯气的物理性质"。

3. 不叙写学习行为条件与情景。

4. 不准确表达学生达到目标的最低表现水准。

5.2.3.4　结果性目标的编写模式

结果性目标是用预期学生学习之后将产生的行为变化来陈述的目标。一般用 ABCD 表述法来描述。ABCD 表述法是由行为目标理论的代表马杰（R.F.Mager）提出的"三要素"（行为动词、行为条件、行为标准）发展来的。

A 为"行为主体"（Audience），意为学习者，就是目标表述句中的主语；B 为"行为动词"（Behavior），即学习者应做什么，是目标表述句中的谓语和宾语；C 为"行为条件"（Condition），意为上述行为在什么条件下产生；D 为"表现程度"（Degree），意为可接受的行为标准。

（1）行为主体（A）

行为主体应该是学生而不是老师，因此，在陈述教学目标时，常常省略主语。如掌握元素周期表的排列规则，学会元素性质的递变规律，认识元素周期表在化学中的应用等。

（2）行为动词（B）

行为动词应尽可能是可理解的、可评估的、可观察的。避免使用描述内部心理活动的动词，如想一想、理解、欣赏，而应使用行为动词，如写出、说出、背诵、解释、选择等。也需要去掉一些比较笼统、模糊的动词，如了解、理解、掌握、提高、应用、培养等。这样的动词缺乏量化标准，我们无法知道或观察到学生是否已经"了解、理解、掌握、提高、应用、培养"，可测性和可比性都比较差，不利于教师上课时度的把握，评价的难度、随意性也相应增强。

（3）行为条件（C）

在陈述课堂教学目标时，有时需要表明学生完成指定的学习活动或任务的特定的限制或范围等，即行为条件。行为目标理论中的条件要素说明了在评价学习者的学习结果时，在什么条件下评价。

对行为条件的五种表述类型

一是关于辅助手段的使用，允许或不允许使用某种工具，如仪器、图纸、说明书等。

二是提供信息或提示，包括资料、教科书、笔记、图表、词典等。

三是时间的限制，如"2 分钟内，快速整理答题思路""5 分钟分组讨论，合作探究某问题"。

四是完成行为的情景，如"在课堂讨论时，能叙述……要点"。

五是人为因素，包括独立进行、小组进行、在教师的指导下进行等。

（4）表现程度（D）

表现程度也叫可接受的行为标准，是衡量学习结果的行为的最低要求。通过对行为标准作出具体描述，使行为目标具有可测量的特点。程度的表述一般与好到什么程度、精确度如何、完整性怎样、要多少时间、质量要求如何等问题有关。通常用百分比表达，从准确、速度、质量等方面来确定。比如，至少正确回答其中 90% 的题目；能说出三种以上实验室制氧气的方法；在课堂上有三分之二的学生能写出铁和稀盐酸、二氧化碳和氢氧化钙反应的化学反应方程式等。又如10分钟内完成实验室制氧气的实验装置搭建；将水的净化过程的六个步骤按正确顺序排列；实验数据的误差控制在5%以内等。

> **‹ 资料卡片 →**
>
> **认识领域教学目标的行为动词**
>
> 了解：界定、描述、指出、标明、列举、选择、说明、配合、背诵等。
> 理解：转换、辩护、区别、估计、解释、引申、归纳、举例说明、猜测、摘要、预估、重写等。
> 应用：改变、计算、示范、表现、发现、操纵、修饰、操作、预估、准备、产生、关联、解答、运用等。
> 分析：细列、图示、细述理由、分辨好坏、区别、指明、举例说明、猜测、关联、选择、分开、再分等。
> 综合：联合、编纂、组成、创造、计划、归纳、修饰、设计、重组、重建、重改、重写、总结等。
> 评价：鉴别、比较、结论、对比、检讨、分辨好坏、解释、指明、阐释、关联、总结、证明等。

5.2.3.5 化学教学目标设计案例

（1）认知性学习目标的水平的表述

① 了解水平，主要是指事实性信息的再认和回忆。初中化学学习中碰到的各物质的化学式、物理性质、用途等常处于这个学习水平。例如：能写出生石灰、石灰水、石灰石的化学式；说出二氧化碳的物理性质；列举氧气、氮气、二氧化碳在日常生活中的用途。

② 理解水平，包括把握内在逻辑联系。各物质的化学性质常处于这个学习水平。例如：比较两个实验，从硝酸钾和少量氯化钠的混合物中分离提纯硝酸钾晶体，从氯化钠和少量硝酸钾的混合物中分离提纯氯化钠晶体，从而认识温度与溶解度的关系，并归纳随温度的变化溶解度变化不同的物质之间除杂问题的规律。

③ 应用水平，包括在新的情境中使用抽象的概念、原则进行总结、推广，建立不同情境下的合理联系等。例如：学生能设计出一个实验方案，解释稀盐酸和氢氧化钠溶液反应时酸碱度的变化；学生根据中学生营养表，能对照自己的饮食习惯判断自己的营养是否均衡、是否科学。

（2）技能性学习目标的水平的表述

① 模仿水平，是指学生在某一个人的原型示范或在具体的指导下完成操作，对所提供的对象进行模拟、修改等。例如：模仿教师完成取液、过滤、蒸馏、安装装置等实验操作；模仿课本实验，自行设计一套制备氧气的装置。

② 独立操作水平，包括独立完成操作，进行调整和改进，尝试与已有技能建立联系等。例如：通过模仿、练习，学生能独立完成实验室配制溶质的质量分数为20%氯化钠溶液；能对课本上的磷与氧气反应的实验装置进行改良，提出两点以上的改进措施。

③ 迁移水平，包括在新的情境下运用已有技能，理解同一技能在不同情境中的适用性。例如：利用厨房中的材料，完成酸碱中和实验；独立操作吹气生火实验，体验化学实验的趣味性。

（3）表现性目标的编写

情感领域的教学目标在教育教学中占有重要地位，一般很难用可观察、可测量的方法来叙述。特别是人的认识和情感变化是一个价值不断内化的长期过程，不能简单地通过短时间的教学就从学生的行为中表现出来，往往寓于知识、技能的教学之中，需要教师去挖掘和联系，教师也很难预期教学活动后学生的内在心理过程将会出现什么变化。

美国课程理论家艾思纳提出了表现性目标，要求明确规定学习者应参加的活动及情境，但不提出可测量的结果，主要用来表述体验性目标中"过程与方法"和"情感态度与价值观"领域。例如，实验卫生习惯的一个表现性目标可以表述为"当实验结束时，学生能主动清洗仪器，将废渣废液倒放在指定地点"。尽管这种目标不能精确规定学习者应从教学活动中习得什么，但至少有助于我们认识过程和情感教学的内容，只要谨慎使用，表现性目标可以作为具体教学目标的补充。

5.2.3.6　书写化学教学目标

第一步：列出课标中"学业质量要求"和"化学核心素养"中对该知识点的叙述。

第二步：解读并分解课标中"学业质量要求"和"化学核心素养"，确认"行为动词""行为条件""认知内容"。

第三步：依据课标中"学业质量要求"和"化学核心素养"的学习水平与行为动词的相应关系，确定其学习水平。

第四步：依据"行为条件"分析课标中"学业质量要求"和"化学核心素养"对学生基本能力的要求。

第五步：设计出每个点的学习结果（行为结果）。

第六步：叙写出完整的教学目标。

思考以下问题判断教学目标设计是否合理：我用的是行为动词吗？这些行为动词的行为主体是学生吗？我的预期目标能否明确到相关"领域"，具体到合适的"层次"？学生学习之后应知道什么？知道多少？学生学习之后能做什么？做到什么程度？在实现"应知、应会"目标的同时应有什么样的情感体验？达成目标的条件是什么？

5.2.3.7　基于核心素养对高中化学教学目标设计进行研究

分别从学生知识技能提升、认知特点、价值观以及知识逻辑性等不同角度入手，设计化学教学目标，引领学生化学核心素养的形成。

实施新课程改革以来，从"双基"到"三维目标"再到今天的"核心素养"的转变，归根结底是培育人的视角和要求发生了转变。从内容层面看，由知识到能力转向素养；从评价层面看，由知识纲要到内容标准转向成就标准；从育人层面看，由智力开发到能力提升转向素养全面发展。这一从平面到三维再到整体的转变，更深刻地揭示了人的发展内涵，也体现了从关注具体内容设计转向关注整体的顶层设计。从学科角度理解，化学学科核心素养作为学生发展核心素养的重要组成，展现的是化学学科的关键能力和必备品格，既是化学学科素养在"三维目标"全面发展的综合表现，也是学生整体素质的具体体现。

王磊教授曾在高中化学课标修订进展报告中对化学学科如何承载核心素养的问题提出了从三维目标到核心素养的解构与重构路径（图 5-3）。这一路径展现了化学核心素养在学科观念、学科思维、科学实践、学科价值等方面的内涵，为核心素养的教学目标提供了明晰的思路。

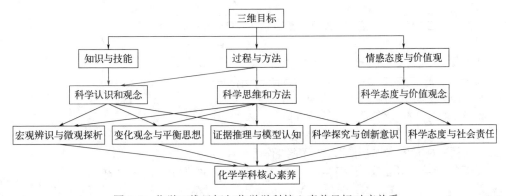

图 5-3　化学三维目标与化学学科核心素养目标对应关系

5.2.3.8　注重教、学、评一体化的教学目标设计

2017 年版高中化学课程标准倡导基于化学学科核心素养的学习评价，并提出了"教、学、评一体化"的新要求，要求教师依据化学学业质量标准，评价学生在不同学习阶段化学学科核心素养的达成情况，并通过教、学、评一体化促进每个学生化学学科核心素养得到不同程度的发展。这一要求体现了以评促学、以评促教的目的。因为恰当合理的学习评价过程有利于促进知识的深度理解和实际素养的刻画，为教学提供真实的证据。因此，在教、学、评一体化设计中，指向学习现场的过程性评价和表现性评价显得尤为重要。基于这一认识，教师在进行教学设计时，需要从学习任务出发，基于素养目标设计对应的教、学、评活动，突出评价内容、过程、细则等教学诊断方案的设置。

案例展示 📁

1. "原电池"教学目标
① 通过学生设计完成原电池形成条件的实验，理解原电池原理和形成条件。
② 通过学生经历假设与猜想、设计方案、进行实验、总结解释实验现象、得出结论、应用结论解决问题的过程，逐步探究出原电池的原理和构成条件，并学习科学探究的方法，提高学生的科学探究能力。
③ 通过小组活动提高学生与他人交流、合作的能力。
④ 通过本课的学习，发展学生学习化学的兴趣，乐于探究物质变化的奥秘，通过化学史的介绍，使学生理解科学探究的艰辛。
⑤ 培养学生勤于思考、探索求实的科学态度。

2. "物质的量"教学目标
① 正确理解阿伏伽德罗常数、摩尔、物质的量、摩尔质量的内涵，理解物质的量与微粒数、物质的量与质量之间的关系。
② 感受宏观和微观的完美结合，体验化繁为简的科学思想与概念建构的逻辑之美。
③ 体会在解决实际问题的过程中构建概念的基本学科思维与方法，养成严谨、认真的学习态度。

练习与应用 ✈

一、判断题

1.（2018 年四川省教师公招）知识经济时代，知识显得很重要，因此学校教育的目的就是将已成定论的知识教给学生。（　　）
2.（2018 年四川省教师公招）布鲁姆将教学目标分为认知领域、情感领域和意志领域三大领域。（　　）
3.（2022 年四川省教师公招）班杜拉认为，人类学习的实质是认知学习。（　　）

二、单选题

1.（2022 年四川省教师公招）从教师的教来说，教学环节的基本顺序是（　　）。
①评价　　　　②备课　　　　③辅导　　　　④上课
A. ①②③④　　　　　B. ②④③①　　　　　C. ③①②④　　　　　D. ④②①③
2. 关于教育目的对学校教育的影响，下列描述错误的是（　　）。
A. 教育目的是学校办学的根本指导思想
B. 偏离了教育目的，教育质量就无从谈起
C. 教育目的规定着大部分学生发展的总方向
D. 教育目的对学校教育内容的选择起着调控作用
3.（2021 下半年四川省教师资格考试）下列属于描述技能性学习目标的行为是（　　）。
A. 认识　　　　　　B. 评价　　　　　　C. 解释　　　　　　D. 模仿

4.（2020 下半年四川省教师资格考试）新课程改革以来，不少中学把"档案袋评价"作为评价学生的方式之一，这种评价属于（　　）。

A. 诊断性评价　　　　　B. 形成性评价　　　　　C. 终结性评价　　　　　D. 标准性评价

5.（2021 下半年四川省教师资格考试）在当代教育学理论发展过程中，心理学家布鲁姆提出了（　　）。

A. 教学目标分类理论　B. 教学过程最优化理论　C. 教学与发展理论　D. 教学特殊认识理论

5.3　化学教学规律和原则

> **问题与思考** 💡

1. 课堂上化学教师应该讲什么？

2. 有人认为，化学课只要把知识讲深讲透，练习题讲全讲细，就是很好地完成了任务。对此你的看法是什么？

5.3.1　中学化学教学的规律

中学化学的教学规律既有特殊性的一面，也有普遍性的一面。在新课程化学教学过程中，教师不仅要转变教学观念，同时也要求按照教学规律办事，这样才能切实提高教学质量。遵循教学规律的化学教学活动具体有以下特点。

（1）化学教学的实验性和探究性

化学课程标准强调科学探究是一种重要而有效的学习方式，化学实验是进行化学科学探究的重要方法，也是化学教学的有力手段。通过化学实验，可以使学生获得必要的感性认识，直观地产生化学问题，可以帮助学生掌握化学基础知识，训练学生正确掌握化学实验的基本方法和基本技能，培养学生观察、思维、独立进行实验操作以及独立解决化学问题的能力。同时，化学实验可以让学生有更多的机会主动地体验探究过程，在知识的形成、联系、应用过程中养成科学的态度，获得科学的方法，在"做科学"的探究实践中逐步形成终身学习的意识和能力。

① 在建立概念、学习定律或物质性质的时候，通过实验引出问题，提出解决问题的假设，用实验进行探究，最后归纳或讲授得出结论。化学教材基本上是按这个意图编写，但仍要注意如下问题：a. 抽象教材要建立合适的实验思考模型。化学实验除动手操作外，还应包括思考实验。比如分子、原子、物质概念的建立就可以这样做，如投影原子模型、球棒分子模型、物质模型等。b. 从实验中归纳定律、建立概念应保证方法的科学性。如质量守恒定律的得出，既要考虑属于封闭体系的固液反应类型，也要考虑开放体系的反应，如蜡烛在开放体系中燃烧而增重的实验，也说明了质量守恒的概念。

② 有计划地安排一定数量的基本操作，培养学生的基本实验技能，如药品取用、仪器安装、常规仪器的使用。

③ 让学生动手做一定数量的实验，并拟定一定数量的实验习题，让学生设计实验，提高他们解决实验问题的能力。

④ 结合化学史的讲授，让学生明白化学实验在化学发展史上所起的重要作用，使学生重视实验。

（2）化学概念、规律的指导性

化学概念、理论或某些规律性认识一旦形成就会具有基础的、指导性的意义。所以，在化学教学中要帮助学生建立化学核心概念、指导学生形成化学规律性认识。如分子、原子、化学反应和能量的概念，实验基本操作，金属活动性顺序，元素周期性等。

化学基本概念和化学基础理论是化学学科中具有广泛应用的规律性知识。一方面，它们能使化学的学习从现象深入本质，使学生能从本质上理解物质及其变化的知识；另一方面，它们是学习化学知识和解决化学问题的思维工具。掌握它们，才能在认识化学现象和解决化学问题中进行分析、概括、推理论证和判断，有利于学生实现学习化学过程中的两个飞跃，使化学知识不断应用、扩大和加深，也有助于促进思维能力的发展。

从现代化学进展的特点来看，化学教学也必须适应从描述性过渡到推理性、从定性过渡到定量、从宏观过渡到微观的变革。因此，义务教育阶段随着学生化学知识的积累，同样要重视培养学生的抽象思维和辩证逻辑思维能力。

（3）化学"双基"教学的实践性

新课程化学教学强调给每一个学生提供平等的学习机会，使他们都能具备适应现代生活及未来社会所必需的化学知识、技能、方法和态度，具备适应未来生存和发展所必备的科学素养，同时又注意使不同水平的学生都能在原有基础上得到良好的发展。

知识、技能、方法和态度在化学教学中具有明显的实践性，既是化学学习中的"双基"，也是进行化学科学探究的工具。只有掌握它，才能帮助学生更好地理解化学，懂得运用化学知识和方法去治理环境污染，合理地开发和利用化学资源；才能增强学生对自然和社会的责任感；帮助学生在面临与化学有关的社会问题的挑战时，学会做出更理智、更科学的决策。

毋庸置疑，传统教育也强调"双基"的重要性，但就学生获得正确结论的过程而言，传统的教学方式往往重视不够。在新教材实施后，教学方式已有较大的改变，不仅重结论，更重过程，重视引导学生发现问题，重视培养学生科学探究的能力。

（4）化学知识教学的教育性

新化学课程标准特别强调情感态度和价值观的教育，化学课有着得天独厚的条件。教师在备课的时候，如果能认真挖掘化学知识教学的教育因素，适时对学生进行潜移默化的教导，学生的科学自然观和价值观的形成自然会日臻完善。下面列举几点供教师参考。

① 辩证唯物主义观点教育。在教学中，教师可以结合物质的组成、结构和性质的关系对学生进行物质第一性的教育，如 H^+ 决定溶液的酸性，OH^- 决定溶液的碱性；结合质量守恒定律的教学进行物质的客观实在性和质量守恒的观点教育。

② 事物发展性的观点教育。结合基本概念、理论的教学可以培养学生用发展的观点看待事物。

③ 对立统一规律的教育。化学知识如原子核与核外电子、化合价的正负、阴阳离子、化学反应中氧化与还原、化合与分解、酸和碱、中和与水解、溶解与结晶平衡等，这些知识无不反映对立统一的规律。

④ 抓主要矛盾的观点教育。化学变化往往是复杂的，往往会同时存在几对矛盾（反应），如溶液酸碱性、复分解反应、氧化还原反应等一般都存在几对反应，在学习这类知识的时候可以教育学生学会抓主要矛盾。

⑤ 量变质变的观点教育。结合化学事实培养学生量变质变的观点，如元素原子核外电子数的改变引起元素氧化性、还原性的变化；Na 有强还原性，而 Na^+ 却表现弱氧化性；物质进行化学反应时伴随热能的变化；等等。

（5）化学教学的自主性和合作性

化学是研究物质的微观组成和变化的学科，化学学习特别强调学生的自主思维活动。除了要学会独立思考外，学生在学习化学过程中还离不开化学实验，只有通过实验在科学探究过程中得到体验并获得知识，才能学好化学。基于这两点，化学教师还要特别注意引导学生开展合作学习，在合作中通过碰撞产生思维的火花，激发灵感。从某种意义上说，在化学教学过程中的合作学习可能比自主学习更重要，因为离开了合作，有的学生可能连一个化学实验都难以独立完成。

除了学生间的合作学习外，师生间的合作可能对教师来讲更具挑战性，因为教师要改变教学方式，也要学会合作教学方式。新课程强调，教学是教与学的交往、互动，师生双方相互交流、相互沟通、相互启发、相互补充。在这个过程中教师与学生分享彼此的思考、经验和知识，交流彼此的情感、体验与观念，丰富教学内容，求得新的发现，从而共识、共享、共进，达到实现教学相长和共同发展的目的。

5.3.2　化学教学的原则

教学方式是教师在长期的教学实践活动过程中依据一定的教学原则形成的教学风格。教学原则起着规范教学行为的重要作用。化学教学原则是受中学化学教学规律制约的，它是结合教学实际在化学教学实践中形成的一系列指导中学化学教学的规定。因此，教学原则又是化学教学理论联系实际的产物，它对中学化学教学有一定的指导意义。新课程倡导教学观念及方式的转变不等于教学过程不需要原则。

（1）目的性和方向性统一的原则

教学是有计划、有目的、有方向的实践活动。教学的方向总是指向目的，它是沿着教学目标的逻辑向前延伸的。但教学的目的性和方向性却是有时限的，教学的方向不可能无限延伸，教学目的也不可能永无止境。重视探究并不等于学生可以毫无目的地探索，这是教师在教学过程中要特别注意的。教学的目的和方向是通过教学任务来实现和衡量的。如果教师在一个学期内没有达到预期的教学目的，或者偏离了教学方向，通常指没有完成教学任务。所以，在化学教学中教师要仔细衡量教学任务，既不要过重，也不要过轻。

（2）科学性与情感性统一的原则

化学教学中的科学性主要是指化学教学内容必须是符合现代科学水平，反映客观事实，并且是正确、可靠、系统的化学科学知识与技能。化学课程标准反对只强调科学知识、技能教学而忽视情感教育的倾向，倡导教学中应关注每一位学生，关注学生的情绪生活和情感体验，关注学生的道德生活和人格养成；保持和增强学生对生活和自然界中化学现象的好奇心和探究欲望，发展学习化学的兴趣；增强热爱祖国的情感，树立为民族振兴、为社会进步而学习化学的志向。既教书又育人，这是对合格教师的一贯要求。如何将化学科学知识教学和情感教育有机地融为一体，也是值得认真研究的问题。

（3）体验性原则

化学新课程改革的重点是以提高学生的科学素养为主旨，并积极倡导以科学探究为主的、多样化的学习方式。体验性是现代学习方式的突出特征。体验使学习进入生命领域，因为有了体验，知识的学习不再仅属于认知、理性的范畴，它已扩展到情感、生理和人格等领域，从而使学习过程不仅是知识增长的过程，同时也是身心和人格健全与发展的过程。

（4）循序渐进原则

"循序渐进"是自古以来总结出来的行之有效的教学原则，在初中化学课程教学中尤为重要。它之所以有效，在于它反映了学生的认识活动规律。无论是传授化学知识和技能，还是培养学生的能力，均应遵循"循序渐进"的原则。"循序渐进"在义务教育化学教学中，主要体现在遵循学科知识本身的逻辑和学生认识发展的规律上。具体而言，就是"循"从简单到复杂、由浅入深之"序"。新课程内容就是从学生身边常见的简单化学物质入手，逐步深入物质内部的结构和化学变化层面，最后逐步拓展到化学与能量、化学与社会发展和环境保护等方面。

（5）知识内容和过程教学并重的原则

新化学课程特别强调在狠抓知识技能教学的同时，注重过程和方法的教育，强调对知识的学习不仅要知其然，还要知其所以然，对知识的来龙去脉要了然于心。新课程把"科学探究"作为课程改革的突破口，就是因为科学探究最能体现这一教学原则。科学探究是知识的源泉，也是过程与方法的体现，是学生积极主动地获取化学知识、认识和解决化学问题的重要实践活动。学生通过亲身经历和体验科学探究活动，可以激发化学学习的兴趣，增进对科学的情感，理解科学的本质，学习科学探究的方法，初步形成科学探究能力。同时，化学课程标准强调掌握基础知识、基本技能和培养能力是同样重要的，不能偏废任何一方，否则都未全面达到教学目的。

实践证明，学生的认识能力是在掌握基础知识和基本技能的过程中发展的。但获得了知识、技能，不一定就发展了认识能力，高分低能的学生大有人在。因此，获得了知识就自然而然地发展了能力的看法，是违背客观规律的。能力必须培养，而且只有那些主动经历知识的形成过程，掌握了学习方法，并有良好情感体验的学生，才有可能成为能力的强者。

此外，教学中的直观性原则、巩固性原则、因材施教原则等教学原则，也应在新课程教学中予以贯彻。这些原则在教育学中讲得较多，在这里不再赘述。

课堂讨论与实践

实际教学中在不同教育教学理念支撑下，不同教学风格的人，以及在不同的教学条件和面对不同的学生时，教师会有不同的教学策略。请调查一下不同教师的化学教学，其教学理念、原则、规律和特征是否存在共同之处？教学风格有哪些特色？你认为化学教学需要遵循的主要化学教学原则有哪些？

练习与应用

一、判断题

（2018年四川省教师公招）在教学活动中，随着学生学习能力的提高，教师的作用下降，教师的压力也随之减少。（　　　）

二、单选题

在课程和教学理论的发展过程中，曾出现形式教育论和实质教育论之争，这是对（　　　）关系的争论？
A. 直接经验与间接经验　　B. 知识与能力　　　　C.分科与综合　　　　D. 知识与思想

5.4　化学教学方法

问题与思考

1. 不同化学教学方法有什么特点？
2. 如何采用有效的化学教学方法和化学教学模式？
3. 如何启发学生的化学学习兴趣？

教学方法是完成教学任务所采取的手段，是教师传授知识、指导学生学习和培养学生科学素养的工作方式。正确的教学方法必然反映了怎样教和怎样学的客观规律，对于提高化学教学质量，保证学生化学核心素养目标的达成具有重大的意义。

教学实践表明，如果教师缺乏教育科学理论知识，不重视改进教学方法，在教学中就比较容易采用灌输式"题海战术"、以考试逼学生学习等简单化的不良方法。这类方法常常造成学生学习负担过重，不能生动活泼、主动地进行学习。如果任其发展下去，就会产生一批体弱多病、不善于独立思考、不能适应社会需要的"书呆子"。有人认为教学方法"无关宏旨"，这显然是不对的。

因此，教师要提高教学质量，必须重视教学方法的研究和改进。

化学教学方法多种多样。在中学化学教学中无论采用哪种教学方法，都应符合下述基本要求：①要符合化学科学的特点；②要具有启发性，有利于发展学生的智力与能力；③要符合教材内容和教学目的的要求；④要考虑学生的年龄特征、知识和能力水平；⑤要考虑多种教学方法的相互配合和灵活运用。

5.4.1　化学教学基本方法

（1）讲授法

这是教师用口头语言向学生比较系统地传授教学内容，学生主要进行听、记等接受活动的一种最基本的教学方法。常分为讲述法、讲解法、讲读法、讲演法等形式。它的最大优点是能够在较短时间内向学生传授大量知识，其缺点是学生的自主性不能得到很好的发挥。尽管如此，讲授法仍然是化学教学最基本、最重要的方法之一。

讲授法的功能：①有利于大幅度提高课堂教学的效果和效率。②有利于帮助学生全面、深刻、准确地掌握教材，促进学生学科能力的全面发展。③有利于充分发挥教师自身的主导作用。

讲授法的局限：①讲授法容易使学生产生"假知"，从而导致知识与能力的脱节。②讲授法容易使学生产生依赖和期待心理，从而抑制学生学习的独立性、主动性和创造性。

讲授法的基本类型：①讲述，是教师以叙述和描绘的方式阐述某个事物或事件。②讲解，是教师通过对教材内容进行解释、说明、分析，达到讲清概念、原理、公式的目的。③讲读，是把讲解和阅读结合起来，用来讲授知识的一种教学方式。④讲演，是教师以某一教学内容为专题，对其进行比较系统和深入的分析、论证，并作出科学结论的方法。主要有专题讲座和系统复习两种具体方式。

案例展示

二氧化碳（初中化学）

【师】（展示九寨沟五彩池图片）这是哪里？美吗？

【生】九寨沟风景区，水美，还有壮观的五彩池。

【师】对的。人们常说"黄山归来不看岳，九寨归来不看水"。这些五彩斑斓的湖水和鬼斧神工的五彩池是怎样形成的呢？这位神奇的雕刻师就是我们这节要学习的二氧化碳。

亿万年前，四川盆地曾经是古海洋，随着亚欧板块与印度板块的碰撞，地壳隆起，发生了沧海桑田的变化，周围富含碳酸钙的海岸变为高海拔山地。经过流水冲刷，碳酸钙被水中的二氧化碳溶解生成碳酸氢钙，碳酸氢钙不稳定，在缓流处分解又生成碳酸钙，就形成了像天然浴缸一样的五彩池。而最初生成的碳酸钙微晶吸附水中杂质沉淀，使得池中水清澈见底，而这种微晶也会对蓝绿光产生散射，所以，我们看到了五彩斑斓的湖水。

评价：激发学生浓厚的学习兴趣，热爱家乡的美丽景色，培养学生形成生态文明理念和建设美丽中国的志向。

（2）谈话法

教师通过预先设计的一系列有联系的问题，启发引导学生，以师生对话的方式围绕问题展开讨论，每位学生都可以发表自己的见解，通过获得反馈信息，逐步调整自己的看法，最终获得对问题的全面理解，从而完成教学任务的一种方法。谈话法一般适合比较容易的教学内容。

谈话法的具体形式有：①教师提问，学生答问；②学生发问，教师引导解疑；③学生之间对问。

按谈话进行的教学内容可分为四种：①复习性谈话，主要用于复习旧知识、检查对所学知识的掌握程度；②启发式谈话，主要用于传授新知识；③总结式谈话，一般用于教学活动结束后；④研究性谈话，教师提出一些富有启发性、对学生来讲尚未形成结论的问题，引发学生思考和探究。

运用时应注意的问题：①创设民主和谐的谈话气氛；②设计好问题，所呈现的问题应具有较强的思考性和启发性，所提问题的目标指向应明确而集中；③鼓励学生提问，对教师的谈话大胆质疑。

谈话法的作用：①以对话为基础，有利于形成开放民主的教学氛围；②学生学习积极性高，有利于学生开展自主学习；③教学信息反馈及时，灵活性强。

案例展示

化学反应速率

【师】化学反应有快有慢，化学反应进行的快慢通常用化学反应速率表示。那么该如何表示呢？老师分别取两块大小相同的铁片，分别放入盛有相同体积、不同浓度稀硫酸的烧杯中，同学们观察哪个烧杯里化学反应进行得比较快，并说明依据（1号烧杯溶液浓度较大，2号烧杯溶液浓度较小）。

【生】1号烧杯里化学反应进行得比较快。依据是放出气泡快；铁片体积（质量）减少快；溶液颜色加深快。

【师】如何用数学表达式定量表示化学反应速率 v？

【生】$v=\Delta m/\Delta t=\Delta V/\Delta t=\Delta c/\Delta t$（$\Delta m$ 表示铁块质量变化，ΔV 表示氢气体积变化，Δc 表示硫酸亚铁浓度变化）。

但是并不是所有化学反应都有固体、气体和颜色变化，为了便于定量比较不同化学反应速率变化，化学上一般统一采用：化学反应速率 $v=\Delta c/\Delta t$。

其他表达形式在一定条件下也可以表达化学反应速率。这样观察实验过程中的谈话法，能够使学生全面理解化学反应速率式，而不是很多老师开始就定义化学反应速率表达式。

（3）讨论法

在教师组织引导下，学生围绕课题相互讨论，共同得出全面、正确的结论，实现教学目标的一种集体教学方法。使用讨论法要注意问题难易适中，富于思考性和争议性。教师要随时引导，并做好讲评。

讨论法的作用：采用讨论法有助于培养学生的思维能力、研究能力和语言表达能力；同时，采用讨论法还能有效地培养学生的组织管理能力。

讨论法的类型：①根据参与讨论的形式，可以把讨论划分为班级讨论和小组讨论。②根据讨论内容的性质和特点，可以把讨论划分为综合性课堂讨论，主要是用于扩大有关理论知识的学习而组织的讨论；专题性课堂讨论，主要是就某门学科中的个别问题或疑难问题而组织的讨论；研究性课堂讨论，主要是就某一课题进行深入探讨而组织的讨论。

采用讨论法应注意的问题：①选好讨论点并精心设计讨论问题；②讨论时，要善于启发引导学生自由发表意见，调动全体学生积极参加讨论；③在讨论中重视学生合作意识的培养；④要做好讨论后的总结工作。

案例展示

化学平衡移动原理

【师】为什么改变化学平衡条件（温度、浓度、压强）之一，平衡将向着减弱这种改变的方向移动（勒夏特列原理），而催化剂只能缩短达到化学平衡的时间而不能使化学平衡移动？分别从四个条件的改变，引导学生从速率曲线探究答案。

【生】探究过程：V-t 图像

对于反应 $N_2 + 3H_2 \rightleftharpoons 2NH_3$（正反应放热），分析图 5-4，确定 $t_1 \sim t_4$ 各点所改变的条件及平衡移动的方向：

t_1：增大 N_2 或 H_2 的浓度(正)（最终正反应、逆反应速率都增加）；

t_2：降低温度（正）；

t_3：增大压强（正）；

t_4：使用催化剂（不移动）。

【师】注意 t_2 和 t_3 化学平衡都不同于之前原来的化学平衡，即使加催化剂不能使平衡移动，也不同于之前原来的化学平衡。

t_1：（最终正反应、逆反应速率都增加）；

t_2：（最终正反应、逆反应速率都降低）；

t_3：（最终正反应、逆反应速率都增加）；

t_4：（最终正反应、逆反应速率都增加）。

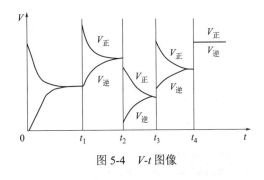

图 5-4　V-t 图像

（4）演示法

演示法，又叫直观法。一般是教师通过展示实物、教具或做示范性的实验，指导学生进行观察，并在获取感性认识的基础上，说明或印证间接知识。演示法的特点是直观性强，极大地丰富了学生的感性知识，有助于学生理解所学的各种原理、规律。此外，它能有效地调动学生学习的积极性，集中学生的注意力，加深对学习对象的认识，有助于验证理论知识。

运用演示法应遵循以下几点要求：①做好演示前的准备工作；②要使学生明确演示的目的和要求，让学生知道演示过程的重点观察对象、变化过程，边观察边思考，做好观察记录；③讲究演示的方法；④注意演示的时空。

（5）实验法

实验法是教师指导学生运用有关仪器设备，通过独立操作、亲手实验获取知识的一种教学方法。实验法的实质是事先创设某种特定条件，人为地引起所要学习的现象及某些生成演化过程的再现，从而指导学生多方观察，以便获取最直接的感受。实验法的最大特点是要求学生亲自操作、直接观察。这对于培养学生的动手操作能力、观察与创造思维能力、独立从事科学探索的意识，养成严谨求实、一丝不苟的工作作风，都有着重要意义。

运用实验法的基本要求：①定计划、做准备、事先检查；②重说明、讲要求、杜绝事故；③勤指导、多鼓励、照顾全体；④写报告、做小结、整理仪器。

案例展示

关于"化学平衡移动"的
课堂教学实录片段

（6）练习法

组织学生在获得有关知识的基础上进行操作性学习实践活动的方法。它是形成技能技巧、发展能力的必要手段，也有利于教师及时获得反馈信息。练习是知识转化为技能、技巧的有效途径，是加深理解、不断消化巩固知识的重要方法，也是学生学习过程中的主要实践活动，有利于学生思维能力的发展，有利于养成科学精神与实事求是的作风。

练习的种类：①按培养学生的能力分为一般能力练习与特殊能力练习；②按学生掌握技能、技巧的内容分为口头语言练习、书面语言练习、制作练习、创作练习；③按学生掌握技能、技巧的性质分为模仿性练习、独立性练习与创造性练习三种形式。

运用练习法应遵循的基本要求：①明确提出练习的目的和要求；②科学合理地组织学生练习；③及时监控学生练习的过程，并做好练习后的总结工作。

（7）自学指导法

在教师的指导下，学生自主阅读教科书和参考资料，写读书笔记，做练习等学习化学的一种方法。

自学指导法的基本要求：①教师首先要培养学生阅读的兴趣和爱好，使学生喜欢读书；②教给学生读书方法，学会使用工具书，指导学生在读的过程中做批注、写读书笔记；③加强辅导，培养学生具有良好的读书习惯。要指导学生自学教材，当学生发现问题、产生疑难时，教师要及时指点、解决。

课堂讨论与实践

视频中教师用了哪些教学方法？

析氢腐蚀教学视频

5.4.2　化学教学模式

关于教学模式的类型，国内外从不同的角度有各种不同的分法，但关注的因素不外乎学生、教师和学科。如果按照教学中的主客体关系划分，可分为教师中心、学生中心以及介于二者之间的混合式。从教与学的关系，可将化学教学分为以下几种模式。

（1）讲授模式（以讲授法为核心）

特点：以教师为中心，强调系统讲授。

实施过程：导入新课→讲授新课→复习小结→练习反馈。

适用范围：分析阐明化学现象或事实的本质；论证化学原理；解释说明化学概念；结合典型事例剖析问题的思路和步骤等。

（2）问题讨论模式（以讨论法为核心）

特点：围绕学习任务设计教学问题，展开讨论，求得问题解决。体现了教为主导、学为主体的教学原则，学生通过参与讨论，加深对知识的理解应用，提高分析问题、解决问题的能力和质疑批判的意识。

实施过程：明确问题→学生讨论→教师小结→应用结论。

适用范围：综合运用知识的新授课、练习课、复习课。

案例展示

水的构成

【师】上一节课我们学习了水的物理性质，知道水的三态变化。千百年来，人们认为水是很稳定的，不可分解。古人提出了"五行说"，即金、木、水、火、土元素是构成宇宙万物及各种自然现象变化的基础。直到近代，通过水的电解实验，推断出了水分子的构成。请观察以下实验。

向电解器里面加入含氢氧化钠或硫酸的水，氢氧化钠或硫酸只是增强导电性。通直流电一段时间，同学们观察到什么现象？

【生】两个电极都有气泡放出，所连接正负极的刻度管中气体体积大约为1:2。

【师】点燃负极的气体，再罩上一个小烧杯；带火星的火柴棒靠近正极气体。观察到什么现象？说明什么？

【生】点燃负极的气体，有淡蓝色火焰，小烧杯壁上有小水珠，说明负极放出的是氢气；正极带火星的火柴棒复燃，说明有氧气放出。

【师】科学家们已经证明氢气和氧气是双原子分子，且根据经验得出：同温同压下，相同体积的气体含有相同数目的分子。请推断水分的构成。

【生】$V(H_2)$∶$V(O_2)$=2∶1，由上述规律知道 $N(H_2)$∶$N(O_2)$=2∶1，所以水分子的化学式为 H_2O。

教学反思：笔者在初中听课过程中，发现教师基本都是先讲水分的组成是 H_2O，然后通过水的电解实验去验证，这不符合课程标准要求"实验观察→数据收集→模型建立→结论"。这是一种灌输模式，不是探究性教学方式（以讨论为核心）。

（3）自学指导模式（以自学指导法为核心）

特点：强调学生的自学、自检、自调；充分调动学生学习的主动性、积极性，进一步增强学生学习的主体意识；从培养自学能力入手，全面开发学生智能。

实施过程：学前指导→学生自学→课堂讨论→教师精讲→练习巩固→教师小结。

适用范围：教学内容的难度较低、知识较为具体的素材，如元素化合物知识。

目前，自学指导模式比较受推崇。从形式上看，师生的地位发生了颠覆，教学的重点落在学生的学上，教师进一步退到幕后，退到讲台下。系统讲授被定向指导、启发等活动取代。对教师的要求则随之提高，表现在对教学难度的把握、对教学节奏的掌控、对教学过程与结果的监控与及时调整等。

（4）实验教学模式（以实验法为核心）

① 演示讲授模式。该模式将演示实验与教师的启发讲授相结合。实施的基本程序为：明确问题→演示实验→启发讲授→获得结论。

② 边讲边实验模式。该模式将学生实验与教师讲授相结合。实施的基本程序为：明确问题→学生实验→启发讲授→获得结论。

③ 学生实验模式。该模式指在单元教材学习后，为了复习巩固和验证课堂所学知识，在教师的引导下，由学生按照操作步骤独立完成实验。实施的基本程序为：预习实验→学生实验→总结实验→获得结论。

④ 实验探究模式。该模式指在学生原有知识、技能的基础上，对一些具有探索性又为学生能力所及的实验课题进行探究学习。实施的基本程序为：确立主题→尝试探究→获得假说→验证假说→深入探究→确认结论。

案例展示

离子反应及其发生的条件

【师】我们在初中已经学习了复分解反应，那么什么是复分解反应？发生条件是什么？

【生】复分解反应：溶液中两种电解质相互交换成分的反应。发生条件：有气体、水或沉淀生成。

【师】为什么复分解反应发生条件是有气体、水或沉淀生成？$CuCl_2 + 2KNO_3 = 2KCl + Cu(NO_3)_2$这种人为的交换是否就有新物质生成了呢？

【生】实验 1：向盛有 $CuCl_2$ 溶液的试管里分别加入 KNO_3 溶液和 $AgNO_3$ 溶液。观察前者反应前后溶液都是蓝色，后者反应后溶液仍为蓝色，但是有白色沉淀生成。能够肯定的是 Cu^{2+}反应前后没有变化，呈现蓝色。

【师】根据上节课电离的知识，可知：$Cu^{2+} + 2Cl^- + K^+ + NO_3^- = K^+ + Cl^- + Cu^{2+} + 2NO_3^-$。两种溶液混合后离子种类和数目并没有发生变化，因而也就没有发生反应。后两种溶液混合后：$Cu^{2+} + 2Cl^- + 2Ag^+ + 2NO_3^- = Cu^{2+} + 2AgCl\downarrow + 2NO_3^-$。只有 Cl^- 和 Ag^+发生反应生成氯化银白色沉淀，Cu^{2+}和 $2NO_3^-$没有发生变化，像原来一样留在溶液中，溶液仍显蓝色，所以，实际发生反应的就是离子反应：$Ag^+ + Cl^- = AgCl\downarrow$。

【生】实验 2：首先向 NaOH 溶液、Na_2CO_3 溶液中滴加 1 滴酚酞，再分别加入稀盐酸。观察到溶液开始均变红了，说明溶液都显示碱性。接着向这两种溶液中滴加稀 HCl，观察到盛有 NaOH 溶液的试管由红色变成了无色，盛有 Na_2CO_3 溶液的试管不但由红色变成了无色，而且还有大量的气泡冒出，说明了溶液中的 OH^-以及 CO_3^{2-}发生了反应。

【师】观察实验 1, 分析模型建立过程, 写出实验 2 的离子方程式, 并总结离子方程式的书写步骤。

【生】离子反应发生的条件:

① 生成沉淀: $Ag^+ + Cl^- = AgCl\downarrow$

② 生成水: $OH^- + H^+ = H_2O$

③ 产生气体: $CO_3^{2-} + 2H^+ = CO_2\uparrow + H_2O$

离子方程式的书写步骤: 略。

【师】请同学们写出下面四个反应的离子方程式:

① $HCl + NaOH = NaCl + H_2O$

② $HCl + KOH = KCl + H_2O$

③ $H_2SO_4 + 2NaOH = Na_2SO_4 + 2H_2O$

④ $H_2SO_4 + 2KOH = K_2SO_4 + 2H_2O$

【生】写出离子方程式: $OH^- + H^+ = H_2O$。

【师】为什么化学方程式不同而离子方程式却相同呢?

【生】总结: 其实这些中和反应在溶液中实际参加反应的离子是一样的, 也就是 $OH^- + H^+ = H_2O$, 从而我们可以得出离子方程式的意义, 不仅可以表示某一个具体的反应, 还可以表示同一类型的反应。也就是说, 这些中和反应的反应实质是一样的。

【师】离子方程式的意义: 不仅可以表示某一个具体的化学反应, 还可以表示同一类型的离子反应。

课堂讨论与实践

观看 "Fe^{3+} 和 Fe^{2+} 的相互转化" 课堂教学实录片段。

练习与应用

关于 "Fe^{3+} 与 Fe^{2+} 的相互转化" 课堂教学实录片段

一、判断题

(2022 年四川省教师公招) 翻转课堂是重新调节课堂内外的时间, 将学习的决定权从教师转移到学生的一种教学模式。( )

二、单选题

1. (2021 年四川省教师资格考试) 下列选项不正确的是 ( )。

A. 化学作业除了习题形式外, 还可以采取实验报告等形式

B. 教师备课主要是备典型例题和练习题, 以提高教学效率

C. 教学过程既包括教师教的过程, 也包括学生学的过程

D. 教学评价既包括对学生的评价, 也包括对教师的评价

2. (2022 上半年四川省教师资格考试) 新课程标准把化学教学过程看作是 ( )。

A. 师生交往、积极互动、共同发展的过程

B. 课程传递和执行的过程

C. 教师的教与学生的学的过程

D. 知识传授与学生能力发展的过程

3. (2021 年四川省教师资格考试) 于老师在讲台上把一张纸揉成团, 把另一张纸烧成灰, 由此让学生来理解物质的物理变化和化学变化的区别, 于老师采用的教学方法是 ( )。

A. 练习法　　　　B. 演示法　　　　C. 实验法　　　　D. 参观法

4. (2022 上半年四川省教师资格考试) 在中学化学教学中, 下列最应引起重视的是 ( )。

A. 化学基本观念的形成　　　　　　B. 化学基础知识的记忆

C. 化学实验技能的训练　　　　　　D. 化学计算能力的掌握

5.（2022 年四川省教师公招）(　　) 是教师通过操作实物来帮助学生认识事物、获得化学知识、学习实验技能的一种常用的化学教学基本方法。

A. 展示和提问　　　B. 展示和演示　　　C. 展示和板书　　　D. 演示和提问

三、简答题

教师在课堂上演示物质性质的实验，不仅是为了加深学生对物质性质的印象，也是帮助学生构建知识、培养学生科学思维及环境意识的重要途径。原教材中有浓硫酸和蔗糖制成"黑面包"的经典实验：取 20g 蔗糖，放入烧杯，加 2mL 水，再加 15mL 浓硫酸，搅拌，混合物迅速变黑，上涨越过烧杯杯口，同时放出大量的气体。现教材提供的做法：取 2g 蔗糖，放入大试管中，然后塞上带玻璃导管的橡皮塞，将玻璃导管的另一端插入盛有品红溶液的试管中，观察实验现象。

回答以下问题：

1. "黑面包"实验体现了浓硫酸的哪些性质？

2. 对比原教材，现教材提供的做法有哪些优点？

3. 演示实验的基本要求有哪些？

5.5　化学课程教学资源

‹ 问题与思考 💡

1. 教学资源的含义和范围是什么？

2. 如何掌握中学化学课程教学资源开发策略？

化学课程教学资源包括实验室资源、文本资源、信息技术资源和社会教育资源等。中学化学课程教学资源的开发及应用，是激发学生化学学习兴趣，帮助学生明确学习目标，促进学生进步的重要一环。为了让学生的化学知识理解得更快，教师必须要更积极地去发掘与课程相关的教学资源，并且在教学过程中更好地加以应用，这样才能够让学生有更好的学习成果，收获更多的知识。

5.5.1　教学资源的开发与利用

充分认识"教学资源的开发与利用"是地方、学校、教师课程能力建设的重要抓手，建议特别注重以下内容。

（1）实验室建设

充分认识化学实验室和化学学科专用教室建设的意义和作用。应按照相关要求配齐实验员，注重提高实验员素质；制订完善的实验室工作制度和安全守则，建立科学的实验室运行机制；配置必需的化学实验设备、仪器、药品和基础设施，保证所有化学实验和实验探究活动安全、顺利进行。有条件的地方和学校应逐步引进一些现代化仪器设备，并向学生或学生课外兴趣小组开放，在教师或实验员指导下开展实验探究活动。

（2）文本资源

应在学校图书馆中配备课程标准及解读、不同版本的教材、教师用书、化学教育教学类期刊，配备一些适合高中学生阅读、内容丰富，以及与科学、技术、社会、环境紧密联系的化学课外读物；鼓励教师根据化学教育教学的需求，积极开发各类引导学生自主学习（包括开展课外活动）、指导教师有效教学的文本资源。

（3）信息技术资源

应鼓励教师运用信息技术提高课堂教学效率和质量，强化信息技术与化学教学的深度融合，促进教师教学方式和学生学习方式的改变；为教师提供交互式多媒体教学设备、常用办公软件、多媒体制作软件和即时通信软件等工具，关注以移动智能网络终端、大数据分析技术和虚拟现实技术为代表的个性化学习与评价系统的发展，并适时引入化学教学中。应鼓励并支持教研组依托校园网尝试开发有特色的化学学习空间和教学资源空间，为师生提供教学交流、反馈和资源共享的平台，努力为学生创造信息化环境下的学习条件。

（4）生成性资源

教师教学和学生学习的实践是重要的教学资源，教研（备课）组应针对教师教学中的实际问题和学生学习中的疑难问题开展研究，形成有特色的教学素材、案例和课件供全体教师分享，在分享中完善，不断提高质量和水平。

（5）自然与生活环境资源

应鼓励教师将自然与生活环境中的化学资源引入教学，丰富教学情境，让学生切身感受化学与自然环境、生活环境的密切联系，以及学习化学的意义，培养学生的环保意识，激励学生积极参与生态文明建设活动，为建设美丽家园贡献力量。

（6）社会教育资源

应加强与高等院校、科研院所、相关企业的联系，建立稳定、可持续的交往渠道与互动方式，建设一批课外学习基地，共同开发有特色的化学校本课程，积极探索全社会合作育人的途径和机制❶。

5.5.2　教学资源的开发及应用策略

（1）优化思维，尊重学生主体地位

教师的思维决定着学生的学习成果。为了让学生的学习取得更好的成效，教师首先必须要革新自身的思维，这样才能够避免学生受到自身思想的限制而无法得到进步。在我国的传统教学理念之下，教师在教学过程当中普遍占据着主导地位，思想也是主观性的，不能做到尊重学生的个人理念去落实教学，而这样的思想显然是对教学不利的。特别是化学教学，是对物质本质及其运动规律的探索。在这一教学过程当中，学生的学习需求至关重要，即学生是始终不变的主体，教师如果不懂得尊重其主体地位，那么学生便收获很少。

教学资源的开发与应用亦是如此。教师必须要主动根据学生的需求、特点去思考，才能让学生学到更多。比如，教师可以根据学生平时的课业完成情况，分析学生的学习问题所在，这样才可以针对性地融入教学资源。例如，在分析学生的课业时，发现许多学生存在无法准确背诵分子式，无法很好地分辨分子式的大小写等问题，那么便可以自己去编排或是从网络上收集一些分子式的绕口令、诗歌等，这样有助于帮助学生加强理解与记忆，而且符合学生的需求。

（2）灵活应用资源，拓展学生的认知

学生认知的拓展是教学过程的核心，教学最重要的目标即在于此。如果教师的教学资源应用不灵活，始终存在限制，那么学生的思维也会受到很大制约，这对教学并无益处。因此，教师必须要懂得怎样灵活应用教学资源去引导学生，这样会让学生的思想也被拓展开来，不再局限于一点，不再钻牛角尖。为了更好地利用化学教学资源，教师必须要确保教学资源不局限于教材的范围之内，应当根据教学内容，去拓展自身的思想，获取更多相关的内容。例如，讲解微量元素相关内容时，可以搜集一些微量元素的作用，或是人体缺乏不同微量元素时的症状等，这会促进学生的理解，让学生对微量元素有更深层次的认知。这样的教学资源显然是十分必要的，但也是许多教师都容易忽略的，为图省力，许多教师都只是照本宣科实施理论讲解，这对教学并无益处。

---

❶ 中华人民共和国教育部. 普通高中化学课程标准（2017年版）[M]. 北京：人民教育出版社，2020.

只有懂得发散思维，融入更多内容拓展学生的眼界，才能提升教学质量。

除此之外，教师还可以从生活中选取一些素材进行灵活运用，使其成为可以用来辅助化学教学的有效资源。举个简单的例子，在教学"氧化作用"相关内容的时候，教师可以在课堂上拿出事先准备好的消毒液，然后利用多媒体设备给学生播放生活中一个比较常见的画面：人们在洗衣服的时候，经常会遇到一些顽固的污渍，无论怎么用洗衣液都洗不掉，这时候只需轻轻滴上几滴消毒液，所有顽固的污渍就全没了。接着，教师再指着手中的消毒液问学生："这里面有着怎样的成分，可以洗掉洗衣液也洗不掉的污渍？"利用这种教学方式引导学生充分认识"氧化作用"。这种教学方式既能激发学生的学习兴趣，加强学生的理解，还能培养学生在实际生活中运用化学知识分析问题和处理问题的意识和能力。通过对资源的灵活运用，有效拓宽学生的视野。

（3）养成资源收集的习惯，确保随取随用

在化学教学过程中，教学资源是决定教学成果的要素，为了让学生的学习过程更顺利地完成，教师必须要养成随时收集教学资源的习惯。这并不是一个刻意的过程，而是教师自我管理能力以及求知欲望的体现。作为教师，具有自觉学习的自主意识以及求知的欲望，是十分必要的。因此，教师应当与学生一起成长，平日养成积极求知的习惯，遇到任何课本当中没有的化学知识，或是发现化学领域研究的新成果，都应当积极了解，将其作为知识资源储备，这样在课堂上才能更灵活地调用，获得更好的教学成果。

资料卡片

德国化学家凯库勒（Kekule）于 1858 年提出了碳原子间能够相互连接成链的观点，到了 1865 年，他对苯的结构提出了一个设想，即碳链有可能头尾连接起来成环。据凯库勒本人的著作称，他因梦见一条蛇首尾相接而受到启发。

凯库勒结构式是当时众多"苯环结构"中最满意的一种。它成功地解释了许多实验事实，但不能解释苯环的特殊稳定性。因为按照凯库勒的说法，苯分子中存在三个双键，虽然它们来回不停地移动，但双键始终是存在的。

凯库勒结构式主要存在两个问题：①不能解释苯分子中既然有双键，为什么在一般情况下不能和那些能与不饱和烃发生加成反应的试剂发生类似的反应。②按照凯库勒结构式，苯的邻位二元取代物应有两种异构体存在，但实验表明只有一种。

苯环的另一种常见画法是内部带有圆圈的正六边形。圆圈强调了 6 个 π 电子的离域作用和电子云的均匀分布，这很好地解释了碳碳键长均等性和苯环的完全对称性。

在苯环中用圆圈代表离域双键是由英国科学家罗宾森（R.Robinson）提出的，并称之为芳香六隅体。罗宾森因在天然产物研究方面的贡献，获得了 1947 年诺贝尔化学奖。教师可以让学生在相互交流和讨论的基础上对这件事情背后所涉及的化学原理进行探究。这样不仅可以激发学生的学习兴趣和学习动机，还能培养学生的自主学习能力和抽象思维能力，从而实现课堂教学效果的优化和学生的全面发展。

练习与应用

一、单选题

1. 在化学教学过程中，教师要注意教学语言的科学性，下列表述正确的是（   ）。

A. 催化剂能加快反应速率

B. 非金属氧化物都是酸性氧化物

C. 可用金属在溶液中失去电子的难易来衡量其金属性强弱

D. 可用金属标准电极电势的大小来判断其金属活动性顺序

2. 下列关于化学知识分类正确的是（   ）。

A. 氧化还原反应概念属于化学事实知识

B. 有机合成与推断属于化学理论性知识

C. 化学实验基本操作属于化学技能性知识

D. 化学反应限度与平衡属于化学情意性知识

3.（2021 下半年四川省教师资格考试）在中和滴定实验教学中，教师首先讲解实验原理和操作要点，再进行示范演示，然后要求学生按照实验操作步骤练习。该教师采用的教学方法有（　　）。

①讲授法　②演示法　③练习法　④讨论法　⑤实验法　⑥参观法

A. ①②③⑤　　　　　　　　B.①③④⑤　　　　　　　　C.②③⑤⑥　　　　　　　　D.①④⑤⑥

4.（2021 下半年四川省教师资格考试）下列关于演示教学的说法不合理的是（　　）。

A. 实验开始前要告诉学生观察什么

B. 实验结束后教师要立刻告知学生结论

C. 实验可以由学生和老师共同操作

D. 教师课前应该做演示实验

二、简答题

1. 请你为"化学电源"这一主题设计一系列活动。

2. 下面是两位化学教师关于"氧化铝和氢氧化铝的性质"课堂教学引入的情境设计。

教师 1：从铝元素在自然界中的存在——铝土矿的成分引入，展示工业上从铝土矿制备铝的工艺流程，对工艺流程的步骤进行分析，引出氧化铝的两性。

教师 2：从提出问题"铝制炊具加热或与酸、碱、盐接触时铝元素是否会溶进食物"开始，让学生进行实验探究，引出氧化铝的生成和性质。

问题：简述课堂教学引入的情境设计的基本要求和常用方法（不少于 3 种）。

第6章

化学教学设计

名言警句

培养教育人和种花木一样，首先要认识花木的特点，区别不同情况，给以施肥、浇水和培养教育，这叫因材施教。

——陶行知

硬塞知识的办法经常引起人对书籍的厌恶，这样就无法使人得到合理的教育所培养的那种自学能力，反而会使这种能力不断减少，不断退步。

——斯宾塞

人的内心里有一种根深蒂固的需要，总是感到自己是发现者、研究者、寻找者。在孩子的精神世界中，这种需求特别强烈，但如果不向这种需求提供养分，即不积极接触事实和现象，缺乏认识的乐趣，这种需求就会逐渐消失，求知兴趣也与之一道熄灭。

——苏霍姆林斯基

引言

教学设计是课堂教学的起点，教学设计的质量直接影响着教学效果。什么是教学设计？教学设计的理念是什么？教学设计有哪些层次，有哪些基本环节？如何设计出符合新课程理念的教学？教学设计如何体现以学生学习为中心？在教学设计中如何渗透化学课程思政？这些问题是每一个教学工作者应该思考的问题。我们将在本章寻找以上问题的答案。

学习目标

1. 知道化学教学设计的基本理念和基本原则。

2. 能够说出化学教学设计的层次和环节。

3. 能够综合运用化学教学方法和教学媒体进行化学教学设计，并在教学设计中践行教育理念，引领学生健康成长。

4. 能应用教育学、心理学相关规律，选择适宜的教学策略，基于课程标准、教材内容进行合理教学设计。

5. 通过化学教学案例的展示，认识化学教学中蕴含的人文教育内容，如求真、质疑、探险等科学精神；认识化学教学中的科学思维方法和化学科学思维观念，如元素观、化学平衡观等。

6.1 化学教学设计概述

1. 你认为什么是教学设计？
2. 你理解教学设计的意义吗？
3. 你能说出教学设计的发展层次吗？

6.1.1 化学教学设计的含义

目前对于化学教学设计的研究一直处于火热的态势，从中国知网（CNKI）总库搜索"化学教学设计"主题词，截至 2022 年 9 月底可以查到 9000 多篇文章。这些研究主要集中在以下几个方面：以学科素养为导向的教学设计、以问题为导向的教学设计、基于真实情境的化学教学设计、基于学科育人的化学教学设计、基于任务驱动的化学教学设计、基于化学史素材的教学设计、基于培养学生核心素养的项目式化学教学设计、基于 STSE 教育理念的化学教学设计、指向学科理解的化学教学设计、基于化学学科大概念的化学教学设计等。

既然教师在进行教学之前需要对教学进行设计，就要知道设计的目的、设计的内容，并预设设计的结果。就像建筑设计一样，设计师在设计建筑之前需要做很多准备，比如他们需要了解客户对建筑的外观、实用性、节能效果等方面的要求，需要了解建筑所处位置的地质结构、气候环境，需要了解目前市场上可以用作建筑的材料类型，需要了解工人的施工工具和能力水平。虽然不同的设计师设计出的建筑的外观、实用性、节能效果等都不相同，但是每一个设计师在设计之前都必须遵循建筑设计的基本要求。因此，每一个建筑设计既体现了建筑设计的基本要求，也表现出个人风格，具有鲜明的个性色彩。鲜明的个性色彩来源于设计师的不同设计理念。

你认为在进行化学教学设计之前需要做哪些准备？

案例展示
"元素"教学设计

化学教学设计是教师在教学活动之前，依据教育教学原理和现代化学教学理念，为了达到教学目标，在对教材和课标理解的基础上，根据学生认知结构，对教学目标、教学重难点、教学方法、教学内容、学习任务、学习活动、教学手段和教学媒体等进行确定、组织或谋划。

教学原理和教学理念是随着社会科技文化的发展而发展变化的，它是课堂教学设计的理论基础，决定课堂教学的价值取向，所谓教学价值取向是课堂教学所秉持的教学理念和价值追求的概括[1]。教学目标的制定要致力于发展学生学科核心素养；对教材和课标的理解、对学生真实学习情况的分析，有利于准确制定教学目标、确定教学重难点，有利于合理组织教学内容；遵循新的教学理念，有利于创造性地设计学习任务和学习活动，有利于教学方法和教学媒体的创新。

6.1.2 教学设计的意义

在教学活动中起主导地位的教师，在活动之前头脑中要先对教学活动的进行方式、过程以及

---

[1] 郑长龙.2017年版普通高中化学课程标准的重大变化及解析[J].化学教育（中英文），2018，39（9）：41-47.

结果进行预设或计划，并以此自觉地组织、控制自己的行为来达到预定的目的。在进行化学教学设计之前，教师需要具有先进的化学教学理念，懂得教育教学的原理，知道教学设计的具体内容和基本要求。

教学设计是以智力活动为主，以人的智慧为基础，进行创造性思维的过程。教师要想达到最佳的教学效果，必须依据现代教学理论和教学规律来设计、组织、实施教学。

教学设计不仅应注重理论的指导，还应注重教师的经验。因为教学是一个极为复杂的系统，教学理论在其中应用时会有一定的局限性，需要教师的经验来弥补。只有将科学理论和方法与好的经验结合起来，才能搞好教学设计，才能使教学设计具有可行性和可重复性。

从教学设计的含义和以上的分析可以看出，教学设计的意义体现在以下几个方面：第一，教学设计是一种有目的的实践活动，教学设计是为了使教学工作具有明确的指向性和自觉性，减少教学的盲目性和随意性，增强教学的计划性，避免失误和曲折。第二，教学设计能够明确学习内容、学生的学习任务以及学习活动，是提升教学效果的重要基础。第三，教学设计具有鲜明的个性色彩，对教学设计的不断研究和改进能够提升教师的专业能力，促进教师的专业发展。

6.1.3　教学设计的发展层次

能够进行教学设计是对教师的基本要求。从教师的成长过程来看，教学设计的发展层次总是需要经历基于"我认为、我以为"的直感设计阶段、基于经验进行的教学设计阶段、基于教育实验进行的教学设计阶段、把教学作为一个整体和生态系统进行的教学设计四种水平[1]。

（1）直感设计

概念：直感设计是教学设计者即教师根据自己的直观感觉或主观想象来进行的教学设计。

特点：没有理论指导，没有经验辅助，全凭自己的主观感觉。

实际效果：除极少数"天生"的教师凭自己的感觉设计的教学有特点、效果好外，大部分凭直感设计的教学一般会出现盲目性、局限性的问题，比如教学目标不明确、重点不突出、不明确学生的学习任务、不会设计学生活动等教学质量差的问题。这种情况一般出现在未受过师范技能训练的未来教师群体中。

（2）经验设计

概念：设计者以自己在教学中积累的教学经验为依据进行的教学设计。

特点：没有理论指导，但有经验的支持。

实际效果：设计者对学生和教材有一定的了解，减少了只凭直观感觉设计教学的盲目性，但是仍然缺乏规范性，缺乏先进教育理念的指导。设计者受自己已有经验的影响，对学生学习能力的培养和学科核心素养的发展很少顾及，教学效果难以稳步发展。

（3）实验设计

概念：设计者先根据某些理论或假说进行验证性教学实验，然后结合实验情况，在形成实践规范的情况下进行的教学设计。

特点：有教学理论指导，以某种假设为前提，然后进行各种局部或者大规模的实验，把在教学实践中得到的经验进行概括，以验证假设。例如"化学教学中两类媒体的教学效果研究"，在这种设计中要有研究假设、研究对象与内容设计、实验过程展示、实验结果测试、实验结果分析与讨论。

实际效果：有理论作为指导，有实践的检验，既加快了经验的积累和推广，又可以补充和完善理论。

（4）系统设计

概念：依据某种比较完备的教育理论，运用系统工程方法进行的教学设计。

特点：人们认为教学是一个系统，这个系统的构成要素由教师、学生、教材、教学手段、教学环境、教学方法等构成。在进行教学设计的时候一定要遵循教学系统的运行规律，以相关的教学理论为指导，处理好系统内各要素之间的关系，优选教材，优化教学目标，优选各种教学方法和手段，总体协调系统与环境的关系，让系统内各构成要素的效率发挥到最大。

实际效果：这样做出的教学设计更加科学规范、目标明确、有效性高、可行性好。

现代教学设计理论特别推崇实验设计和系统设计，但是这两种设计也是最难学会的设计，是教师在成长为专家型教师的发展道路上必须经历的磨炼。

推荐阅读

姜显光，刘东方.学科素养导向化学教学设计模式研究——基于《普通高中化学课程标准（2017 年版）》教学与评价案例[J].化学教学，2022（8）：36-41.

练习与应用

1. 简述教学设计的意义。
2. 结合你的体会谈谈直感设计存在的问题。

6.2 化学教学设计的基本理论

问题与思考

1. 你的教学设计是以什么教学理论作为理论基础的？
2. 你能说出化学新课程改革倡导的教学理念吗？
3. 你认为教学设计应该遵循哪些原则？
4. 你知道教学设计分为哪几个类型吗？

6.2.1 教学设计的理论依据

理论的指导是教学设计由经验上升到科学设计、高效设计的前提。教学专家对教学设计理论进行了大量的研究，认为教学设计可以借鉴系统理论、传播理论、视听理论、学习理论、教学理论、认识论等理论的成果，扩展教学设计的方法和手段，提高教学设计的质量。

6.2.2 化学教学设计依据的教学理念

化学课程标准是指导教师教学、规范教材编写、指导教学评价的纲领性文件。它体现国家意志，规范化学育人标准。因此，化学教学设计应该遵循的理念是化学课程标准倡导的新课程理念。教学理念是教学行动的方向标，有什么样的教学理念就有什么样的教学模式。在化学课程改革深入推进的今天，牢固树立新课程理念是全面落实化学课程育人目标的重要手段。

（1）以发展化学学科核心素养为主旨

以发展化学学科核心素养为主旨，要求教师在教学中要深刻领会化学学科核心素养的内涵。在制定教学目标时，教师应依据化学学科核心素养、高中化学课程目标、高中化学课程内容及学业质量要求（包括学业要求和学业质量水平），结合学生的已有经验，对学段、模块或主题、单元和课时教学目标进行整体规划，使得制定的教学目标既可教可评又具有科学性。

推荐阅读

张丽华. 例谈"素养为本"的化学教学设计策略[J]. 化学教学，2021（2）：43-47.

（2）重视开展"素养为本"的教学

开展"素养为本"的教学，需要创设真实问题情境，激发学生学习化学的兴趣和探究欲望；开展以化学实验为主的多种探究活动，让学生在"做中学"；重视教学内容的结构化设计，做到基于知识关联的结构化、基于认识思路的结构化、基于核心观念的结构化；贴近生活、社会实际，重视化学与其他学科的联系。

（3）促进学生学习方式的转变

教师需创设真实且富有价值的问题情境，精心设计实验探究活动，引导小组合作学习、自主学习，促进学生从接受学习向探究学习、合作学习、自主学习转变。

（4）帮助学生形成化学学科核心观念

结合人类探索物质及其变化的历史与化学科学发展的趋势，引导学生进一步学习化学的基本原理和方法，形成化学学科的核心观念。

（5）培养学生的社会责任感

结合学生已有的经验和将要经历的社会生活实际，引导学生关注人类面临的与化学有关的社会问题，培养学生的社会责任感、参与意识和决策能力。

（6）注重培养学生的创新精神和实践能力

设置真实的 STSE 问题，展示化学史实，开展社会实践活动，开展以实验为主的探究性活动，培养学生的创新精神和实践能力。

（7）实施"教、学、评"一体化

有效开展化学日常学习评价，依据化学学业质量标准，评价学生在不同学习阶段化学学科核心素养的达成情况，积极倡导"教、学、评"一体化，使每个学生化学学科核心素养得到不同程度的发展。注重过程性评价和结果性评价的有机结合，灵活运用活动表现、纸笔测验和学习档案评价等多样化的评价方式，倡导学生自评、同伴互评与教师评价相结合，充分发挥评价促进学生化学学科核心素养全面发展的功能。

课堂讨论与实践

课堂评价的功能有哪些？

6.2.3　化学教学设计的原则

（1）科学性原则

化学教学设计的科学性主要体现在下列方面：一是设计的思想要科学，要以提高学生的科学素养、促进学生全面发展为宗旨；二是以科学、可靠、先进的教育教学理论为基础，既重视遵循学生的认知发展规律，又重视遵循学生的情感和其他心理发展规律；三是注意设计操作的规范性，注意做好教学目标设计、教学内容设计、教学方法设计、教学过程设计、教学媒体设计、教学结构设计等。

（2）系统性原则

所谓系统性原则是指教师在教学设计时必须从整体、动态的观念出发，去考察教学系统的各个要素，设计各要素的功能、作用以及要素之间的关系，进而构思教学活动；教学设计时要全面考虑认知、情感、行为等方面的教学目标，不能有所偏废；注意综合集成先进理论、实践经验和新的创造，对教学做出最佳设计。

（3）发展性原则

教学设计必须体现素质教育的价值取向，即以学生的全面发展为目标，使学生逐步学会求知、学会做事、学会共同生活、学会生存，为其持续性发展打下良好基础；要贴近学生的"最近发展区"，重视过程和方法，注意培养情感、态度、价值观和行为习惯；尊重学生的个性，注意适应学生不同层次的需要，利用个体心理特征优势使学生不断获得成功体验和发展动力，促进其人格的发展，使全体学生在各自原有的基础上不断地发展。

（4）主体性原则

必须以学生为学习主体来设计教学方案，注意体现学生的能动作用，注意体现师生之间和学生之间的平等和谐关系；教师要从学生的实际出发考虑教学问题，正确把握自己和学生在课堂教学中的"角色"，尊重学生，与学生平等地展开思想交流与感情交流，给全体学生同等的关注、鼓励，纠正传统教学观念中有关"差生"的错误认识，给每个学生提供平等的活动和表现机会，运用各种方法尽可能弥补学生个体差异的消极影响，保证学生在教学过程中主动参与。

（5）最优化原则

要建立最优的教学目标和评价标准体系，选择最佳的教学策略、方法和程序，设计最佳的教学内容、教学媒体等；做好新课程理念、创新与传统教学经验的优化组合，传统手段与现代媒体的优化组合，教法与学法的协调与统一，并实现教与学的均衡、和谐。但是，教学的"最优化"不等于"理想化"，要始终注意设计方案的操作性、可行性和实际效果。最优化是指在一定条件下是最好的，具有相对性，应注意根据不同条件灵活处理，保证教学设计具有更广泛的适用性和针对性。

6.2.4 化学教学设计的类型

课堂教学是化学教学的重要形式和组成部分之一，化学课堂教学设计是教师创造性劳动的过程。

（1）课程教学设计

课程教学设计即课程实施设计，主要解决课程教学（实施）的总体规划，制订课程教学的蓝图和方法体系（表6-1）。它通常包括下列内容：

① 学习研究课程标准，明确课程教学的指导思想。
② 选择适宜的教材，研究和熟悉它。
③ 对学习者进行调查研究。
④ 对教学资源进行调查研究。
⑤ 确定课程教学的目的、任务和要求，组织和调整教学内容。
⑥ 构思课程教学的总策略和方法。
⑦ 确定课程教学评价的目的、标准、模式和方法等。
⑧ 根据课程标准进一步制订配套措施和课程教学计划。

（2）学段（学期）教学设计

学段教学设计是对一段时间教学工作的阶段性规划（表6-2）。它是在课程教学设计的基础上，了解学校的教育教学计划；通读和初步研究本学段教材；了解过去，特别是上个学段学生的学习基础、学习能力和动机因素等一般特点和发展可能性；了解教学资源和物质条件。主要进行下列工作：

① 考虑本学段教学工作与前、后学段教学工作的联系；

② 进一步确定本学段教学工作的任务、内容（重点）、进度、基本工作方针、措施以及教学评价工作；

③ 制订本学段的活动、实验等计划；

④ 在上述工作基础上编制学段教学工作计划。

表 6-1　化学课程教学设计示例

_____中学化学课程教学方案	
课程教学的指导思想	
选用的教材及其分析	
学习主体的情况及其分析	
教学资源及教学条件	
课程的教学目的、任务和要求	
课程教学的总体方法与策略	
学段（学期）划分和教学进度	
课程教学实施方法及配套措施	
教学评价的策略及总方案	

表 6-2　学段（学期）教学设计示例

班级：	上课时间：第___周至第___周		周学时：	总学时：
教科书版本：	制定者：		制定日期：	
学生情况分析				
主要教学任务				
教学内容分析				
教学资源和教学条件				
教学改革的主要措施和主要内容				
教学进度计划				
学科活动计划				
学生实验计划				
测验与教学平均安排				
其他工作				
审查意见				
审查者：			审查日期：	

（3）单元（课题）教学设计

单元（课题）教学设计是对一个内容单元（课题）教学工作进行的局部规划，以课程教学总体设计和学段教学工作设计为依据，对一个单元（课题）教学活动的系统设计（表 6-3）。单元（课题）教学设计的主要内容是在比较深入地分析教学内容和主体状态的基础上，进行下列工作：

① 确定单元（课题）的教学目的、任务和要求；

② 确定单元（课题）教学的结构、策略和方法系统，包括怎样把握单元（课题）内容的内部联系和外部联系、怎样搞好重点内容的教学、划分各课时的教学内容并确定教学形式等；

③ 确定单元（课题）的教学评价工作方案；

④ 在上述工作基础上编制单元（课题）教学计划等。

表 6-3　单元教学设计方案示例

第___单元_____课题教学方案

班级：	时间：	课时数：	制定者：
本单元的地位、作用和前后联系			
本单元的内容、重点、难点和教学关键点			
学生的学习基础和发展可能性分析			
本单元的教学目的、任务和要求			
本单元的教学策略和主要措施			
本单元的教学进度			
本单元的实践活动计划			
教学测量与教学评价安排			
其他			

（4）课时教学设计

课时教学设计是在课程教学设计、学段教学设计和单元（课题）教学设计的基础上，根据具体的教学条件，以课时为单位进行的教学设计。在各层次教学设计中，它是大量和经常进行的一种，其内容比较具体和深入。课时教学设计主要包括下列工作：

① 确定本课时的教学目标；

② 构思本课时的教学过程、教学策略和方法，选择和设计教学媒体；

③ 准备课时教学评价和调控方案；

④ 在上述工作的基础上，编制课时教学方案（简称教案，又称课时教学计划）。

这四个层次的教学设计有着不同的特点和要求。各层次之间是整体和部分、系统和要素的关系。

练习与应用

1. 简述化学教学设计的理念有哪些？

2. 什么是教学设计的系统性和主体性原则？

3. 案例分析：下面是某化学老师关于"过氧化钠和水反应"课堂教学实录片段。

老师：从物质的组成上分析，你认为过氧化钠和水反应生成了什么物质？

学生1：可能生成 NaOH、O_2。

学生2：若仅从组成上分析，还可能生成 H_2、Na_2O、NaH。

学生3：我认为不可能生成 Na_2O、NaH，因为它们都能与水反应且都生成 NaOH。

学生4：我认为还有可能生成 H_2O_2。（这是老师事先没有想到的）

老师：大家充分发挥了自己的聪明才智，提出了过氧化钠与水反应可能生成的产物。那么，哪些物质才真正是过氧化钠和水反应生成的产物呢？请设计实验方案，证明你的推断。

（学生已有了相关知识的积累，经过讨论，很快有了结果）

老师：请大家按照自己的方案做实验，并完成实验报告。表6-4为某同学的实验报告。

表 6-4　实验报告

实验操作	实验现象	实验结论
步骤 1：用药匙往试管中加入少量的 Na_2O_2，再往试管中滴加少量的水	有气泡产生	可能生成 H_2 或 O_2
步骤 2：将带火星的木条伸入步骤 1 的试管中	带火星的木条复燃	生成的气体是 O_2
步骤 3：再用胶头滴管向试管中滴加 1～2 滴酚酞试液	溶液变红	反应生成了 NaOH

老师：请写出反应方程式，并分析化合价的变化情况，指出氧化剂和还原剂。

众学生：……

老师：同学们，还有什么疑问吗？

学生 5：我发现试管是热的，说明反应放热。

学生 6：我发现滴加酚酞后溶液变红，但振荡后很快又褪色了，为什么？

老师：不错！你们观察得很仔细。

众学生：是啊！为什么呢？

老师：是啊，怎么办呢？（征求学生意见后，老师此时改变了预设的教学方案）

老师组织后续的探究课题为过氧化钠和水反应后的溶液中滴加酚酞试液，是什么因素使变红的溶液又褪色了？（以下讨论、探究等内容已省略）

问题：

① 针对该案例中某学生的实验报告，请给出你的评价和建议。

② 根据该老师的教学流程，说明其教学过程体现了哪些教学设计理念？

4.以人教版《化学》九年级上册第三单元"物质构成的奥秘"为例，尝试从教材单元的视角进行单元教学设计。

6.3　课时教学的设计

问题与思考

1. "教、学、评"一体化教学设计包括哪些部分？

2. 如何确定教学目标和评价目标？

3. 如何选择教学内容？

4. 学习任务和评价任务的关系是什么？

5. 如何设计教师活动和预设学生活动？

　　课时教学设计是在课程教学设计、学段（学期）教学设计和单元（课题）教学设计的基础上，由任课教师根据教学条件进行的具体教学设计。课时教学设计以课时为单位进行，以下按照教学设计步骤对课时教学设计的过程进行介绍。

6.3.1　教学设计准备

（1）研读课程标准

　　2017 年到 2022 年，《普通高中化学课程标准》和《义务教育化学课程标准》（以下简称新课程标准）相继发布，确定现阶段我国基础教育的目标是培养有理想、有本领、有担当的社会主义建设接班者。课堂教学改革是课程改革的"最后一公里"，要防止课程理念与课堂教学出现"两张皮"现象，教师的课程理解力和执行力是关键。课时目标是课堂教学的指南针和目的地，对课程标准消化吸收、依标扣本准确制定课时标准是促进核心素养落地的重要行动。

① 教学理念确定。教学理念（teaching philosophy statement）是指教师对教学活动、学生学习、知识价值、学生本性等最根本的理性认识和看法，其中"teaching philosophy"在我国也被译为"教学哲学"。教学理念既是教师对教学和学习活动内在规律的认识的集中体现，也是教师从事教学活动的信念、指导思想和行动指南[1]。

在逻辑上，任何教师都有其教学理念[2]。作为一种观念，教师的个人教学理念主要包括个人的教学目的论、个人的教学内容论、个人的教学方法论、个人的教学评价论四个部分。具体来说，主要是指教师对为什么教（why）、教什么（what）、如何教（how）、教得怎么样（how）教育教学中四个基本问题的回答。

不明确的教学理念所指引的教学行动可能是盲目的，落后或错误的教学理念会使教学实践误入歧途。学校教学文化的建设需要教师在教学理念上有共同的方向和基本的共识，国家的课程与教学改革也要求广大教师秉持先进的教学理念。《义务教育化学课程标准（2022年版）》和《普通高中化学课程标准（2017年版）》制定的中学化学课程基本理念，如表6-5所示。

表6-5 中学化学课程基本理念

义务教育段	普通高中段
充分发挥化学课程的育人功能	以发展化学学科核心素养为主旨
整体规划素养立意的课程目标	设置满足学生多元发展需求的高中化学课程
构建大概念统领的化学课程内容体系	选择体现基础性和时代性的化学课程内容
重视开展核心素养导向的化学教学	重视开展"素养为本"的教学
倡导实施促进发展的评价	倡导基于化学学科核心素养的评价

教师需全面理解课程基本理念中的重点要素，内化为自身教学观念，然后根据实际需求，明确自己的教学理念。包括对学习内容的理解，对学习者的看法，对师生关系的预期，对教学目标、教学内容、有效教学方法和评价方法的看法。通过教学理念的确定，教师可以理解为什么自己以这样的方式进行教学，以及支撑自己实践的目标和信念。

资料卡片

1. 生成性教学理念
生成性教学理念以"倡导实施促进发展的评价"课程理念为支撑，要求教师的教学行为对学生的发展进行支持和引导，体现在教学内容不断根据学生的行为结果进行调整，根据学生的学习生成教学内容，最后以学生建构的知识体系完整度评价教学效果。

2. 学科大概念教学理念
学科大概念教学理念，以"构建大概念统领的化学课程内容体系"课程理念为支撑，要求教师全面整合分散性的课程基础概念内容，通过综合性的归纳整合方法，结合学生已有生活经验，调动学生的联想学习思维，确保学生能在不同情境下，架构起大概念知识模型，并最终在模型之间建立联系。

3. HPS教学理念
HPS是History（历史）、Philosophy（哲学）和Sociology（社会学）的英文首字母缩写。HPS教学理念是以"整体规划素养立意"的课程理念为支撑，教师在教学过程中融入科学史、科学哲学和科学社会学的相关内容来解读和理解化学教学内容，使学生深入理解科学本质的一种教育理念。

当教师确定教学理念后，教学目标根据理念确定，教学内容根据理念的顺利实施而选择。

---

[1] 吴小鸥. 教学场论[M]. 长沙：湖南师范大学出版社，2007：43.
[2] 王宇薇. 国内外教学理念陈述研究述评[J]. 教育探索，2022，352（4）：89-93.

如表 6-6 所示，不同的理念下"氧化还原反应"的教学环节可做不同教学内容的设计。

表 6-6　"氧化还原反应"教学环节在不同理念下的教学内容选择

教学环节	生成性教学	学科大概念教学	HPS 教学
环节 1	诊断学生对初中得失氧氧化还原理论掌握情况，引导学生得出结论：得氧被氧化，失氧被还原，氧化-还原同时发生	给出多个化学反应，引导学生分析各反应的类型，诊断学生对化学反应类型的掌握情况，引导学生发现氧化还原反应不属于基本化学反应类型	提供材料：人类最初发现金属冶炼过程中的氧化（oxidation）与还原（reduction），引导学生理解化学理论来源于对生活生产中发现的现象进行的探究。学生总结：根据金属冶炼过程得出的氧化还原理论即为得失氧理论
环节 2	学生分析得失氧氧化还原反应中元素化合价变化情况，引导学生得出结论：氧化反应化合价升高，还原反应化合价降低	学生分析氧化还原反应特征，引导学生得出结论：得失氧并非氧化还原的分类标准，化合价升高为氧化反应，化合价降低为还原反应	分析湿法炼铜过程中的氧化与还原，引导学生发现得失氧理论的缺陷。学生总结：科学与生产力的发展相互随行，随着生产力发展，氧化还原理论发展为元素化合价变化的反应

② 分析教学内容的化学学科核心素养功能。根据新课程标准中对学科核心素养的定义，对照学业要求，教师预先分析设计本课时教学内容的素养功能。以"盐类水解"课程为例，如表 6-7 所示。

表 6-7　"盐类水解"课程素养功能

内容要求	学业要求	素养功能
盐类水解的基本原理	能用化学用语正确表示水溶液中的离子反应与平衡	宏观辨识与微观探析，变化观念与平衡思想
	能通过实验证明水溶液中存在的离子平衡	科学探究与创新意识，证据推理与模型认知
	能举例说明离子反应与平衡在生产、生活中的应用	科学态度与社会责任

课堂讨论与实践

根据新课程标准，分析"盐类水解"课程中"影响盐类水解的主要因素"部分内容的相关素养功能。

（2）分析学生情况

俗话说：知己知彼，百战不殆。学生是教学中的核心因素之一，是体现教学目标的要求、实现教学目标价值的关键因素。因此，在教学设计中教师要对学生进行充分的分析，体现教学设计面向全体学生的教学理念，使教学设计具有较强的针对性和实用性。

学生分析是教学准备的必要环节，是实现课堂教学成功实施的前提。学生分析包括学生认知能力分析和学生社会情感分析两个方面的内容。学生认知能力分析包括学生心理特征分析、学生知识水平分析、学生语言能力分析和学生需求分析四部分；学生社会情感分析包括学生学习状态分析、学生群体活动分析及学生情感发展需求分析三个部分[1]。具体构架如图 6-1 所示。

首先要对学生社会情感的一般特征进行分析。学生的社会情感指学生参与学习

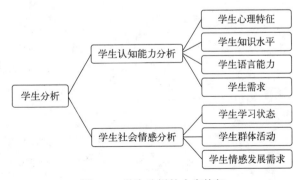

图 6-1　学生分析的内容构架

[1] 李婷. 学生分析：意义、内容及策略[J]. 考试周刊，2017（8）：82.

活动的兴趣、积极性和动机等表现，直接影响教学设计者对学习内容的选择与组织，影响教学方法、教学媒体和教学组织形式的选择与运用。学生的社会情感特征有其共性，也存在差异。教师可以对教学班级中的所有学生进行遴选，确定具有代表性的学生。比如性格孤僻、不善言谈的学生，特别活泼、积极性高涨的学生等。教师要坚持"点面兼顾"的原则，为描述的普遍性和代表性奠定基础。通常的做法是按照某一标准分组后随机抽取。以学习成绩对学生进行分组也是一种常用的方法。

其次要对学生的认知能力进行分析。从心理特征上看，学生的认知能力表现为学生感知不同刺激，并对不同刺激做出反应。不同的学生知识能力、语言水平、学习需求不同，对信息的感知和处理能力也就不同。在进行教学设计时，教师要针对不同的学生确定不同的学习内容，选取不同的教学媒体，制定不同的教学策略，使每个学生的潜能都得到开发，真正体现面向全体学生的教学理念。

最后要分析学生的初始能力，确定教学起点。学生初始能力的分析一般包括以下三个方面：①了解学生是否具备了进行新的学习所必须掌握的知识与技能。②了解学生是否已经掌握和部分掌握了教学目标中要求学生学会的知识与技能。③了解学生对所学内容所持态度是否存在偏差和误解。

对于学校教育来说，由于课程标准、课程计划有一定的规律性和连续性，学生的成绩和各方面的表现都有记载，因此大部分教师采取一般性了解的方法获取信息。但当课程内容和学生的情况有变化时，要用预测的办法。预测是以内容分析为依据，在通过一般性了解获取学生初始能力的大体信息的基础上精心设计试题，从而客观准确地鉴定学生的初始能力。

资料卡片 ⇥

1. 教学前测

教学前测是指在学校教学过程中，教师在上课前的一段时间内，通过不同的调查方式对学生进行相关知识预备和相关方法的预先测试。利用教学前测可以有效地"探测"出学生已有的前概念中存在的"认知偏差"。教学前测的目的不是判断学生的对错，而是尽可能真实地呈现学生的认知过程和能力水平。教学前测试题作为测试工具，其编写质量是至关重要的。

2. 认知访谈

教学前测及其数据分析可以了解学生群体中普遍存在的问题，但无法进一步说明学生是因为哪个环节出现问题才会导致这样的结果；可以了解学生在前概念中存在哪些错误观念，但无法进一步了解它们的具体表现和起源。教学前测用于诊断学习问题，而认知访谈用于了解问题背后的原因，后者对于教师课堂教学和个性化指导是非常重要的[1]。

资料卡片 ⇥

学情分析范例

学生对化学学科是比较喜爱的，并且具有比较科学的认识，但他们没有把化学课堂中学习的知识与实际生活联系起来，也就无法真正地学以致用。

在学习动机方面，考试的分数仍然是影响学生的最重要因素，认为学习就是为了获取高分的学生不在少数。因此，学生的学习主动性不高，一般都是在教师的安排下完成指定的学习任务。由于有强烈的获取高分的愿望，所以有较强的自制能力，能够坚持学习，而且学习的独立性较强，喜欢独立思考和解决问题，但考虑问题不全面，没有检查和回顾的习惯。

在前两个课时，学生已经学习了氯气的工业制法和实验室制法，并学习了实验方案的设计，因此具有一定的实验方案设计能力。在课堂教学中，学生能够在教师指导下设计一些简单实验方案，完成一些简单的实验操作。

通过前期分析发现，本班的学生思维活跃，动手欲望强，对化学实验的兴趣浓厚。

---

[1] 何晓云，王锋. 基于"前诊"的初中化学教学实践——以《燃烧与灭火》为例[J]. 中小学教学研究，2020（2）：59-63，96.

　　教师完成学生情况分析后，应该对具有代表性的学生的典型特点进行归纳，并运用教育心理学、教育学及自我的教学经验进行定性分析，对学生的特点从知识水平、认知风格、学习能力等各个方面进行分析，最后形成结论❶。

（3）课时教学目标确定

　　制定课时教学目标就是要确立课堂活动的主体（学生学）、完成的任务结果（学什么）、学习行为的条件（怎么学）和达成的标准（学的程度）。

　　课时目标的任务预期有助于学生理解学习任务、感受成功体验，有助于教师明确教学方向、实施教学行为。课时目标同时还具有调控教学节奏、校准教学行为的功能。

　　从课程标准到课时目标的合理路径是：从课程标准中"内容要求"出发，以教材具体知识为主要思考对象，结合"学业要求"和"学业质量水平"，在"课程目标"和"核心素养水平"视域下进行。尽管作为目标出发点的知识内容载体，教材十分重要，但教材实际是课程标准的演绎文本，主要诠释表现了标准中的"内容要求"部分。所以基于标准分析制定课时目标的思考路径中不再列出"教材"部分，实则教材包含在"内容要求"之中。在实际教学过程中，课时教学目标还受到学生发展基础、教师执业能力、教学支持资源以及教学个性化理想目标等其他重要因素的影响，所以实然教学目标还需经由这些因素组成的教学生态系统再浸润、再生成，从标准文本中分析得到的教学目标可以称为应然目标，如图 6-2 所示。

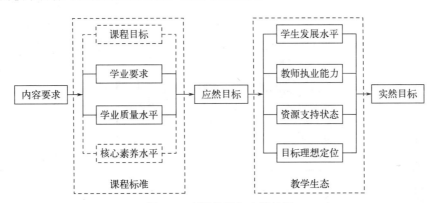

图 6-2　应然目标与实然目标

　　教学目标的具体制定方式详见本书第 5 章第 3 节，本节简单展示根据课程标准确定课时教学目标的结果。

6.3.2　教学内容设计

　　化学教学内容如图 6-3 所示，是教师对化学学科知识进行充分理解后，依据课程标准和学生情况，利用教材，开发教学资源，将课程内容与教学资源重新选择、合理组织后，呈现给学生的化学学习经验。

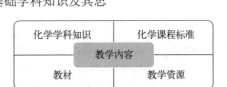

资料卡片
"二氧化硫"课时
教学目标制定

　　教师首先要认真学习化学专业知识，只有在对化学基础学科知识及其思维方式和方法有了本源性、结构化的理解，才能全面理解中学化学课程内容体系，并对学科内知识进行融合；其次，教师需深入学习课程标准，掌握化学学科核心素养内涵，才能体会化学学科知识中蕴含的素养价值，并在教学中体现出来；最后，教师还应该具备运用化学知识解决实际问题的能力，教学内容的重要来源是教材和

化学学科知识	化学课程标准
教学内容	
教材	教学资源

图 6-3　化学教学内容结构图

❶ 李婷. 学生分析：意义、内容及策略[J]. 考试周刊，2017（8）：82.

生产生活，教师必须用化学专业知识对其进行分析，才能将具体现象、事实转化为教学内容，合理开发为教学资源。

教学内容设计指教师在进行课堂教学前，为了实现教学目标，呈现课堂教学内容的过程。主要包括教学内容的选择、教学内容的分析以及教学内容的结构化三个部分。

6.3.2.1 教学内容的选择

以下从课程标准、教学情境设计、教材和教学资源开发四个方面说明选择教学内容的依据和来源。

（1）课程标准是确定教学内容的依据

课程标准是国家规定课程性质、课程目标、内容目标、实施建议的教学指导性文件，是教材编写、教学、评估和考试命题的依据，还是管理和评价课程的基础。新课程标准提出基于学科观念的育人目标，增强课程内容与育人目标的联系，优化课程内容组织形式，细化教学实施要求，是教师确定教学基本内容的基础依据。"盐类水解"课程标准要求如表 6-8 所示。

表 6-8 "盐类水解"课程标准要求

内容要求	学生必做实验	学习活动建议	情境素材建议	学业要求
认识盐类水解的原理和影响盐类水解的主要因素	盐类水解的应用	1. 实验及探究活动：测定溶液 pH；探究促进或抑制氯化铁的水解；盐类水解的运用 2. 调查与交流讨论：讨论盐溶液呈酸性、中性或碱性的原因；查阅资料并讨论水溶液中的离子平衡在化工生产中的应用，如二氧化钛的制备等	1. 不同盐溶液的酸碱性；泡沫灭火器 2. 水溶液中离子的应用实例，如铝盐和铁盐的净水作用、缓冲溶液及其作用等	1. 能用化学用语正确表示水溶液中的离子反应与平衡，能通过实验证明水溶液中存在的离子平衡，能举例说明离子反应与平衡在生产、生活中的应用 2. 能从电离、离子反应、化学平衡的角度分析溶液的性质，如酸碱性、导电性等 3. 能综合运用离子反应、化学平衡原理，分析和解决生产、生活中有关电解质溶液的实际问题

依据课程标准的内容要求，结合化学专业知识，能基本确定"盐类水解"的教学内容主要包括认识盐类水解的原理和影响盐类水解的主要因素。教师可以通过探究溶液 pH 的过程引导学生发现盐类水解，然后应用电离、化学平衡的相关理论讨论盐溶液呈酸性、中性或碱性的原因，总结出盐类水解的原理，再通过氯化铁水解的促进和抑制、盐类水解在生产中的应用讨论得出影响盐类水解的主要因素。

（2）以学生为中心，创设真实、具体的教学情境

教学情境是指教师根据教学主题在课堂教学中创设的师生活动场景。根据人本主义理论，学生的思想、情感体验在教学过程中起着主体作用，教学内容需关注学生的兴趣和需要，激发学生学习情感，促进学生认知，引发学生实践。

学生的学习效果与情境有着密切的关联，创设具有一定情绪色彩的、形象生动的具体问题情境，能激发学生的兴趣和动机；创设探究学习情境，能促成学生对知识的自主探索、发现，和对知识意义的主动建构；创设合作学习情境，可以充分调动学生参与讨论的积极性和思维的多样性❶。因此创设教学情境是提高课堂教学效益的有效途径，教学情境则为教学内容的重要组成部分。

有效教学情境需具备真实性、问题性、知识性和活动性四个特征。

第一，教学情境素材通常来源于真实的实验、生产、生活或科学研究史实，呈现的方式也要真实可见，带给学生可视、切身的体验。这样的情境提供的信息容易引起学生共鸣，带学生进入

---

❶ 周体红. 刍议中学化学教学情境的创设[J]. 新课程，2021（41）：110.

真实环境思考。如在学习"高锰酸钾制备氧气"时，展示特种兵在野外用高锰酸钾生火的视频，能充分激发学生兴趣，使学生急迫想知道高锰酸钾摩擦就能将木柴点燃的原因。

第二，教学情境呈现的场景应该与学生原有经验形成一定认知落差或冲突，这样才能激发学生思考问题、探究新知，最终实现认知平衡。如"燃烧的条件"教学过程中，教师演示实验，用厚纸折叠小船，装满水后置于蜡烛火焰上加热。当学生看到纸船不能燃烧起来时，会与生活常识形成冲突，主动探究纸船不能燃烧的原因，从而认识燃烧的条件。

第三，教学情境需与教学内容紧密联系，承载知识的产生和应用，指向化学学科核心素养[1]。如在"CO_2"教学过程中，一老师引导学生猜谜语"月缺又重圆"来导入新课，此谜语只涉及 CO_2 化学式书写，对整节课教学意义不大，因此情境功能较差。如果换为"左边月儿弯，右边月儿圆；弯月能取暖，圆月能助燃；植物需要它，灭火最能干；制冷造仙境，温室可肥田"这样的谜语，既能帮助学生温习氧气和碳化学式的书写，还能帮助学生记忆碳单质、氧气、二氧化碳的性质用途，与教学内容紧密相联，体现教学情境价值。

第四，教学情境由教师创设，以活动形式服务于学生，目的是帮助学生在真实情境中建构知识。因此，教学情境需贯穿完整学习活动，既将学生引入课堂，又能帮助学生输出知识。通常，完整的课堂教学应该由循环的教学情境创设教学活动组成，如图6-4所示。

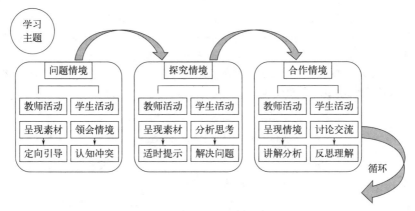

图 6-4　教学情境与教学活动关系

不同的教学情境，根据其内容、呈现方式不同，体现出不同的特征，发挥着不同的功能：揭示知识背景的情境，可以是学习的缘起；基于经验的情境具有前概念与新概念的相似性或关联性，可以联结经验与新知，发挥最近发展区的价值；赋予艺术的情境可以唤醒人的惰性情感，促进人的学习热情，形成积极的学习机制，开展有意义的学习；问题情境可以让学习者通过对情境的质疑、辨析与批判，驱动创新思考；真实的情境可以激活休眠状态的惰性知识，实现知识的关联应用；复杂的情境有利于学生形成系统的方法和稳定的心理品质[2]。

（3）教材是教师和学生进行教学活动最重要的参考资料

教材是课程内容的呈现形式，是教师和学生开展教学活动的重要内容资源。任何课程实施的第一步就是要对教材进行科学系统的分析，只有对教材做出正确的分析，才能确保教师备好课，上好课[3]。

教学内容的确定除了要关注课标要求和学情实际外，还要剖析教材内容及其编写意图，既要合理组织与之匹配的教学素材，又要注意分析教材中的隐含知识。教师需认真分析教材对教学内

❶ 黄澎清. 有效化学教学情境的特征与运用[J]. 化学教与学，2021（15）：15-17.
❷ 张仁波. 教学情境的应用视角与评析——《燃烧与灭火》的教学启示[J]. 福建基础教育研究，2021（7）：132-134.
❸ 高兆芬. 高师学生中学化学教材分析能力培养策略的探讨[J]. 上饶师范学院学报，2017，37（6）：70-76.

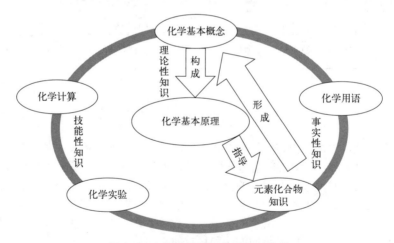

容的组织、呈现及设计思路，关注教材栏目活动的功能与开发，从教材中抽取、整理知识线、问题线和活动线。再根据课标和学情进行加工，最后形成教学内容❶。例如将教材上新知引言转化为教学导入，将教材上思考、讨论与探究转化为教学活动，将教材上重要习题改编为课堂习题。教材分析相关知识详见本书第 3 章。

（4）开发教学资源，充实教学内容

化学教学资源是对化学教学活动开展起到促进作用的所有客观条件。除了教材和课程标准，教师还应该搜集或开发适合学生认知水平和探究思路的，与学习主题相关的文本资源、信息技术资源等与教学内容进行整合，以满足不同层次学生的需求，提高化学教学质量。化学教学资源的开发详见本书第 2 章第 4 节。

6.3.2.2 教学内容的分析

根据化学课程标准确定教学内容后，教师重点从以下几个方面着手对教学内容进行分析研究，进而达到对教学内容的深刻理解、灵活掌握。

（1）分析教学内容的知识类型

中学化学教学内容从基础知识和基本技能的角度，大致划分为化学基本概念、化学基本原理、元素化合物知识、化学用语、化学计算和化学实验六大部分。它们之间的关系如图 6-5 所示。元素化合物知识、化学基本概念和原理是化学基础知识的主要组成部分。其中化学基本概念在元素化合物知识的教学过程中逐渐形成，相关化学基本概念构成化学基本原理，而元素化合物知识的学习需要在基本原理的指导下进行。化学实验、化学计算和化学用语是这三类知识学习和应用过程中使用的工具。从心理学角度分类，计算和实验属于技能性知识，概念和原理属于理论性知识，化学用语和元素化合物知识属于事实性知识。

图 6-5　中学化学知识类型相互关系

根据图 6-5 的关系，在"钠的性质"教学过程中涉及的教学内容如下：应用氧化还原理论和离子反应理论指导学习，用化学方程式、离子方程式对钠的相关化学变化进行表征和分析，通过计算定量研究钠的相关化学变化，通过钠的性质学习建立活泼金属单质性质概念。

（2）分析和挖掘教学内容的教学价值和核心素养功能

任何知识都具有多重价值，这种多重价值具体表现为知识具有迁移价值、认知价值和情意价值。知识的迁移价值是指先前获得的知识能够促进后继知识的学习，有助于学生更好地解决发展

---

❶ 王海燕. 中学化学课程标准与教材分析方法研究[J]. 内蒙古师范大学学报（教育科学版），2018，31（5）：120-124.

过程中遇到的各种问题和困难；知识的认知价值是指获得知识的过程是学生对知识的自主探究过程，这个过程本身能够提高学生学习的能力；知识的情意价值是指知识的学习过程会对学生的情感、意志、态度和价值观等的发展产生积极的影响。

根据课程标准，教师还应努力挖掘教学内容中蕴含的化学学科核心素养，在展示教学内容的过程中体现素养的渗透。

（3）分析教学内容的重难点

教学重点是指在整个知识体系中处于重要地位和具有突出作用的内容，是课堂教学中需要解决的主要矛盾，是教学的重心所在。教学重点的确定主要由课程标准决定。通常课程标准中的内容要求即为该教学内容的重点。

课堂讨论与实践

根据课程标准分析"盐类水解"的教学重点。

除此之外，还可以通过比较找出重要内容。一般情况下，与物质的物理性质相比，它的化学性质更重要。与描述性知识相比，反映物质组成、结构的化学基本概念、原理更重要。与一般物质相比，选定的代表物质更重要。最后，深入研究重要内容，确定教学重点。要分析这些重要内容的关系，找出其内在的中心和外围，并在确定重点时有所取舍。

课堂讨论与实践

分析图 6-6 所示的"乙醇"教学内容，确定该教学内容中的教学重点。

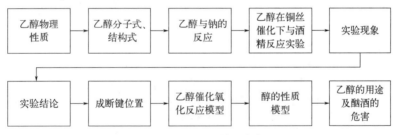

图 6-6　"乙醇"教学内容

教学难点是指学生感到难以理解或接受的内容。对中学生而言，缺乏感性认识的抽象知识，逻辑性强的、应用时需考虑相关因素较多的、思维跨度大的知识和难以记忆的知识都属于难点。如根据"乙醇"教学内容，结合学情分析，该课时中乙醇成断键位置及醇的性质模型都涉及物质结构相关知识，属于教学难点。醇的性质模型建立，除了与结构相关，还需综合考虑官能团位置、成断键位置、乙醇的多个化学性质才能形成。所以相对乙醇催化氧化反应模型而言，醇的性质模型更难一些。

要注意区别教学重点和难点。重点是本节课的核心知识，同一个教学内容，教学的重点是不变的；难点是学生在学习过程中的障碍点，不同学生、不同班级需要突破的难点可能也是不同的。因此，重点不一定是难点，难点也不一定是重点，有时两者是统一的。如"乙醇"教学内容，根据课程标准，醇的性质模型既可以在本课完成，也可以在综合复习时完成，因此，醇的性质模型虽然是本课难点，却并非本课重点。

6.3.2.3　教学内容的结构化

化学教学内容结构化是为了更好地达到课堂教学目的、提升课堂教学效果所采取的一种重要教学措施。是教师根据一定线索，兼顾化学知识逻辑关系和学生认知特点需求，对化学教学内容进行的合理组织与精心设计。它与结构化有着相同的特征，即目的性、顺序性、整体性和动态发展性。教师需要基于学科知识体系、课程目标和学生认知特点等方面，对教学内容进行统筹和整体规划。通过这种整体规划，学生能够对学科知识内容获得更为全面的认识，从而完善认知结构，提升化学学科核心素养[1]。对教学内容进行结构化分为以下几个步骤。

（1）罗列教学内容

在阅读课程标准及教材的基础上，列出学生课堂学习的主要内容，包括单元和课时教学知识、技能的要点以及前后教学内容之间的逻辑关系，明确所学内容在整个教材体系中的地位和作用，以准确把握所学内容的阶段性、深浅度。

（2）细化教学内容，形成知识框架

认真研究教学内容中的新知识和教材中前后知识的关系，发掘新知识、新技能的"生长点"，以实现知识、技能的正迁移。在分解教学内容时，要特别重视知识从哪里来、到哪里去，即分析新学习的内容和学生已学过的内容间有什么联系，在以后的学习中又有哪些运用和发展。按建立化学知识框架逐级分解教学内容。中学化学教学内容需要建立的基本知识框架如图6-7所示，物质结构决定性质，性质决定用途。

在研究物质化学性质时，通常会根据实验认识现象及条件，并用方程式表示出来，然后依据氧化还原反应理论、离子反应理论等解释化学变化形成概念，根据微观原子结构分析反应实质并总结为变化规律，最终建立典型物质的性质模型，如图6-8所示。

化学原理教学知识框架按照科学探究顺序通常为作出猜想、进行实验、从宏观和微观两个角度分别得出结论。相比科学探究而言，又增添证据推理和建立模型的部分，即应用理论解决新问题，确定方案，再实验验证，最终建立完整理论模型。因此，如图6-9所示，化学原理的知识框架是一个循环的过程，无论从哪一步开始都可以，但最终需形成建模的思维闭环。

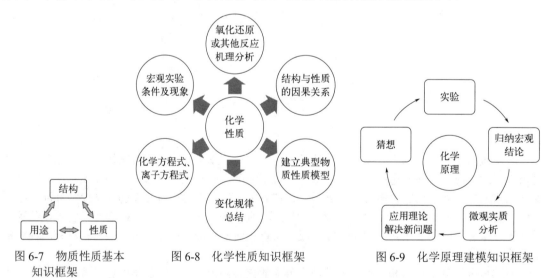

图6-7　物质性质基本　　　　图6-8　化学性质知识框架　　　图6-9　化学原理建模知识框架
　　　　知识框架

（3）确定教学顺序，实现教学内容结构化

根据教学内容细化后的知识点，按照激发和维持学习者学习动机的认知策略，确定建立新旧知识联系的顺序，规划综合的内容及方式，最终以课堂教学结构的形式呈现出来。

在我国，传统教学流行凯洛夫的五阶段课堂教学结构：组织上课、检查复习、讲解新课、巩

---

[1] 付佳雨. 高中化学教学内容结构化的实践研究[D]. 牡丹江：牡丹江师范学院，2022.

固新课、布置作业。结合我国教学实际，高中化学课堂教学一般可以分为教学导入、内容展开、课堂评测和教学总结四个阶段。

当下，根据培养学生化学学科核心素养的课程目标，课堂教学体现了科学探究过程，课堂教学结构如图 6-10 所示。

提出问题 作出猜想 → 制订计划 完成实验 → 收集证据 得出结论 → 表达交流 问题解决

图 6-10　科学探究课堂教学结构

也可以建立以下课堂教学结构，如图 6-11 所示。

真实情境 — 科学探究 → 宏观辨识 微观探析 — 证据推理 → 变化观念 平衡思想 — 模型认知 → 科学态度 社会责任

图 6-11　证据推理课堂教学结构

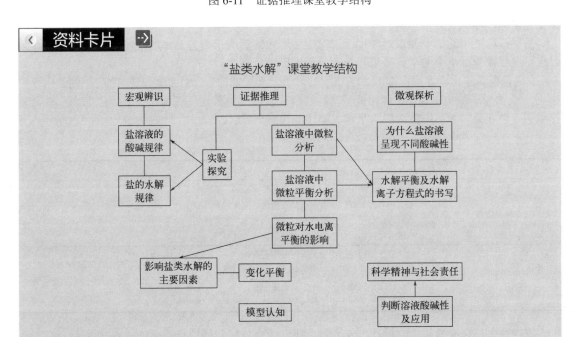

资料卡片

"盐类水解"课堂教学结构

课堂讨论与实践

分析"氯气的性质"教学内容，将内容结构化，以思维导图或表格形式呈现课堂教学结构。

6.3.3　评价目标的确定

新课程标准要求化学课堂教学过程融合学习性评价。学习性评价的核心是在教学活动中创设真实任务情景，组织学生运用一定的知识与技能在创设的情景中完成相应的学习任务，教师通过对学生完成任务状况的观察，将教学与评价进行整合。教师通过对学生学习需求的预判，设计学习内容，并在课堂教学中根据评价的反馈来调整教与学，突出了教学、评价与学习的整体统一。崔允漷指出，目标指向哪里，评价任务必须跟到哪里，不然，教学就容易出现"开无轨列车"的现象。因此评价目标必须和教学目标统一。在制定评价目标之前，教师要根据教学目标思考：什么样的行为表现表明学生达到了目标要求？什么样的回答证明学生真正理解了基本问题？需要什么样的证据证明学生理解了概念？哪种评价证据能够有效诊断学生理解的程度和水平？再根据预设的表现，制定评价目标，调整教学目标。

例如，"厨房中的化学"教学目标设计如下：①认识厨房中的简单物质，会写主要成分的化学式，并能对这些物质进行分类。②通过了解厨房中发生的简单化学反应，引导学生用化学的视角重新认识厨房中熟知的物质，重视单质、氧化物、酸、碱、盐之间关系的知识。③通过厨房中发生的化学反应及生活小常识的学习，让学生认识到化学与生活的密切联系，提高学生学习化学的兴趣，同时体会到化学可以使生活更美好。④探讨某些物质在生活中的应用，培养学生获取信息、处理信息、表达思想、交流成果的能力，培养化学科学素养。

根据教学目标，可以进行如下评价目标设计：①通过学生的口头表达、师生交流、生生交流，评价和检测学生对厨房里的物质的熟悉程度。②通过学生对各个反应的解说，评价学生对单质、氧化物、酸、碱、盐等各类物质相互转化的理解情况，培养学生化学科学的基本素养。③通过课堂引导、师生交流、生生交流及课后访谈等，感悟和体验生活中处处蕴含化学原理，初步建立热爱化学科学、学习化学科学和应用化学知识科学指导健康生活和解决生活实际问题的意识，亲身感受化学科学的巨大应用价值。

新课程标准中的学业要求对学生学习对应主题内容后的行为有具体的描述，在制定评价目标时也可参照课程标准中的学业要求和学业质量水平进行制定。

如《普通高中化学课程标准（2017 年版）》中"元素周期律"的相关学业要求如下：能画出 1～20 号元素的原子结构示意图，能用原子结构解释元素性质及其递变规律，并能结合实验及事实进行说明。学业质量水平中前两级水平相关描述如表 6-9 所示。

表 6-9 "元素周期律"学业质量水平描述

水平	质量描述
1	能运用原子结构模型说明典型金属和非金属元素的性质； 能从物质构成微粒等方面解释说明化学变化的本质特征； 能与同伴合作进行实验探究，并根据实验现象形成初步结论； 能运用化学知识分析简单化学问题
2	能从原子结构视角说明元素性质递变规律； 能运用化学符号表征物质转化，说明变化规律； 能设计简单实验方案，并收集表述实验证据，基于实验事实得出结论； 能分析化学科学在促进科技发展和社会文明方面的价值和贡献

根据对课程标准的解读，设计"元素周期律"教学目标和评价目标，如表 6-10 所示。

表 6-10 "元素周期律"教学目标和评价目标

教学目标	评价目标
1. 通过分析原子半径、化合价、核外电子排布相关数据，说明元素在周期表中位置与原子结构的关系	1. 通过学生归纳数据信息，诊断和发展学生对原子结构模型的认识水平
2. 实验探究第三周期元素性质递变规律，结合实验事实说明原子结构与元素性质递变规律	2. 通过学生对实验结论的表达，诊断和发展学生对典型金属、非金属性质的认识水平
3. 通过讨论锂电池与钠电池以及硼酸玻璃的发明，体会元素周期表在学习化合物知识与科学研究中的重要作用	3. 通过学生对锂、钠电池的优劣分析，诊断和发展学生应用化学知识讨论生活中问题的能力水平

6.3.4 "教、学、评"一体化教学设计

"教、学、评"一体化指教师在教学活动中，教与学的内容、教学行为与教学评价三者都在同

一目标引领下展开。教师科学地运用评价知识,在教学过程中能够进行融合评价的教学设计,并发挥评价对教与学的诊断、发展功能,通过学生学习评价诊断,发展学生的学科核心素养,就是"教、学、评"一体化的教学设计。

"教、学、评"三位一体,体现在教学目标的引导下,学生的学、教师的教、课堂的评三者相互匹配,达成一致。如图 6-12 所示,从教师角度看,课堂教学就是呈现评价任务—组织交流与展示—收集与分析评价信息—教学调整或补救的循环过程;从学生角度看,课堂学习就是理解评价任务—完成评价任务—展示与评价的循环过程。

进行"教、学、评"一体化的教学设计,教师需具备相应的评价素养。在实际操作过程中,教师应围绕课程标准,以学业质量标准为导向设计评价,以评价为驱动设计教学活动,"教、学、评"一体化形成一个动态的闭合回路,实现评价推动教师的教与学生的学的目的。

教师首先要确定教学目标,在教学目标的指导下,结合学生的学习情况与学习能力制定评价目标,再根据评价过程的需要设计教学活动,对学生的目标达成情况进行检测和反馈,帮助学生逐级提升思维,逐步实现教学目标。像这样根据学习结果即评价的需要选择教学内容,设计教学活动的教学设计是一种逆向教学设计模式。

6.3.4.1　根据教学目标和评价目标设计学习任务和评价任务

在课堂教学中,教学目标需要通过教学活动来实现,教师对学生在学习活动中的表现进行评价和反馈。因此,在确定了教学内容和目标后,教学设计的最重要环节就是将教学内容转化为学生能完成的真实活动。学生在完成学习任务的过程中建构知识,教师对学生的活动过程进行诊断,根据学生不同表现进行评价、诊断、指导,发展学生认知水平,最终达成教学目标和评价目标。

评价任务由教师观察学生完成学习任务的过程实现,学习任务根据评价任务的诊断内容而制定。学习任务和评价任务与教学目标、评价目标的关系如图 6-13 所示。

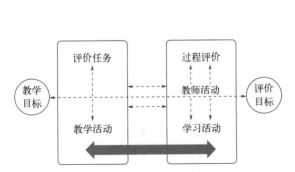

图 6-12　教学目标与评价目标的关系

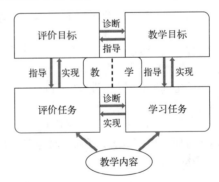

图 6-13　学习任务和评价任务与目标关系

设计教、学、评任务的过程我们通常分为以下四个步骤。

（1）分解教学目标,设计评价任务

在学习任务的设计过程中,教师首先根据高阶思维活动对教学目标进行分解。高阶思维活动包括概括关联、解释说明、推断预测、设计验证等活动。例如构建化学键概念需要经历的高阶思维活动和化学学科核心素养的关系如表 6-11 所示。

根据高阶思维活动历程,我们将此教学目标分解为 6 个小目标,再根据高阶思维的活动

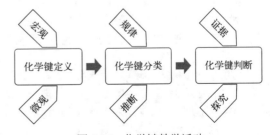

图 6-14　化学键教学活动

类型,我们可以将此教学流程概括为 3 个目标的实现,如图 6-14 所示。

表 6-11 "化学键"教学目标分解过程

核心素养	教学目标分解	高阶思维
宏观辨识	化学键的作用是什么	解释说明
微观探析	化学键的本质是什么	解释说明
变化规律	共价键和离子键的区别是什么	概括关联
证据推理	同一物质中可否既有离子键又有共价键	推断预测
证据推理、模型认知、宏观辨识、科学探究	如何用实验判断化学键的种类	设计验证
宏观辨识、模型认知、证据推理	如何根据经验判断化学键的种类	设计验证

根据教学活动指向，对化学键的解释和说明需要从宏观和微观两个方面进行，我们确定第一个学习活动的评价任务为：诊断和发展学生从微粒角度认识物质宏观性质的能力水平。

（2）创设真实情境，根据评价任务设计学习任务

根据评价任务，教师需要诊断和发展学生根据离子键和共价键构成的宏观物质性质，判断不同微粒之间的作用力的能力水平。需要提供的真实情境当然是离子化合物和共价化合物，所以我们可以创设的真实情境为氯化钠晶体和水分子。学生的学习任务就设计为：认识氯离子和钠离子，水分子中氢氧原子之间的作用力。

（3）选择适宜的教学方法

教学方法是教师和学生为了达到教学目标，由教学原则指导，借助教学手段（工具、媒体或设备）而进行的师生相互作用的活动。采用教学方法的直接目的在于引起学生的学习准备，维持他们的兴趣和注意，以学生可接受的方式呈现教材，强化和调节学生的行为，解决学生的学习障碍。可见，教学方法是实现教学过程的具体化。教学方法分类众多，常用的有讲授法、谈话法、演示法、讨论法、实验法、练习法、自学法等。选择时有以下参考依据。

① 教学目标。不同的教学目标与学习任务需要不同的教学方法去实现。如完成传授新知识的教学任务，一般选择语言传递信息的方法和直接感知的方法。

② 教学内容的特点。例如分子、原子相关课程内容较为抽象，教师可采用多媒体演示辅助的方法，将微观世界具象化，有利于学生掌握知识。

③ 学生的实际情况。教师的教是为了学生的学，教学方法要适应学生的基础条件和个性特征。初中学生思维系统未能完善，且活泼好动，教师多用讲授法和谈话讨论法；高中学生需要对科学思维的过程进行训练，可以多采用自学法、讨论法和实验法。

④ 教师本身的素质。任何一种教学方法的选择，只有适应教师本身的素质条件，才能为教师所理解和掌握，才能发挥作用。

< 资料卡片 →

"原电池的工作原理"教学片段

创设情境。演示"音乐贺卡"实验；学生展示实验成果（各种不同的电池），引出问题，指出生活、生产劳动和科学探究均离不开电池，那么电池是如何产生的呢？

设计方案，进行推论。自主探究、实验验证引导学生探究锌与稀硫酸反应的现象，并分析反应的电子得失情况。

讨论：① 铜放入稀硫酸中有无反应，为什么？

② 如果将锌片和铜片用导线连接后，再一起放入稀硫酸中，会有什么现象出现？

③ 你能假设出产生此现象的原因并设计相应的实验证明吗？

展示用 Flash 制作的模拟锌与稀硫酸反应的实验、铜放入稀硫酸中的现象和锌与稀硫酸反应的微观过程，以及将锌片和铜片用导线连接后，再一起放入稀硫酸中的实验现象和微观过程。

归纳并板书原电池的概念、工作原理、反应本质。

上述资料卡片中的教学片段，为了突破化学电池工作原理和难点，创设情境激发学生兴趣；采用实验法，让学生直观感受电流产生，组织学生讨论，以便学生能集思广益，得出相对完善的结论；最后利用多媒体，具象展示微观电子和离子移动，帮助学生建立微粒观。

（4）选用教学媒体

教学媒体泛指在教学过程中传输教学信息的载体和工具，既包括教材、教学资料等印刷材料，也包括模型、幻灯片、电影、电视、录像等各种视听辅助设备以及电脑等多媒体系统。教学媒体直接加入教学活动，其作用不仅在于传递信息，还有助于激发学生的学习兴趣和情感，形成良好的个性品质，促进学生对知识、技能的理解和掌握。因此，选择和设计教学媒体是一项相当重要的工作。常见的化学教学媒体有实物、实验、模型、图表、课件、板书以及各种化学教学辅助软件等。

模型是一种重要的化学媒体，不仅能将抽象的化学概念形象化，如比例模型、球棍模型等各种有机分子模型能清晰展现分子结构，而且也能将庞大的化学设备缩小化。如硫酸课时教学过程中，展示硫酸工业制备流程图，能将庞大的硫酸厂各个生产工艺汇聚在一张图片上，有利于学生得出物质变化的过程，促进学生对化学知识的理解。

图表也是一种常见的化学教学媒体，如元素周期表、各种化学实验装置图等。课堂中展示图表，能使思维的过程相对可视，便于学生利用图片进行思考与归纳等科学探究活动。

化学板书是课堂教学的重要辅助手段，可以弥补口头语言的不足，使学生的视觉与听觉配合，更好地感知教师讲授的内容。精心设计的化学板书浓缩着教师的备课精华。板书是教师备课工作的重要组成部分，分为主体板书和辅助板书两类：主体板书的设计要反映本节课的知识脉络，重点突出、条理清楚、简明扼要，利于学生复习；辅助板书一般用于板演强调某些重要术语，解释某些概念及原理，推导一些计算过程及画示意图等。

课堂讨论与实践

上述资料卡片的"原电池的工作原理"教学片段中使用了哪些媒体？分别起到什么作用？你会如何设计板书？

化学键的教学内容包括离子键和共价键，都属于微观结构，比较抽象，在教学过程中尽可能采用实验法和讨论法帮助学生得出结论，借助适宜的媒体，帮助学生直接感受化学键。例如，可以通过实验粉碎氯化钠晶体，和分解水的实验帮助学生认识微粒之间有作用力，再通过模型或者动画，展示水分子结构和氯化钠晶体结构，突破学生对微粒认知的畏惧心理。

综上所述，学习任务根据以下要素进行设计，如图6-15所示。

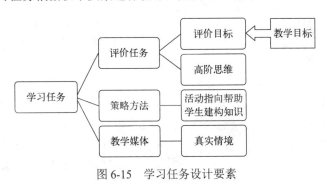

图6-15 学习任务设计要素

资料卡片 ⟶

探究同周期元素原子结构与元素性质递变规律的学习任务设计

教学目标	评价目标
实验探究第三周期元素性质递变规律，结合实验事实说明原子结构与元素性质递变规律	通过学生对实验结论的表达，诊断发展学生对典型金属、非金属性质的认识水平（微观、宏观、实验角度）
【学习任务1】讨论比较钠、镁、铝金属性的方法	【评价任务1】诊断和发展学生根据金属结构预测金属性的能力水平
【学习任务2】探究第三周期元素金属性递变实验	【评价任务2】诊断学生根据实验现象得出结论的能力水平
【学习任务3】对比金属性探究实验，设计实验探究磷、硫、氯元素非金属性递变规律	【评价任务3】发展学生根据原子结构预测非金属性，并设计实验进行科学探究的能力水平
【学习任务4】预测并设计实验验证第二周期元素性质递变规律	【评价任务4】诊断和发展学生运用元素周期律预测物质性质的能力水平

6.3.4.2 教师活动设计

在"教、学、评"一体化教学过程中，教师的主要任务是激发学生思维，引发学生讨论，诊断评价学生的学习过程，引导学生建构新知识，维持学生学习动机。故教师活动主要从以下几个步骤进行设计。

（1）导入情境创设

良好的开端是成功的一半，教学导入阶段是激活学习者思维、组织教学的重要一步。要提高课堂教学效率，就必须对该过程进行深入研究，使教师能依据现有的各方面因素，设计、选择合理的方法，使学生快速进入新课学习的最佳状态。课堂导入方法有很多，不同的内容可以采用不同的导入策略，相同的内容教学也可以设计多种不同的导入方式。例如，"化学反应中的能量变化"教学导入方式有以下几种。

趣味实验导入法：演示"魔棒点火""滴水生烟"等趣味实验引入新课，不仅有助于激发学生的学习兴趣，还能回忆燃烧条件的相关知识，作为一种特殊的"先行组织者"，引出新内容的学习。

故事导入法：播放《中华小当家》中的一段动画剪辑。在一次冬季厨艺大赛上，主人公利用化学放热反应原理为众人制作了热乎乎的快餐，方便实用，最终赢得了比赛。该片段是应用化学知识解决实际问题的一个案例，从学生喜爱的卡通人物入手，比教师的言传更加有效。

图片展示法：结合人类生活和生产的实际，展示衣、食、住、行等图片，说明能量与人类的密切关系，引出研究化学反应及其能量变化的学习。

阅读资料法：结合课本，阅读有关化学反应中能量变化的材料，切入课堂。

实验探究法：每个小组发放一个"热敷袋"和一个"冰袋"，通过实验探究，体验化学反应中的能量变化，导入新课。

（2）引导学生开展学习活动

学生进行学习活动、完成学习任务，是课堂教学的主体。教师需用一定的教学顺序呈现新内容及其相关概念、原理，并提供适量的教学实例帮助学生及时掌握，优化呈现。

《基础教育课程改革纲要》明确指出："教师在教学过程中应与学生积极互动、共同发展，要处理好传授知识与培养能力的关系，注重培养学生的独立性和自主性，引导学生质疑、调查、探究，在实践中学习，促进学生在教师指导下主动地、富有个性地学习。"化学教学设计中，教师要针对不同的学习任务、不同的课型和不同风格的学生，设计多样化的教学参与方式，帮助学生有效参与教学过程。

（3）课堂评价

教师在学生活动过程中需要对学生的学习情况进行即时评价，并根据学生任务完成状况，及时调整教学过程。课堂教学中，对学生的测评可以采取前测、插入测验和后测等多种形式，除了知识和技能的评价外，还必须了解学生兴趣、态度等方面的评价，并把收集到的信息作为教学评价的一部分，及时修改教学。

前测是在教学开始前对学生的起点行为检测，主要是了解学生对本课内容已掌握的情况，也可以"激疑"，使学生产生疑问，提高学习动机水平。前测还能作为教学研究中的前期信息，用于比较教育研究。

插入测验是在教材呈示过程中穿插一定的练习活动并提供反馈，使学习者能及时练习和巩固新学的知识和技能，自我判断知识理解程度和技能掌握水平，并为教师提供指导反馈，调节控制教学进度。插入练习消耗的时间较长，大量的题目不仅耗费太多宝贵的课堂时间，也容易割裂课堂教学，因此，如果不是习题课等练习课型的教学，插入测验的题量设置要适当。

教学后测形式一般不超过教学过程中常用的练习，在要求上应稍高于插入性小测验，比较全面系统，并在一定程度上要求学习者表现出一定的创造性。后测的结果常成为设计下一阶段教学的依据。

（4）总结环节

教学总结占用时间虽然不多，但却非常重要，主要是通过"小结"和"照应"起到提炼主题、概括要旨和过渡衔接的作用，并通过对课后作业的布置为学生创设学习的迁移情境。

6.3.4.3　学生活动设计

在预设学生活动时，可以考虑从以下六个方面出发进行设计。

（1）问题情境

每课时的主要教学环节都在问题情境中展开。例如，用"泡茶"这一生活情境引出"萃取"原理；用"米原器"引出摩尔的标准等。

（2）概念间相互联系

单元中各课时之间紧密联系，新的概念的出现必定是从原有经验或者旧概念中生长而来的，实现迁移。例如，利用"四个同化"，建构从千克、长度、时间到物质的量的学习；通过摩尔质量的含义、计算模型、单位类比气体摩尔体积的学习等。

（3）在探究中引导

引导学生设计实验方案、实验模型并进行合理解释，并能够不断修正自己的想法。例如，设计"配制 100 mL 1.00mol/L 的 NaCl 溶液"的方案并进行交流等。

（4）体会概念的价值

例如，体会生活中一切物质都是由微粒构成的。体会构成物质的微粒种类、大小、数目、质量、体积、浓度等，能够用化学定性和定量的方式描述出来。

（5）真实性任务

在课堂中调动学生使用外部表征工具，例如概念图、结构图、计算模型等来建立核心概念之间的联系，并将概念、模型运用到现实生活中。

（6）思维引导

向上建立与学生已有知识的联系。例如，通过展示"医院化验单"凸显物质的量浓度的生活价值，并布置课后作业寻找物质的量浓度在生活中的应用。向下驱动学生自主建构新知识。如课前分发课时学习单，每课时前先告诉学生本节课后要回答的问题（驱动性问题），每个教学环节都围绕课时驱动性问题展开，课后填写课时学习单，确保课时教学目标的落实。

6.3.4.4 教学设计书写

完整的"教、学、评"一体化教学设计包括教学目标与评价目标、教学重难点、教学过程、板书设计以及教学反思五部分。以下以"乙酸"教学设计为例进行介绍。

（1）教学目标与评价目标

① 教学目标：能够根据乙酸的结构模型写出其分子式、结构式、结构简式。理解酸的通性，掌握与酸碱指示剂、活泼金属单质、碱、碱性氧化物和某些盐的反应。熟悉不同酸的酸性强弱的比较原理和方法。正确理解酯化反应中的脱水方式、反应方程式及实验装置及原理。通过学习乙酸的用途，感受化学的应用价值。

② 评价目标：通过对验证乙酸的酸性实验、酯化反应实验设计方案的交流与点评，诊断并发展学生实验探究物质性质的水平。通过对乙酸的酯化反应机理的分析，诊断并发展学生对物质反应过程中断键、成键位置的认知思路水平。通过对除水垢、煮排骨或烧鱼时加点乙酸的生活妙用的讨论和点评，诊断并发展学生对化学价值的认知水平。

（2）教学重难点

① 教学重点：乙酸的酸性和酯化反应。

② 教学难点：从结构角度认识乙酸的酯化反应。

（3）教学过程

① 印象乙酸

【学习任务1】判断神奇的液体是醋的依据，了解醋的来历（图6-16）。

【评价任务1】诊断并发展学生基于经验探究物质性质的水平，培养和发展学生证据推理素养能力。

游戏化教学活动：通过展示神奇的液体（醋），以幽默趣味的方式进入本节课的学习。例如：同学们，老师这里有一瓶神奇的液体，请同学们来猜想一下这个液体是什么呢？你猜想的依据是什么呢？（将装有醋的瓶子向空中喷洒，学生闻气味进行回答）

② 认识乙酸

【学习任务2】实验探究乙酸的酸性（图6-17）。

【评价任务2】诊断并发展学生化学实验探究的定性水平，培养和发展学生科学探究与创新意识素养能力。

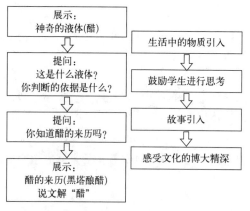

图6-16 学习任务1教学流程图

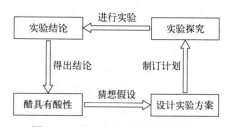

图6-17 学习任务2教学流程图

游戏化教学活动：通过给出实验试剂，让学生采取实验"对对碰"的游戏方式进行实验探究方案的设计与实施。例如：学生取一种试剂，将另一种试剂进行配对，猜想并验证可能出现的现象以及依据。给出几种可以进行"对对碰"的试剂：稀醋酸、紫色石蕊试液、酚酞试液、pH试纸、镁带、NaOH 溶液、$NaHCO_3$ 溶液。请设计实验证明乙酸有①酸性；②酸性比碳酸强。

【学习任务 3】探究乙酸和乙醇的酯化反应（图 6-18）。

【评价任务 3】诊断并发展学生对物质反应过程中断键、成键位置的认知思路水平，培养和发展学生宏观辨识与微观探析、证据推理与模型认知素养能力。

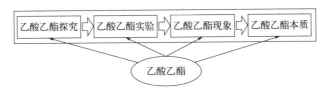

图 6-18　学习任务 3 教学流程图

游戏化教学活动：通过乙酸（CH_3COOH）与乙醇（CH_3CH_2OH）的化学式进行卡片重组的方式，探究乙酸乙酯的脱水方式。例如：将两张卡片发放给学生，让学生进行自由组合，找出可能出现的脱水方式，并请两位学生（学生 1、学生 2）上台进行展示（图 6-19）。

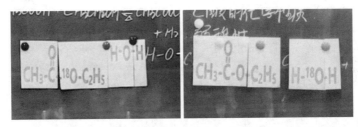

图 6-19　学习任务 3 游戏化教学活动例图（左为学生 1，右为学生 2）

③ 活用乙酸

【学习任务 4】根据乙酸的性质，讨论并解决生活中的实际问题（图 6-20）。

【评价任务 4】诊断并发展学生对化学价值的认知水平，培养和发展学生的科学态度与社会责任素养能力。

游戏化教学活动：通过学生角色扮演不同的职业，解决生活中的问题，提升学生对化学价值的认同感。

（4）板书设计（略）

（5）教学反思

在教育现代化改革的大背景下，化学的教学游戏化理念的引入能够丰富教师的教育理念，充分提高学生的课堂吸收知识的能力。本课在乙酸的教学中采用游戏化

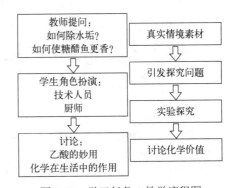

图 6-20　学习任务 4 教学流程图

教学，符合新课程标准、学生素质教育和创新教育的要求，充分发挥了学生的主体作用，使学生能够根据自己的想法进行学习，并在轻松的学习环境中完成学习任务，促进了学生核心素养的养成。同时，在教学活动中进行化学游戏化教学，能够充分调动学生的好奇心，调动学生学习的主动性和协作性，让学生在轻松的学习氛围中学习知识复习知识，提高学习效果。

练习与应用

1. 根据《普通高中化学课程标准（2017 年版）》分析《化学》必修一中"钠及其化合物"部分内容，进行"教、学、评"一体化教学设计。

2. 阅读材料，针对"电离和电离方程式的书写"教学内容，按照要求完成教学设计任务。

材料一 《普通高中化学课程标准（2017 年版）》的内容标准：知道化学是在分子层次上认识物质和合成新物质的一门科学；了解物质的组成、结构和性质的关系；认识化学变化的本质。

材料二 某版本《化学》（必修一）教科书的内容结构体系：

第一章 从实验学化学

第二章 化学物质及其变化

　第一节 物质的分类

　第二节 离子反应

　第三节 氧化还原反应

第三章 金属及其化合物

第四章 非金属及其化合物

材料三 该版本教材《化学》（必修一）第二章第二节"离子反应"部分内容：我们在初中曾观察过酸碱盐在水溶液中导电的实验现象。不仅如此，如果将氯化钠、硝酸钾、氢氧化钠等固体分别加热至熔化，它们也能导电。这种在水溶或熔融状态下能够导电的化合物叫作电解质。

酸、碱、盐在水溶液中能够导电，是因为它们在溶液中发生了电离，产生了能够自由移动的离子。例如，将氯化钠加入水中，在水分子的作用下，钠离子（Na^+）和氯离子（Cl^-）脱离 NaCl 晶体表面进入水中，形成能够自由移动的水合钠离子和水合氯离子（图 6-21），NaCl 发生了电离。这一过程可以用电离方程式表示如下（为简便起见，仍用离子符号表示水合离子）。

$$NaCl \rightarrow Na^+ + Cl^-$$

NaCl 加入水中→水分子与 NaCl 晶体作用→NaCl 溶解并电离。

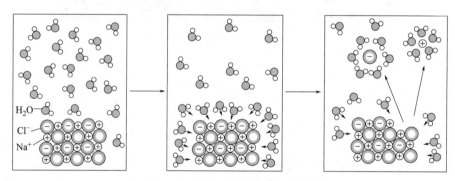

图 6-21　NaCl 在水中溶解和电离示意图

HCl、H_2SO_4 和 HNO_3 的电离也可以用电离方程式表示如下：

$$HCl = H^+ + Cl^-$$
$$H_2SO_4 = 2H^+ + SO_4^{2-}$$
$$HNO_3 = H^+ + NO_3^-$$

HCl、H_2SO_4 和 HNO_3 都能电离出 H^+，因此，我们可以从电离的角度对酸的本质有一个新的认识。电离时生成的阳离子全部是氢离子(H^+)的化合物叫作酸。

材料四 学校教学和学生发展符合一般要求：①确定课型并制定教学目标；②确定教学重点和难点；③设计教学过程；④设计教学板书。

第 7 章

化学教学技能与教学策略

> 学习任何知识的最正确途径是由自己去发现，因为这种发现理解最深也最容易掌握其中的规律、性质和联系。
>
> ——美籍匈牙利数学家波利亚

🌐 引言

本章力图解决未来化学教师在教学实施过程中遭遇的问题。首先了解化学教师必备的职业技能，教育工作者可以对照理解和自测，进行自我训练；其次了解化学课堂教学的基本环节和不同类型，为化学教育工作者进入教学工作做好准备；最后熟悉不同化学教学策略，能制订整体的教学方案，为顺利实施教学过程、达成教学目标提供保障。

◎ 学习目标

1. 能说出化学课堂教学的基本环节，并对化学课堂进行评价。
2. 能根据教学内容选择适宜的教学策略，并将探究式教学与传统教学有机结合来设计教学流程。
3. 能选择合适的课堂教学技能组合达成教学目标，并能根据自身的教师技能水平制订训练方案。
4. 能提炼教学内容中蕴含的化学价值、民族自豪感的相关内容，在教学设计中渗透正确价值观。

7.1 化学课堂教学

< 问题与思考 💡

1. 如何认识化学课堂教学与化学学习、化学教学的关系？
2. 化学课堂教学有哪些类型？划分依据是什么？
3. 化学课堂教学的构成要素有哪些？课堂教学的板块如何划分？
4. 如何根据课堂教学评价分析学生学习效果？

7.1.1 课堂教学概述

20 世纪初杜威曾预言，学校就其本身而论，在未来将完全消失。有人据此预测，上课作为学校教学工作的基本组织形式将不复存在。到了 21 世纪，这个预言没有得到实现，课堂教学依然在全世界学校中存在。课堂的组织方式随着现代教育理论的发展和信息技术的推进发生了一些改变，然而课堂教学的基本空间和时间依然同几百年前一样，课堂教学的职能也没有根本性的变化。

课堂教学是完整教学系统中的一个要素，指教师和一定的学生在一定的片段时间内，有明确目标地相互作用的多变组织形式。课堂教学被系统运用于集体或个别地解决技能学习、思维发展和价值观培养的任务。由于其空间、时间和成员的固定性以及目标的确定性，课堂教学在发展学生知觉、注意、观察力、求知欲、兴趣、语言、记忆和想象等能力方面具有不可替代的地位。

化学课堂教学是在时间和空间上高度一致的教师和学生有序组织、相互作用，为培养学生相关化学学科核心素养而进行的动态过程。

课堂讨论与实践

同学们在之前的教育学课程与常年的课堂生涯中经历了无数次课堂教学过程，根据已有的知识尝试讨论以下问题。

图 7-1 为"氯气"教学过程中，在线教学与课堂教学的部分教学流程图。认真阅读"学生活动"与"设

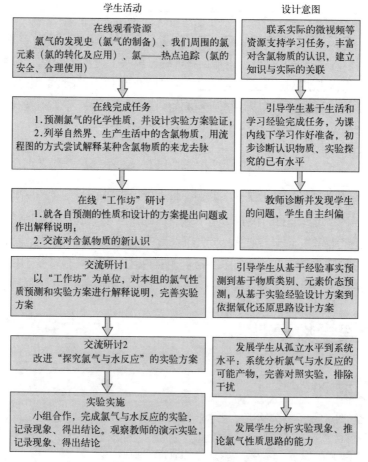

图 7-1 "氯气"教学流程图

计意图"，从以下方面对化学教学过程中的在线教学与课堂教学进行比较：①教学目标；②学生学习方式；③教师教学方式。

讨论：化学课堂教学为什么是教学系统的重要因素？你认为在化学教学设计之前，需要做哪些准备？

7.1.2　化学课堂教学的类型

我们通常依据教学任务、教学方法、学习过程、教学内容对化学课堂教学进行分类。

（1）根据教学任务进行分类

分为导言课、新授课、复习课、检查（考试）课等。

导言课是引导学生认识化学学科特征、化学学科学习方法，激发学生学习化学兴趣，介绍化学学习内容的一类课型。通常采用讲授、演示等教学法，让学生了解化学学科价值，树立学习化学的信念和信心。

案例展示
"离子键"新授课
教学活动

新授课指学习新知识、新技能的课型，需要运用多种教学手段，调动学生看、听、想、用多种学习能力，也是化学课堂教学的主要课堂类型。我们在各种教学参考资料中看到的多数教学设计为新授课而进行。

复习课是学生在教师引导下，将知识网络化、结构化的过程，有章节复习、阶段复习、总复习等。复习课一般采用讨论法、练习法和讲解法结合完成。

案例展示
"化学键"复习课
教学活动

检查（考试）课是检查某一段时间内学生掌握知识的情况和教师教学效果的一种课型。在课前教师需要根据课程标准和教学内容选择适宜的检测题，课堂中要求学生在规定时间内完成，课后及时批改，根据诊断结果进行有针对性的讲评。

（2）根据教学方法进行分类

以教学系统方法为标准，可以将化学课堂分为知识灌输型、理解内化型和智能开发型等类型。

知识灌输型课堂是指以教师为主体，学生被动接受知识，关注知识技能本身而忽略获得知识过程的一种课型。教学方法主要为讲授法和练习法。

理解内化型课堂相对于知识灌输型课堂，既重视知识的准确传授，还重视知识的理解、内化和运用。通常采用讲授法配合演示法让学生了解知识，通过讨论法和谈话法让学生内化和理解知识，采用练习法对知识进行运用。例如，在"离子反应"概念教学过程中，理解内化型课堂重视引导学生思维，让学生感受知识获得的过程，能体现以学生为主体的教学理念。知识灌输型课堂通常应用于某些学生无法进行探究的知识，例如化合价的确定、金属晶体堆积模式之类的教学。

同一个教学内容，选择不同的教学方法会产生不同的教学流程，达成的教学目标也各不相同。如表 7-1 所示。

表 7-1　知识灌输型课堂与理解内化型课堂流程对比

	知识灌输型课堂	理解内化型课堂
导入环节	演示硫酸钠溶液中滴入氯化钡溶液，产生白色沉淀实验	
实验现象分析	讲解：硫酸钠电离为钠离子和硫酸根离子，氯化钡电离为氯离子和钡离子，二者混合后产生硫酸钡沉淀，则硫酸根离子和钡离子减少，发生反应	1. 引导学生书写硫酸钠和氯化钡的电离方程式 2. 引导学生完成以下表格 <table><tr><td>反应前溶液中离子</td><td>反应后溶液中离子</td></tr><tr><td></td><td></td></tr></table> 3. 比较反应前后溶液中离子，写出实际参加反应的离子和生成物
归纳概念	讲解：由离子参加的反应叫离子反应	1. 引导学生思考离子发生的变化，得出结论：有离子变化的反应 2. 教师讲解：离子变化包括离子的减少或增加

智能开发型课堂认为学生的智能发展是通过积累知识资源和掌握智力操作两条途径同时进行，更注重知识的建构过程。课堂中高度尊重学生学习潜能，通常采用启发式教学法、探究式教学法引导学生自主建构知识，实现学生自我价值。

（3）根据学习过程进行分类

以学生学习的方式为分类标准，可以将化学课堂分为练习课、实验课、评讲课、自学课、创新课、实践课、综合课等。

练习课指学生通过练习，巩固或诊断知识掌握情况的一种课型。

实验课指学生通过实验学习实验技能，培养科学探究能力的一种课型。

创新课指教师设置迷你课题，在各种智慧课堂环境下，引导学生结合网络资源自主探究课题，课堂中教师解决学生问题，实践验证完成教学过程的一种新型课堂教学。多采用翻转课堂教学、混合式教学法。

综合课指运用多种学习方式完成的课堂类型。大部分化学课堂教学会综合以上几种学习过程来完成一整堂课，所以化学课堂教学多为综合课，单一学习方式的课型很少出现。

（4）根据教学内容进行分类

根据中学化学的知识类型，将化学课堂教学分为化学概念原理课、元素化合物知识课、化学实验课、化学计算课等课型。不同的知识类型需要选择不同的教学策略，在本章后面部分会对此进行重点讨论。

课堂讨论与实践

以下为某教师课堂教学部分流程，请讨论此课的课堂教学类型。

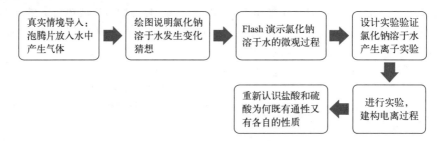

7.1.3 化学课堂教学的基本环节

（1）化学课堂教学的基本要素

化学课堂教学的基本要素为教师、学生、教学信息、教学方法和教学评价，五个要素的关系如图 7-2 所示。

化学课堂教学的过程就是教师通过教法指导学生学习获得教学信息，学生通过学法反馈获取的教学信息，教师通过学生的反馈进行教学评价，根据教学评价调整教法，指导学法。课堂教学每一环节都包括五要素的相互作用。

（2）教师为主体的化学课堂教学基本环节

我国传统化学课堂教学基本按以下环节进

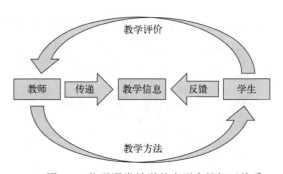

图 7-2　化学课堂教学基本要素的相互关系

行：组织教学—检查复习—讲授新课—巩固复习—布置作业。这样的教学优势在于能按照教师教学的思路，高效完成教学任务。但缺点也非常明显，学生难以维持学习兴趣，更多的是被动接受知识，而没有感受知识形成的过程。

（3）学生为学习主体的化学课堂教学基本环节

　　根据建构主义和人本主义理论，现代化学课堂教学提倡以学生为学习主体，教师作为引导者、协助者和评价者参与学生自主建构知识的过程。通常分为以下三段式进行教学。

　　第一阶段：将与新知识、新课题有直接联系的已掌握的知识和认识技能加以现实化。贯彻教学衔接性原则，巩固识记和自觉掌握知识的客观条件（先行组织者）。

　　第二阶段：形成新的概念和动作方式，在自身的认识活动条件下进行。问题性或非问题性讲述教材，学生完全独立或部分独立掌握它（探究问题，建立模型）。

　　第三阶段：应用所学的知识。在已知情境中，解答习题；在未知情境中，解决不同复杂程度的认识性任务（解决问题，模型认知）。

　　此教学环节基于学习活动的线性顺序建立，教师关注学生自主建构知识过程，着重引导学生建构知识并评价。在化学课堂教学中，教师传递教学信息基本依照此环节进行。

"盐类水解"授课片段

‹ 课堂讨论与实践

　　请讨论视频中的课堂教学环节有哪些？

‹ 资料卡片 →|

先行组织者

　　先行组织者是认知心理学的代表人物、美国教育心理学家奥苏贝尔（David Ausubel，1918—2008年）于1960年提出的一个教育心理学的重要概念，也是他在教学理论方面的主要贡献之一。根据奥苏贝尔的解释，学生面对新的学习任务时，如果原有认知结构中缺少同化新知识的适当的上位观念，或原有观念不够清晰或巩固，则有必要设计一个先于学习材料呈现的引导性材料，可能是一个概念、一条定律或者一段说明文字，可以用通俗易懂的语言或直观形象的具体模型，但是在概括和包容的水平上高于要学习的材料（因此属于下位学习），构建一个使新旧知识发生联系的桥梁。这种引导性材料被称为先行组织者。

　　先行组织者在学生学习较陌生的新知识，缺乏必要的背景知识准备时对学生的学习可以起到明显的促进作用，有助于学生理解不熟悉的教材内容。使用先行组织者有助于促进学习的迁移，对于需要解决问题的迁移测验项目有明显的促进作用。如果学习材料只要求机械记忆，则效果不明显。

　　先行组织者是指大量的间断信息——口头的、书面的或图解的，在接触新材料前呈现出来，以方便学习和理解。这种呈现不同于概述和总结，因为同其他的信息相比，它呈现在一个更为抽象的层面上——把"大图"设置在具体内容之前。由于该技巧需要明确的进入点，所以一般用于线性呈现（如传统的课堂教育），在非线性探究式学习情境（如自由游戏模式）里并不奏效。

　　奥苏贝尔认为，先行组织者不仅能够帮助学习者学习新知识，而且可以帮助其保持知识。具体表现在以下几个方面：第一，能够将学生的注意力集中在将要学习的新知识中的重点部分；第二，突出强调新知识与已有知识的关系，为新知识提供一种框架；第三，能够帮助学生回忆起与新知识相关的已有知识，以便更好地建立联系。

（4）化学课堂教学的板块理论

　　化学课堂教学板块理论主要指按照化学知识结构或教学任务，将课堂教学内容划分为几个不同的教学板块（环节），分析教学板块之间的关系，按照递进、从属或并列等顺序对各教学板块有机组合，构成整个课堂教学的教学内容分析理论。

课堂讨论与实践

将"金属钠的性质"课堂教学内容分为 6 个教学板块，并分析各板块之间的关系。

各教学板块之间的关系通常有并列、从属和递进三种关系，如图 7-3 所示。每个板块相对独立又浑然一体，每个板块内部仍由五个相对独立的课堂活动要素构成。这样的课堂教学板块（环节）分配，更适合化学课堂教学，不同的教学内容知识类型需要的教学方法及评价方式都是不同的。将课堂环节按教学内容分为板块有利于教师及时获取反馈，进行诊断评价，调整教学，建立适宜的课堂教学动态体系。

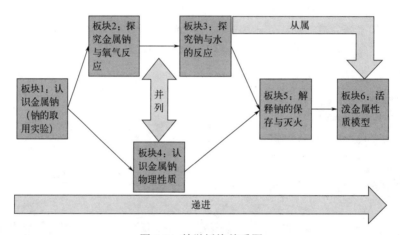

图 7-3　教学板块关系图

7.1.4　化学课堂教学评价

（1）课堂教学评价概述

课堂教学评价是教学质量管理的组成部分，包括对教师课堂教学效率的评价和对学生课堂学习效率的评价。本书所述化学课堂教学评价主要指授课教师在化学课堂教学中，为了提高学生的课堂学习效率，对学生学习前后结果进行的评价。化学课堂教学评价针对学生在课堂活动中的表现进行评估，既可以快速诊断学生的学习效果，根据学生的反馈进行课堂调节，提高课堂教学质量；又可以通过评价指导学生学习方向，以激发学生学习动力。课堂教学评价是构成化学课堂教学的重要因素。

在课堂教学中，有效实施教学评价并发挥能动性是教学施工质量的有力保障。在课堂教学中实施有效评价的前提是根据评价目标设计具体的评价环节，体现评价目标和教学目标的高度一致性，即"教、学、评"一体化。课堂教学中评价环节通常为学生完成表现性任务，教师根据评价目标进行诊断并及时调控课堂环节。

（2）化学课堂教学中的表现性任务及评价

学生课堂中设置的表现性任务及对应化学学科核心素养评价的关系如表 7-2 所示。

在引导学生完成表现性任务后，教师可以从知识建构的完整度、思维的深广度、对话的参与度、教学目标的达成度 4 个维度对学生表现进行诊断，准确评价，及时引导，调整课堂（表 7-3）。

表 7-2　课堂教学中的表现性任务及评价

表现性任务	评价目标（化学学科核心素养）
学生建构知识	科学探究与创新意识；证据推理与模型认知
学生应用知识解决问题	证据推理与模型认知；科学态度与社会责任
学生交流表达结论	宏观辨识与微观探析；变化观念与平衡思想
学生探究实验	科学探究与创新意识；证据推理与模型认知

表 7-3　教学评价维度参考表现

评价项目	评价指标	参考表现
知识建构度	发现问题	能基于某现象发现问题
	联系旧知	能运用已学知识进行预测、猜想
	生成新知	能设计方案，搜寻证据，得出结论
思维深广度	课堂语言逻辑	学生讨论语言具有逻辑性
	分析问题能力	学生发散和聚合思维有一定深广度
对话参与度	广泛度	不同层次的问题讨论的学生参与范围比较
	生成度	课堂对话中学生生成的新问题、错误概念
目标达成度	预设目标符合度	学生精准完成学习任务的难易程度
	预设目标生成度	课堂生成与预设的差异值

◁ 课堂讨论与实践

　　表 7-4 为甲烷的课堂教学评价过程片段，请从知识建构的完整度、思维的深广度、对话的参与度、教学目标的达成度 4 个维度对学生表现进行评价，并分析教师课堂教学评价后生成教学对教学效果达成的作用。

表 7-4　甲烷课堂教学评价过程片段

评价观测点	评价方式	学生表现
观测点 1：观看甲烷和氯气取代反应的演示实验，描述实验现象	观察、提问、互评	认真观察，第一个学生描述不完整，其他学生补充
观测点 2：根据实验现象推测可能反应产物和反应历程，小组讨论后推荐代表发言	小组讨论、提问、质疑、追问	多数学生能积极讨论，发现生成氯化氢，根据氯化氢生成提出产物应该有一氯甲烷，教师质疑油状液体后，多数学生能猜测有二氯甲烷，提示生成物为混合有机物后，50% 左右学生得出分步取代结论
观测点 3：投影球棍模型模拟甲烷和氯气取代反应的断键和成键情况	学生口头描述甲烷和氯气反应的历程	多数学生能准确描述取代反应历程
观测点 4：用结构式写出甲烷与氯气取代反应的方程式	书写、自评、互评、纠错	部分学生未用箭头连接及条件缺失
观测点 5：展示二氯甲烷结构式，引导学生讨论二氯甲烷是否有立体同分异构体	个体回答、点评	大部分学生能结合甲烷正四面体结构解释二氯甲烷结构

◁ 练习与应用

一、单选题

1. 理解内化型课堂通常采用讲授法配合演示法让学生了解知识。关于讲授法，下列说法正确的是（　　　　）。

A. 讲授法是灌输法　　　　　　　　　B. 讲授法中可以用启发式

C. 讲授法以学生活动为主　　　　　　D. 讲授法就是照本宣科

2. 导言课是引导学生认识化学学科特征、化学学科学习方法，激发学生学习化学兴趣，介绍化学学习内容的一类课型。下面四位教师用各自的方法开始了高中化学的第一课，其中最符合新课程理念的是（　　）。

A. 强调必须学好化学才能考上大学，否则没有前途

B. 强调许多化学物质有腐蚀性或毒性，化学工业也有很多污染

C. 强调化学很重要，但化学是一门很难学的学科

D. 强调化学很有趣，且人类社会的进步与发展离不开化学

二、判断题

1. 各级学校所设计的科学或分科化学类课程应依随教育的总目标，处理好社会需求、个人发展、学科专业与升学就业之间的平衡关系。（　　）

2. 化学教学改革中课堂教学过程的本质是教师起主导作用。（　　）

三、案例分析题

课堂教学实录片段：弱电解质的电离平衡

【师】两只烧杯中分别盛装同浓度（0.1mol/L）的盐酸和醋酸，你认为二者有什么不同？

【生】盐酸是强酸，醋酸是弱酸。

【师】（演示：分别测定盐酸和醋酸的 pH）盐酸的 pH 为 1，醋酸的 pH 为 3。通过这个实验，你对盐酸和醋酸又有哪些新的认识？

【生】盐酸全部电离为 H^+ 和 Cl^-，醋酸部分电离，除了有 H^+、CH_3COO^- 之外，还有 CH_3COOH。

【师】醋酸部分电离，电离程度如何？

【生】电离程度很微弱，因为 pH=3，说明溶液中 $c(H^+)$=0.001mol/L，大约只有 1%电离。

分析以上课堂教学片段，说明：

① 该课堂教学的类型；

② 该课堂教学包含的环节；

③ 该课堂教学实录是否能对教学效果进行评价？如果能，请从知识建构的完整度、思维的深广度、对话的参与度、教学目标的达成度对学生的学习效果进行评价；如果不能，请预设学生的任务完成情况及教师对应的生成教学过程。

7.2　化学教学技能

◀ **问题与思考** 💡

1. 各种教学技能的含义是什么？实施意义如何？

2. 导入、语言、提问、结课、演示、板书、观察倾听等技能的构成要素是什么？基本要求是什么？

3. 说课、听课、评课的基本内容是什么？

4. 你能就自己的教学设计进行说课吗？能在听课后进行实事求是的评价吗？

7.2.1　教学技能概述

（1）教学行为

学生自从进入求学之路后经历了许多不同风格、不同科目的课堂教学，可归纳出教师在课堂中经常会进行表 7-5 所示的教学行为。

表 7-5　教师的化学教学行为统计

类型	学习活动引发环节	学习活动组织环节	学习活动总结环节
语言行为	介绍，提问	提问，讲解，追问	点评，提问，归纳，追问
身体行为	展示情境，演示实验	实验，板书，组织教学	板书，多媒体，展示
智力行为	导入，组织教学		结课，评价、巩固和强化

课堂讨论与实践

讨论以下案例中教师进行了哪些活动？你认为教学过程中，教师还需要进行哪些活动？

【教师】PPT 展示赛车排气管烤蓝图片（图 7-4）。

"赛车排气管上面这一层漂亮的蓝黑色外衣叫'烤蓝'，烤蓝是一种常见的钢铁防腐工艺，主要原理是在钢铁表面生成一层致密的氧化层，成分主要是 Fe_3O_4，同学们想知道这个防水外衣是如何镀上去的吗？"

图 7-4　赛车排气管

【学生】表现出浓厚的兴趣。

【教师】"请两位同学上讲台用实验模拟烤蓝过程，举手的这两位同学请上来！"

【两位学生】在教师的指导下，用砂纸打磨一条光亮铁丝，点燃酒精灯，将铁丝在酒精灯内焰灼烧至红热，迅速将烧红的铁丝插入盛有冷水的烧杯中，浸入水中的部分立刻镀上了一层蓝黑色的烤蓝。

【教师】"做得非常漂亮，请你们两位将自己的作品带到同学中进行展示。"

两位同学面带笑容，向同学展示铁丝上生成的烤蓝。同学们饶有兴趣地传看，不时发出啧啧赞叹，课堂气氛热烈。

【教师】"烤蓝是怎样形成的？其中蕴含了怎样的化学反应？"

【学生】有的同学认为铁与空气中的氧气直接反应；有的认为烧红的铁与水发生了反应。

【教师】肯定后者的分析。"请同学们预测一下，铁与水蒸气除了生成 Fe_3O_4 还可能生成什么物质？"

【学生 A】"生成氢气，因为水由氢、氧两种元素组成，氧被铁结合了，所以产生氢气。"

【教师】"从元素守恒的角度分析反应，预测生成了氢气。还能从其他角度预测吗？"

【学生 B】"从氧化还原角度，生成 Fe_3O_4，铁元素化合价升高，只有氢元素化合价降低，所以肯定生成氢气。"

（2）教师技能

教学也需要技术支持。教师在开展教学活动的过程会采用一系列教师专属的教学行为，我们称之为教学技能。教师的教学技能是在教学理论指导下，通过练习而形成的稳固、复杂的教学行为系统。

教师教学技能按照教学活动的时间序列可分为教学准备技能、课堂教学技能、教师教学研究技能三类。其中，教学准备技能包括教学设计、多媒体设计制作技能；课堂教学技能主要包括导入、提问、语言、观察倾听、演示、结课、板书技能等；教师教学研究技能主要包括评课和说课技能。本节重点讨论课堂教学技能与教师教学研究技能。

7.2.2　说课技能

《礼记》说："凡事预则立，不预则废。"有效课堂教学的前提是合理可行的教学设计。教师在精心备课后，与同行或教研人员讲述教学设计及理论依据，相互切磋，从而使教学设计趋于完善，此过程称为说课。教师通过说课能更好地分析评价自己的教学过程，促进教师自身教学水平和教研能力的提高。说课后讲课人与评课人的研讨，有利于教学团队的集体成长。

7.2.2.1 说课要素

说课主要包括三大要素：教什么，怎样教，为什么。

（1）教什么

① 说教材版本章节和教材地位作用（教学内容）：说明自己教学内容的出处，阐述教学内容在整个知识系统中的地位和作用，学生学习该部分内容对今后学习的影响。

案例展示

燃烧与灭火说课

本课题是人教版《化学》九年级第七单元课题1的教学内容。新课程标准提出要着重发展学生的实验探究能力，而本节内容中通过探究燃烧的条件可以达成这一目标。本课题对燃烧的探究可以有效帮助学生理解物质发生化学变化时伴随有能量变化的知识，让学生认识通过控制化学反应实现能量转化的重要性。

② 说学情（教学对象）：从学生已有知识技能、学生学习方法和思维特点说明学生学习本课内容的合理性，以及教学目标、教学流程确定的依据。

案例展示

燃烧与灭火说课——学情

本课题位于《化学》九年级第七单元，通过前面六个单元的学习，学生已经掌握了相当的化学知识，逐步形成了对化学实验的观察、分析能力，因此本课题的学习对学生来说难度不大。燃烧是日常生活中常见的现象，从已有的生活经验，学生已经储备了一定关于燃烧的知识，对燃烧条件表现出极大的兴趣。本课比较适合在激发学生兴趣的前提下，引导学生进行自主探究活动，通过恰当的预设性学习，让学生通过自己探究、观察、分析来获取本课主要知识点，充分发挥直接经验的作用。

③ 说教学目标与评价目标：结合课程标准，依据学情和教材，说出教学目标和评价目标及制定依据。

案例展示

燃烧与灭火说课——教学目标

依据化学学科核心素养，结合燃烧条件的教学内容和学生具体情况，从宏观辨识与微观探析、变化观念与平衡思想、证据推理与模型认知、科学探究与创新意识、科学态度与社会责任五个方面制定本课教学目标为：

① 初步认识燃烧现象及条件，了解灭火原理，学会常见灭火方法。

② 能够从生活经验猜想燃烧的条件并进行实验验证，通过交流讨论得出结论。

③ 在探究的过程中，形成勇于探索、勤于思考的科学态度。

④ 感知化学研究能控制燃烧现象，体会化学价值。

为落实教、学、评一体化，提升教学效果，根据教学过程中的学生活动，制定评价目标如下：

① 通过燃烧条件的探究过程，诊断学生发现问题、根据现象得出结论的思维水平；

② 通过学生对燃烧条件及灭火原理的讨论，诊断和发展学生思路的结构化水平；

③ 通过对生活中突发失火的处理和防火措施原理分析，诊断和发展学生问题解决能力。

④ 说教材重点和难点：根据课程目标内容要求确定教学重点，根据学生的思维和知识特点确定教学难点。

◁ 案例展示 📁

燃烧与灭火说课——教材重难点

根据课程标准的内容要求，确定本课重点为燃烧的条件、灭火的原理和方法，学会在火灾中逃生。

根据学生的思维认知，认为学生完成燃烧条件的探究并得出合理结论是本课教学难点。

（2）怎样教，为什么

① 说教学方法以及确立依据：说明拟采用哪些教学方法，教学方法的选用与优化组合，说明依据。说课中，教师有必要说出自己选择教学方法的依据及其特色之处。

◁ 案例展示 📁

燃烧与灭火说课——教学方法依据

根据建构主义理论，本节课力图让学生自主建构归纳有关燃烧条件的知识，因此在教学中采用多媒体展示引发问题，演示实验引导学生小组合作探究燃烧条件，最后利用真实情境引导学生讨论火灾逃生方法及相关原理，对学生的知识掌握情况进行评价。

② 说教学流程及设计意图：教学流程即教学过程所设计的基本教学环节，是说课的重要部分。它说明教学活动如何开始，怎样展开。在教学流程部分，教师需说明教学过程设计的基本教学环节及设计环节的意图，达成教学目标的手段和自己的创新之处，可以辅助使用多媒体展示教学过程图片。

◁ 案例展示 📁

燃烧与灭火说课——教学过程

教学过程分为导入——认识燃烧现象，科学探究——燃烧条件及灭火原理，解决实际问题——火灾逃生措施三个环节。

在第一个环节，先展示火焰、火箭、火炬点火图片，从学生生活经验导入燃烧课题，引导学生思考燃烧的功和过。接着再让学生回忆化学课学过的镁条、硫、木炭燃烧的现象及书写方程式，引导学生讨论燃烧的共同特征，猜想燃烧的可能条件。通过此流程，让学生用比较的方法进行归纳和总结，建立新知与旧知的关系。

在第二个环节，演示白磷、红磷在薄铜片上加热以及白磷在水中通入氧气燃烧的实验，引导学生观察现象，搜寻与猜想相关的证据。然后让学生对实验现象进行总结，讨论燃烧的条件。

在实验之初先提出问题展示于 PPT 上：

① 哪个现象能证明燃烧需要一定的温度？

② 哪个现象说明燃烧需要可燃物参与？

③ 哪个现象说明燃烧需要氧气参与？

④ 哪些现象说明燃烧需要三个条件同时满足？

让学生带着目的观察实验，培养学生证据推理的能力。

实验结束后，让学生自由发表意见。多数学生能说明燃烧条件指向证据，但初中学生思维能力不够完善，根据实验现象得出结论的逻辑还欠严密。基于此，展示表 7-6 于 PPT 上。

让学生填表以后再表达得出结论的证据，让学生认识比较在科学研究中的重要作用，并逐渐形成严密思维，突破教学难点。

课程第三个环节，展示多个燃烧画面，引导学生分析灭火方法及原理，诊断学生利用理论解决实际问题的能力，顺势展示火灾场面，让学生讨论火灾逃生方法，分析原理。学生对火灾发生时要匍匐逃离的措施会提出疑问，教师引导学生讨论后演示实验，用大烧杯罩在高低两支燃着的蜡烛上，让学生观察现象，分析原理。力图培养学生勇于探索的品质，感知科学探究是探索未知的重要手段。

课程最后让学生畅所欲言，谈论本课收获，诊断和发展学生的化学价值观。

表 7-6　燃烧条件实验结论

	温度	氧气	是否燃烧
铜片上白磷			
水中白磷（通氧气前）			
红磷			
铜片			
水中白磷（通氧气后）			

③ 说板书设计：这一环节可以在说课过程中直接在黑板上展示，也可以直接在 PPT 上投影，并说明设计意图。

④ 教学反思：最后简单说明自己设计的思路以及期望达到的效果等。

案例展示

"物质的量"教学反思

本堂课意在引导学生从熟悉的物理量归纳物理量认知模型，然后迁移应用模型，自主构建物质的量相关认知模型。先归纳后演绎的科学研究思路有利于消除学生对抽象概念群的陌生感，使学生在教师的引导下自主建构物质的量认知模型。

课堂教学的重点放在对物质的量及其单位、摩尔质量等相关概念的建立上，不盲目追求计算的复杂程度。相关计算的熟练过程通过今后的学习达成。

7.2.2.2　说课要求及常见误区

（1）说课要求

目的性：说课的目的是向同行展示自己上这节课的原因，进行教学设计的依据，以及可能达成的教学效果，让同行对本节课进行评价，希望得到评价者的认可或者修改建议。说课者自己必须有清晰的认知。

科学性：说课不仅需要展示自己的教学过程，更需要阐述教学设计的依据。说课者需要学习相关教育教学理论，体现教学设计的科学性。

实用性：说课是用语言描述教育理论和教学实践统一的过程。在说课中，重点的教学过程需详细展示，能使听众模仿操作，获得实践收获。

（2）说课常见误区

误区一：说课就是复述教案。说课的根本目的是让同行或听课者领悟教师针对某教学内容进行设计的意图，也就是教学设计基于什么理念做出，能达成什么目标。如同我们走进森林，外行只能看到满目葱绿，惊叹风景宜人，但作为内行的植物学家或地理学家需要探讨的是这些原始森林是什么种群，为何能在此地大量生长，森林今后的走向又会如何。我们的教学流程如同已长成的大树，研磨探究的是课堂的种类、流程设计的合理性以及教学模式的可推广性。

所以说课的重点为教学流程中阐述说明每个环节的理论依据及设计意图，而非复述教案。

误区二：说课三个环节完全分离。说课的三个环节其实是一个整体，如果内容完全无呼应，则为失败。因此说教材学情的重点在于说明后续为何这样设计，说教学流程的重点要与前述教学目标及重难点一一呼应。

误区三：说课内容无重点。教师在说课的过程中如果平铺直叙，会让听课同行感受不到设计要点。说课应该在展示教学设计基本逻辑顺序的基础上，重点突出教学设计的亮点，也就是教学设计的创新点，着重阐述创新的理论依据、设计思路、对目标达成的意义等。

"盐类水解"说课视频

7.2.3　导入技能

导入是指在课堂教学之初有目的地通过一定教学方式指引启发学生，把学生吸引到特定的教学任务和程序中的教学组织行为，通常在开课 5 分钟内完成。

（1）导入技能的构成要素

导入的目的是创设教学情境，也就是创设适教和适学的情感氛围，为完成教学目标和任务奠定基础。为达成以上目标，导入过程包含以下几个要素。

集中注意：用有效方式将学生的注意力集中在课堂上，关注问题情境。

激发动机：学习动机建立在学生需要的基础上，导课过程需要调动学生内驱力，让学生发现问题，产生兴趣。

激活思维：导课的过程最好能让学生从已有生活经验和已有知识出发，发现问题，引发猜想假设，激活学生思维，进入教学课题。

明确目标：导入最终是将学生导向本课教学内容，因此在导入的过程中必须让学生明晰自己的学习目标，提高学习心向。

（2）导入的类型

直接导入：教师用简洁的叙述或提问，展示新旧知识冲突，激发学生学习动机。教师提出问题，引发学生思考，直接进入课堂教学。

案例展示

"原子结构模型"教学导入

【教师】大家熟悉"原子"吗？人类对原子的认识和探索已经历了 2500 多年的漫长历史，科学家为了使微观粒子形象化、具体化，用原子模型来表示原子。在初中大家已经了解到建构模型常常能帮助人们认识和理解一些不能直接观察到的事物。科学家研究原子也是先建立原子模型，并且做了大量的实验，不断完善、修正模型。今天这节课我们就一起来讨论一下原子结构模型的演变。

联系实际导入：以学生生活经验为出发点，引导学生发现问题。

案例展示

"水的净化"教学导入

创设日常生活中喝茶的情境：为避免茶水夹杂着茶叶一起入口，影响口感，人们通常在杯里放一个过滤网，目的是将茶叶和茶水分开，这就是水净化的一种方法，从而引入新课——水的净化。

本导入从生活中过滤茶叶的方式出发，容易激发学生兴趣，维持学生学习动机。

旧知导入：学习的过程就是建立新知与旧知的联系，教师有针对性地指导学生运用旧知识为新授知识引路是一种常见的导入方式。

案例展示

"电解"教学导入

【学生活动1】书写水的电离和电解方程式。

【学生活动2】比较电离和电解的区别和联系。

提出问题：到底什么是电解呢？电解如何进行？又有哪些规律和应用呢？今天我们就来研究电解的相关规律。

实验导入：通过实验，让学生发现问题，激活学生思维。

案例展示

"空气中氧气含量测定"教学导入

【教师】引导学生实验，证明空气存在。要求：不能用空塑料瓶舀水，也不能将水倒入塑料瓶中，思考如何让水进入塑料瓶。

【学生】将空塑料瓶瓶口向下，竖直放入盛满水的水槽，向下压，发现塑料瓶内的水无法上升到顶端，挤压塑料瓶有气泡从瓶口冒出。这个现象证明了空气的存在，也证明了大气压强的存在；松手（停止挤压）后，可以产生水柱，则为分析后面的实验中液面上升的现象做了良好的铺垫。

利用空塑料瓶证明空气的存在，紧贴学生生活，能迅速拉近学生与化学的距离，激发探索心理。

导入的方式还有故事导入、新闻导入、悬疑导入、设问导入等多种方式，但是无论采用哪种方式导入课堂，都必须遵守一定的原则。

（3）导入的要求

目标性：导入最终将学生引入课堂问题情境，为教学目标服务。

知识性：导入创设的情境必须包含学生将要学习的知识，最好能激发学生的思维，不能为活跃课堂气氛单独设计导入。

现实性：导入必须要根据学生的实际情况，能从学生已有的经验出发进行设计。切忌创设学生生活中没有接触过、无法引起共鸣和激发兴趣的导入。

激励性：导入是为了让学生内驱参与学习，感受快乐，因此需要尽量创设情境，激发学生动力。

简明性：课堂导入固然重要，但它只是课堂教学的序曲，不是教学的中心环节。因此，从时间上来看，课堂导入只能三五分钟，不能太长，否则喧宾夺主，不利于教学任务的完成。

课堂讨论与实践

1. 阅读下列导入案例，讨论其采用了哪种导入方式，包含哪些要素，符合哪些导入原则。

《化学反应原理》"原电池"教学导入：播放一段特斯拉汽车与波音飞机比赛加速的视频，让学生感受到特斯拉电动汽车的强劲动力。而电动汽车的动力来自哪里呢？当然是它使用的电池。现代电池技术飞速发展，本课题就来基于数字实验探究原电池的发展。

简单介绍第一个原电池装置，提问：200多年前发明的单液原电池是不是理想的化学电源？这节课，我们还是以铜-锌原电池作为研究对象，利用温度和电流传感器检测单液原电池工作过程中电流和溶液温度的变化，探究它的工作效率。

2. 阅读下列教学导入过程，请分析该导入过程是否创设了课堂问题情境，引发学生共鸣，激发学生学习动力？为什么？如果你觉得该导入需要改进，你认为可以加入哪些因素？

在之前的环节中大家了解到，我们可以依据分散质粒子的直径大小对分散系进行分类。可是我们在日常生活中很难对溶液和胶体进行肉眼辨别。那有什么方法可以让我们直观感受到这种分散系具体是什么呢？接下来我们就来实验探究分散系的种类。

7.2.4 语言技能

教学语言是指教师在课堂教学中把知识与技能传授给学生过程中使用的口语，是教师传递知识的媒介。《学记》说："善教者使人继其志。其言也约而达，微而臧。罕譬而喻，可谓继志矣。"意即教师的语言必须简明达意，才能准确传递教学信息。

（1）教学语言的构成要素

规范：教学语言不同于日常生活口语，必须符合汉语的规范性，即使讲课中采用通俗语言也需要有准确、优美的语言输出。

科学：作为化学课堂教学用语，必须用本门学科的专业术语和思维方式阐述教学内容，体现化学学科的科学性。

针对：教学语言的对象是学生，输出的是教学内容。所以教学语言既要面向学生，是学生能接受的语言，还要针对教学内容，清晰地说明问题。

简明：教学语言必须精练有效，能在短时间内传递准确的教学信息。

‹ 课堂讨论与实践

请阅读以下教师课堂教学语言，分析有哪些方面的问题：

同学们大家好，我们今天来讲解二氧化硫的性质。那么我有一个问题，你们有没有在公园发现一个问题呀，那些石雕变形了，你们有观察过吗？

是的，那你们知道这是由什么导致的吗？那我们来一起探讨吧！

我们现在先来看个视频（化石燃料燃烧后产生的硫氧化物排放到空气中，形成酸雨落下）。所以啊，酸雨就这样形成了，环境污染，比如化工厂，这些都会产生二氧化硫，溶于空气中的水，导致了酸雨。

这个视频就体现了二氧化硫溶于水生成酸雨，对环境造成污染。

请同学们写出二氧化硫形成酸雨的化学方程式。

（2）教学语言的要求

① 语音音量适中；
② 语速快慢适度；
③ 节奏抑扬顿挫；
④ 表意准确生动。

‹ 课堂讨论与实践

请尝试朗读以下教师讲课的语言，讨论此教学语言设计体现哪些特性，感受教学语言与新闻播报语言的区别。

展示新闻，教师用播音员语气报道：某年某月某日，京沪高速公路淮安段一辆满载液氯的铁罐车和对面来车相撞，大量液氯外泄。据目击者描述："一股黄绿色气体就像探照灯光一样'唰'地射向天空并伴有刺鼻的味道，眼睛也熏得有些睁不开。"事发后消防队员不断地用水枪喷射，并用石灰处理铁罐车泄漏处。此次事故造成 350 人中毒进医院救治，另有 2 人中毒死亡，2 万多亩农作物受损，绿油油的菜地失去了原来的颜色，附近居民被紧急疏散到一高坡上。

师：同学们，看来氯的威力挺大的啊！它为什么会有这么大的能耐呢？今天我们就一起来研究研究。大家先想一想，从这则新闻报道里面，你知道了氯气的哪些物理性质和化学性质？

师：消防队员用水枪喷射体现的是氯气的物理性质，还是化学性质呢？

师：我现在向这瓶氯气中加入少量的水，振荡，你们发现了什么？

师：对，瓶中黄绿色气体颜色变浅，水层变为浅黄绿色，氯气是否全部溶于水？

7.2.5　提问技能

提问是指教师在学生已有知识和经验的基础上，依据教学内容向学生提出适当的问题，并围绕问题引导学生积极思考，促进学生自觉学习的一种教学方式。提问是一种师生互动行为。在课堂教学中，提问体现为教师与学生共同介入的问答行为链。链接点有四：一为组织，教师提问；二为诱导，教师引导学生回答或确定答题对象；三为回答，学生回答问题；四为反应，教师对学生回答做出反馈。

（1）提问技能的构成要素

明确目的：课堂提问需有明确的目的，例如检查诊断学生学习、引导学生思维、组织教学等，教师需认真设计，不可随意提问。

难易适中有针对性：课堂提问需有层次、有针对性，有的问题面向全体，有的问题针对部分人，要根据学生的最近发展水平设置问题，以期得到回应。

启发思维：课堂提问多采用疑问性提问，启发学生思路，发展学生能力，激发学生学习欲望。

层次和序列性：教师应根据具体问题设计一系列问题，引导学生循序渐进，形成教学思维链。如按照布鲁姆-特内教学提问模式，可以使用 6 个不同思维活动水平设计序列教学提问，知识（记忆）水平提问—理解水平提问—应用水平提问—分析水平提问—综合水平提问—评价水平提问；也可以将一个大问题分解为若干小问题，"以大领小，从小到大"；还可以在学生回答问题后，根据学生的回答再提出问题，进行追问。

预见性：课堂提问之前，教师必须预设学生的可能回应，并根据预设做出系列反馈设计，才能有效保障问答行为链的完整。

案例展示

关于试管中二氧化硫溶于水实验过程中教师的引导提问设计

教师提问：请问大家都看到了哪些实验现象？
学生回答：液面上升，pH 试纸变红了。
教师提问：为什么液面会上升呢？
学生回答：二氧化硫能溶于水。
教师提问：那 pH 试纸变红了，又说明了什么？
学生发言：生成了酸。
教师提问：我们以前有学过类似的氧化物吗？是什么呢？
学生回答：二氧化碳。
教师提问：你们试着写出二氧化碳溶于水的化学方程式。
（学生书写方程式）
教师提问：对照二氧化碳溶于水，你们认为二氧化硫溶于水生成什么酸呢？
学生回答：硫酸或亚硫酸。
教师追问：硫酸和亚硫酸中硫元素有没有不同？
学生回答：化合价不同。
教师提问：根据二氧化碳溶于水，你们认为二氧化硫溶于水生成的应该是硫酸还是亚硫酸？
学生回答：亚硫酸。
……

在上述案例中，教师从低层级的直观现象描述提问入手，带领全体同学一起推出实验结论。设计提问之前，教师预设学生难以准确判断二氧化硫与水反应的生成物，由此给出二氧化碳与水的反应启发学生思维，并预设学生再次犯错时的追问环节，引导学生得出二氧化硫与水反应产物，并为酸性氧化物概念模型的建立做铺垫。

课堂讨论与实践

1. 简述以下提问设计是否体现课堂提问五要素。

演示实验：二氧化硫使品红褪色后，再将褪色后的溶液加热，溶液又变成红色。根据此实验现象，教师引导学生讨论实验结论，设计如下提问。

教师提问：根据实验现象我们可以得出什么结论？

教师提问：SO_2 也能使 $KMnO_4$ 溶液褪色，与 SO_2 使品红溶液褪色的原理一样吗？

2. 讨论以下教师预设学生的回答是否准确，如果需要设计序列问题帮助学生，你准备如何设计。

教师提问：两支烧杯中分别盛装同浓度(0.1mol/L)的盐酸和醋酸，你认为二者有什么不同？

学生回答：盐酸是强酸，醋酸是弱酸。

教师提问：（演示：分别测定盐酸和醋酸的 pH）盐酸的 pH 为 1，醋酸的 pH 为 3。通过这个实验，你对盐酸和醋酸又有哪些新的认识？

学生回答：盐酸完全电离为 H^+ 和 Cl^-，醋酸部分电离，除了有 CH_3COO^-、H^+ 还有 CH_3COOH 分子。

（2）课堂提问的要求

① 把握发问时机；

② 适当停顿给学生思考作答的时间；

③ 语言清晰；

④ 适度强化，对于较为复杂的问题，教师可采用板书或多媒体展示问题文字，帮助学生理解问题本身；

⑤ 适当提示，提问后教师需关注学生反应，若学生不能回答或答错，教师应给予帮助提示，引导学生回答；

⑥ 评价学生的回答。

案例展示

"分子"导课提问设计

"分子"课时导课部分，为了让学生建立宏观物质与微观粒子之间的联系，教师设计如下提问：

在课前，教师放置一烧杯酒精于讲台和学生实验桌上。学生上课入座后，提问学生："同学们，你们有没有闻到什么味道啊？"此时学生刚进教室，如此提问既能集中学生注意力，又能引导学生进入本课内容。

接下来，教师继续提问："酒精在哪里？什么器官能闻到酒精？"意图让学生发现问题"酒精是怎么跑到鼻子里的"。在这个环节，教师停顿给学生思考讨论时间，待学生发现问题后再提问："酒精有跑到鼻子里吗？为什么闻到酒精却看不见？"及时、清晰强化学生发现的问题。

7.2.6　结课技能

教学结课指在一节课完成了预设教学内容或活动后，教师利用课堂时间对该节课知识进行归纳总结并予以升华和延伸的教学行为。结课是完成课堂教学必需的步骤，好的结课能对一节课起到画龙点睛的作用。

（1）结课功能

① 整理知识要点；

② 检查学习效果；

③ 铺垫后续教学内容；

④ 激发学习兴趣。

（2）结课要求

    ① 引导回忆；

    ② 提示教学要点；

    ③ 练习诊断；

    ④ 拓展延伸。

（3）常见的结课方式

    常见的结课方式有很多，以下列举几种进行说明。

    ① 归纳式结课：教师或学生就教学内容进行总结。

案例展示

"复分解反应"教学结课

【教师】这节课我们学习了盐的反应类型和复分解反应发生的条件，小结复分解反应的一般规律如下：

① 盐+盐→盐+盐；一般而言。

② 盐+碱→盐+碱；两种反应物均可溶，生成物中有沉淀。

③ 盐+酸→盐+酸；强酸可以制取弱酸，难挥发性酸可以制取挥发性酸。

④ 酸+碱→盐+水；此类反应一般都能发生。

最后强调，这是复分解反应的一般规律，但也有例外。

  ② 探索式结课：结合本课知识，提出问题，拓展延伸。

案例展示

"分子"教学结课

【教师】下面我们一起来回顾一下今天所学的知识。

【PPT展示】【学生回答】

① 水由（水分子）构成，（水分子）保持水的化学性质；

② 酒精由（酒精分子）构成，（酒精分子）保持酒精的化学性质；

③（分子）是构成物质的一种微粒，由分子构成的物质，分子保持其（化学）性质。

【教师】同学们对分子已经有了一定的了解，接下来请大家观看水的循环图。

【PPT展示】水分子循环过程图

【教师】同学们能不能用今天所学的知识解释水在自然界中循环的过程呢？

【学生】水从陆地和海面蒸发的过程是水分子在运动，由于水分子保持水的性质，到大气层以后，依然凝结成水珠，通过重力作用滴下来。

【教师】那么请大家课后思考，都是水分子，为什么有的时候是水珠，有的时候是蒸汽，还有的时候是冰晶体呢？我们下节课讨论。

  ③ 首尾呼应结课：课堂之初提出问题，结课时解决问题，形成首尾呼应。

案例展示

"SO_2的漂白性"教学导课与结课

【引入新课】同学们有没有发现，家里存放的报纸、作业本几年以后变成了黄色，这是为什么呢？

【课堂小结】常用的纸张都会采用SO_2气体进行漂白，现在同学们能够用本节课学习的知识解释纸张久置后变黄的现象吗？

推荐阅读

1. 葛柏萍，赵中明. 要"凤头"更须"豹尾"——例谈中学化学结课策略[J]. 化学教与学，2014（11）：43-46.

2. 许宏生，臧峰. 中学化学结课设计原则与艺术形式[J]. 考试周刊，2013（31）：140-141.

7.2.7   演示技能

演示技能是教师通过实际表演和示范操作，运用各种实物媒介提供感性材料，指导学生经过观察获得感性认识的方法。在化学课堂教学中，演示技能主要运用在多媒体演示过程及实验演示过程中。

演示有极强的直观功能，在教学过程中，教师仅凭讲解通常只调动学生的听觉，如果能辅以文字投影，能增强学生注意力。如果有形象直观的图片或实验，则能全方位调动学生三观感知教学内容，提升教学效果。实物演示还能起到激发学生兴趣、启发学生思维的作用，教师的演示实验还具有示范功能。

（1）演示的要素

目的性：演示必须服务于教学目标，有利于突出教学重难点，激发学生思维。

科学性：演示的内容和过程必须清晰，结果分析要准确。

规范性：演示过程中教师的操作必须规范、正确。

安全性：演示过程，尤其是实验过程，教师必须要保证学生的安全。

（2）演示的基本要求

语言讲解：在讲解的过程中用演示来直观展示，如讲解实验室制氧气装置，展示装置让学生认识。演示过程中，用语言指导学生观察或引导得出结论，甚至可以在重要现象出现时提问、板书，强化演示的效果。

适宜刺激：例如展示图片可配以绘声绘色的讲解，实验之前先做出猜想、设置悬念、引导探索等。

7.2.8   板书技能

板书是课堂教学中教师在黑板上运用文字、符号、图像等方式向学生呈现教学内容，分析认识过程，将知识概括化、系统化的教学技能。心理学研究表明，大脑能记住的信息85%来自视觉，黑板是课堂教学中提供视觉信息最简单的发射源。板书通常分为主板书和副板书两部分，主板书书写教学内容要点，保留于教学全过程；副板书随教学进程的发展随写随擦。

课堂讨论与实践

在多媒体得到普遍使用的现代教学中，板书是否还是必需的教学技能呢？你认为板书可否用 PPT 代替呢？

（1）板书设计要素

概括课堂知识：板书具有"微型教案"之喻，一节课完成后，学生应该可以根据板书回忆出课堂教学的要点。

教学互动：板书由教师设计，完成过程可以有学生参与。板书的过程中也需要有教师与学生的互动，如教师边讲边板演，或学生讲，老师板书。

示范：教师的准确用语，方程式按照正确的步骤书写，装置图按比例绘制能给学生良好的示范作用。

艺术性：板书设计应该简单而优美，详略得当。

（2）板书类型

提纲式板书：以文字表述为主，归纳概念、理论要点，概括本节课主要内容，体现教学的重点和关键。这也是最常见的板书设计，如图7-5所示。

图表式板书：教学过程中可以按照知识发展的脉络，通过图表、序列和符号等形式清晰展现知识相互之间的关系，能够引起学生由表及里、由此及彼的思考、迁移和归纳。如图7-6的板书虽然未罗列所有的化学方程式，但将氨气的来源和变化关系展示出来，启发学生思考。

板画式板书：图7-7 二氧化硫的板书设计通过价类二维图像，能帮助学生建立学习元素化合物的思维模型。

一、氨的组成与结构

1. 分子式：NH_3

2. 电子式：

H : $\overset{\cdots}{\underset{H}{N}}$: H

3. 结构式：

$H-\overset{H}{\underset{H}{N}}-H$

4. 空间构型：三角锥形

二、氨的性质

1. 物理性质
 ① 无色有刺激性气味的气体
 ② $\rho_{(NH_3)} < \rho_{(空气)}$
 ③ 易液化
 ④ 极易溶于水（1∶700）

2. 化学性质
 ① 与水的反应：
 $NH_3 + H_2O$ 　　$NH_3 \cdot H_2O$
 $NH_3 \cdot H_2O$ 　　$NH_4^+ + OH^-$
 ② 与酸的反应：
 $NH_3 + HCl$ 　　NH_4Cl
 $NH_3 + HNO_3$ 　　NH_4NO_3
 $2NH_3 + H_2SO_4$ 　　$(NH_4)_2SO_4$

三、氨的用途

1. 作制冷剂
2. 制氮肥
3. 制硝酸

图7-5 "氨"的提纲式板书设计

在原电池的教学过程中，采用图7-8绘图和文字标注结合的板书，能帮助学生对原电池的反应原理建立形象认识，降低学习难度，突出教学重点。

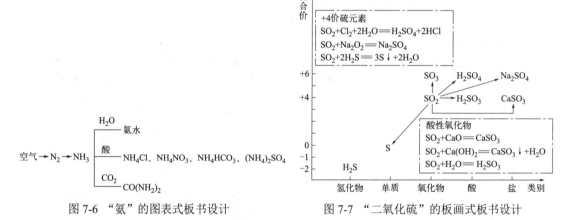

图7-6 "氨"的图表式板书设计　　　　图7-7 "二氧化硫"的板画式板书设计

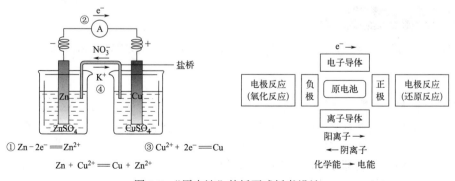

图7-8 "原电池"的板画式板书设计

（3）板书要求

文字：正确、清楚、美观。

语言：准确、简洁、生动。

内容：科学、完整、系统。板书要求为教学目标服务，需完整体现课堂教学的重点内容。

造型：直观、新颖、巧妙。优秀的板书可以设计为一幅图画，富有创造性地启迪学生思维。

7.2.9　观察倾听技能

课堂教学是一个教师和学生双边参与并互动的过程。教师的观察与倾听是获取学生学习信息的重要渠道，也是理解学生、调整教学的一个重要手段。观察与倾听既包括观察、倾听学生，更重要的是在课堂教学中能有针对性地对所观察的行为予以反思，及时做出回应。通过课堂观察与倾听，能有效促进课堂教学的对话性，提高教师反馈行为，改善课堂管理。

（1）观察与倾听的原则

同步性原则：教学过程中，教师要注意保持观察的自然状态，不影响教学进度也不干扰学生的学习。

即时性原则：课堂情况瞬息多变，教师应在事情发生时高度关注，迅速判断是否需要及时处理，并给予适当的应对。

全面性原则：教师的观察应该面向全班学生。教师应努力关注上课易忽视的盲点，例如不爱发言的学生、表现乖巧的学生，或位置在观察盲点的学生情况。

客观性原则：尽量摒弃个人主观偏见，对学生的行为做出正确的判断。

反省原则：课堂观察与倾听的目的是改进课堂教学，对观察和倾听的结论应该及时反省和反思，以期改进。

（2）观察与倾听的要求

善于理解：教师应该给予学生人格平等的尊重，充分理解学生上课的行为，才能做出正确的反馈。

真诚赏识：对学生上课的表达，教师需要尊重他们的独特性，提供给学生安全感，学生才能更好地展示自己，教师也能获取最真实的学生信息。

热情参与：有时课堂的节奏不在教师预设范围内，教师在理解的基础上判断学生的行为是否合理。如果具有合理性，教师可以参与学生主导的活动，课后再对教学过程进行反思，真正创设教学互为主体的现代课堂教学。

7.2.10　听评课技能

听课是教师或研究者直接或间接从课堂情境中获取相关信息资料，从感性到理性的一种学习、评价及研究的教育教学方法。评课是对教师上的课进行分析评论，检查教学质量，总结经验的一种方式。评课是听课的延续。

（1）听评课内容

教学目标是否合理：听课之前需要先熟悉课程标准与教学内容，听课时分析教学过程实现的教学目标是否符合课标要求，从五个核心素养角度去展开教学。

教学理念是否符合课程标准要求：新课改要求以学生为主体，尽可能丰富教学手段，从学生实际经验出发，联系生产生活实际，实现教、学、评一体化的教学。

教学程序：教学思路是否清晰；课堂结构是否环环相扣，过渡自然；教学设计是否具有独创性，对学生的思维有指导性。

教学方法：教学方法是否多样化、使用适当，是否灵活运用现代化教学手段。

教学效果：观察学生的学习情况，是否能跟随教师的思路，是否主动积极参与，是否能完成教师设计的活动。据此判断教师的教学效果。

教师教学技能：从教师的语言、板书、演示等技能进行评价和学习。

资料卡片 →

听课记录

听课人：　　　　　　　　　讲课人：

一、讲课人达成的教学目标（你认为讲课人讲了什么）

二、讲课人突破的重点、难点

三、导入
1. 导入内容

2. 与新课内容的契合度

四、新授课
1. 讲授新知识的过程（采用教学法、媒体和教学流程）

2. 教学效果

五、结课
1. 结课方式

2. 效果

六、PPT 的使用效果（是否对教学有辅助，可以不用 PPT 吗）

七、板书（是否简洁美观、突出重点）

八、与学生的交流
1. 如何交流

2. 交流效果

九、教师的表达
1. 语言是否抑扬顿挫

2. 体态是否自然亲切

（2）听评课要素

①实事求是；②兼顾整体，从课的整体入手，点面结合；③激励性原则，评课者尽力发现课堂的闪光点，分析成功的原因，激励教师扬长避短。

资料卡片

课堂教学评价表

评价项目		评价内容	权重	得分	备注
教材处理	教学目标	落实五个核心素养的培养，目标是否能实现，每个教学目标是否有对应的评价方式	5		
	教学内容	体现教学目标，知识讲解是否具有科学性、系统性，理论联系实际，教材的理解与处理是否具有科学性	10		
	教学结构	教学安排的循序渐进性、层次分明性、系统完整性、密切适中性如何	5		
教学基本功	教学语言	教学语言是否清晰、准确、简练、通俗、生动、逻辑严谨，是否运用普通话教学	5		
	板书设计	板书设计是否具有科学性，是否工整、完美、简明、扼要、条理清楚	5		
	教学手段	能否熟练运用现代化教学设备、仪器和现代化教学手段进行教学、演示、讲解，演示和讲解能否有机结合	10		
教学方法	方法选择	方法选择是否灵活多样，是否与教学目的和教学内容相适应，是否与学生的年龄特征相适应，课堂教学机智如何	15		
	教学原则	是否以教师讲解为主，学生的课堂主体性体现得如何，教学原则的选择是否科学合理、符合学生的实际	10		
	时间分配	教师的课上各环节讲、练、演示、板书及主次内容的时间分配是否合理，能否做到精讲多练、加强能力培养	5		
	激发兴趣	是否有意识、恰当地运用生动的实例激发学生的学习动机，培养学生的学习兴趣，提高教学效率	5		
教学效果	课堂反馈	课堂上教师能否及时掌握学生的反馈信息，并采取相应的调控措施进行教学	5		
	课堂气氛	课堂秩序是否活而不乱、秩序井然	5		
	学生状态	学生是否认真听讲、积极思考、大胆发言，学习积极性是否被充分调动起来	5		
	学习效果	基础好、中、差学生是否各尽其智，各有所获，均衡提高；学生对本节课的知识、技能掌握的程度如何，能力发展程度如何	10		

练习与应用

一、单选题

1. 化学课堂教学的基本要素有（　　）。

①教师　②学生　③教学信息　④教学方法　⑤教学评价

A. ①②④⑤　　　　　　　B. ①②③④　　　　　　　C. ②③④⑤　　　　　　　D.①②③④⑤

2. 在说课中，教师要说明自己拟采用哪些教学方法，教学方法的选用与优化组合，并说明依据。某教师为了帮助学生理解 CH_4 中的 C 的 sp^3 杂化，将四个同样的气球的封口处扎在一起，四个气球便自然指向了四面体的四个顶点，且无论外力怎样改变某个气球的位置，一旦力撤去，气球会立即恢复原样。这种教学方法属于（　　）。

A. 实物比喻　　　　　　　B. 合作学习　　　　　　　C. 科学探究　　　　　　　D. 小组讨论

二、判断题

1. 讨论法是学生与学生之间的讨论，教师不需要参与。（　　　）

2. 以训练技能为主的课是化学实验课。（　　　）

三、简答题

1. 简述进行说课的一般要求。

2. 阅读以下材料。

某教师设计了如下"物质的量"教学导入情境：分别取 20g 黄豆、绿豆和大米，请同学数这些豆子和米各有多少粒。要求在最短的时间内准确地数出来。

颗粒越小，数目越多，数起来越困难，同学们为了快而准确地数，自然地将它们分成堆，一堆一堆地来计量。

原子、分子等微观粒子是比豆子小得多的微粒，当我们要对它们计量时更需要一堆一堆地进行，这样一个堆量就是物质的量，物质的量是一个基本的物理量。

回答问题：在物质的量教学中为什么需要精心创设导入新课？

四、实践题

选择义务教育学段《化学》教学片段内容进行教学设计后，小组内进行模拟试讲，听课同学完成听课记录及评价，授课同学完成教学反思。

7.3 化学教学策略

问题与思考

1. 你能理解教学策略与教学内容、教学方法、教学设计的关系吗？

2. 你能根据教学内容的不同类型，选择适宜的教学策略吗？

3. 你能根据教学目的的不同，选择适宜的教学策略吗？

4. 你能根据教学策略进行具体的教学设计吗？

教学策略指教师在教学过程中为完成教学目标，凭据现有的教学资源、学习条件，结合学生的实际情况，依据相应的教学理论，选取一定的教学步骤，组织教学活动，促使学生学习，培养学生学科素养的教学谋略。它包括教师教的策略和学生学的策略。在进行化学教学实施之前，教师的预准备工作流程见图 7-9。

图 7-9 教师预准备工作流程图

可见，化学教学策略是在一定教学理念指导下，教师根据化学教学内容特点，为实现化学教学目标而制订的教学实施方案，包括合理选择和组织各种教学材料，运用多种教学方法，确定师生系列教学行为活动等内容。化学教学策略是教学设计前的整体规划，是将教学理论转变为教学设计实施的重要桥梁，根据不同的教学内容和教学目标确立。

本书以化学内容为分类依据，将中学化学课程中的教学内容分为化学事实性知识、化学理论性知识、化学技能性知识；根据教学的不同目标将化学课堂分为新授课、复习课和研究性学习课。以下将对事实性知识、理论性知识、技能性知识，以及复习课、研究性学习课的教学策略确立做出具体讨论。

7.3.1 化学事实性知识教学策略

化学事实性知识指反映物质的性质、存在、制法和用途等多方面内容，主要包括元素化合物知识、有机化合物知识，以及化学与社会、生产和生活实际联系的知识。化学事实性知识是中学化学教学内容的重要组成部分，是科学抽象出理论知识的依据和出发点，更是培养学生证据推理、科学探究能力和进行价值观教育的重要知识载体。

7.3.1.1 化学事实性知识内容特点

（1）义务教育学段事实性知识内容特点

《义务教育化学课程标准（2022 年版）》将事实性知识内容分为两个主题：身边的化学物质和化学与社会。主要内容包括空气、水、金属与金属矿物、生活中常见的化合物（酸、碱、盐）、化学与资源、能源、材料、环境与健康等。由于义务教育阶段化学课程目标旨在提高学生科学素养，激发学生学习兴趣，了解科学探究的基本过程和方法等。化学事实性知识在义务教育学段的主要功能就是培养学生科学探究能力，辨识生活中常见物质，增强学生对化学的好奇心和探究欲。基于此功能，义务教育学段化学事实性知识呈现与学生生活实际紧密相关，用化学实验探究获得，以及知识点繁多且零散缺乏规律的特点。

（2）高中学段事实性知识内容特点

《普通高中化学课程标准（2017 年版）》将课程目标凝练为五个核心素养，为实现培养化学学科核心素养的目标，化学事实性知识的主要功能体现为理论知识的载体，主要内容包括钠、铁及其重要化合物、氯、氮、硫及其重要化合物、典型有机化合物性质等。在普通高中学段，化学事实性知识除了联系实际、实验探究获得的特点外，还呈现出知识规律性极强的特征。

7.3.1.2 化学事实性知识教学策略

（1）紧密联系生产和生活实际，创设丰富多样的真实问题情境

苏霍姆林斯基说："对于儿童，掌握知识的目的不能成为他付出智力的动力，学习愿望的源泉在于儿童思想的情感色彩和理性体验。"

课堂讨论与实践

分析图 7-10 "钠的性质" 教学流程图中创设情境对事实性知识教学的意义。

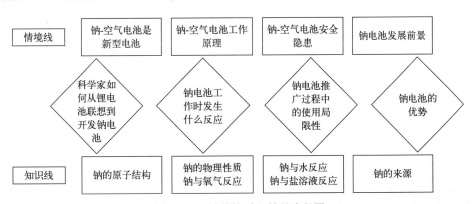

图 7-10 "钠的性质" 教学流程图

知识线是上课时知识呈现的线索，而情境线是课堂教学中主要情境素材的呈现顺序。教师通过适当的情境素材，可以将书本上 "裸露" 的知识包装起来。利用教学情境与学生认知的冲突，让学生感受事实性知识解决问题的功能与价值，促进学生赞赏化学、体会化学科学对人类文明和社会发展的促进作用。将钠的组成、结构、性质等化学视角与真实情境素材建立联系，引导学生从化学的视角看待和解决实际问题。

好的教学情境的创设应该与知识线融为一体，趣味性与知识性相结合才能促进学生实现知、情、意、行的统一。

（2）发挥核心概念对元素化合物学习的指导作用

① 基于分类观的教学策略：分类观是通过中学化学课程学习帮助学生建立的核心观念之一。中学阶段事实性知识繁多、杂乱，找到这些知识的相似之处，对物质进行分类，建立思维模型，对这类知识的学习有极大帮助。基于分类观的教学流程如图 7-11。

图 7-11　基于分类观的教学流程图

案例展示

氧化性气体单质教学案例

学生在学习氯气时，类比氧气的性质研究过程，让学生自主设计探究氯气性质的实验过程，并进行实验探究，最后建立非金属单质性质模型（图 7-12）。比较氯气性质与氧气性质的不同，归纳从化合价角度认识物质氧化性以及探究气体性质的思维模型。学生在学习硫单质及氨气过程中，可以依据上述物质性质模型进行预测和探究，能有效训练学生高阶思维，突破化学事实性知识教学过程中死记硬背的局限，建立程序性和策略性知识的认知模型。

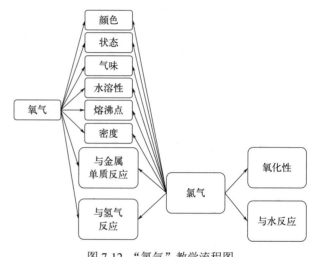

图 7-12　"氯气"教学流程图

② 基于元素观和变化观的教学策略：高中化学课程中的事实性知识主要以典型金属和非金属元素及其重要化合物相关知识为依据，建立同种元素不同物质相互转化的相关理论模型。教学策略重在以事实性知识为载体，引导学生形成元素观和变化观等核心观念，能解释物质变化原理和对未知物质性质和变化进行预测。基于元素观和变化观的教学流程如图 7-13。

图 7-13　基于元素观和变化观的教学流程图

课堂讨论与实践

根据图 7-14 "含氮化合物"的转化关系图建立模型的教学流程。

图 7-14　"含氮化合物"的转化关系图

　　在硝酸的教学之前，学生已经学习了 NO、NO_2、NH_3 相关知识，但未建立含氮元素物质相互转化的变化模型。在硝酸教学过程中，可以根据工业制硝酸流程设计线索，也可以根据处理污水中硝酸根离子的过程设计思路历程，均可以引导学生建立基于元素观和变化观的物质转化模型。

（3）重视开展高水平的实验探究活动

　　化学事实性知识的教学过程中，实验探究活动的目的通常为发现问题或证实猜想、得出结论。教学过程中需要强调探究实验对学生高级思维的培养，变单纯动手为先脑后手，引导学生关注实验目的，预测现象，与实际现象对比及讨论得出结论。基本流程如图 7-15 所示。

图 7-15　基本教学流程

课堂讨论与实践

　　根据"氢氧化钠的化学性质"教学环节设计讨论：此案例如何培养学生的思维进阶，对事实性知识的学习有何帮助？

　　【环节 1】猜想：根据氢氧化钙的性质，猜想氢氧化钠的性质。

　　【环节 2】实验验证：完成氢氧化钠与指示剂的反应。

　　【环节 3】继续实验：氢氧化钠与二氧化碳反应。

　　提问：①你观察到什么？为什么？

　　　　　②推测氢氧化钠与二氧化碳生成什么物质？如何证明反应发生？

（4）知识结构化策略

　　教师在教学过程中，将事实性知识按照一定的线索联系起来进行整理、归类，使零散孤立的知识变为相互联系的整体，形成结构化知识网络。知识结构化策略的实施流程通常如图 7-16 所示。

图 7-16　知识结构化策略实施流程

资料卡片

物质性质相关知识联想网络

物质性质联想点	联想知识
颜色	黄色固体：硫单质、过氧化钠固体、溴化银
气味	刺激性气味气体：氯气、氨气
还原性气体	使高锰酸钾褪色：二氧化硫、硫化氢、乙烯、乙醇蒸气等
吸水性	常见干燥剂：P_2O_5、碱石灰、无水氯化钙、硅胶、浓硫酸

7.3.2　化学理论性知识教学策略

　　化学理论性知识指化学基本概念及原理。事实性知识是理论性知识的基础，理论性知识是学习事实性知识的指导，可以帮助学生掌握规律，实现知识的迁移，培养学生思维能力。

　　化学概念是物质的本质属性及规律在人们头脑中的能动反映。化学基本原理指物质性质和变化的基本规律及本质，指通过描述多个化学概念之间的关系，建立的相关概念体系。因此有关化学理论性知识的教学立足于化学基本概念的形成，教学策略的选择也基于此。

7.3.2.1 化学理论性知识内容特点

（1）义务教育学段理论性知识内容特点

《义务教育化学课程标准（2022年版）》将化学理论性知识集中在两个主题：物质的组成与结构和物质的化学变化。主要内容有物质的分类（氧化物、酸、碱、盐等）、物质的组成（元素）和构成微粒（分子、原子、离子）相关概念、化学变化及四大基本类型（化合、分解、置换、复分解）、质量守恒定律等内容。旨在帮助学生用微粒的观念学习化学，通过观察、想象、类比、模型化等方法使学生初步理解化学现象的本质，通过具体生动的化学变化现象，激发学生学习化学的兴趣，逐步形成辩证唯物主义的一些观点。因此，义务教育学段理论性知识重点在于概念获得的过程，系统理论性不强。

（2）高中学段理论性知识内容特点

化学理论性知识对高中化学教学起着统领作用，理论性知识是高中化学教学的核心任务。在高中学段，为了培养学生化学独特的认识物质世界的思维方式，建立化学学科对物质变化的基本观念，将化学理论知识呈螺旋上升式地安排在高中的必修和选修内容中。高中学段理论性知识主要分为几个体系：化学计量、物质分类、变化分类、化学反应与能量、化学平衡、元素周期律、电化学、物质结构。每个理论体系中包含多个概念（图7-17）。

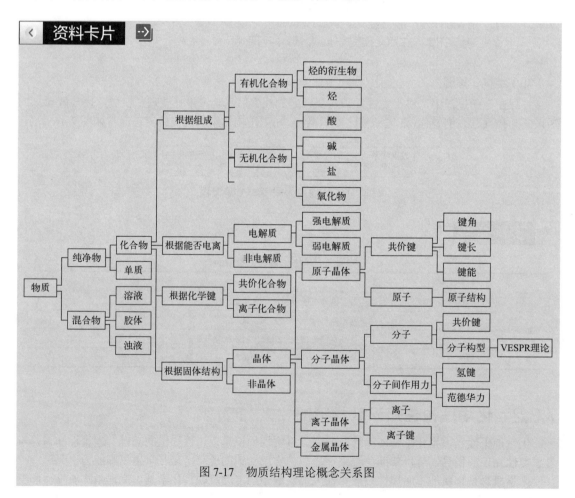

图7-17 物质结构理论概念关系图

从《普通高中化学课程标准（2017 年版）》的课程内容安排我们可以看到，这些概念主要分布在必修课程五个主题中的前三个主题，选择性必修课程模块 1《化学反应原理》的三个主题，模块 2《物质结构与性质》的三个主题，以及模块 3《有机化学基础》三个主题中的第一个主题。学生完成选择性必修课程模块学习后可以建立相对完整的理论体系。可见，理论的形成基于概念的教学，理论性知识的教学策略应该建立在概念教学的基础之上。

7.3.2.2　化学理论性知识教学策略

奥苏贝尔把获取概念的方式分为以下两种形式。

概念形成：从大量的具体例子出发，人们从实际经验的概念肯定例证中，以归纳的方式抽取出一类事物的共同属性，从而获得某些初级概念（自发概念）。

概念同化：利用学习者认知结构中的原有观念，以定义的方式直接向学习者揭示概念的关键特征，使新旧知识相互作用，新知识纳入原有认知结构的过程。这是学龄儿童和成人获得概念的主要形式。

根据以上观点，本书将理论性知识的教学流程分解为 4 个环节，如图 7-18。按照环节分别阐述教学策略如下。

图 7-18　理论性知识教学流程图

（1）概念形成的教学策略

　　① 从学生已有经验出发，归纳抽象形成概念

课堂讨论与实践

讨论以下案例，在"物质的量"概念形成过程中哪些地方采用归纳的方法，哪些地方采用抽象的方法。

环节 1：教师展示 12g 碳、18mL 水的实物。

教师引导提问：

① 我们还可以从哪些宏观角度来描述物质的多少？

② 我们怎么描述这两种物质的微观构成呢？

③ 12g 碳里有多少碳原子呢？18mL 水中有多少个水分子？

总结：微粒太小了，我们能方便地测量出物质的宏观质量体积，但很难找出构成一定量宏观物质的微粒数目。我们需要一个量帮助我们方便地找出宏观物质中所含微粒的数目。

环节 2：教师引导学生回忆生活中采用集体计数的方法，如一打鸡蛋、一盒粉笔、一件啤酒、一量杯米。

教师归纳：如果有一个国际通用的微粒的集体概念，就能方便我们对构成宏观物质的微粒计数。

环节 3：引导学生看书中关于物质的量相关内容。

引导学生抽象概括：

① 物质的量从何角度表示物质的多少？

② 物质的量如何进行集体计数？计数的单位，1mol 中所含微粒的数目。

在此案例中，环节 1 是从学生已有经验出发构建该概念的先行组织者：有关物质多少的宏观描述和微观描述，物质的量概念正是构建一个物质宏观与微观的桥梁。环节 2 从学生生活经验抽象出人们在研究微小物体的数目时，总是采用确定一定数目集体的方式来作为研究单位。环节 3 再让学生将获得的信息与抽象出的概念进行比对，让学生自主掌握概念。

教学过程中，要注意先确定概念内涵，选取与概念内涵发生关系的丰富例证，贴近学生生活。

② 类比同化建立概念

如表 7-7 所示，新的学习只有与个体已有认知结构中的旧经验建立关联，才是"有意义学习"。类比同化建立概念时，类比对象尽量选择学生熟悉的已知概念，且从已知对象具有的某些性质能推出研究对象相应的性质。类比过程需找寻新概念和原有认知类比对象尽可能多维度的信息，引导学生进行细致的比较。比较完成后，明确二者的差异性，达到建立新概念的目的。

表 7-7　比较物质的量与长度概念

物理量	长度	物质的量
含义	点到点的距离	一定宏观物质中的微粒数目
测量工具	量尺（一定长度的物质）	一定微粒数目的集体
单位（国际单位制）	米	摩尔
单位定义	光在真空中于 1/299792458 秒内行进的距离	1mol 粒子集体含有粒子数目等于 0.012kgC-12 中所含的碳原子数

③ 演绎推理建立新概念

在运用演绎推理的教学策略时，给学生搭建演绎推理的台阶是最关键的步骤，教师需将问题拆解为若干子问题，引导学生逐个推理子问题，最终演绎出结论。

案例展示

采用演绎推理建立物质的量概念

环节 1：通过计算完善表 7-8 的数据

表 7-8　相关数据

粒子符号	物质的质量（g）	每个粒子的质量（g/个）	含有的粒子数（个）	物质相对分子（原子）质量
C	12	1.993×10^{-23}	6.02×10^{-23}	
Fe	56	9.302×10^{-23}		
H_2SO_4	98	1.628×10^{-22}		
H_2O	18	2.990×10^{-23}	6.02×10^{-23}	
Na^+	23	3.821×10^{-23}		
OH^-	17	2.824×10^{-23}		

环节 2：根据表 7-8 内容讨论

① 用于计算的物质的质量跟什么数据有关联？

② 以此数据计算的微粒数目有何规律？

③ 尝试用公式表示此规律：_____个微粒的质量=该微粒的_____g。

环节 3：讨论如何快速计算 24g 碳单质中含有的碳原子数目

演绎：建立宏观物质质量与微观粒子数目关系的中介量具有的特征，物质的量定义。

课堂讨论与实践

尝试选择不同教学策略引导学生建立盐类水解概念。

（2）概念解析的教学策略

掌握概念就是要掌握事物共同的关键特征。概念的关键特征越明显，概念的获得、知识的学习就越容易；非关键特征越多、越明显，学习越困难。因此，概念教学的核心是强调概念的关键特征，讲清知识的重点、难点，而无需面面俱到，要做到精讲。我们通常选择以下教学策略对概念进行解析。

① 精讲关键词：基于化学观念的建立，寻找概念关键词的思路通常为变化条件—微观实质—宏观结果。

课堂讨论与实践

阅读盐类水解定义，寻找关键词

强酸弱碱盐和强碱弱酸盐溶于水时，由于其电离出的阳离子、阴离子可分别与水电离出的 OH^- 和 H^+ 生成弱电解质——弱碱或弱酸，使得溶液中 $c(H^+) \neq c(OH^-)$，因而这两类盐溶液呈现酸性或碱性。盐与水发生的这种作用叫作盐类的水解。

② 揭示内涵，拓展外延：概念具有两个基本特征，即概念的内涵和外延。概念的内涵就是指这个概念的含义，即该概念所反映的事物对象所特有的属性。例如"酸性氧化物"的定义中，"与碱反应生成对应的盐和水的氧化物"是内涵。概念的外延就是指这个概念所反映的事物对象的范围，即具有概念所反映的属性的事物或对象。例如："大多数是非金属氧化物，无机含氧酸脱水而成的酸酐"就是从外延角度说明"酸性氧化物"的概念。

案例展示

讨论分析电解质概念的内涵与外延（表 7-9）。

电解质概念：电解质是溶于水溶液中或在熔融状态下就能够导电的化合物。

表 7-9　电解质概念的内涵与外延

内涵	外延	内涵	外延
化合物	化合物的分类方式	水溶液	水分子作用下电离
导电	可自由移动离子	熔融态	自身由离子构成

③ 比较联想，知识结构化：采用联想法绘制概念思维导图。教师利用概念图教学，可以促进学生理解概念关系，提高教学效果。学生绘制概念图，可以主动建构知识网络，教师也可借此评价学生对概念理解的水平（图 7-19）。

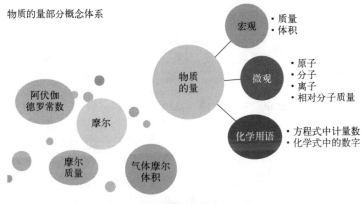

图 7-19　物质的量部分概念体系

（3）概念迁移的教学策略

① 针对概念的关键特征设计强化练习：学生讨论与语言表达的过程能精确帮助教师评价学生

的学习效果，还能激发学生通过合作自主学习的过程建构概念，相互讨论转变迷思概念。开放式课堂讨论效果优于封闭式题目解答。

课堂讨论与实践

讨论：以下哪道题目更能针对电解质概念特征进行迁移巩固？为什么？你还可以设计出更好的课堂讨论题目吗？

1. 下列物质不属于电解质的是（　　）。

A. CO_2　　　　　　　　B. Na_2SO_4　　　　　　　　C. H_2SO_4

2. 请列举 5 个电解质。

3. 请说明为什么 NaOH 是电解质？

课堂讨论与实践

选择的课题与学生生活贴近，有利于创设讨论情境，逐渐渗透化学价值观，以及培养学生社会责任与科学态度核心素养。

讨论：请分析以下题目与上述题目的不同点。

小明早晨没有吃早饭就到校了，课间操的时候晕倒，校医调和糖盐水让小明服下。请分析糖盐水宏观成分及微粒组成，并进行说明。

② 理论体系的阶段性策略

理论的形成应该经过概念的不断分化与综合贯通，不能一步到位。现行高中教材将多数理论的核心上位概念分布在必修教材中，而在选修内容中对概念融会贯通建立理论体系。在进行上位概念教学时，学生的认知结构中没有丰富的代表材料可以对概念进行巩固和应用。切忌补充大量的事实材料带领学生对概念进行过度的重复训练。

例如物质的量新课教学时，大量的练习不仅不能起到概念巩固的作用，反而让学生望而生畏。其实有关物质的量的计算在后续溶液的配制教学过程有简单应用，在金属性质教学过程中穿插有关方程式的计算。这样循序渐进、阶段性教学策略可以不断发现纠正学生迷思概念，完善理论体系，比一次构建完整理论体系更适合学生认知结构的建立。

（4）概念转化的教学策略

基于理论的阶段性策略，化学理论性知识的教学过程需要不断转化学生固有概念，进行以建立完整理论体系，基本流程如图 7-20。

图 7-20　概念转化教学基本流程图

概念的可理解性（intelligibility）、合理性（plausible）和有效性（fruitful）称为概念的状态，缩写为 IPF。当旧概念的 IPF 下降，新概念的 IPF 上升，较容易进行概念的转变。

图 7-20 进行概念转化的流程中，第一个环节目的是唤起学生的迷思概念或者叫调查迷思概念。第二个环节即制造认知冲突，在进行概念转化的过程中这一步是至关重要的，通过这个过程降低旧概念的合理性和有效性，降低旧概念的 IPF 值。第三个环节为新概念形成过程。第四个环节目的在于提高新概念的 IPF 值。第五个环节即为概念的迁移应用。

课堂讨论与实践

讨论以下教学环节安排是如何体现概念转化的。

环节 1：从得失氧角度分析 C+2CuO $\xrightarrow{\triangle}$ CO₂+2Cu 中的氧化反应和还原反应。

环节 2：分析 Fe+CuSO₄══Cu+FeSO₄ 是否为氧化还原反应。

环节 3：分析 C+2CuO $\xrightarrow{\triangle}$ CO₂+2Cu 中氧化反应与还原反应过程中化合价的变化，得出化合价升降的氧化还原模型。

环节 4：分析 Fe+CuSO₄══Cu+FeSO₄ 氧化还原特征。

环节 5：分析化合价升降的微观实质，建立氧化还原理论模型基础。

7.3.3　化学技能性知识教学策略

技能性知识主要指经过学习以及重复性的练习与反馈而形成的能准确熟练地进行某一动作而生成相关的知识内容。化学技能性知识指与化学概念、原理以及元素化合物知识相关的化学用语、化学实验、化学计算等技能形成和发展的知识内容。

化学用语是学习化学的工具，是化学研究特有的表达方式。化学实验是化学学习和研究的基础手段和方法。中学阶段的化学计算是将化学理论运用于实际的重要途径，是培养证据推理与模型认知、科学态度与社会责任核心素养必不可少的内容。

7.3.3.1　化学技能性知识内容特点

（1）义务教育学段技能性知识内容特点

义务教育学段要求学生掌握的化学技能性知识如表 7-10 所示，体现两个特点：①覆盖面较广，包含基础化学探究必需的所有技能。②动作技能为主，义务教育学段技能知识虽多，但基本属于动作技能，要求学生理解要领后重复练习可达到熟练程度。

表 7-10　义务教育学段化学技能性知识

技能性知识分类	内容
化学用语	元素符号、离子符号、化学式、化学方程式
化学实验	药品取用、简单仪器连接和加热基本操作，过滤、蒸发基本操作，简单装置制备气体操作
化学计算	根据化学式进行物质组成的相关计算； 根据方程式进行反应物生成物质量的相关计算； 溶质质量分数及溶解度的相关计算

（2）高中学段技能性知识内容特点

高中学段化学技能性知识内容见表 7-11。对比义务教育学段技能性知识内容，高中学段技能性知识的实质是将新的概念规律应用于义务教育阶段习得的动作技能中，表现为发展智力技能为主、熟练动作技能为辅的特点。

表 7-11　高中学段化学技能性知识

技能性知识分类	内容
化学用语	核素符号、电离方程式、离子方程式、热化学方程式、电子式、结构式、结构简式
化学实验	研究物质性质，探究反应规律，进行物质分类、检验和制备等不同类型化学实验及探究活动的核心思路与基本方法
化学计算	物质的量相关物理量在化学变化中的计算； 反应热相关计算； 反应速率及平衡相关计算； 晶胞相关计算

7.3.3.2　化学技能性知识教学策略

任何技能的形成，都需要经历获得有关知识形成的定向映象阶段，即技能使用原理的获得；示范练习和初步形成阶段；联系、讨论、反馈阶段；应用熟练阶段，如图 7-21 所示。

图 7-21　技能性知识形成流程图

教学策略的选择根据不同学段的学生情况和技能性知识的不同类型进行选择。

（1）义务教育学段技能性知识教学策略

义务教育学段技能的使用原理相对较为简单，学生对理论知识学习的兴奋阈值低，教学策略选择重点为激发学生学习兴趣，在定向映象阶段常采用创设情境和知识渗透的教学策略。例如，在学习元素符号及化学式书写之前的教学中，教师对学习中遇到的各种物质都用化学式和元素符号标注，将符号表征的意识渗透到学生学习化学的过程中，再进入专题教学。

◀ 课堂讨论与实践 👥

讨论：以下案例采用了什么教学策略？对学生化学计算的相关学习有何帮助？

某钢铁集团是内江市明星企业，年产量达 480 万吨，炼铁需要大量原料。每年末，财务部门需要对下年进行预算。

环节 1：认识铁矿石——了解赤铁矿的主要成分，书写化学式。

环节 2：需要多少氧化铁和碳（根据化学式和化学方程式进行计算）。

环节 3：需要多少赤铁矿和煤（根据混合物进行计算）。

此案例利用工厂财务预算的实际情境，引导学生认识依据化学方程式计算的化学价值，在学生自主讨论、教师引导解决问题的过程中掌握计算的本质。

动作性技能的训练重点在于规范操作，反复练习。在义务教育学段进入练习反馈环节选择可视化策略与合作交流教学策略，有利于学生在练习过程中发现问题和及时矫正。例如，将化学式的书写步骤归纳为以下几步。

正价左，负价右：$\dfrac{+}{A}\quad\dfrac{-}{B}$

化合价，标上边：$\dfrac{+a}{A}\qquad\dfrac{-b}{B}$

先约简，再交叉：$\dfrac{+a}{A}\diagdown\dfrac{-b}{B}$

代数和，等于 0：$A_bB_a\qquad(+a)b+(-b)a=0$

学生按照步骤书写化学式以后，对照图示合作讨论，及时发现练习中的问题，进行交流和反馈，反复练习可以获得技能。

（2）高中学段技能性知识教学策略

高中学段技能性知识的教学在义务教育阶段形成一定动作技能的基础上展开，强调的是思维的提升和学生知识系统的自主建构。教师可采用支架式教学策略，如图 7-22 所示，多重联系技能使用相关概念，引导学生自主建构智力技能性知识体系。

图 7-22　支架式教学流程图

◁ 课堂讨论与实践 👥

阅读"离子化合物电子式书写"教学流程，讨论教师搭建的支架有哪些，搭建支架的原因及教学效果。

1. 书写钠离子和氯离子符号。
2. 如果我们用下图表示氯原子的电子式，请说明点代表的意义，尝试用此方法表示氯离子电子式。

$$\cdot \overset{\displaystyle ..}{\underset{\displaystyle ..}{Cl}} :$$

3. 尝试画出钠离子电子式。
4. 尝试画出氯化钠电子式。
5. 讨论：如何能准确表示氯化钠电子式中所有表示电子的小点都属于氯离子？（阴离子画上[ ]）
6. 讨论：如何表示氯离子最外层电子中有一个电子与其他 7 个电子来源不同？
7. 讨论：离子化合物电子式书写规则。
8. 讨论：从离子键的角度描述氯化镁的形成过程。
9. 讨论：如何通过氯化镁的电子式准确描述镁离子与氯离子之间的离子键。

　　高中阶段技能性知识的教学重在高级思维过程的建立，摒弃技能操作中动手但不动脑、缺少思考的教学模式。智力技能性知识的获取关键在于建立思维模式的规律，这样的支架设计引导学生对技能相关概念进行识别，选择相对应的理论模型，根据具体的问题要素进行调整，形成初步的思维结构，然后经过合作探究自主建构知识。学生再反复实践练习，最终形成完整的思维模型，熟练应用，解决同类问题。

◁ 资料卡片 ➡

高中化学探究实验支架式设计模型

① 实验目的；
② 实验原理，方程式等；
③ 实验条件，是否需要控制变量；
④ 预测现象和结论；
⑤ 仪器选择，操作选择；
⑥ 预测实施实验可能发生的安全问题；
⑦ 尾气处理方案及操作注意事项。

◁ 课堂讨论与实践 👥

根据资料卡片设计探究影响化学反应速率因素的实验教学过程。

　　在进行支架式教学策略应用时，教师需注意设计支架问题的逻辑性和启发性，注意问题的逻辑指向需符合一类问题的解题思路，发展学生高阶思维，最终引导学生建构解决问题的模型，习得智力技能性知识。

7.3.4　复习课教学策略

　　对中学生来说，学生自我进行的复习是指再一次学习，把以前遗忘的知识记起来，重复学习学过的东西，使其印象更加深刻。而复习课作为授课形式的一种，其过程与功能绝不能止于重复学习和防止遗忘。

　　与新授课不同，复习课强调提升学生的知识水平与思维能力。孔子云："学而时习之，不亦说乎。"指复习本身应该是一件令人愉悦的事情。这是因为复习是系统地巩固在某一阶段(一单元、一学期或更长)所学的知识,使已获取的知识在熟练的情况下进行综合运用,学生感受到能力的提高进而感到愉悦。故成功的复习课需引导学生建构知识网络,激发学生思维,解决实践问题。也就是说,复习课是通过巩固基础知识达到整合知识和实现知识迁移目标的课堂教学。建构主义认为,知识会随着人认识程度的深入而不断变革、深化,出现新的解释和假设,这就是复习课的意义所在。

课堂讨论与实践

图 7-23 所示教学流程是否能达成复习课的目标?为什么?

在知识重新建构的过程中,尽管教师可以通过语言将结论直接赋予学生,但并不意味着学生对这种知识有相同的理解。知识需要个体基于自己的经验而建构,教学不是知识的传递,而是知识的处理和转换。新授课如是,复习课同样应如此。因而,复习课需教师认真钻研教学内容,创设特定情境,设置共同针对问题进行探索。在师生、生生相互交流质疑的过程中,学生建构知识体系,获得成就感。基于现代教学理论的复习课常采用以下两种教学策略。

(1)主题式探究策略

实施主题式探究策略,如图 7-24 所示。其关键在于教师根据教学内容总结出合适的主题,研究本主题综合应用构建知识网络,对应设置符合学情的问题。再创设情境和探究,让学生在问题解决的过程中应用相对独立的基础知识,构建知识的多点关联结构。

图 7-23　传统复习课流程图　　　　　图 7-24　主题式探究复习课教学流程图

课堂讨论与实践

阅读图 7-25"物质及变化"复习课教学思路:

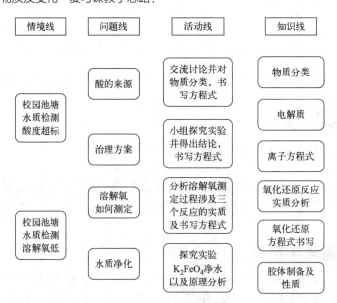

图 7-25　"物质及变化"复习课教学思路图

讨论:通过本教学过程的学习,学生能建构知识网络,尝试用思维导图形式绘制。

（2）翻转课堂教学策略

复习课非常适合采用翻转课堂进行教学，如图 7-26 所示。翻转课堂的教学模式应用在复习课教学中，课前网络平台微视频抛出主题情境及相关基础知识，学生自我复习和检查基础知识，并对新的情境综合问题在线上提出意见。课中集中时间生生讨论、师生讨论，教师引导探究问题，建构知识网络。课后再在网络互动平台展示各自形成的知识结构，生生交流，教师评价。这样的教学策略既能解决复习课堂中不能面面俱到、细微知识被忽略的问题，又能有效防止教师重复基础知识导致学生困倦，课堂教学效率低下。采用翻转课堂进行复习课教学的最大优势在于，课堂内给予学生充足的交流及探究时间，教师能最大限度捕捉学生的知识建构情况，及时做出指导，高度实践学生主体、教师观察与引导的现代课堂教学理论。

图 7-26　翻转课堂复习课教学流程图

课堂讨论与实践

1. 讨论视频中采取了哪些教学策略。
2. 阅读图 7-27 所示"酸碱盐的化学性质复习"教学过程，讨论：
① 在课前微课部分教师可以设置哪些问题帮助学生完成基础自查的学习任务？
② 课中探究部分，教师可以诊断和发展学生的哪些能力水平？
根据资料设计探究影响化学反应速率因素的实验教学过程。

硝酸根离子的氧化性
教学片段

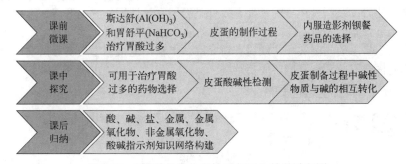

图 7-27　"酸碱盐的化学性质复习"教学过程图

7.3.5　研究性学习组织策略

研究性学习是指学生在教师指导下，从自然、社会和生活中选择和确定专题进行研究，并在研究过程中主动地获取知识、应用知识、解决问题的学习活动。2001 年，教育部发文将研究性学习与社会实践、社区服务、劳动技术教育共同构成"综合实践活动"，作为必修课程列入《全日制普通高级中学课程计划（试验修订稿）》。

受传统学科教学目标、内容、实践和教学方式的局限，学科教学中普遍实施研究性学习有一定的困难，因此现阶段研究性学习作为一项特别设立的教学活动纳入普通高中课程计划。普通高级中学通常会一周安排 1～2 课时支撑研究性学习的开展。

< 资料卡片 →

研究性学习的目标
① 让学生获得亲身参与研究探索的体验；
② 培养学生发现问题和解决问题的能力；
③ 培养收集、分析和利用信息的能力；
④ 学会分享与合作；
⑤ 培养科学态度和科学道德；
⑥ 培养对社会的责任心和使命感。

我们发现，研究性学习的目标与高中化学课程目标如出一辙，因此化学课程是开展研究性学习的主要支撑部分。

7.3.5.1　研究性学习内容的选择策略

（1）因地制宜，发掘资源

引导学生充分关注当地自然环境、人文环境以及现实的生产、生活，关注其赖以生存与发展的乡土和自己的生活环境，从中发现需要研究和解决的问题。如课题"苗家米酒的制作与苗疆酒文化""废旧塑料回收现状研究"。

（2）立足课标，深挖教材

从《普通高中化学课程标准》中情境素材和教材的各种资料中挖掘研究性学习的内容并进行设计。如人类社会的能源危机和未来新型能源、人工合成新材料的成分及应用。

（3）交叉综合，创新可行

最好能设计学科交叉的课题，让学生了解化学学科与其他学科的紧密联系，鼓励学生综合运用各科知识解决问题。选题应有利于学生以新的思维方法、新的研究手段来进行研究。还应考虑学生自身的学习能力以及学校环境的硬件、软件是否能支撑课题研究的开展，选择符合教学实际的课题才能顺利进行研究。如课题"一颗橙子带动的产业链"，综合化学、生物、政治、数学统计多门学科，也联系学生的生活实际，此内容研究层次丰富，能根据学校实际情况选择适宜的学习任务，保证研究性学习的顺利开展，成功结题。

7.3.5.2　研究性学习的实施策略

< 资料卡片 →

研究性学习的类型
依据研究内容的不同，研究性学习可以分为两大类：课题研究类和项目（活动）设计类。
课题研究以认识和解决某一问题为主要目的，具体包括调查研究、实验研究、文献研究等类型。
项目（活动）设计以解决一个比较复杂的操作问题为主要目的，一般包括社会性活动的设计和科技类项目的设计两种类型。前者如一次环境保护活动的策划，后者如某一设备、设施的制作、建设或改造的设计等。

（1）组织讲座、参观访问创设问题

通过组织讲座、参观访问等形式帮助学生了解课题内容，引导学生从多个角度认识分析问题，讨论确定研究方案。

（2）根据不同研究内容选择不同形式

具体有小组合作研究、个人独立研究以及个人研究与集体讨论结合的形式。课题研究一般选择小组合作研究，学生选择 3～6 人组成课题组，聘请有一定专长的成人（本校相关学科教师、校外专业人士）为指导教师。研究过程中，教师须根据课题内容，设计不同层次的研究问题，小组成员分工合作、协作互补。

项目（活动）设计通常可采用个人研究与集体讨论相结合的形式，教师给出研究主题，学生各自搜集材料，开展探究，形成观点，再进行集体讨论，分享交流研究成果，形成各自论文。

（3）根据不同研究阶段选择不同研究方法

① 搜集和分析信息资料。此过程教师应重点引导学生学习收集资料的方法；学会判断信息资料的真伪、优劣，识别对本课题研究具有重要关联的有价值的资料，淘汰边缘资料；学会有条理、有逻辑地整理与归纳资料，发现信息资料间的关联和趋势；最后综合整理信息进行判断，得出相应的结论。

② 调查研究。教师应先确定学生设计的研究方案合理，引导学生按照确定的研究方法，选择合适的地方进行调查，如实记载调查中所获得的基本信息，形成记录实践过程的文字、音像、制作等多种形式的"作品"。同时要学会从各种调研结果、实验、信息资料中归纳出解决问题的重要思路或观点，并反思是否获得足以支持研究结论的证据，是否还存在其他解释的可能。

③ 实验探究。教师确定学生实验方案的可行性，引导学生完善实验方案，进行实验，并得出正确的结论。

④ 交流讨论。教师引导学生归纳整理研究成果，形成报告材料后，提供学生表达交流的平台。学生通过交流、研讨与同学们分享成果是研究性学习不可缺少的环节。在交流、研讨中，教师需引导学生欣赏和发现他人的优点，学会客观分析和辩证思考，还要鼓励学生敢于质疑和善于申辩。

（4）注重研究性学习的评价

① 评价主体多元化有利于学生参与学习的积极性。评价者可以是教师和学生，还可以是家长、参与项目的相关社区部门等。

② 评价伴随学习过程，重视研究性学习的过程评价和学生自我的体验性评价。

③ 关注学生的方法和技能掌握情况，并进行合理诊断、评价和发展。

练习与应用

一、单选题

1. 通常学生在研究性学习过程中可实践和体验的内容有（　　　）。

①搜集和分析信息资料　②调查研究　③实验探究　④交流讨论

A. ①②③　　　　　B. ①②③④　　　　　C. ②③④　　　　　D. ①②④

2. 基于现代教学理论的复习课常用教学策略是（　　　）。

①情境教学策略　②翻转课堂教学策略　③主题式探究策略　④自主学习策略

A. ①②③　　　　　B. ①③④　　　　　C. ②③　　　　　D. ①②③④

二、判断题

1. 化学新课程标准的基本理念是提高学生的认知能力。（　　　）

2. 为了使信息技术与化学课程的整合达到教学效果的优化，可以利用计算机模拟实验过程和现象完全代替实验。（　　　）

三、简答题

1. 以钠的化学性质教学为例，说明基于分类观进行的教学策略如何实施。

2. 高中学段化学理论性知识的内容特点是什么？

四、材料分析题

1. 过氧化钠与水能够发生化学反应，生成氢氧化钠和氧气，这是过氧化钠的重要化学性质。对于这一事实性知识的教学过程，可以采取下列不同的教学策略。

策略1：引导学生阅读教材内容，教师讲解有关化学反应的实验描述、实验结论和化学方程式。

策略2：教师演示实验，引导学生观察现象，在教师的引导下得出实验结论，写出反应的化学方程式。

策略3：引导学生完成过氧化钠与水反应的化学实验，通过学生自主操作、观察和思考获得有关的实验结论，掌握反应的化学方程式。

策略4：教师演示实验，学生观察过氧化钠与水反应的实验现象，根据实验现象对反应的可能产物做出推测，即提出假说；然后引导学生运用自己已有的知识设计实验方案，收集证据，验证假说，从而获得正确的实验结论。

问题：试对上述四种教学策略进行评价。

2. 心理学上，一般把概念定义为"符号所代表的具有共同关键特征的一类事物或性质"。大多数概念包含4个方面：概念名称、概念定义、概念例证和概念属性。以中学化学中某一具体概念为例，进行概念分析。选择适宜的教学策略，设计教学流程。

7.4 探究式教学

问题与思考

1. 你了解探究式教学的定义和意义吗？
2. 你能根据教学内容按照探究式教学的一般步骤设计和分析具体的探究式教学流程吗？
3. 你了解探究式教学的一般类型吗？你能根据教学内容和学情选择适宜的探究式教学类型吗？
4. 你能依据探究式教学的原则，运用探究式教学的实施策略，进行教学片段设计吗？

《礼记》将学习分为"博学之，审问之，慎思之，明辨之，笃行之"五个阶段。也就是说除了博闻强记，还需要发现问题，严密思考，多方论证辨明真伪，最后实践，方可完成学习，这与现代探究式学习理论如出一辙。更早之前，孔子在《论语》中提出"不愤不启，不悱不发"，意即学生的问题才是教师教学的目标，这与18世纪法国启蒙思想家卢梭提出"自然教育理论"，在教育中应以儿童为中心的想法不谋而合。提倡学生主动探索自然世界，为探究式教学的发展埋下伏笔。

20世纪美国教育家杜威推行问题教学法，在教学中实施设置疑难情境、确定问题、提出假设、推理和验证等五个步骤，类似于科学家的探究过程，成为探究式教学的萌芽。

为培养学生的科学素养，建立终身学习的能力，我国于2001年制定化学课程标准实验稿，提倡教师开展探究式教学，使学生的科学探究能力成为化学课程目标之一。在接下来的20多年间，探究式教学在各级中学推行，从理论和实践两方面得到发展。

7.4.1 探究式教学概述

（1）探究式教学的含义

探究式教学是教师和学生互相进行的一种教学活动方式，亦是通过模仿科学家探究过程进行的教与学的实践活动。在教师的指导下，学生运用科学的探究方法进行学习，是主动获取知识、提升自我能力的教育教学实践活动，其目的是培养学生的创新精神和实践能力。

课堂讨论与实践

比较表7-12中两个"氧气的实验室制备"教学案例，从探究式教学的角度分析两个案例在教学每个环节的处理上的优劣并阐述理由，讨论两个教学案例可能达到的教学效果。

表 7-12　"氧气的实验室制备"教学环节比较

教学环节	案例 1					案例 2
导入	教师讲述舍勒等化学家发现氧气的历史故事					播放特种兵野营时用高锰酸钾辅助钻木取火的视频
选择药品	名称	氧化汞	氯化钠	高锰酸钾	过氧化氢	二氧化锰	演示实验：对高锰酸钾加热，检验生成氧气，提示学生观察药品状态、颜色
	化学式	HgO	NaCl	$KMnO_4$	H_2O_2	MnO_2	
	能否为原料	√	×	√	√	√	
	引导学生根据元素组成选择可以制备氧气的药品					
选择发生装置	名称	氧化汞	氯化钠	高锰酸钾	过氧化氢	二氧化锰	演示实验：对高锰酸钾加热后，引导学生讨论为何选择此装置，并提出问题如何将产生的氧气收集起来
	化学式	HgO	NaCl	$KMnO_4$	H_2O_2	MnO_2	
	能否为原料	√	×	√	√	√	
	状态	固态	/	固态	液态	固态	
	引导学生比较药品的状态，分析不同药品制备氧气的发生装置					
选择收集装置	引导学生在图片中选择氧气的收集装置并说明原因					演示实验：实验室制备氧气并收集，引导学生讨论收集氧气的原理并归纳
实验步骤	引导学生分析实验步骤，教师归纳					引导学生根据演示总结实验步骤并说明原理，教师归纳
学生实验	按照总结的实验步骤进行实验					

（2）探究式教学的意义

探究式教学以学生为中心开展，所以教学的核心任务是激发学生的学习动力，整个教学过程分布调动学生内驱力的设计，才能让学生自主参加学习活动，获得自身体验，逐步形成善于质疑、乐于探究、勤于动手、努力求知的态度。探究式教学流程体现科学探究的过程，也就是发现问题、作出猜想、制订计划、进行实验、收集证据、解释结论、交流表达、反思评价等步骤（图7-28）。学生在课堂上经历科学探究的过程，能在对化学的认识及其化学学习心向、对科学探究的认识及其活动表现、对学习的认识及其日常学习行为表现等方面有很大的促进作用。

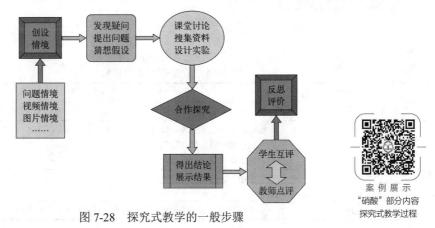

图 7-28　探究式教学的一般步骤

案例展示
"硝酸"部分内容
探究式教学过程

7.4.2　探究式教学的类型

探究式教学是一种以学生为课堂主体的教学方式，如果真正想让学生在课堂上主动去获取知识，需要教师课前精心设计，课堂上合理引导，有力组织，及时评价，才能真正实现教学目标。因此，在进行探究式教学之前，教师需要根据学生情况、教学内容、教学实际环境来确定探究式教学的类型（表 7-13）。

表 7-13　高中化学探究式教学类型

分类标准	化学探究式教学类型
探究环节多少	完整探究；部分探究
探究的性质和任务	物质的性质及变化探究；物质的组成与结构探究；化学反应规律与结构探究；应用化学知识解决问题探究
探究的组织形式	个体探究；小组合作探究
探究的教学时间和空间	课内探究；课外探究；课内课外结合探究
探究的活动途径	实验探究；调查研究；讨论探究
探究依托的经验	概念理论探究；元素化合物探究；方法策略技能型探究；综合性探究
探究的开放程度	自主探究；指导探究

　　如氧气是义务教育学段化学课程中学生学习的第一种物质，"氧气的实验室制法"是学生学习的第一个制备实验。在开展"氧气的实验室制法"探究式教学时，学生依托的经验应该是实验技能的探究，然而学生并没有这一类实验的经验，因此教师不能选择全开放的自主探究，必须要采用提问设疑、讲授示范等方式进行指导，引导学生完成探究。此时学生对于化学变化也知之甚少，从药品的选择到实验步骤的分析完全进行探究比较困难，最好能设置为部分探究。例如教师先演示实验，再让学生归纳步骤、分析实验原理，能调动绝大部分学生的注意力，有效缩短学生漫无目的地思考实验步骤的时间，还能让多数学生参与探究讨论的过程。

　　根据学生学习的方式，我们还可以将探究式教学分为发现式探究教学、接受式探究教学和建构式探究教学三种类型。

（1）发现式探究教学

　　是基于布鲁纳"发现学习"方式的探究式教学方式。发现式探究教学高度强调学生为中心，弱化教师在探究过程中的指导与干预。在这种探究教学方式中，教师更多地通过积极评价和鼓励学生猜想来推动探究过程的进行，属于一种全开放的探究教学模式。

> **课堂讨论与实践**

　　讨论表 7-14 所示的发现式探究教学流程中，学生可能进行的探究过程和遇到的困难，教师可以如何推进探究过程。

表 7-14　质量守恒定律探究过程

教学环节	教学流程
提出问题，作出猜想	演示实验：蜡烛和镁的燃烧，引发小组讨论化学变化前后物质的质量是否变化
制订计划，实验探究	给定药品：光亮铁片、硫酸铜溶液、稀硫酸、澄清石灰水 给定仪器：锥形瓶、导气管、烧杯、天平 学生根据药品和猜想设计实验，进行探究
收集证据，分析解释	学生小组内根据实验结果得出可能结论：反应前后质量减小；反应后质量不变；反应后质量增加
交流表达，反思评价	小组间交流，相互评价和反思，最终归纳得出质量守恒的结论

　　我们不难发现，发现式探究教学重视探究过程中学生的自主性，最大限度地发展学生发现问题、动手验证、勇敢表达、自我反思的能力，对培养学生的创新能力具有其他教学模式不可替代的作用。然而学生的探究能力参差不齐，不同学生在课堂有限的时间内得出的结论可能大相径庭，部分学生甚至在课堂上受挫，从此拒绝参与探究。所以这样的探究教学模式只适合一些较为简单的问题，如物质性质的探究，或者理论探究中的某一环节。从学生情况来看，发现式探究教学模

式适用于学生层次较为均衡的班级教学。

（2）接受式探究教学

接受式探究教学主要是教师通过讲授，引导学生使用书本（一般为教科书）学习或上网查询科学资料，按照教师制订的实验方案进行实验等方式探究问题，旨在让学生获得系统的科学知识和科学探究能力。

实际上，发现式教学与接受式教学并非完全站在对立面上，教师可以把讲授与学生的探究有机结合起来，在课堂教学中既能保证教学任务的完成，也能让学生体验科学探究的过程。

课堂讨论与实践

阅读表 7-15"探究氯水的成分"教学流程，讨论该流程中学生进行的科学探究有哪些，教师讲授的部分有哪些，对比发现式探究教学分析这种探究模式的优缺点。

表 7-15　"探究氯水的成分"教学流程

教学环节	教学流程
提出问题，作出猜想	展示氯水，提出问题：氯水中可能有哪些微粒
制订计划，实验探究	教师给出探究方案： ① 观察颜色 ② 滴加石蕊 ③ 滴加硝酸银溶液 ④ 将有色布条插入氯水 ⑤ 将有色布条插入盐酸 ⑥ 将有色布条插入干燥氯气
收集证据，分析解释	学生小组内根据实验结果得出结论，氯水中含有氢离子和氯离子以及氯分子，氯气溶于水得到氯化氢和一种未知物质
交流表达，反思评价	教师讲解次氯酸，以及次氯酸的漂白原理； 提出讨论问题：84 消毒液（次氯酸钠）的漂白原理以及制备方法； 学生讨论交流，并用方程式表示次氯酸钠的漂白原理； 学生根据氯气与水的反应分析次氯酸钠的制备方法

接受式探究教学的"接受"体现在学生完全接受教师对探究过程的设计，整个过程学生只是体验探究的过程，学生是否会有思维进阶取决于教师设置问题的层次，是一种相对封闭的探究。接受式探究教学的优点非常突出，能在较短的时间内复刻科学探究的完整过程，让学生既体验到科学探究的思维流程，又能系统学习相关化学知识。

接受式探究教学模式适用于知识体系较为复杂的教学过程。从学情来看，接受式探究教学适用于对科学探究体验较少或系统知识掌握较少的学生群体。在实施的过程中，教师必须掌握好接受和探究的比例，当整个探究过程完全封闭，那就不再是探究式教学，而是科学探究框架下的一个接受式传统教学了。

（3）建构式探究教学

建构主义认为，知识是学生主动建构的，教师并非"传递"知识，而是提供"支架"让学生自己建构知识。建构式探究教学就是教师引导学生发现问题，提供支架让学生完成科学探究过程、建构知识的教学过程。建构式探究教学介于全开放的发现式探究教学与基本封闭的接受式探究教学之间，既能给学生创新发展的空间，还能在学生出现问题时及时提供支架，让学生顺利完成学习过程，是现阶段探究式教学采用的主流模式。

课堂讨论与实践

阅读表 7-16"探究氯水成分"教学流程，讨论与接受式探究教学流程相比，此教学过程的优点。

表 7-16 "探究氯水成分"教学流程

教学环节	教学流程
提出问题，作出猜想	教师演示对照试验：氯气分别通入湿润有色布条和干燥有色布条 引导学生发现问题：氯气溶于水发生了化学变化 引导学生做出猜想并从理论论证猜想：氯水的成分有氯分子、氯离子、氢离子，盐酸可能具有漂白性
制订计划，实验探究	学生小组讨论得出实验方案： ① 检验氯水中的氯离子 ② 检验氯水中的氢离子 ③ 检验盐酸的漂白性
收集证据，分析解释	学生实验得出结论： ① 氯气溶于水生成氯化氢 ② 盐酸无漂白性
交流表达，反思评价	学生提出新问题：氯气溶于水生成氯化氢和另一种漂白性物质 教师展示某品牌衣物漂白剂有效成分：次氯酸钠，引导学生做出猜想，氯气溶于水生成次氯酸，并书写方程式分析原理
提出问题，作出猜想	漂白剂引发学生提出新问题：为什么不直接使用次氯酸做漂白剂有效成分，次氯酸钠如何制备，次氯酸如何漂白
制订计划，收集证据	学生分组查阅资料、教材，收集相关证据
交流表达，反思评价	学生分组交流，根据次氯酸漂白原理，分析得出漂白剂有效成分为次氯酸钠原因；根据氯气溶于水反应，分析得出制备漂白剂方法 发现新问题：漂白剂敞口久置可能失效。教师创设情境：漂白粉受潮后自燃引发火灾。学生继续探究……

　　建构式探究教学与发现式探究教学具有的共性是都需要激发学生学习的内驱力，创设情境让学生自主发现问题，主动探究；不同点在于学生自主探究的过程中，教师不断给予支架，保证学生探究的知识帮助与动力补给。

　　建构式探究教学的另一个特征体现在，学生在建构知识的过程中不断生成问题，不断进行新的探究，最后建构完整知识体系。教学过程中，教师应充分考虑学生的生活实际情况，创设适宜的支架，引导学生发现新的问题。

课堂讨论与实践

　　根据高中化学必修部分"原电池"教学内容，选择探究式教学的类型，设计探究流程，并说明理由。

7.4.3　探究式教学的实施原则

（1）主体性原则

　　在课堂上教师应充分尊重学生的主体地位，让学生成为学习知识的主体，注重调动学生学习的主观能动性。教师担任化学探究活动的组织者、设计者，活动过程中的引导者和启发者，应着重研究学生已有知识结构与教学内容之间的连接点,研究学生的认知程度和学习特点,创设情境,引导学生开展探究。此外，教师还应该注重学生之间的差异性，因材施教，力求为每个学生的发展都创设有利条件。

（2）开放性原则

　　第一，教学方法的开放性。在教学过程中，应将探究式教学的方式与其他教学方法有机结合，教学过程并非一探到底，应该适度探究，讲练结合。

第二，教学过程的开放性。探究即开放，在探究过程中学生对探究问题的选取及探究活动的设计都存在开放性，教师应及时鼓励并引导学生解决探究过程中生成的问题，以培养学生的学习积极性和发散思维能力。

第三，探究要素的开放性。2001 年我国《全日制义务教育化学课程标准（实验稿）》首次将科学探究归纳成八个要素。然而在中学的课堂教学中，科学探究的过程其实是无法完整再现的，教师应该根据教学内容合理选择探究要素，进行探究式教学。

课堂讨论与实践

阅读"原子结构"的探究式教学流程节选，讨论以下问题：
① 该教学过程涉及的科学探究要素。
② 该教学过程对学生的哪些核心素养有提升。
③ 该教学过程体现的现代教学理念。

[学习活动 1] 学生课前阅读关于道尔顿的近代原子论、汤姆生的葡萄干面包模型、卢瑟福的行星模型 3 种原子结构理论的 3 个小故事。课堂上将班级分为 3 组，分别讨论 3 种原子模型。
① 要求学生分小组寻找支撑本组理论的有效证据。
② 教师参与各组讨论并进行评价与指导。
[学习活动 2] 小组间交流，各小组表达自己小组的理论，并给出论据及本小组推理过程。
[学习活动 3] 组间辩论，进行支持己方观点和反驳他方观点的辩论。

7.4.4　探究式教学的实施策略

（1）探究内容的选择策略

探究内容的选取遵守可操作、兴趣性和适度性三个原则。首先探究内容必须符合学情和学校的实际条件，学生学力可达、学校硬件可支撑的探究才能真正实施；其次探究必须基于学生的主动性开展，所以探究内容尽量联系学生生活实际以激发兴趣；最后探究内容切忌完全开放，课堂教学的特征之一是时限性，教师需要控制探究的程度，避免过度发散无法完成教学任务。

（2）创设情境策略

探究教学必须创设情境，创设情境目的有二：其一，帮助学生发现问题，提出问题；其二激发学生兴趣，引发学生探究欲望。基于此，创设的情境需紧密联系教学课题，源自学生兴趣空间，制造认知冲突，引发疑问，才能为探究创造契机。

例如在"化学键"教学中，首先让学生做游戏，要求用乒乓球堆一个规则的几何外形。学生对做游戏的形式非常感兴趣，但很快就会发现乒乓球之间没有作用力，无法形成规则外形。这个游戏能让学生从做游戏中体会到构成晶体的微粒之间有较强的相互作用，否则无法形成规则外形。这既活跃了课堂气氛，又将抽象的化学键具象化为连接乒乓球的力量，这就是非常成功的探究情境创设。

（3）探究实验设计策略

探究式教学中的实验并不等于探究实验。我们通常将实验设置在科学探究的发现问题、实验探究、反思评价阶段，根据每个阶段的不同目的设计不同的实验。

① 在发现问题阶段设计趣味实验，激发学生探究欲望，引导学生发现问题。比如在钠与水教学中采用滴水生火实验。再如电解池一课时教学中，将水净化器广告中的画面搬到教室，设疑引发学生探究欲望后，采用铁和碳棒分别作为电解池的阳极和阴极电解水，带领学生讨论探究，揭穿水净化器广告中的猫腻。

② 实验探究阶段的实验是在提出猜想后的探究实验,实验前需有明确的探究目标和对实验现象的预设。有了目标和猜想,进行实验才具有探究性,真正帮助学生建构知识,否则实验对学生来说就是变魔术,课堂热闹,课后效果甚微。设计实验时,教师最好限定药品及仪器,有限的药品和仪器对学生是一个有力的引导,帮助学生快速拟订方案。复杂的实验方案拟订以后,可以由学生完成,也可以由教师演示。如探究金属与酸的反应实验,首先确定探究目标为"金属是否都能与盐酸和稀硫酸反应,反应现象是否相同"。然后引导学生切实讨论,得出猜想,还需给出猜想的大致理由。基于学生已经学习过金属与氧气的反应,学生可以大致推测出活泼金属能与酸反应,有的不活泼金属不能,反应速率也会受到金属活性的影响。接下来教师分配仪器:培养皿一个,塑料片4块,稀硫酸,铁、镁、锌、铜、银五种金属。因为限制一个培养皿,多数学生能想到用塑料片分割培养皿空间,同时完成五种金属与酸干预的对照试验方案,顺利完成实验,得出结论。

③ 反思评价阶段发现问题,设计新实验进行探究。科学探究的反思评价正是学生思维发展的进阶过程,也是探究式教学过程开放性生成问题的主要阶段。在这个阶段,教师可以引导学生针对新的问题作出新猜想,进一步实验探究。如金属与酸反应探究实验结束后,学生发现铜与银都不能与酸反应,无法比较金属活动性,教师可以演示铁与硫酸铜反应实验,引导学生发现新的比较金属活动性方案,再让学生设计实验方案比较铜与银的活动性顺序。

(4)教学评价策略

探究过程的顺利推进,需要教学评价的适时进行。教师在实施探究式教学前,需要在每个环节设置具体的评价任务,保障探究过程顺利进行,得出合理结论或发现合理问题。在猜想假设环节,要求学生对自己的猜想做出初步理论论证,能帮助教师评判学生的探究基础、分析问题能力;在制订计划环节,学生小组交流实验方案,既能评价学生科学探究的能力水平,又能保障实验顺利进行。教师在各个环节的评价过程不仅应该鼓励,还应该敏锐发现学生理论基础的缺失和推理分析能力的某些不完善,及时补充、纠正与建议,起到以评价作诊断,发展学生能力的作用。

课堂讨论与实践

阅读表 7-17 所示的教学实录,思考教师评价学生的教学活动方式,讨论教师作出评价以后的及时反馈对学生学习的作用。

表 7-17 "钠与水反应"教学实录

教学实录	教师诊断和评价
【师】我们经常用水来灭火,你们觉得水能生火吗? 【生】可以。 【师】为什么? 【生】(多数学生沉默,少数学生回答)你这样说就肯定会。	学生缺乏对论点进行论证的思维方式
【师】我们用水灭火的原理是什么? 【生】降温和隔绝氧气。 【师】如果你们觉得水能生火,那你们觉得可能发生了什么呢? 【生】可能产生了可燃物、氧气,升高了温度。 【师】看来大家对燃烧的条件了解很充分嘛。	学生的基础理论都掌握了,但是在选择理论解决问题方面有欠缺
【师】那我现在就来展示滴水生火。 (演示实验:向放置金属钠的酒精灯芯上滴加水,酒精灯燃烧起来。) 【师】同学们,我刚才在灯芯里放了一点金属钠,讨论一下酒精灯是怎么被点燃的。 【生】放热了,生成了氧气。	学生迅速学会了用燃烧的理论模型分析有关燃烧的问题,缺乏主动找寻理论模型解决问题的能力
【师】你们的猜想很有道理啊,猜想的依据是什么呢? 【生】燃烧的条件。 【师】又是谁在放热,谁可能产生氧气呢? 【生】钠和水发生了化学变化。	学生的思路基本是单点结构水平,不能主动将化学变化与燃烧两个理论并联分析问题

续表

教学实录	教师诊断和评价
【师】你们认为钠与水反应生成了什么呢？ 【生】氧气，（少数学生答）也有可能生成氢气。 【师】这位同学能发表不同的看法，很勇敢，能告诉我为什么觉得有可能是氢气吗？ 【生】水中也有氢元素啊，还有氢气可以燃烧。 【师】很好，我们既然是讨论提出猜想，就要尽可能根据不同理论多方论证，多发表不同意见，论证自己观点，不遗漏任何一个可能。大家给这位提出不同意见的同学鼓掌。 【生】（鼓掌，有学生答）我还有想法。	学生对质量守恒定律掌握还是不错的，但很容易被思维定势左右，需要肯定敢于作出不同猜想的同学
【生】钠应该生成氢氧化钠。 【生】钠肯定溶解了，只有这几种元素组合成氢氧化钠。 【师】同学们的猜想都很棒，总结大家的想法，我们认为钠和水能发生反应，可能生成氢氧化钠、氢气或者氧气。	学生开始学习全面思考问题，勇于发表意见

（5）教学反思策略

反思是教师专业发展的必要阶段，对教师的个人能力要求也较高。通常情况下会对教学的成败之处、偶然事件、不可控因素、顿生的灵感和思维障碍进行反思。

探究式教学本身是一种开放性的教学模式，实施的过程中会因为不同的学生、不同的思路产生很多不同的课堂生成情况。教师需要将这些生成性的教学过程、探究问题、探究思考记录下来，对自己的教学设计作出补充和修改。这样的教学反思也是宝贵的教研资料，可以用于同行交流，在反思与交流中提高自己的探究式教学能力。

练习与应用

一、选择题

1. 高中化学课程标准倡导的评价是（　　　）。

①目标多元　②方式多样　③过程与结果并重　④注重甄别与选拔

A. ①③④　　　　　　　　B. ②③④　　　　　　　　C. ①②③　　　　　　　　D. ①②④

2. 某教师为全班同学每人做了一个文件夹，其中放入了同学们的社会调查记录、课外活动照片、辩论会的发言稿、学习方法和策略的总结等，并依据文件夹中的内容对学生进行评价。这样的评价方式属于（　　　）。

A. 活动表现评价　　　　　B. 纸笔测试　　　　　　　C. 学习档案评价　　　　　D. 综合评价

二、判断题

1. 探究式教学的一个重要目的是促进学生真正地理解概念、原理和科学知识。（　　　）

2. 科学探究的活动内容就是进行实验设计与操作。（　　　）

三、简答题

1. 简述什么是探究式教学。

2. 探究性学习与启发式教学有什么关系？

3. 促进学生有效探究的基本条件是什么？

4. 简述探究式教学的特征。

四、论述题

1. 举例说明如何衡量一个问题有无探究价值。

2. 请你为"化学电源"这一主题设计探究式教学流程。

3. 以"铁钉在不同环境下的锈蚀情况"的活动为主题，设计简要的探究性学习活动方案。

第8章
化学实验教学

引言

化学是一门以实验为基础的学科，在教学中创设以实验为主的科学探究活动，有助于激发学生对科学的兴趣。引导学生在观察、实验和交流讨论中学习化学知识，能够提高学生的科学探究能力，所以实验不仅是研究化学科学的重要方法，也是化学教学的重要手段。《普通高中化学课程标准（2017年版）》也明确指出："重视开展'素养为本'的教学。倡导真实问题情境的创设，开展以化学实验为主的多种探究活动，重视教学内容的结构化设计，激发学生学习化学的兴趣，促进学生学习方式的转变，培养他们的创新精神和实践能力。"因此，化学实验是中学化学课程不可缺少的重要部分之一。化学实验课有助于学生将理论联系实际，培养观察现象、分析问题和解决问题的能力。只有将实验教学与课堂教学紧密配合，才能充分培养和发展学生的学科核心素养，达到理想的教学效果。

本章对化学实验教学与化学教学实验二者的概念进行辨析，以便学生更深入地理解化学教学实验的内涵，进一步了解化学教学实验的内容；通过全方位解读中学化学实验教学的功能，使学生充分认识到化学实验在化学教学中的重要作用。通过本章的学习，学生在今后的教学中能善于利用化学实验来培养中学生的实验操作技能和观察分析、解决问题的能力。

学习目标

1. 理解化学实验教学的内涵，进一步了解化学实验教学的功能和要求。
2. 充分认识化学实验在化学教学中的重要作用。
3. 善于利用化学实验培养中学生的实验操作技能和观察分析、解决问题的能力。

4. 通过实验探究，培养科学严谨、实事求是、勇于探究创新的科学态度，树立安全意识、环保意识。

5. 通过化学实验教学具体案例，树立科学伦理观。

8.1 化学实验教学概述

问题与思考

1. 你能够说出化学教学实验与化学实验教学二者的区别和联系吗?
2. 你能够举例说出中学化学实验包含哪几个方面的内容吗?
3. 你能够说出化学实验教学的功能吗?
4. 你知道如何发挥化学实验教学的功能吗?

8.1.1 相关概念

(1) 科学实验、化学实验

科学实验是科学实践活动的一种基本的和重要的表现形式，是有目的、有步骤地通过控制或模拟自然现象来认识自然事物和规律的一种感性活动。根据研究对象的不同，可以将科学实验分为物理科学实验、化学科学实验、生物科学实验等。

化学实验就是根据化学实验目的，实验者运用实验仪器、设备及装置等物质手段，在人为的特定实验条件下，改变化学实验对象的状态或性质，通过实验观察获得各种化学科学事实（即化学实验事实）的一种科学研究方法。

资料卡片

科学实验是以认识自然界为直接目的。实践是“人的有目的的活动”，目的性是各种社会实践共同具有的重要特征。不同的社会实践形式，其目的性是各不相同的。作为科学实践的科学实验的目的则是通过控制或干预自然获得有关自然事物和现象的各种科学知识，以便更有效地改造世界。

任何一项科学实验都有明显的实验目的，或是寻找某一现象的原因，或是了解某一事物的属性，或是验证某一科学假说是否成立，等等。科学工作者就是按照科学实验的目的来进行科学实验的。

科学实验是一种探究性活动。科学实验始于实验问题，实验问题就是人们还没有认识但又应该和需要认识的科学知识。实验问题的提出，意味着人们对新知识的追求；实验问题的解决，需要付出艰苦的劳动，进行无数次大胆而又细心的尝试和探索。科学实验的探索性，是人的主观能动性的高度体现。

科学实验是一种现实的感性活动。科学实验的现实性和可感知性，既表现在实验主体、实验客体和实验工具上，也表现在科学实验的过程中。这是科学实验与理性思维相区别的重要标志。

(2) 化学教学实验与化学实验教学

化学教学实验是指在化学教学中教师或学生根据一定的化学实验目的，运用一定的化学实验仪器、设备和装置等物质手段，在人为的实验条件下，改变实验对象的状态和性质，从而获得各种化学实验事实，达到化学教学目的的一种教学实践活动。化学教学实验通常也简称为“化学实验"，它是化学教学中经常进行的一种教学实践活动❶。

化学实验教学是指教师为实现一定的化学教学目的，将化学实验置于一定的化学教学情景下，而开展的一系列教学活动。

案例展示

在讲 CO_2 的化学性质时，可运用以下三个实验进行对比：

[实验1] 在醋酸溶液中滴入几滴紫色石蕊试液，溶液变红。

[实验2] 向紫色石蕊试液中通入 CO_2，溶液也变红。

[实验3] 取少量固体石蕊于试管中，通入 CO_2，石蕊不变色。

那么，实验2中溶液变红的原因是什么呢？学生讨论非常热烈，通过分析、比较，得出结论，并写出化学方程式：$CO_2 + H_2O = H_2CO_3$。

将这三个实验置于具体的教学情景中，并围绕有关的化学实验现象，开展了讨论、分析、比较等一系列教学活动，实现"理解 CO_2 可以跟水发生化学反应的性质"的教学目的。这些活动就是化学实验教学。

8.1.2 中学化学实验的内容和类型

一般来说，中学化学课程内容主要包括六个部分：化学基本概念、化学基础理论、元素化合物知识、化学用语、化学计算和化学实验。化学实验既属于化学基础知识（化学实验操作知识），又属于化学基本技能（化学实验技能）。从化学实验对学生学习化学基础知识和掌握化学实验技能所起的作用来看，中学化学实验的内容主要包括以下方面。

（1）化学基本操作实验

化学实验基本操作，既是中学化学实验教学的重要技能，又是学生形成化学实验能力的重要基础，对保证学生顺利进行化学实验活动起着重要作用（表8-1）。

表 8-1　中学化学实验对仪器使用及基本操作的要求

要求学生熟练使用的主要仪器	要求学生熟练掌握的基本操作
试管、烧杯、酒精灯、漏斗、滴管、容量瓶、铁架台、干燥器、燃烧匙、集气瓶、蒸发皿、研钵、温度计、天平、量筒、烧杯、启普发生器、移液管、滴定管、锥形瓶	加热、集气、验纯、溶液配制、过滤、蒸发、溶解、药品取用、称量、量液、简单仪器的连接、洗涤、振荡、移液、定容、中和滴定

要搞好化学实验基本操作的教学，应注意以下几点。一是注重示范，即教师首先做好示范操作，便于学生模仿。二是讲清道理，使学生知道这样操作的原因，避免机械模仿。三是明确要领，尤其是第一次接触某项操作时，更应使学生清楚操作的方法。如"试管的持拿"要领："三指"捏、"二指"拳，握住试管的上沿，为了好观察，严禁"满把抓"。四是加强练习，从严要求。练习是学生形成化学实验技能的重要途径，因此教师要引导学生在理解基本操作重要性的基础上反复操作；要对学生的实验操作严格要求，一旦发现学生操作不够规范，应及时纠正，以养成良好的操作习惯。

（2）物质性质和制备实验

物质性质和制备实验在中学化学实验内容中占有较大的比例。这类实验的目的主要是给学生提供丰富的感性认识材料，使学生较好地掌握元素化合物知识；进一步训练学生的实验技能技巧和观察能力，培养学生分析问题、解决问题的能力。

任何一种物质都具有许多物理性质和化学性质。有些物理性质可以通过感官直接进行感知，如物质的颜色、状态、气味等；而另外一些物理性质则必须借助一定的实验仪器和设备通过测定

❶ 郑长龙. 中学化学课程与教学改革[M]. 长春：东北师范大学出版社，2001：155.

来获得，如物质的密度、沸点、熔点、溶解度等。物质的化学性质，只有物质发生化学变化时才能显露出来。而物质的化学变化只有借助于一定的化学实验仪器和设备，在人为控制的实验条件下才能发生。物质的制备实验相对性质实验来说，是难度较大的一类实验。它要求学生要有较牢固的元素化合物性质的知识和较熟练的化学实验基本操作技能。

进行这类实验教学时，教师要注意引导学生细致观察，认真记录，积极思考；对某些较为复杂的操作或装置，教师最好先做示范，讲明注意事项和原理，或进行启发式提问后方允许学生动手实验。

（3）揭示基本概念和化学基础理论的实验

揭示基本概念和化学基础理论的实验的主要任务是，为讲授重要的化学概念和化学基础理论提供生动的直观认识。化学概念和理论相对较为抽象，学生接受起来有一定困难，在教学中易成为学生学习的难点。因此，设计好形成化学概念和理论的实验，为学生认识创设台阶，就显得尤为重要。如氢气还原氧化铜、电解氯化铜、中和热的测定等实验，可以为学生认识氧化还原反应、电解、中和反应等概念和理论提供感性认识材料。进行这类实验教学时，实验装置和操作应力求简明、易行，以突出主要部分，集中学生的注意力；应尽量安排学生亲自动手、直接感知；应充分调动学生思维的积极性、主动性和创造性，引导学生对实验现象进行科学探究。

（4）揭示化工生产中化学反应原理的实验

在中学化学教材中，结合生产实际的实验数量并不多，主要有合成氨、氨氧化法制硝酸、接触法制硫酸、石油裂解、乙酸乙酯的合成等。这类实验装置比较复杂，综合性强，有利于学生实验能力的培养。

进行这类实验教学时，要突出重点，了解化工生产中实现化学反应所需的典型设备和生产流程，认识控制实验条件对实现化学反应的重要性。在实际教学中，应配合模型、挂图、多媒体课件、教学录像、参观等教学手段，做到理论与实践紧密联系。但注意不必刻意模拟工业生产过程和大型实验装置，应简单明了，说明原理即可。

（5）学生独立设计实验

学生独立设计实验与前面提到的实验不同，它没有规定的实验步骤和方法，需要学生根据实验题目独立设计实验方案，拟订实验仪器装置、使用试剂、操作方法并得出结论。这对于培养学生综合运用所学的知识、技能去解决化学实际问题的能力，培养他们的科学态度、科学方法、创新精神、独立实验能力都具有重要意义。教学中要随着年级升高，逐步增加这类实验的次数和难度，并积极创设让学生独立操作的实验条件。教师还应认真地审阅学生设计的实验方案，确保实验安全。

按照不同的标准，可以把中学化学实验分成不同的类型。根据课程形式不同，可以分为学科课程实验和活动课程实验。根据实验主体不同，可以分为演示实验和学生实验。根据实践形式的不同，学生实验又可以分为边讲边做实验、学生实验课和实验习题三种。这些实验类型的特点与教学要求将在后面做详细讲解。

需要注意的是，各种分类形式只具有相对意义，不能机械地分开。例如，某些演示实验可以在课堂上边讲边实验，也可以在实验室内进行学生分组实验❶。

8.1.3　化学实验教学的功能

实验教学是为全面开发实验教育功能，运用实验的学习资源，进行设计、实施、评估的教学过程。中学化学实验教学可使学生在知识的建立及巩固（认知）、实验技能的掌握（技能）、逻辑思维的培养（思维）、科学方法的建立（科学方法）、优良情感的塑造（情意）等领域发挥其独特的教育功能，是中学化学教学的基础。

---

❶ 马建峰. 化学实验教学论[M]. 北京：科学出版社，2008.

（1）为学生形成化学概念、掌握化学基础理论提供感性认识

由感性上升为理性，是人们认识客观事物的一般规律。学生要形成化学概念、掌握化学基础理论总是从认识具体事物、观察个别化学现象开始，在生动感知的基础上，达到对客观事物本质的把握。化学实验正是通过一定的物质手段（实验仪器或设备），在人为控制的条件下，将物质的性质和变化规律呈现出来。

案例展示

形成"催化剂"概念的实验

① 单独加热氯化钾，在较高温度才有氧气放出，且速率较慢。

② 单独加热二氧化锰，没有氧气放出。

③ 加热二者的混合物，在较低温度就有大量氧气放出。

请比较、分析这三个实验，说出二氧化锰在氯酸钾分解中的作用。

（2）帮助学生检验和巩固化学知识

化学实验要求学生手脑并用，有利于学生巩固所学到的化学知识，可以有效地检验、考查学生对所学化学知识的理解和掌握情况。例如下面的实验习题，就能很好地检验学生是否能灵活运用所学的化学知识。

案例展示

检验和巩固化学知识的实验

为了探究"NO_2 气体能否支持燃烧"，某同学将硝酸铜固体加热，并用集气瓶收集气体产物。当集气瓶中充满气体后，他将带火星的木条伸入集气瓶中，结果木条复燃了。于是他得出了一条结论："NO_2 气体支持燃烧"。

你认为他说的对吗？为什么？你还能设计出更具有说服力的实验方案吗？

（3）培养学生的观察能力和思维能力

化学离不开实验，实验必然伴随着观察。在化学反应中，物质的外部属性（颜色、状态、形状等）以及实验现象（颜色变化、发光发热、生成沉淀、产生气体等）都要凭感觉器官通过观察来认识。所以化学实验一方面可以使学生认识物质及其变化现象，另一方面还可以培养学生的观察能力。

案例展示

对金属钠的观察

① 取一小块金属钠，首先观察钠是固体（视觉）。

② 用刀切，感到钠比较软（触觉）。

③ 切去表皮后，看到钠呈光亮的银白色（视觉）。

④ 把钠放在盛有水（事先滴加酚酞）的烧杯中，钠浮在水面上，四处游动，逐渐变小，最后消失，产生一些小气泡（视觉）且溶液变红（视觉），并发出"嘶嘶"的响声（听觉）。

⑤ 用手触摸烧杯，感到有些发热（触觉）。

在这一过程中，学生要对实验现象进行全面观察，必须充分运用视觉、触觉、听觉等多种感觉，因而化学实验可以培养、提高学生的观察能力。

进行实验教学，观察并不是最终目的。要把观察和思维紧密结合起来，以达到对实验现象的本质认识。因此，在观察的同时要进行积极的思考，把观察到的每一个现象，与为什么出现、在什么条件下出现、说明什么道理、可以得出怎样的结论联系起来。

‹ 案例展示 📁

对钠与水反应现象的思考

① 钠能浮在水面上，说明钠的相对密度比水小。
② 钠能熔化成一个小球，说明反应放热，同时说明钠的熔点低。
③ 溶液变红，说明有碱生成。
④ 有气泡产生，说明反应产生气体。
⑤ 发出"嘶嘶"的响声，说明反应剧烈。

（4）培养学生的实验技能

化学实验技能按其本身的性质和特点来看，属于动作技能。化学实验的操作主要通过手的活动来完成。化学实验技能的教学要求一般分为初步学会、学会和熟练掌握三个层次，不论哪一层次，都必须经过学生亲自动手操作才能形成，因此，这是其他任何教学形式和方法不能取代的。

在实验教学过程中，要注意启发和引导学生手脑并用，不仅要求学生在实验操作上知道怎么做，而且还要让学生动脑筋思考为什么这样做。把积极思考渗透到实验技能练习的全过程中去，以利于学生实验技能的形成和不断提高。

（5）进行唯物论和辩证法的教育

学好化学必须以实验为基础。就中学化学教学内容来讲，物质与物质之间、物质与现象之间、现象与现象之间、物质变化与外界条件之间的相互联系，以及物质变化与能量之间的关系等，几乎都要通过化学变化而显现出来。由此看来，化学实验不仅可以为学生提供丰富的感性认识，而且还使学生受到生动的辩证唯物主义观点教育。

中学化学教学内容本身孕育着丰富的辩证唯物主义观点。概括来说，物质的微观结构证实了客观世界的物质性；元素周期律体现了自然界的变化是由量变到质变的过程；化学平衡揭示了矛盾的对立统一；任何化学反应条件的选择，蕴含着客观事物之间相互联系和相互制约的普遍原理。所以，结合有关教学内容，通过化学实验，对学生进行唯物论和辩证法教育，是中学化学教学的一项重要内容。

（6）培养学生的科学态度和对学生进行科学方法训练

培养学生严谨的科学态度，主要体现在三个方面：一是在化学实验中，培养学生重视化学理论知识对实验的指导作用；二是在化学实验中做到一丝不苟、精益求精，严格按照规程进行操作，对实验现象和结果进行科学的分析和解释；三是要有实事求是的科学态度，不能臆造事实和修改数据。学生的每一次化学实验，都是根据实验目的来设计实验方案，然后通过对条件的控制进行实验操作。在实验过程中，学生要对发生的现象或要测量的数据进行认真、客观的观察和记录，然后对实验现象或测量数据进行分析和处理，最终得出结论或规律性认识。显然，化学实验本身渗透着对学生进行科学方法的训练，这不仅是提高化学实验教学质量的要求，也是增强学生的科学素质、培养创造性人才的需要。

（7）有效激发学生的学习积极性

现代学习理论告诉我们，认知兴趣是学习动机中最现实、最活跃的成分。化学实验之所以能激发、调动学生的学习积极性，是因为化学实验能给学生展示诸如颜色变化、气体产生、燃烧、爆鸣等生动、新奇、鲜明的化学现象，可以引起学生的直接兴趣。学生通过自己动手进行实验操作，使化学变化呈现出来，实验的成功会进一步激发他们的求知欲望。学生还可以根据自己掌握的化学知识和实验技能，通过化学实验去探讨新知识、解决新问题，使学习兴趣上升到更高层次。总之，化学实验教学可以有效地调动学生学习的积极性和主动性，从而成为推动学生有效学习的强大动力❶。

除此之外，实验教学还有利于培养学生团结协作、勤俭节约、爱护环境等科学态度和科学品质；有利于培养理论联系实际、知行统一的学风。

练习与应用

1. 请简述化学实验教学的功能。
2. 请简述化学实验教学与培养学生科学态度和科学方法之间的关系。
3. 请举例论述化学实验教学与化学教学实验的区别与联系。
4. 下列中学化学实验分类不正确的是（   ）。
A. 根据课程形式不同：学科课程实验和活动课程实验
B. 根据实验主体不同：演示实验和学生实验
C. 根据实践形式不同：边讲边做实验、学生实验课和实验习题
D. 根据活动目的不同：化学实验教学与化学教学实验

8.2 化学实验教学的要求

问题与思考

1. 你能够说出教师演示实验时需注意什么吗？
2. 你了解学生实验有哪些类型吗？

8.2.1 演示实验

（1）演示实验的特点

演示实验是教师在课堂教学过程中示范操作表演的实验。它可以给学生生动、鲜明而深刻的印象，是一种传统的、基本的实验教学形式。演示实验过程中，教师的示范操作表演对于训练学生的实验操作技能、培养严肃认真的工作作风和实事求是的科学态度，具有言传身教、潜移默化的影响。所以演示实验在中学化学教学中具有非常重要的作用。

演示实验一般可概括为两种方法：一种是先进行演示实验，根据实验观察到的现象，引导学生分析并作出结论。这有利于帮助学生形成正确的概念，激发学生的学习兴趣，培养学生的观察、分析、综合与判断能力。另一种是先向学生讲清楚实验的装置、操作步骤，告诉学生应该观察到的现象和得出的结论，然后用实验证实这些结论或原理。这有利于帮助学生巩固、运用、深化知识。

（2）演示实验的要求

① 充分准备，确保成功。演示实验要做到万无一失，确保成功。演示实验的失败，不但严重影响教学效果，而且还会挫伤学生的学习兴趣和积极性。所以，在选择或设计演示实验时，要多方考虑，做好准备实验，以保证演示的成功。例如氢气跟氯气混合见光爆炸实验，应多次重复预实验，认真分析成败原因，掌握成功的关键。万一演示不成功，教师应采取科学的态度实事求是地给予说明和解释，并安排时间重做。

---

❶ 李广洲. 化学教学论实验[M]. 2 版. 北京：科学出版社，2006.

② 目的明确，重点突出。演示实验要有明确的目的。通过实验要求学生掌握哪些知识、培养什么能力、受到什么教育，教师要做到心中有数。

案例展示

"镁条燃烧"的实验目的

镁条燃烧发出耀眼的白光，放出大量的热，有烟和很脆的白色固体产生。这一实验的目的是让学生形成"化学变化"的概念，因此，虽然实验现象非常丰富，但观察的重点是"有烟产生""有很脆的白色固体产生"，以便学生得出"有新物质生成"的结论。

③ 现象明显，便于观察。演示实验的现象要明显，装置和操作尽可能简单，反应时间要短。明显的实验现象能给学生以深刻的印象，这是顺利进行形象思维和抽象思维的基础。

案例展示

"酸碱中和"实验方案的选择

方案1：氢氧化钠溶液与稀硫酸溶液反应。
方案2：氢氧化铜沉淀与稀硫酸溶液反应。
方案2现象更明显。方案2优于方案1。

④ 引导思维，培养能力。明显的实验现象能给学生以生动直观的印象，但只有通过思维才能完成认识上的飞跃，达到教学目的。为此，教师的演示应跟讲述、引导观察、质疑、板书密切配合，让学生明确实验的目的和观察的要求，并对实验装置、操作步骤、观察到的现象进行积极的思考。启发他们对实验现象和实验结果进行分析，经过抽象、概括、总结和归纳，透过现象认识本质，以形成化学概念和掌握基础理论知识。实践证明，在演示实验中教师作必要的讲解和适当地提出思考性问题，会引起学生的积极思维。在演示实验过程中，尤其要注重培养学生的思维能力。

⑤ 掌握时间，保证安全。演示实验是课堂教学的重要一环，必须在较短的时间内完成。教师应周密安排，控制条件，使实验现象适时出现。同时，演示实验必须确保安全。教师对实验中的不安全因素要做到心中有数，并采取措施加以消除，否则不宜做演示实验。

案例展示

"氢气爆鸣"实验方案的选择

方案1：在集气瓶上盖塑料片做爆鸣装置。
方案2：在塑料瓶上盖塑料片做爆鸣装置。
方案2更安全。方案2优于方案1。

8.2.2　学生实验

8.2.2.1　边讲边做实验

（1）边讲边做实验的特点

边讲边做实验是在课题教学中，把教师讲授与学生实验结合起来的一种教学形式。这种教学形式是在化学教学过程中需要通过实验来认识某一物质的性质及其变化，或形成某一新概念，或理解某一原理时，不通过教师演示来完成，而是在教师的组织指导下由学生自己动手实验，通过自己的观察和思考来获得知识。

课前在学生的课桌上摆好必需的仪器和试剂。上课时，教师在讲授过程中每当需要学生通过实验来认识某一物质的性质及其变化，形成某一新概念，理解新的原理时，教师就组织、指导学生进行相应的一个（或一组）实验。学生一边听取教师的讲授，一边通过自己动手操作、观察和思考来获得知识。因此，比起单独由教师演示，学生能更加仔细地观察实验现象，对所获得的物质及其变化的印象更加深刻，加深理解新的概念和新的原理，从而使掌握的知识更加牢固。同时，学生亲自动手，能更好地培养学生的实验操作技能、技巧和其他多种能力。整个实验在教师的指导下进行，因此，教师的主导作用和学生在学习中的主体作用都能得到充分发挥，学生学习效率和质量都能得到提高。

（2）边讲边实验的要求

① 精心选择实验内容。正确地选择边讲边实验的内容，其条件是：紧密配合教材内容，并为设备条件所允许；实验内容简单，操作方便，时间短；实验现象明显，直观而不易发生异常现象；实验安全可靠，不宜选用产生有毒气体或易发生爆炸的不安全实验；同一节课所选用的边讲边做实验的数量不宜过多，以免学生疲于实验操作，无暇仔细观察和思考。

② 做好课前准备工作。首先，教师要对上课时拟做的实验反复预试，除要求掌握实验成败的关键外，还要估计学生在课堂实验时可能出现的问题和大约需要的时间，使教师在课堂上指导学生实验时心中有数，便于控制教学进度。其次，准备好学生实验所用仪器、药品，将检查合格的仪器、药品整齐有序地分别放在学生的课桌上。讲台上还应另摆一套，以便教师示范演示用。

③ 做好课堂组织和指导工作。上课时要注意把讲授和组织学生实验有机结合起来。教师要先向学生提出实验目的和要求，交代实验步骤和注意事项，然后学生才动手实验，观察现象。在学生进行实验时，教师要细心地观察学生的操作情况、实验现象和记录情况，及时指导。必要时还可中断全班实验，纠正出现的普遍性问题。待实验完结后，教师可根据实验结果和实验现象进行提问。如学生的发言中有遗漏或错误，则组织其他学生补充、讨论，最后由教师总结。

8.2.2.2 学生实验课

（1）学生实验课的特点

学生学完某一单元或某一章节之后，在教师的组织和指导下利用整节课的时间，在实验室里独立运用已获得的知识技能，进行实验操作，观察和思考实验现象，做好实验记录，写出实验报告。通过学生实验，能进一步巩固和加深学生已获得的知识，培养学生实验操作技能和独立工作能力，培养理论联系实际的学风、实事求是的科学态度和良好的道德品质。

（2）学生实验课的要求

① 做好课前准备。师生都应明确每一次学生实验课的目的。教师在实验前应做好本实验的预试；备好课后，应把学生实验用品准备齐全，并利用学生的仪器和药品进行全部实验，这样可以进一步检查仪器、药品是否短缺或失效。学生实验桌上的仪器、药品要摆放整齐、合理，这不仅为实验提供方便，而且也给学生提供示范。

② 课堂上检查提问。实验课开始时，教师要进行必要的检查提问，判断学生是否明确本实验的目的、操作步骤、注意事项。这是学生实验成败的关键。此外，教师还要对学生实验做简短的讲述，对初次接触的仪器要作介绍，操作要作演示，结合操作过程交代有关注意事项。这样就能给学生留下直观的印象和感性的认识。

③ 辅导耐心认真。在实验全过程中，教师应认真负责、耐心细致地做好辅导工作：既要照顾全班学生的实验正常进行，又要对"两头"的学生做好重点指导，使基础好的学生能更进一步，使基础较差的学生能完成任务。如果发现普遍性的问题或不安全因素，可停止实验，经教师解决后再继续实验。

④ 及时小结实验。实验完毕，教师要对实验情况进行小结，即从实验操作、实验现象、观察记录、科学态度、遵守纪律、道德品质、实验作风等各方面全面评述，指出全班实验的优缺点，

并分析原因，提出希望。实验小结应以表扬鼓励为主。小结之后，要求学生刷洗整理好仪器，药品归还原位，打扫卫生后离开实验室[1]。

8.2.2.3　实验习题

（1）实验习题的特点

实验习题是学生综合运用已学的化学知识和化学技能，采用化学实验方法来解答的一类化学习题。实验习题只为学生提供题目，而没有提供如学生实验课那样现成的教材。要求学生在实验之前，要独立思考、研究，探索解答习题的途径，设计出解答习题的实验方案，经教师审阅批准后实施。其他内容如原理、仪器、药品、方法、步骤、注意点也均由学生自己考虑。因此，实验习题既是化学教学中的一种特殊形式的习题，也是要求较高的一种学生实验。实验习题除具有与学生实验课相同的作用外，还在培养学生综合运用知识、技能和实验方法来解决化学问题的独立工作能力，培养学生设计化学实验和探索、创造能力，以及进一步激发学生自觉地掌握和巩固化学基础知识和化学基本技能的积极性等方面有良好的效果。

（2）实验习题的要求

实验习题的特点表明，只有在学生具备了一定的化学知识、技能的条件下，实验习题课才能顺利进行。因此，教师可在一定的阶段，例如单元复习或总复习，适当地布置实验习题。实验习题可以分散布置在一般的学生实验课中，进行个别实验习题的解答；也可以集中组织几个题目作为一节独立的实验习题课单独进行。为了提高实验习题课的效果，还要求做好以下几点：

① 教师要做好实验习题和设计的准备工作。教师在课前应该对所有的实验习题进行方案设计。对可能有的设计方案、相应的实验条件和关键点都要充分掌握，并且还要亲手预做可能的实验方案。同时，教师要在充分了解学生的知识水平和实验能力的基础上，准备好学生可能所需的仪器和药品。

② 加强习题实验方案的指导。预先向学生布置实验习题，要求学生先仔细审阅实验习题，然后提出实验原理、方法和步骤；预计所需的仪器和药品；推断实验的结果和关键点等。最后设计形成实验初步方案——预习报告。报告应包含实验题目、仪器药品、操作步骤（含有装置图形）、实验注意事项、预计反应现象和结论等方面。

③ 学生应于课前将个人的实验方案交教师审阅。由教师对各种方案进行逐一分析、评阅，肯定好的方案，并提出修订意见。选择几种可行性好、效果理想的实验方案，推荐给学生进行讨论，并选定方案。请实验员准备好学生设计所需的仪器和药品。

④ 实验方案实施中加强指导。实验习题和设计实施时，学生根据自己确定的实验方案取用仪器和药品，按方案独立进行实验。课堂上教师针对学生实验过程中出现的问题予以解答，帮助学生按步骤完成所设计的方案。实验结束后做好实验室的整洁、清理工作，归还仪器、药品，最后进行小结，对实验报告提出具体的要求[2]。

< 练习与应用 🛩

1. 学生在实验前，通过自行查阅资料，独立设计完成实验方案是（　　）的特点。

A. 边讲边做实验　　　　　　B. 学生实验课　　　　　　C. 实验习题

2. 学生实验成败的关键是（　　）。

A. 学生是否明确本实验的目的、操作步骤、注意事项

B. 学生实验用品准备齐全

C. 教师认真负责、耐心细致地做好辅导工作

D. 实验完毕，教师及时对实验情况进行小结

---

❶ 任红艳. 化学教学论实验[M]. 北京：科学出版社，2015.

❷ 郑长龙. 化学实验教学论[M]. 北京：高等教育出版社，2002.

3. 以下关于边讲边做实验的要求描述不正确的是（　　　）。

A. 紧密配合教材内容，并为设备条件所允许

B. 实验内容简单，操作方便，时间短

C. 同一节课教师可以进行多个边讲边做实验

D. 实验安全可靠，不宜选用产生有毒气体或易发生爆炸的不安全实验

4. 下列有关化学实验教学的说法正确的是（　　　）。

A. 化学教学中应该多采用多媒体手段取代课堂演示实验

B. 化学实验探究的活动内容就是进行实验设计与操作

C. 实验探究法的最大缺点是重结果不重过程

D. 做化学实验要以实验为基础，运用"实验方法论""实验事实""实验史实"来进行化学教学同样也是以实验为基础的

8.3　化学实验及其教学改革

问题与思考

1. 你了解为什么需要进行化学实验及其教学改革吗？

2. 你能够说出化学实验教学改革的趋势和方向吗？

8.3.1　化学实验改革

化学实验在中学阶段整个教育任务中，承担着相应的任务和教学目标。实验教学不只为理论、元素化合物等知识提供佐证，在"育人"和探索化学实验教学如何为社会主义建设服务的其他诸方面，化学实验系列本身应该承担相应的任务。化学实验的改革也应该是与课程、教材、教法专题紧密联系的改革优化过程，而不是简单的个别实验装置、用品、操作等的改革。

8.3.1.1　化学实验改革的指导思想

东北师范大学化学系的郑长龙教授在 2001 年系统地梳理了化学实验及其教学改革的指导思想[❶]。

（1）要扭转实验的学术化倾向

化学实验是侧重为培养未来的专家服务，还是侧重为培养具有较高科学素质的未来社会的公民服务，这是在培养目标上的两种不同价值取向。目前的化学实验，无论在实验课题和内容的选择上、实验方案的设计上，还是在实验教学的要求和评价上，实验的学术化倾向都较为明显。"过分侧重学科训练的实验，不仅功能过于单一，而且未必有利于培养学生的创新意识和诱发学生对科学实验的兴趣。"

（2）要扩展实验的功能

从体现和落实培养科学素质这一化学课程与教学改革的总目标来看，非常有必要对化学实验的教育教学功能重新进行审视。就当前的化学实验改革而言，有三个问题尤为突出。

一是化学实验技能训练问题。对学生进行实验技能的训练，是化学实验的功能之一，但不是唯一功能。过分强调实验技能的熟练化，进行专门训练的做法既枯燥，效益又不高，是需要加以扭转的。为此，应将实验技能的训练与培养置于实验探究活动之中，使二者有机结合起来。教师

❶ 郑长龙. 化学实验及其教学改革——化学实验改革的新特点[J]. 中学化学教学参考，2001（11）：3.

应引导学生把注意力放在实验探究活动上，在积极、主动的实验探究活动中，形成化学实验技能，使实验技能的训练成为实验探究活动的结果之一。

二是关于验证性实验问题。目前对验证性实验的批评较多，很多人主张将验证性实验改为探索性或研究性实验。对于这些批评和主张要辩证地加以认识。验证性实验过多，探索性实验偏少，二者比例关系失衡，导致各自的作用的发挥受到限制，这肯定是不合适的，因此有必要增加探索性实验，或将一些验证性实验改为探索性实验。但一味地因为验证性实验"结论"在前，"实验"在后，过分强调它对结论的验证，因而对验证性实验加以"排斥"的话，那就很容易走到另一个极端。从理论上讲，验证性实验和探索性实验在化学教学认识中都有各自的作用，只不过是在认识的不同阶段发挥作用罢了，不存在谁代替谁的问题。诸如"告诉学生详细的实验步骤""告诉学生结论""教师依据学生接近结论的程度给予评价"等问题，并不是验证性实验自身存在的问题，而是在验证性实验的设计和实施中人为造成的问题。要解决这一问题，首先要正确认识验证性实验的不可替代的作用；其次要系统规划，统筹考虑，将验证性实验作为实验探究活动的重要表现形式之一，与实验探究活动其他功能的发挥紧密结合起来；再次要改变验证性实验"照方抓药"式的设计，倡导结合所学知识对"验证性实验"进行探究。

三是"结果"与"过程"的关系问题。化学实验功能的体现，不仅仅在于获得所谓的"正确"实验结果，更重要的是学生经历和体验获得实验结果的探索过程，只有亲身经历了这样的过程，学生才能对什么是科学、什么是科学实验有较为深刻的理解，才能在这样的过程中受到科学过程和科学方法的训练，形成科学的态度、情感和价值观。"不重视过程的实验等于把生动活泼的化学现象变成了静止的某个预期的'结论'，何况这个'结论'学生从教师的表演实验和书本上早已知道，就像水平很低的侦探小说或者电影那样，没有悬念引不起学生的积极思维，没有发现时的快乐，感受不到科学的魅力。同时由于结论和书本所叙的或理论所推测、所预期的完全一致，教师无须为解释或探讨学生在实验过程中所发现的新的或未曾预料到的化学现象进行思考，因而失去了许多了解或理解化学的机会。"

（3）要贴近生活，贴近社会

将"面向全体学生的化学""面向公民的化学"这一理念落实到化学课程与教学中，就要求整个课程与教学要贴近生活、贴近社会，使学生学习"有用的化学"。

作为化学课程与教学内容的一个重要组成部分，化学实验尤其要注意联系学生的生活实际和社会实际。这一方面可以提高学生的科学兴趣，使学生感到化学就在自己的身边，无处不化学；另一方面也可使学生在知道（what）和理解（why）化学知识的基础上，能够清楚所学的知识能力用于做什么和怎么做（how to do）；同时对化学的本质和价值，尤其是化学科学的"两重性"有一个正确的认识。通过化学实验来解释和解决日常生活和社会实际问题，对于拓展化学实验的功能，培养和提高学生的科学素质，具有十分重要的意义和价值。

8.3.1.2　化学实验改革的特点

（1）化学实验的趣味化

化学实验因为自身的特殊性，可以激发学生的化学学习兴趣，这是人们的共识。但是做了化学实验，是否就一定能够激发和保持学生的化学学习兴趣，这一问题还需要进一步讨论。广大教育工作者开始关注和研究如何增加化学实验的趣味性，将研究成果梳理成系列"趣味实验"，形成了一种新的化学实验形式。

霍冀川教学团队在《趣味化学实验》一书中不仅系统整理出部分趣味化学实验课题，还结合文献阅读提出相当一部分趣味化学文献设计实验（表 8-2）。

（2）化学实验的生活化

化学是一门实践性和应用性很强的科学，化学知识广泛深刻地渗透进个人和社会生活的各个方面，化学物质、化学现象、化学变化无时不在、无处不在。化学实验的改革离不开生活化、常态化。

表 8-2　趣味化学实验

趣味化学实验	趣味化学文献设计实验
喷雾作画、指纹鉴定、写密信、茶水的魔术表演、五彩的花叶图、不易生锈铁钉的制作、含碘食盐中碘的检验、消字灵的制作、蛋白留痕、固体酒精的制作、彩色温度计的制作、检验尿糖、蔬菜中维生素 C 的测定、伽伐尼电池的制作、豆腐中钙和蛋白质的检验、用皂泡法检验硬水的硬度、红糖制白糖、神奇的七个杯子、振荡实验一、振荡实验二、牙膏的化学性质、制作肥皂、制作简单的黏合剂、玻璃棒点火、火灭画现	珠宝玉石的鉴定、化妆品的安全性评价、食品中食品添加剂残留的检测、水体中污染物的测定、茶水中无机矿物元素的检测、豆腐的制作、酿酒、制作食醋、废电池的资源化综合利用

为此，人们创设了一些新的化学实验形式，如"生活化学实验"（香烟烟雾中毒物的测定、温室效应模拟实验、白酒中甲醇的鉴定、印象实验、酒精燃料块制作实验）、"家庭小实验"等，以此使学生认识和理解化学科学对个人和社会的贡献和价值，对学生进行"科学的生活"和"生活中的科学"教育。

（3）化学实验的微型化

微型化学实验（microscopic chemical experiment、microscopic laboratory，缩写 M.L.）是为减少资源消耗和化学污染而发展起来的一种化学实验的新方法、新技术，是化学实验方法的新变革。微型化学实验具有以下特点。

① 节约实验经费。微型化学实验节约经费，主要体现在药品和仪器两个方面。微型化学实验主张试剂用量最小化，液体用量不得超过 1mL，固体用量尽可能少。成套的微型化学实验塑料仪器功能齐全且价格实惠，若在经济条件不发达的地区还可采用多种廉价易得的代用品。

◀ 案例展示 📁

以下是某校采用微型化学实验制取氢气及氢气还原氧化铜实验的相关数据。

主要仪器与试剂：锌粒、稀硫酸和氧化铜等，仪器见表 8-3。

表 8-3　氢气的制取及还原氧化铜实验代用仪器及试剂

代用品	来源	数量	被代换物品	主要作用
一次性输液器（墨菲氏滴管）	搜集	2 个	大试管	反应器
一次性输液器（滑动调节器）	搜集	3 个	中试管	控制气体/液体
小试管	自购	1 支		盛 CuO 粉末
稀硫酸（1：4）	自配	6mL	硫酸	反应物
小木夹	自制	1 个	铁架台等	固定试管
墨水瓶	自制	1 个	酒精灯	加热

实验步骤：实验装置固定在泡沫板或胶合板上，滑动调节器控制气体的流速和流量。在小试管底部均匀地铺上一层已用少量水润湿过的氧化铜，将试管口略向下倾斜，打开滑动调节器，让稀硫酸迅速滴下与锌粒强烈反应。这时立即把滑动调节器关紧，并打开另一个滑动调节器，先让氢气通过盛有氧化铜的试管约 15 秒，加热试管 1~1.2 分钟，可观察到黑色氧化铜逐渐变成光亮的红色的铜（铜镜），试管口有小水珠。反应完成后停止加热，继续通氢气直至试管冷却至室温，拆装置，清洗并干燥后备用。

实验情况比较见表 8-4。

表 8-4　常规实验与微型实验比较

装置投资/元		药品用量				操作时间/min		
		Zn 粒/g	H_2SO_4/mL	CuO/g	金额/元	加热前通气	加热	反应停止通氢气
常规实验	97	5	28	1	0.56	1	2.5~3	1~1.5
微型实验	13	1	5~6	0.1~0.8	0.15	0.25	1~1.2	0.2~1

如表 8-4 所示，完成一次氢气还原氧化铜的实验可节省药品 0.41 元，假设全班学生共 50 名，每人都独立完成一次实验可节约 20.5 元，又可减少仪器投资约 4200 元。假设一个学校 10 个班，则可节约 42205 元，如果平均每年只开设 10 个这样的实验，则可节约 422050 元！40 多万元，无论是对于发达地区的重点中学，还是对于山区和偏远地区的中学来说都是一个巨大的金额。

② 节约操作实验。由于微型化学实验所用药品量少，反应时间大大缩短，同时仪器设计一般力求简单，其装拆清洗也较常规仪器省时、省力。教师在进行微型化学实验演示时能节省实验时间，提高课堂教学质量。

③ 操作安全。微型实验药品用量少，反应产物少，实验中不会造成危险；同时，生成的污染性物质的量少，对环境的污染就小。

④ 培养学生各方面综合能力。微型仪器来源广泛，可以做到人手一套。教学中，教师只要积极引导，就能实现人人动手的目标。学生通过自制仪器和动手做实验，既训练了动手能力，培养了创新思维，同时较强的参与意识及微型实验内在的魅力，又大大地激发了学生进行化学实验的兴趣❶。

（4）化学实验的清洁化

所谓"绿色化学"是指设计对环境没有或者只有尽可能小的负面作用，并且在技术和经济上又可行的化学品过程。它是在合成、催化、工艺、分离等领域实现污染预防的、基本的和重要的科学手段。其研究重点是：设计或重新设计对人类健康和环境更安全的化合物；从研究、变换基本原料和起始化合物以及引入新试剂入手，探求新的、更安全的、对环境更友好的化学合成路线和生产工艺；改善化学反应的条件，降低其对人类健康和环境的危害，减少废弃物的产生和排放。

绿色化学体现了化学科学、技术和社会的相互联系和相互作用，是社会对化学科学发展的新要求。它对于保护人类赖以生存的环境、实现人类社会的可持续发展具有重要意义。因此，绿色化学的理念，理应成为化学课程与教学改革的重要指导思想。

所谓化学实验的清洁化，是指通过一些有效措施使化学实验对实验场所和环境的污染降低到最低限度。这些有效措施主要有：

① 进行密闭实验，对反应产生的气体、液体和固体设法予以收集和处理，避免敞口操作，防止反应物质散逸到周围环境中；

② 在无法密闭操作时，加强回收、通风或其他防护措施；

③ 加强反应物质的回收利用和消除处理，建立责任制度；

④ 在设计实验方案时，要尽量避免使用和生成毒性较大、容易形成污染的物质，尽量选择污染少的实验方法和实验装置；在无法避免使用或者产生有害物质和污染的情况下，实验方案必须包括有效的保护和消害处理措施。

8.3.2　化学实验教学改革

随着基础教育改革的不断深入，培养学生的"创新精神和实践能力"成为化学教育的主要任务之一，实验更是化学教学中的重要内容。但由于社会经济条件，教师教学方法、理念等方面的限制，目前的中学化学实验教学质量与基础教育改革的目标具有一定的差距，这是显而易见的，就此提出化学实验教学必须改革是可以理解的。但是化学实验教学如何改革才能符合目前的中学化学教学实际，符合基础教育改革精神，这是一个值得认真探讨的问题。

课堂讨论与实践

把演示实验改为边讲边实验，把验证性实验改为探究性实验，就能充分发挥实验在教学中的作用吗？

---

❶ 师素方. 推广微型化学实验 深化中学教学改革[D]. 武汉：华中师范大学，2005.

（1）化学实验教学改革的原则

刘知新教授在《对"化学实验教学改革"的思考》一文中提出化学实验教学改革的原则❶。

① 明确实验教改的目的和目标，充分发挥实验教学的多种效能。要结合试验，明确目的、要求。各单元、各章教学的目标要具体，并据此实施，要结合概念教学、元素化合物知识教学等内容，从认识论、方法论、世界观等方面培养、启发学生。

② 结合教材研究，合理调整实验的内容和类型。某些实验（现行课本中的演示或学生实验）该调换或补充的，应从实效出发，进行更动；在时间允许的条件下，可将某些简便易行的演示实验转化为学生做的随堂实验，某些验证式实验可以超前于知识教学进行，以增强研究性，激发学生学习的主动性；在单元复习或练习课上，可以增加一些费时不多的研究式实验。

③ 从养成学习能力着眼，落实实验基本环节的培养。实验教学是以实验操作为基点与其他类型的教学紧密相连的一种实践活动，是培养学生学习能力、分析和解决化学实际问题能力的最佳途径。在实验教学改革中，要始终抓住实验基本环节这一核心，对学生进行循序渐进、细致有效的培养训练。

④ 确定全面的教学质量观，开展科学的教学评价活动。教学质量应涵盖思想品德、文化科学知识、体能、审美感和创造才能等诸多方面，而不应该简单地采用化学科学知识学习成绩的"原则分数"来评量。结合化学实验教改的实际，开展科学化、标准化的评价活动是必需的。

（2）化学实验教学改革研究——从实验预习开始的化学实验教学改革

宋心琦教授提出，只会按照实验讲义按部就班地进行实验，没有明确的探究目标，不能主动地把观察到的实验现象和化学基本概念相联系，从而使自己对化学的理解得到深化，即使操作很规范，实验过程很顺利，也不能认为是一次高质量的科学实验活动。因为仅仅按照实验讲义规定的方法和步骤完成的实验活动，如果只能落实于所谓"动手能力"（即使对科学习惯的养成有利，也需要进行有针对性的提示和指导）的训练，就不是一次完整的化学教学实验活动，在化学学科教育方面存在着明显的疏漏。这种疏漏将使得化学教学实验的教学效果难以达到预期的目标。那种类似于操作工或实验员的训练方式和目标，用于培育科学素养为主要任务的中学生，并不能够真正引发学生对科学的兴趣和有助于提高他们的探究性学习的能力❷。

基于此观点，宋心琦教授认为实验教学改革要从实验预习开始。首先应当明确该实验的目的和采用的处理方法和步骤，以及事后检查是否达到预期目标的方法。要求的方面和程度应当根据所选择的化学实验体系、实验方法和步骤来确定，更要依据学生的实际水平（包括学科知识和从事科学实验活动的经验两个方面）来制定，这点在化学启蒙阶段尤为重要，不可要求过高。但是如果只要求粗读一遍实验讲义及所附报告格式，学生便会把注意力集中于如何从书本或课堂笔记中寻找将要填入报告空栏中的"答案"，而不会结合实验的目的和步骤进行思考和设定自己关注的重点（即希望通过实验探究的某个方面，包括化学学科内容、操作方式或步骤等）。虽然验证某些原理或化学现象的实验依然是初等化学实验选材时的重点，可是从实验教学来说，实验过程中对化学现象的观察、思考、推理和联想则更为重要。后者对学习兴趣的萌发、探究能力的提高和科学精神的培育，远比结论的再次被证明和相关知识点记忆牢固程度的加深来得重要。如果不能认识到这一点，或者仍然不能摆脱历年的中考、高考试题可能产生的困扰，化学实验教学改革就不能顺利地推进。黑板上"做实验"、纸上画仪器装置图以及着力于某些基本操作的训练和竞赛来代替化学实验的做法，仍然会大行其道。

案 例 展 示
粗盐提纯

化学实验教学改革涉及方方面面，任重而道远，需要一线教师与其他从事教育研究的工作者共同潜心研究，才能推动改革有效地进行。

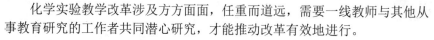

❶ 刘知新. 对"化学实验教学改革"的思考[J]. 化学教育，1991，12（3）：22-26.
❷ 宋心琦. 有关化学实验改革的想法与建议[J]. 化学教育，2001，22（3）：3.

课堂讨论与实践

结合平时的学习和体验，谈谈你对化学实验教学改革的重要性和必要性的认识。

练习与应用

一、单选题

1. 下面属于演示实验的要求的有（　　）。

① 充分准备，确保成功　②目的明确，重点突出　③现象明显，便于观察

④ 引导思维，培养能力　⑤掌握时间，保证安全

A. ①②③　　　　　　　B. ②③④　　　　　C. ②④⑤　　　　　D. ①②③④⑤

2. 下列不属于化学实验教学四性的是（　　）。

A. 安全性　　　　　　　B. 示范性　　　　　C. 科学性　　　　　D. 规范性

3. 在中学化学教学中，下列最应引起重视的是（　　）。

A. 化学基本观念的形成　　　　　　　　　B. 化学基础知识的记忆

C. 化学实验技能的训练　　　　　　　　　D. 化学计算能力的掌握

4. 以下关于化学实验教学改革论述正确的是（　　）。

A. 在实验教学改革中，要以实验创新为核心，提升学生创新思维

B. 教师进行实验教学时要严格按照教材要求的实验内容和要求进行，不能更改

C. 结合化学实验教改的实际，开展科学化、标准化的评价活动是必需的

D. 实验教学改革前要明确教学目标，知识的传授是第一位的，不必占用时间在方法论、世界观等无关方面

二、判断题

1. 学生实验不需要像教师演示实验那样一定保证成功，所以不做预备实验也是可以的。（　　）

2. 对于没有安全把握，有可能发生事故的实验，不能选作学生实验及教师课堂现场演示实验。（　　）

3. 演示实验教学一开始就应该将所有的实验物品全部堆积在讲台上，以便实验取用。（　　）

三、简答题

1. 请简述化学实验改革的特点。

2. 请简述化学实验教学改革的原则。

3. 以"空气的组成"一段教材内容为例，制定此段内容的化学教学目标和化学实验教学目标，并讨论二者的区别与联系。

4. 以"胶体的性质"为例，说明在进行教师演示实验时需注意哪些问题。

5. "实验化学"是普通高中化学课程的重要组成部分。设置该课程模块有助于学生更深刻地认识实验在化学中的地位；掌握基本的化学实验方法和技能，培养学生的创新精神和实践能力。根据材料，请回答以下问题：

① 化学实验方案设计的基本要求是什么？

② 化学实验方案设计的一般思路是什么？

③ 通过该模块的学习，学生可以得到哪些发展？

6. 分小组分别调查附近几所学校的中学化学实验及其教学情况，写出调查报告，并就如何开展化学实验及其教学改革交流各自的看法。

第9章
化学学习的测量与评价

没有测量，就没有科学。

——门捷列夫

评价不是为了排队，而是为了促进发展。

——《素质教育观念学习提要》

人的生活像广阔的海洋一样深，在未经测量的深度中，保存着无数的奇迹。

——别林斯基

引言

教育测量与评价是教育教学研究的三大领域之一，在教学实践中具有导向作用，通常作为教育改革的突破口。将教育测量与评价的基本原理和方法应用于化学教育领域，对学生的化学学习进行测量与评价，衡量学生的学习和发展情况，为教学决策提供依据。为了充分发挥化学教育评价的功能与作用，教师不仅要掌握化学教育测量的基础知识与基础方法，还要了解当代化学教育测量与评价的发展趋势及面临的问题和挑战，不断更新评价理念和方法，并在今后的教学工作中践行完善。

学习目标

1. 理解教育测量的含义。
2. 掌握化学教育测量的特点。
3. 了解化学考试命题的基本程序与方法。
4. 掌握不同题型的命题方法。
5. 掌握双向细目表的编制方法，能够解读双向细目表。
6. 掌握分数统计表的一般绘制方法。
7. 了解考试质量分析方法。
8. 了解当前化学教学评价的内容与类型。
9. 了解反思的重要性，养成反思、分析问题的习惯。初步掌握创设反思教学实践情境、收集信息、自我诊断、探索改进的基本方法，在教育教学实践中具有教育反思体验。

10. 理解化学学科独特的情感、态度和价值观，能在化学教学中设计综合育人目标，将知识学习、能力发展和品德养成有机结合，开展相应的育人实践活动。

11. 初步掌握反思的方法和技能，通过专业课程学习和教育教学实践逐步养成反思习惯与批判性思维方法，学会分析和解决教育教学问题，促进教学改进和专业成长。

9.1 化学学习测量

‹ 问题与思考 💡

1. 你能解释测量的含义吗？
2. 你知道测量工具的要求吗？
3. 你能说出常见的化学测量方法吗？
4. 你知道化学教育测量的目的吗？
5. 你能理解化学测量的特点吗？

9.1.1 测量的含义

测量是人们认识自然界的一种方式，从广义角度分析，测量就是根据法则赋予事物数量。也就是利用合适的工具收集事物有关信息，从而反映和描述被测对象某种客观属性的过程。

‹ 案例展示 📁

为了测量某位同学的身高，可以拿一把尺子来量，这样就可以把同学的客观属性——"身高"用具体数据表示出来。此时，"尺子"就是合适的工具，"厘米"就是对客观属性的描述，"用尺子量得出学生身高"的过程就是测量。

9.1.1.1 测量的概念

通过以上描述，测量的定义包含三个特征：事物及属性、指派符号、法则。

① 事物是指测量的对象和目标。例如上述案例中提到的"身高"，测量"氯气"过程中包含对氯气的密度、颜色等具体属性的测量。又如在化学教学中对学生学业水平的测量，学生的学业水平虽然无法直接客观看到，但也属于测量"事物"，具有自身属性，如学生的实验技能、批判性思维等。

② 指派符号就是指用数字或符号来代表某一事物的属性的量。例如在某次考试中，小张考了 80 分，小华考了 87 分。数字本身只是一个符号，但是在表示成绩的时候就变成了量化的分数，可以对其进行分析解释，表示学生学习效果的属性。

③ 法则是指测量所依据的规则和方法，是测量的规则。例如温度计的使用规定是：在标准大气压下，沸水的温度为 100℃。这样就形成了对温度测量的规则。对气体摩尔体积的测量法则，则必须在标准状况下，即 101kPa、0℃。对于不同的事物有不同的测量法则，属性简单，建立法则相对容易；属性复杂，建立法则需要考虑更多方向。

‹ 课堂讨论与实践 👥

结合生活中常见的事物，举例说明测量的三要素。

9.1.1.2 测量工具的质量要求

（1）可靠性

测量工具的可靠性是在使用测量工具对事物的属性进行测量时，重复测量多次后，结果都是一致的。简称为信度。如果一个测验在反复使用或以不同的方式使用都能得出大致相同的可靠结果，那么这个测验的信度高，否则信度就低。影响信度的因素有很多，主要有测验的长度、测验的时间、受试者的身心状态、测验的指导语、评分标准等。不具备必要信度的测量工具是没有价值的。

案例展示

用一把尺子测量一个课桌多次，得到的结果一致；换不同的尺子测量此课桌，也能够得到相同的结果。说明该桌子的长度具有信度。

（2）有效性

一个测量工具要能够真正测出所欲测量的某种属性，才是有效的。反映测量工具的有效性指标称为效度。一个测验的效度总是对一定的测验目标而言的，故不能离开特定目标而笼统地判断这个测验是否具有效度。

案例展示

一把精确的尺子可以测出事物的长度属性，说明尺子对测量长度是有效的，但是如果用尺子测量质量，则无法有效测量。由此看出，效度是根据测验目标确定的。

9.1.2 化学教育中的测量

9.1.2.1 化学测量方法

化学是一门通过科学实验研究物质的本质及变化规律的学科。因此化学实验可以说是化学科学中的测量。人们对物质的认识是从宏观到微观、从定性到定量的认识过程，具有发展性。波义耳是化学定性分析测量的奠基者，他是第一个发现指示剂的化学家；拉瓦锡是第一个对化学现象进行实验的化学科学家，明确提出把量作为衡量尺度；现代化学测量则利用现代科学仪器，通过仪器对物质的成分、结构等进行分析和测试，测量效率和精确度得到了提升。

常见的化学基本测量法包含系统定性分析法、重量分析法、滴定分析法、光谱分析法等。

9.1.2.2 教育测量

（1）教育的定义

教育是人类特有的社会现象。从广义上说，凡是增进人们的知识和技能、影响人们的思想观念的活动，都是教育。狭义的教育则主要包括学校教育，它是教育者根据一定的社会要求，有目的、有计划、有组织地通过学校的教育工作，对受教育者的身心施加影响，把他们培养成社会（阶级）需要的人的活动。教育测量面向狭义教育，主要从"量"的规定性上予以描述教育效果的过程。学校教育实践活动的客观需要促进了教育测量科学研究和学科发展。

（2）教育测量的目的

教育是以一定的社会要求为目的培养人。在学校教育中,教师通过课程影响学生的身心发展,教育测量是测量学生接受学校教育后的身心发展情况。教育测量活动最原始的目的就是评定学生的学习成绩，以便了解学生学到了什么，掌握程度如何，有哪些变化。

随着社会的发展评价教育的角度也在发生改变，对学生学习情况的测量不仅仅局限于学生掌握的知识与技能的学习成绩，还要关注学生的思维能力、实践能力、创造能力等综合素养。于是教育测量就涉及德育、体育、智育、美育等多个方面。因此，教育测量相对于普通的物理量测量，存在着复杂性和模糊性的特点，其法则制定更加困难，结果更不易显现。

另一方面，教育是"教"和"学"的双边活动，教育测量也可用于关注学校、班级、教师的教学效果。因此，教育测量也可以利用测量学生的学习效果，判断教师的课堂教学效果。教育测量反馈的是关于"教师教"和"学生学"的双面信息。

‹ 课堂讨论与实践 👥

分别阐述化学教育测量和化学测量的含义，找出二者的区别。谈一谈化学测量与化学教育测量是否相互关联，阐明你的理由。

9.1.2.3　化学教育测量的特点

化学教育的研究对象主要有：化学知识、化学学习原理和方法、化学课程思政和化学学科思想、化学学科核心素养、学生学业评价、化学教师教学效果、化学教师教学研究等。化学教育测量的主要内容是通过一定的方法和途径对化学教育目标、化学教育过程、化学教育结果以及化学教育影响进行的测量活动。化学测量研究的目的是了解学生的化学学科知识和化学学科素养发展状况，了解化学教师的课堂教学效果，了解化学教师的专业发展情况等。

（1）对学生记忆化学知识水平的测量

尽管化学是一门以实验为基础的学科，但目前的化学教育将掌握间接经验作为化学学习的主要方式，如元素基本性质、化学基本理论、化学基本概念等需要学生准确、牢固地记忆后加以理解运用。因此，中学化学学习对学生记忆水平有着特殊的较高要求。

根据化学学科的这一特征，化学教育测量需要精心选择具有代表性的测量目标，以便能够全面地测量学生记忆化学知识的范围及牢固程度。

（2）对学生理解和运用化学知识水平的测量

化学是一门研究物质组成、结构、性质以及变化规律的学科，其研究对象主要是通过宏观现象了解到微观本质。学生掌握了必备的记忆性知识后，需要从描述知识水平过渡到精炼化学思维的水平，进而推动后续运用认知模型，根据宏观现象或化学事实，了解该现象发生的原因，建构理解化学知识，运用化学知识解决化学问题。

根据化学学科的这一特征，要求在进行化学测量时为学生创设运用化学知识解决真实问题的情境，测评学生由宏观到微观的抽象能力，运用化学知识解决化学问题的能力。同时，也要考虑学生思维的局限性，不能停留于记忆层面，也不能超出学生的思维发展水平。

（3）对学生实验技能水平的测量

化学是一门通过实验探究物质的学科，培养学生的实验能力是化学教育的目标之一。化学实验技能包括化学实验操作技能、化学实验创新技能等。化学实验技能属于操作技能，其测量方式和化学理论知识测量方式有较大不同。长期以来，由于各方面条件限制，化学实验技能缺乏操作技能测量，采用纸笔测试代替实验技能测量。这在一定程度上导致中学化学教学过程忽略实验教学。

根据化学学科的这一特征，化学教育测量应从化学学科测量出发，从化学基本规律出发，结合操作技能测量规律，实施学生实验技能水平的切实可行的方法。

（4）对学生化学学习兴趣和态度的测量

化学教育的目的不仅是学生能够掌握化学知识，运用化学知识解决问题，还包括通过化学教育培养学生的化学兴趣和态度，这是化学教育目标的重要组成部分。因此这种测量具有抽象性和综合性。

练习与应用

一、单选题

1. 通过测验来评定学生的学业成绩是中学常用的评价方式。在一个测验中，衡量它达到测量目的的程度，即是否测出它所要测量的东西的指标是（　　）。

A. 信度　　　　　　B. 效度　　　　　　C. 难易度　　　　　　D. 区分度

2. 根据某些法则与程序，用数字对事物在量上的规定性予以确定和描述的过程，这一概念是（　　）。

A. 测量　　　　　　B. 评价　　　　　　C. 测验　　　　　　D. 统计

二、填空题

1. 测量的三要素包括_____、_____、_____。

2. 教育测量具有间接性、_____和_____的特点。

三、简答题

1. 简述教育测量的目的。

2. 分析化学教育测量的特点。

9.2　化学教学试卷设计

问题与思考

1. 你知道测验的目的是什么吗？
2. 你知道如何确定化学试卷的试题数量吗？
3. 你知道各类试题所占比例吗？
4. 你知道题型有哪些分类吗？

9.2.1　命题计划的设计

命题计划是编制试题的指导和依据。想要保证试题的质量，需要命题者制订准确、合理的命题计划。一个好的命题计划具有以下基本功能：①保证试题是所要测量的教学内容的代表样本，且能够反映出各个部分内容之间的相对重要性，以便试题取样适当，提高测量的效度。②规划待编不同的知识内容和学习水平的各类测试项目的比例分配，在保证试题效度的同时，保证试题的难度合理。

（1）测验的主要目的

根据教学测验的主要目的，可以将测验分为诊断性测验、形成性测验和总结性测验三类。

① 诊断性测验通常在教学之前进行，主要用于发现学习困难，鉴别学生接受学校教学的能力，并为补救教学提供参考。

② 形成性测验是学绩测验的一种，也称为形成性评量。这种测验主要用于教学和学习过程中，目的是了解学生掌握教学内容的情况以及教学中存在的问题。形成性测验一般在学完一个单元或章节后进行，其内容、题型和数量通常由教师根据教学内容和要求，参照实际教学情况来确定。

这种测验的优点在于它能使教师了解教学中存在的问题，以便随时改进，同时也让学生了解自己的学习进步情况。

③ 总结性测验是指某项教学活动告一段落时，对最终成果作出价值判断而进行的测验。通过总结性测验，一方面教师可给学生一个结论，评定成绩；另一方面学校可了解、掌握教师的教学情况，对教师的教学效果作出判断。

课堂讨论与实践

根据测验的主要目的，结合实际教学，你认为什么样的测验最有利于全面了解学生的情况？

（2）测验的试题数量

测验试题的数目与测验给定的时间直接相关。根据不同的测验类型，会设定不同的测试时间。例如教学过程中的形成性测验一般设置为 15 分钟，教学活动告一段落的总结性测验，一般为 90～120 分钟。对于不同的测验时间，既要保证试题对测试内容的覆盖性，也要保证有合适的题量。一般而言，应有 80%以上的学生能够完成试题。因此题量的设计需要考虑以下三个基本因素。

① 学生的实际水平。学习水平较高的学生，对知识的掌握、运用较好，解题能力更强，因而答题速度更快，相同的题目作答时间较短；反之，学习水平较低的学生作答时间较长。因此，题目数量的设置需要考虑不同学生之间的差异。

② 试题的难度。难度较高的题目比重越大，所需要的答题时间越长。例如回答"应用"水平题目的时间会比"记忆"水平题目的时间更长。题目的难度也会受到学生练习次数的影响，例如学生练习多次且已经掌握此类题目思考方式，可能会由于练习记住了试题答案，所需要的解题时间会较短。因此在设置题目时，应当增加题目样本，减少"记忆效应"，保证试题数量和时间的有效性。

③ 阅读试题和书写所需的时间。不同的知识会呈现不同的考查形式，设置较长文字叙述的题目，阅读花费的时间会更多；纯文字的答题方式会比数字、符号表达的答题方式花费的时间更多。因此在设置题目数量时要充分考虑题目的出题方式和答题方式的占比。

（3）各类试题所占比例

按照布鲁姆教育目标分类法，可将教学目标分为知道、记忆、理解、简单应用、综合应用五种水平，其中"知道"水平的教学目标一般不作为测量目标，其他四种教学目标水平可以按照表 9-1 的比例分配。

表 9-1　不同教学目标比例分配参考

教学目标	通过率/%	比例分配/%
理解	>85	15
记忆	50～85	35
简单应用	15～50	35
综合应用	<15	15

（4）命题蓝图的构成与使用

分析不同知识对应的不同教学目标所占的比例后，就可以构成命题蓝图，并用表 9-2 的方式表示出来。

根据命题蓝图，在选择或编制试题时，可以选择相应章节代表的内容，根据教学目标，然后与命题蓝图逐项对应，保证试题的效度。

表 9-2　考试命题蓝图分配

章节＼目标＼比例	记忆	理解	简单应用	综合应用	合计
第一章	5	10	10	5	30
第二章	3	12	15	5	35
第三章	8	12	10	5	35
合计	16	34	35	15	100

课堂讨论与实践

结合命题蓝图的设计，小组讨论应当如何设计一套难度相当、题量恰当、考核目标合理的化学考核试卷。

9.2.2　不同种类的题型编制

9.2.2.1　题型的分类

不同的题型具有不同的特点和作用，化学测验中常见的题型如图 9-1 所示。

论文式题型答案不确定，无固定参考答案，只有评分标准和给分要点，评分时受评分者的主观影响因素较大，因此也被称为主观性题目。通常用于测量学生运用新知识解决问题的能力，对语言的组织、综合能力，以及对问题的创新性能力。

客观式题型的答案确定，答题者只能在给定的范围内选择答案，不同的评分者可以得到完全相同的评分结果，评分较为客观。通常用于测量教学目标性知识、教学内容性知识。

限制式题型的答案介于论文式题型和客观式题型二者之间，其答案的确定取决于题型的编制，如填空题、简答题等。

一般认为，客观式题型和论文式题型各有所长，限制式题型的优缺点介于两者之间。因此过分推崇某一类题型的做法并不可取。

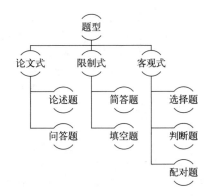

图 9-1　化学测验中常见的题型分类

9.2.2.2　选择题、填空题、简答题的命题技巧

（1）选择题命题技巧

① 题干中尽可能包含多的项目内容，备选答案尽可能简短。

案例展示

欠佳题：

二氧化碳是（　　　）。

A. 一种不易溶于水、比空气重的气体　　　B. 一种无色无味、易溶于水的气体

C. 一种能溶于水、比空气重的气体　　　D. 一种无色无味、有刺激性气味的气体

修正后：

二氧化碳气体（　　　）。

A. 不易溶于水、比空气重　　　B. 无色无味、易溶于水

C. 能溶于水、比空气重　　　D. 无色无味、有刺激性气味

② 要尽可能避免否定式陈述。当题干使用否定式陈述时，要求学生在各个备选答案中选择其中的错误内容，才能获得题目的正确答案。这样往往会使学生答题困难，而困难原因和测量目标之间并不存在紧密联系。

③ 尽可能增加备选答案的迷惑性。备选答案属于同一性质，如答案文字字数相似，叙述上不使用特殊的修饰词，剔除明显错误的答案。多从学生的作业、课堂回答等方面了解学生学习过程中容易出错的知识，将其作为似是而非的迷惑答案。

（2）填空题命题技巧

① 填写的内容应该是关键性词语。

‹ 案例展示 📁

欠佳题：

每_____物质都含有阿伏伽德罗常数个微粒。

修正后：

每摩尔物质都含有_____个微粒。

② 空白不宜过多，也不宜出现在句首，应该方便学生理解。

‹ 案例展示 📁

欠佳题：

_____元素包括 F，Cl，Br，I。它们的_____都有 7 个电子。

修正后：

卤素元素包括_____；它们的最外层电子层上都各有_____个电子。

③ 避免一空存在多个答案。

‹ 案例展示 📁

欠佳题：

将铝片和铜片浸入硫酸铜溶液中组成原电池，则该电池的正极是_____，负极是_____。

该题答案可为：铜片、发生还原反应的极、析出铜的极。

修正后：

将铝片和铜片浸入硫酸铜溶液中组成原电池，则在该电池中铜片是_____极，铝片是_____极。

（3）简答题命题技巧

简答题是指考生对所提的问题只需用简单的几句话来回答的一种题型，适合于测量学生对基础知识、概念和原理的掌握、记忆情况。简答题命题要求对综合分析、推理判断的内容提出问题；避免出现机械记忆的题，应注重对知识的应用；对答案的范围有明确、具体的限制，要求学生使用简单的语言回答；制定精准的评分标准等。

‹ 案例展示 📁

欠佳题：

什么是氧化剂？什么是还原剂？

该题目存在提问方式过于简单、回答范围过于宽广的问题。

修正后：

试从得失电子的观点说明什么是氧化剂，什么是还原剂。

课堂讨论与实践

学习小组内选定化学课题，分别设置选择题、填空题和简答题各三道，同学们相互讨论所出题目是否规范。

9.2.3 双向细目表的编制和意义

（1）双向细目表的编制

编制试卷时，测验的目的和类型不同，其设计的策略就会产生差异。测验的性质不同，测验题目所要求的难度水平及具体编制要求也有所不同。因此，在命题时要制订命题计划，命题计划一般通过双向细目表来体现，主要包括学习水平层次和考试内容结构。编制双向细目表主要采用以下步骤。

① 列出考试内容。内容维度反映了本次测验的内容和范围的要求，以保证试卷对知识覆盖面的考查。制作双向细目表时，内容可做细排和粗排两种。细排常用于知识量较少时，应将所有的知识点详尽排列，常用于一章节学习内容完成后的形成性评价。粗排则常用于期末考试（划分为章节）、 升学考试（划分为化学学科知识板块）等。

② 确立学习水平层次。按照前文提到的布鲁姆教育目标分类法，将化学学习者水平分为知道、记忆、简单应用、综合应用四个方面，如表 9-3 所示。

表 9-3 "化学反应速率和反应限度"双向细目表维度

知识点	学习水平			
	知道	记忆	简单应用	综合应用
化学反应速率概念				
化学反应速率计算				
影响化学反应速率因素				
可逆反应				
化学平衡				

③ 确定各项内容所占比例。在"命题蓝图的构成与使用"中提到了不同学习水平所占的比例。在确定了大概命题分数比例后，就要确定各知识点的代表性试题所占比例，以及各学习水平的代表性试题比例。在确定各知识点所占比例时，可参照教学目标要求和某知识点在教学中占用的时间。

④ 编制完成细目表。初步设计完成后，根据测试重点调整各项比例，编制包括考试内容、学习水平及各试题分值的双向细目表，如表 9-4 所示。

表 9-4 "教育政策与法规"期末考试双向细目表

考试内容 （学时）	题数	教育目标分类			分值
		记忆	理解	综合分析	
第一章：教育政策与法规概述	7	5.5（1，3，9，30）	3(24，25，28)		8.5
第二章：《中华人民共和国教育法》地位与内容	8	3.5（6，27，36）	5(18，20，29，34)	4(42)	12.5
第三章：《中华人民共和国教师法》基本内容	11	9 （5，7，12，15，21，26）	4.5(4，31，32，35)	4(38)	17.5

考试内容 （学时）	题数	教育目标分类			分值
		记忆	理解	综合分析	
第四章：《中华人民共和国义务教育法》特征与实施和《中华人民共和国未成年人保护法》概述	11	10.5（2，13，19，22，41）	4(8，14，33)	25(37，39，43)	39.5
第五章：《中华人民共和国高等教育法》概述	2	1.5（10）		4(40)	5.5
第六章：《中华人民共和国职业教育法》基本内容与意义	1		1.5(16)		1.5
第七章：其他教育法律法规概述	3	3.5（11，23）	1.5(17)		5
第八章：教师职业道德概述与养成	1			10(44)	10
分数合计	44	33.5	19.5	47	100

（2）双向细目表的意义

由表 9-4 可得出以下信息：该考试共由三类学习水平层次题型、44 道试题组成。第一种题型共有 21 题，题号分别为 1、3、9、30 等，共占分值 33.5 分；第二种题型共有 16 题，题号分别为 24、25、28 等，共占分值 19.5 分；第三种题型共有 7 题，题号分别为 38、40、42、44 等，共占分值 47 分。能看出该试题中的综合分析类题型分数最高，占比 47%，符合命题蓝图基本要求。还能看出各章节知识内容以及各类学习水平题目所占的比重。

练习与应用

1. 下列有关选择题命题技巧的说法正确的是（　　）。

A. 题干中尽可能包含多的项目内容，备选答案尽可能丰富

B. 为了检验学生知识的掌握情况，应尽可能增加备选答案的迷惑性

C. 应多选取学生作业中容易出错的知识作为备选答案

D. 题干中尽可能少包含项目内容，备选答案尽可能丰富

2. 根据命题计划的设计、双向细目表的编制原则，选择中学化学教材中的某一节课，编制"知识—水平双向细目表"，并根据该双向细目表编制该节课的测验试卷、答案及评分标准。

9.3　考试分数处理和考试质量分析

问题与思考

1. 你知道统计表包含哪些结构吗？

2. 你能够准确编制成绩表吗？

3. 你知道从哪些角度分析考试质量吗？

9.3.1　考试分数的处理

测验获得的分数需要通过整理和分析才能够做出解释和评价，包含编制分数的次数分布表，绘制分数次数分布直方图、多边图或分布线等，从而得出分数的总体分布情况。本节重点介绍统计表。

9.3.1.1 统计表

统计表是用来表明统计指标和被说明事物之间关系的表格。它可以将大量数据的分类结果清晰、概括、一目了然地表示出来，避免冗长的文字叙述，便于比较、计算和记忆，是教育科学研究整理数据的普遍方法。

（1）统计表的结构

统计表一般由表题、表号、表头、数字、表注等部分组成。

① 表题。表题是表的名称，应写在表的上方中央处。表题应该简单扼要，使人一看则可知表的内容。

② 表号。表号是统计表在文章中出现的先后次序，要写在表题的左方。

③ 表头。表头是表中对统计数据分类的项目。表头依照其排列的位置，可分为横表头和纵表头，纵表头位于表的左侧，横表头位于表的上方。

④ 数字。数字是统计表的语言。表内数字一律使用阿拉伯数字表示，位数要上下对齐，小数的数字修约一致。表内不应有空格，缺数字项要画"—"。

⑤ 表注。表注是对表中必须补充说明的部分，数据来源、附记等可以作为表注的内容，但不是表的必要组成部分。

（2）统计表的编制

统计表的编制应注意以下几点：表的顶线、底线、行线及栏线是表的四种基本线；表的顶线和底线线条要比行线和栏线的线条粗一些。统计表的结构如表 9-5 所示。

表 9-5　高一（1）班化学期末考试成绩登记表

序号	学号	姓名	班级	平时/分	期末/分	总分/分
1	40122	邓××	1	85	88	86
2	42051	杨××	1	80	47	67
3	40002	任××	1	83	72	79
4	40011	白××	1	84	68	78
5	40018	王××	1	85	84	85
6	40019	杨××	1	80	71	76
7	40025	李××	1	77	76	77
8	40026	雷××	1	86	80	84
9	40030	张××	1	84	72	79

◀ 课堂讨论与实践 ❀❀

请你说出统计表的组成要素，并与同学一起练习制表。

9.3.1.2 位次与等位分

（1）位次

① 位次的定义：是指文史类或者理工类考生的高考成绩在全省该科类考生中所属的位置。位次不是名次，而是指考生成绩和考生人数总和后的综合排序，高考分数最高的考生位次为 1，相同分数的考生名次相同，位次不同。位次主要适用于各省参加全国普通高考的所有考生按科类（如理工类、文史类）进行排序，保送生、自主招生和艺术类、体育类招生等类别不适合用位次方法。位次主要有省市位次、区县位次和学校位次。在参考的时候，主要是以省市位次和区县位次，文科类考生按语文、文科综合、数学、外语科目顺序逐个对分数进行排序；理科类考生按数学、理科综合、语文、外语科目顺序逐个对分数进行排序。

②　位次的算法：三分法是指偏理的看物化生三科的平均位次，偏文的看史地政三科的平均位次。比如，山东一模成绩为 600 分，总位次为 12866，物化生三科的平均位次是 10398，偏理的位次不高于 10398；史地政的位次是 2468，偏文的位次不低于 2468。10398 占总位次的 80%，2468 占总位次的 20%，据此，我们算出偏文的位次不高于 2468-2468×60%=987，偏理的位次不低于 10398+2468×60%=11878。这样，我们得出偏理的位次在 10398～11878 之间，取其平均值 11138 作为偏理位次；偏文的位次在 987～2468 之间，取其平均值 1727 作为偏文位次。

（2）等位分

①　等位分的定义：等位分是一种经过换算后用来评测考生高考成绩的分数。等位分只是供考生和家长报考时用来参考的一种成绩水平评测分数，并不影响高考成绩。标准分表明的是分数的位次状况，但仅考虑了考生群体自己和试题难度的变化因素，没有考虑高校招生计划数与考生总人数的联系等外部因素的变化状况，在指导志愿填报时，也具有一定的局限性。在标准分的基础上，通过招生计划和考生人数对各年的标准分开展修正，进一步消除因招生计划和考生人数变动带来的误差，其精准性更高。修正后的标准分即为"等位分"。

②　等位分的算法：因为各年的试题难度、考生人数、招生计划等因素的变化，去年的 500 分和今年的 500 分是不等值的，并不具有直接比较的价值。拿到今年位次，在往年一分一段表上找到对应的位次，记下对应的分数区间。

举个例子：2019 年为 606 分，位次为 13486，想转换成 2018 年的等位分。能够看到位次在 13093 与 13489 之间，对应的分数区间为 614～615。

9.3.2　考试质量分析

化学考试质量分析一般采用定性和定量相结合的方式。其中，考生答题情况及试题特点的分析以定性为主；而试卷和试题质量的分析则以定量为主。试卷和试题质量分析的基本指标是信度、效度、难度和区分度。

（1）试题信度

信度是指测验结果的可靠程度。如果一个测验在反复使用或以不同的方式使用都能得出大致相同的可靠结果，那么这个测验的信度就高，否则信度较低。影响信度的因素有很多，主要有测验的长度、测验的时间、受试者的身心状态、测验的指导语、评分标准等。

测量信度的基本方法是利用求相关系数的方法。信度值范围在 $0 \leq r \leq 1$，一般教学班级的测验要求信度值在 0.6 以上，大规模考试要求在 0.9 左右，最低不低于 0.8，这样的考试才是可靠的。

（2）试题效度

所谓效度是指一份试卷能够测量出它所要测量东西的程度，它是考试的有效性指标。一个测验的效度总是对一定的测验目标而言的，故不能离开特定的目标而笼统地判断这个测验是否有效。试卷是否有效，与考试题目、考试内容都有很大关系。考试效度的高低取决于它是否考查了考试目的和内容。例如，为了录用化学实验员，仅采用纸笔测试的形式，而不对其进行实验操作和动手能力，这样的效度显然不足够。

（3）试题难度

难度是指试题的难易程度，是试题和学生知识与能力水平相适应的指标。试题的难度通常用通过率计算，用 P 表示，其值在 0～1 之间。难度越接近 1，正确回答的人数越多，其难度越小；难度越接近 0，正确回答的人数越少，难度越大。试题难度等级划分如表 9-6 所示。

表 9-6　试题难度等级的划分

难度 P	0.9 以上	0.9～0.7	0.7～0.4	0.4～0.2	0.2 以下
等级	容易	较易	中难	较难	难

试题难度过难或过易都不能准确测出学生的真实水平，因此在编制时人们希望得到合适的试题难度。中等难度的题目能够将全体考生的分数最大限度拉开，其结果呈现正态分布；较难的题目使学生分数集中在较低分段，从而能将水平高的考生分数拉开，所以对优等生有较好的鉴别力；较容易的题目可使考生分数集中在较高分段，只能将低水平考生分数拉开。在标准化考试中，要求各试题难度控制在 0.3～0.8。

（4）试题区分度

区分度指测验对学生的不同水平能够区分的程度，即区分不同水平学生的能力。用 D 表示，取值范围在 $-1 \leq D \leq 1$，它对考试质量的评价标准见表 9-7。

表 9-7　测验试题区分度指标

区分度 D	0.2 以下	0.2～0.3	0.3～0.4	0.4 以上
评价	劣等题	一般题	较好题	非常优秀题

区分度与难度有关，只有在试卷中包含不同难度的试题才能提高区分度，拉开学生的得分差距。难度 P 为 1 或 0 时，无法区别考生的知识水平和能力差异，难度指标越接近 0.5，试题的区分度 D 越大。

练习与应用

一、单选题

1. 区分度指测验对学生的不同水平能够区分的程度，用 D 表示。以下说法正确的是（　　）。

A. 区分度与难度是两个概念，互不影响　　　　B. 区分度在 0.4 以上为优秀题

C. 区分度 D 的取值范围是 $0 \leq D \leq 1$　　　　D. 难度越大，区分度越大

2. 关于难度说法正确的是（　　）。

A. 试题难度过难或过易都不能准确测出学生的真实水平

B. 难度用字母 D 表示，取值范围为 $0 \leq D \leq 1$

C. 难度值越大，题目越难

D. 较难的题目能将水平低的考生分数拉开

二、名词解释

1. 试题信度

2. 试题效度

3. 试题难度

三、简答题

1. 简述信度与效度之间的关系。

2. 简述效度和难度之间的关系。

9.4　化学教学评价

问题与思考

1. 你知道化学教学评价包含哪些类型吗？

2. 你知道相对性评价、绝对性评价和个体内差异性评价的区别吗？

3. 你能分析定性评价和定量评价的关系吗？

9.4.1　化学教学评价的内容

9.4.1.1　学生学业评价

学生学业评价是指以国家的教育教学目标为依据，运用恰当、有效的工具和途径，系统地收集学生接受学科教学后，在认知行为上的变化信息和证据，并对学生的知识和能力水平进行价值判断的过程。常见的化学学生学业评价方式有化学学习档案袋评价、化学学习活动表现评价、化学日常学习评价和化学学业质量评价。

（1）化学学习档案袋评价

档案袋评价兴起于 20 世纪 80 年代的美国，是体现学生发展的评价方式。档案袋的英文是"portfolio"，有"代表作的选集"的含义。将这一术语用于教育评价领域也可以表示为"成长记录袋"。档案袋作为评价工具是以建构主义理论为基础的，它的主要目的是全面、真实地反映学习者学到的知识和能做到的事情，对于教师和学生的发展都有着重要促进作用。化学学习档案袋评价，是指评价者依据学生学习的过程和结果所进行的一种客观、综合的评价。

实施评价的方法包含以下几部分。

① 明确目的与用途。档案袋评价可以运用于教学的任何阶段，既可以对学生进行总结性评价，测定学生的课业成绩，描述他们的学习成就和发展水平；又可以运用于形成性评价，检查学生取得学习进步和个人发展的历程和体会；还能进行诊断性评价，在档案袋评定中发现学生存在的问题和困难，以便为教师改进教学提供针对性的信息，同时也为学生进行自我反思提供机会。

② 明确档案袋的主要内容。档案袋的内容材料可以是课堂表现记录、课后作业、个人作品、测验和考试成绩单、奖励证明、个人反思与总结材料以及教师的评价。根据档案袋的目的，选择适合的内容放入个人档案袋。若档案袋创建是为了展示学生的最优成果，收集的内容应是学生认为最满意和重要的作品；若创建成长记录是为了描述学生在某一时期内学习与发展的过程，发现其优势和不足，就要放入学生的过程性材料。

③ 建立档案袋的评价标准。档案袋评价的标准，要满足针对性、引导性和便利性三个条件。评价标准是用来衡量和检查学生表现的，以便对学生行为和学习结束所呈现的某些特征进行确切的评价。标准要对应评价的具体内容，每一条要附有适宜的评价等级和具体说明，以便为评价者提供清楚的参照。

档案袋评价在教学中具有多种重要功能，但这种评价方式自身也存在着一些明显的局限。例如，学生档案袋具有很强的个性化特征，内容差异比较大，如果作为总结性评价的依据，很难得到较高的信度；内容难以选择，基础考查较弱。所以在大多数情况下，档案袋评级只是多元评价的方式之一，不能取代其他评价技术，还应与其他评价方法并存使用，估计学生的承受力和可利用的资源。

> **◄ 课堂讨论与实践** 🧑‍🤝‍🧑
>
> 为你自己设计一个化学教学论课程的学习档案，体验档案袋的设计过程，然后与同学交流、分享和研讨。

（2）化学学习活动表现评价

表现性评价是指通过观察学生在完成实际任务时的表现来评价学生取得的成就的一种评价方法，主要具有以下特点。

① 通过观察、记录和分析学生在各项学习活动中的表现，可以对学生的参与意识、合作精神、实验操作技能、探究能力、分析问题思路、知识的理解和认知水平以及表达交流技能等进行全方位的评价。

② 学生通常在真实情境中完成表现性评价，因此该测评方式能够测量学生将化学知识、技能

等运用于真实情境的解决问题的能力。

③ 活动表现评价不但能够使我们判断学生的化学学习结果,而且能观察他们完成某一项具体化学活动任务的过程,更清楚地了解学生对化学知识和技能的掌握情况。化学学习活动表现评价,为学生提供了更广阔的表现空间,在开放性的目标引导下,学生能够主动体验和探究,充分发挥创造性。

④ 每个学生在活动表现评价中完成任务的过程不相同,其表现是外部环境和自身学习水平的反映,评价者因此能够更深刻、有针对性地了解学生的优势和不足,学生也能因此积极主动地弥补知识盲点。

(3)化学日常学习评价

化学日常学习评价是化学教学不可或缺的有机组成部分,是化学学习评价的一种重要表现形式,是实施"教、学、评"一体化教学的重要链条。教师应充分认识化学日常学习评价对促进化学学科核心素养发展的重要性,积极探索开展化学日常学习评价的有效途径、方式和策略。主要包括提问与点评、练习与作业、复习与考试等有效开展化学日常学习评价的基本途径和方法。

① 课堂提问与点评。课堂提问的设计应有意识地关注化学学科核心素养的达成情况。例如"有哪些因素影响物质体积的大小"这一问题的设计就具有素养诊断价值,有的学生只能基于宏观视角思考影响因素,有的学生只能基于微观视角思考影响因素,有的学生却能基于"宏观辨识与微观探析"视角指出影响因素,并能给予解释。

课堂点评应有的放矢,增加和促进学生化学学科核心素养发展的指导性。例如,教师可以设计学习任务"用图示表示 Fe、Fe^{2+} 和 Fe^{3+} 之间的相互转化关系",并对学生的理解情况进行点评,通过追问进一步外显学生的思维过程,从素养发展的角度给予指导。对于仅能列举出个别氧化剂和还原剂的学生,教师应启发他们进一步提升知识的概括能力。

② 练习与作业。教师应注意发挥课堂练习和课后作业对学生化学学科核心素养的诊断与发展功能,依据课程内容各主题的学业要求,精心编制或精选课堂练习和课后作业题,使"教、学、评"活动有机结合,同步实施,形成合力,有效促进学生化学学科核心素养的形成与发展。

③ 复习与考试。单元与模块复习应依据内容要求,围绕化学学科核心素养和观念结构进行,通过提问或概念图绘制等方式,判断学生化学学科核心素养、概念和观念的结构化水平。对于处在"知识关联"水平的学生,应引导他们概括核心概念的认识思路,并在此基础上建立结构化,从而提升化学核心概念和观念的结构化水平,发展化学学科核心素养。

(4)化学学业质量评价

化学学业质量是学生在完成本课程学习后的学业成就表现,学业质量标准以本学科核心素养及其表现水平为主要维度。化学学科共包含 5 个核心素养,每个核心素养都划分为 4 个水平,是对学生学业成就表现的总体刻画。依据不同水平学业成就表现的关键特征,学业质量标准明确将学业质量划分为不同水平,并描述了不同水平学习结果的具体表现。

化学学业成就分为实然学业成就和应然学业成就。实然学业成就是学生通过该课程的学习,实际达到的成就水平,应然学业成就是国家对学生能力的期待和要求,应然学业成就也被称为化学学业质量要求,化学学业质量要求主要分为以下两种:①化学"学业要求"是基于学科主题的质量评价,是学生在学完一个主题后的应然评价;②化学"学业质量标准"是基于全部课程的化学学业质量要求。它们既是化学教学目标的制定依据,也是化学课堂教学评价和化学考试命题的依据。

化学学业质量水平是对学生化学学业质量表现程度的描述,可将其划分为四个水平,即水平1、水平2、水平3、水平4,在每一级水平的描述中均包含化学学科素养的 5 个方面。每个水平均有 4 个条目,如水平1 的四个条目表示为 1-1、1-2、1-3 和 1-4。每个条目均用两个数字表示,第一个数字代表水平,第二个数字代表所侧重的化学学科核心素养。第二个数字 1 侧重对应

"宏观辨识与微观探析""证据推理与模型认知"素养,数字 2 侧重对应"变化观念与平衡思想"素养,数字 3 侧重对应"科学探究与创新意识"素养,数字 4 侧重对应"科学态度与社会责任"素养。

9.4.1.2 课堂教学评价

课堂教学评价是指以一定的教学观为依据,运用可操作的科学手段,按照一定的价值标准,对课堂教学的各个要素及发展变化进行价值判断的过程。课堂教学评价的内容包括:教学的组织、结构、清晰度;教师与学生之间的交流技巧、表达或讲课能力;其他内容如学习负担、课程难度;考试及评分;对学生的影响、总体效果等。

9.4.1.3 教师评价

教师评价是指根据学校的培养目标和教师的工作任务,运用恰当的评价理论和评价方法对教师个体的工作进行价值判断,进而促进教师发展的过程。教师评价的主体有学生、同行、领导、自我等。教师评价的方法有学生评价、同行评价、领导评价、自我评价、学生成绩分析等。

9.4.2 化学教学评价的类型

(1)诊断性评价、形成性评价和总结性评价

① 诊断性评价:诊断性评价是指在学期开始或一个单元教学开始时,教师为了了解学生的学习准备状况及影响学习的因素而进行的评价。诊断性评价能为教师有的放矢地进行教学提供有力的根据。例如,在教学前,教师可以通过诊断性评价了解学生在认知、情感和能力方面的水平及具体情况,辨别和寻找学生遇到学习障碍的原因。

② 形成性评价:形成性评价又称过程评价,是指在教学过程中,教师为了改进和完善教学活动而进行的对学生学习过程及结果的评价。例如,课堂进行的教学反馈评价,包括在一节课或一个课题教学中,对学生的口头提问、课堂作业与评议、书面测验等,使学生与教师都能及时获得反馈信息。形成性评价的目的是更好地促进学生的学习与发展,以改进教学过程,提高教学质量,而不强调成绩的评定。一般而言,形成性评价是内部导向的,为正在进行教学活动的教师提供参考,评价的结果是分析性的。

③ 总结性评价:总结性评价又称终结性评价或事后评价,通常在教学活动结束后进行,目的是了解教学活动的最终效果。这种评价通常在学期末或学年末通过各科考试和考核来进行,重视的是结果,用于对评价对象做出全面鉴定,区分等级,并对整个教学活动的效果做出评定。总结性评价是以预先设定的教学目标为基准,对评价对象达成目标的程度即教学效果做出评价。它注重考察学生掌握某门学科的整体程度,概括水平较高,测验内容范围较广,次数较少。

(2)相对性评价、绝对性评价和个体内差异评价

① 相对性评价:相对性评价又称常模参照性评价,是指运用常模参照性测验对学生学习成绩进行的评价。它主要依据学生个人的学习成绩在该班学生成绩序列或常模中所处的位置,来评价和决定其成绩的优劣,而不考虑该学生是否达到教学目标的要求。

② 绝对性评价:绝对性评价又称目标参照性评价,是指运用目标参照性测验对学生的学习成绩进行的评价。它主要依据教学目标和编制试题来测量学生的学业成绩,判断学生是否达到了教学目标要求,不以评定学生之间的差异为目的,即与其所处的群体无关。

③ 个体内差异评价:个体内差异评价是指对学生的过去和现在或者学生个体内部的各个方面进行纵横比较,以判断其学习状况的评价。如学生成长档案袋评价就是个体内差异评价,它能适时地对学生的过去和现在进行比较,以判断其是否进步或退步。另外,针对某个学生,对其各科学习成绩进行比较,对其学习成绩与智力进行比较,对其智力内部的各种智力进行比较,也是个体内差异评价,这种比较可以了解学生的学科特长、智力特长。个体内差异评价的优点是能充分照顾个性的差异,不会给学生造成压力;缺点是容易使学生坐井观天、自我满足。

（3）定性评价和定量评价

① 定性评价：定性评价是凭借评价者的洞察、内省或移情，对被评价者作出价值判断的评价方法。其一般适用于不能数量化的教学评价信息，如评定等级、写出评语等。教师往往采用观察法、调查法、系统分析法等收集、处理教学评价信息，作出判断，进行定性描述。

② 定量评价：定量评价是指采用定量分析方法，即用一定的数学模型和数学方法，对收集到的数据资料进行处理和分析，从而得出定量结论的评价方法。如运用教育测量和统计方法、模糊教学方法等，对评价者进行数字描述。对于能够数量化的教学评价信息，评价者应当尽量采用定量方法进行处理、分析和判断，以保证客观性和说服力。

（4）外部评价和内部评价

① 外部评价：外部评价是指被评价者之外的专业人员对被评价者进行明显的统计分析或文字描述的评价。

② 内部评价：内部评价是课程设计者或使用者自己实施的评价。

练习与应用

一、单选题

1. 为了便于因材施教，学校对报名参加英语课外小组的学生进行水平测试，并据此成绩进行编班。这种评价属于（　　）。

A. 诊断性评价　　　　　B. 安置性评价　　　　　C. 总结性评价　　　　　D. 形成性评价

2. 依据学生的个人成绩在该班学生成绩序列中所处的位置来判定其成绩的优劣，而不考虑其是否达到了教学目标的要求。这种教学评价属于（　　）。

A. 诊断性评价　　　　　B. 绝对性评价　　　　　C. 总结性评价　　　　　D. 相对性评价

3. 教师对学生个体内部的各方面进行纵横比较，以判断其学习状况的评价属于（　　）。

A. 绝对性评价　　　　　B. 个体内差异评价　　　　　C. 甄别评价　　　　　D. 相对性评价

二、简答题

1. 简述教育测量与评价之间的关系。

2. 简述教育测量与评价在教育系统中的关系。

名言警句

> 如果你想让教师的劳动能够给教师带来乐趣，使天天上课不至于变成一种单调乏味的义务，那你就引导教师走上研究这条幸福的道路上来，即成为教育教学的研究者。
>
> ——苏霍姆林斯基

> 教师进行劳动和创造的时间好比一条大河，要靠许多小的溪流来滋养它，教师时常要读书，平时积累的知识越多，上课就越轻松。
>
> ——苏霍姆林斯基

> 想要学生学好，必须先生学好，唯有学而不厌的先生才能教出学而不厌的学生，身教重于言教。
>
> ——陶行知

引言

化学教育作为学校教育的重要组成部分，是落实立德树人、发展素质教育、弘扬科学精神、提升学生核心素养的重要载体，是学生形成终身学习和发展的基础。为实现化学学科的教育功能，促进化学教师的专业发展，对化学教师的素质提出了更新、更高的要求。本章首先对教师专业化发展内涵和基础结构进行概述，结合化学学科特点，深入分析化学教师专业化的途径和发展方向。重点讨论现代化学教师所需的素质和促进教师专业化发展的途径。

学习目标

1. 了解现代化学教师的特点。
2. 认识现代化学教师的素质结构。
3. 理解促进教师专业化发展的一般途径。
4. 了解教学研究的一般途径。
5. 理解教师进行教学研究的意义。
6. 掌握化学教学研究论文的基本结构、写作步骤和要求。
7. 体验行动研究过程，感受化学教学研究的重要性。

8. 熟悉教师专业化发展内涵，以立德树人为己任，立志成为有理想信念、有道德情操、有扎实学识、有仁爱之心的好老师。

9. 具有自主学习和自我管理的能力以及终身学习的意识。了解国内外基础教育改革发展动态，能够根据时代和中学化学教育发展需求，主动学习和规划自己的职业生涯。

10. 初步掌握反思的方法和技能，通过专业课程学习和教育教学实践逐步养成反思习惯与批判性思维方法，学会分析和解决教育教学问题，促进教学改进和专业成长。

10.1 现代化学教师的专业素质

问题与思考

1. 你能说出教师职业的专业化含义吗？
2. 你能画出教师专业素质的结构吗？
3. 你知道教师的知识由哪几个部分构成吗？
4. 你知道教师的能力构成吗？

10.1.1 教师专业化

专业化是指在某一领域的普通职业群体，在一定时期内，通过实践、反思、总结等过程，逐渐符合专业标准，成为专门职业并获取专业地位的过程。职业专业化一般具有从事者个人需接受长期专业教育、工作范围明确、拥有具体化理论纲领的特征。

教师作为教育功能实现的重要因素，需要具有专业素质。实现教师专业化则需要通过教学实践、反思、总结等过程，使教师专业素养逐渐符合专业标准，促进教师个体和内在的教学专业性提升。因此我们可以将教师的专业化认为教师在实际教学中不断完善自我的过程，是教师从新手型向专家型转变的过程。

10.1.2 化学教师专业素质结构

化学教师专业化发展的过程就是化学教师在职业生涯过程中实现自我完善的过程，也是化学教师素质不断优化的过程。以教师的素质结构作为出发点，许多学者对其进行了研究，例如刘知新认为教师专业素质结构是教师职业的倾向性、教师职业的必备知识、教师职业的基本能力。文庆城认为化学教师专业素质包括专业情意、专业知识、专业能力。王后雄的观点则是化学学科理解能力、化学教学能力、化学教研能力。

因此结合多位学者观点，本书将化学教师专业素质结构概括成情意结构、知识结构、能力结构（图10-1）。

10.1.2.1 情意结构

（1）现代化学教师的职业理想和品质

正确的职业观是教师素质的核心，决定了教师的从教动力和发展观念，主要包括教师的职业理想、职业品质和教育观念三个方面。教师的职业理想是教师从事教育活动时表现出来的事业心、职业责任感和工作积极性，对化学教师树立职业发展倾向发挥着导向作用。教师的职业品质主要是教师良好素质的外化，包含了教师的仪表、言谈举止、行为习惯、精神状态和情绪，是学生形

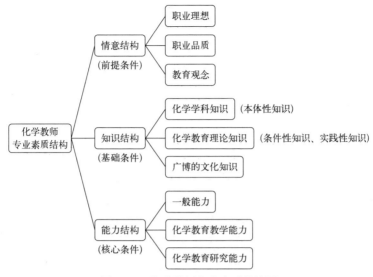

图 10-1　化学教师专业素质结构图

成良好素养的隐性知识。教师的教育观念虽然无形，但影响着教师的工作方式，制约教师的活动方向，对教师专业化发展起到重要作用。

　　根据教师素养的形成方面分析，教师的职业理想和教育观念是影响教师专业化发展的内在条件，需要教师树立强烈的社会责任感和使命感，是教师适应职业角色的内驱力。教师的职业品质是影响教师专业化发展的外在表现，主要体现在教育教学活动中对学生产生的潜移默化的影响，需要教师加强自身人格修养，树立正确积极的人生观，保持乐观的心态、积极的精神状态和稳定的情绪，让学生在愉快和谐的环境中成长。

（2）现代化学教师的教育观念

　　思想是行为的先导，化学教师具有什么样的教育理念决定了如何定位自己在教学中的角色、如何对待自己的学生以及如何开展化学教育教学工作。具有先进的教育理念是化学教师专业发展的灵魂，可以帮助学生少走弯路，在化学教学过程中遇到难题时能够积极面对，并采取科学的方法解决问题。

　　① 学生观：传统教学中，强调教师中心、课堂中心、教材中心。为了符合国家对人才培养的需求，化学课程以"学生为本、完善人格、开发人力、立德树人"为核心理念，将学生看作是有本位意识、主体意识和个体意识的人。因此学生不是消极的知识接受者，而是由其特性反作用于教师的教学。

　　学生是具有主体意识的人，教育教学的影响只有得到学生主体意识的选择、支持后，才能对其知识、能力、学科观念、认知方式等各方面的发展起作用。通常学生在教学中的主体性体现为：学习的独立性、学习的自觉性、学习的创新性。

　　此外，从身心发展规律的角度看，中学生是处于发展阶段的人，具有顺序性、阶段性、差异性和不均衡性的特点。因此教师应当注重学生的身心发展规律，做到因材施教、不陵节而施等。值得注意的是，学生主体并非完全否定化学教师"知识传授者"的身份，而是强调采用发挥学生主体地位的方式传授知识，侧重的是化学教师角色的重心转变方向。

　　② 课程观：一线教师的教学经验会在长期的教学实践过程中逐渐提升，但是对所教学科内容的理解和认识有可能会停滞不前，因此化学教师对课程的理解程度对其自身的专业成长、教育教学取向以及学生对化学的理解有着至关重要的影响。本次课程改革的核心是"发展化学学科育人功能，全面构建中学生化学学科核心素养"。

　　化学课程是立足于学生的生活经验，反映人类探索物质世界的化学基本观念和规律，融入社会主义核心价值观的基本内容和要求，注重学生的自主发展、合作参与，培养学生适应个人终身发展和社会发展所需要的必要品格、关键能力，引导学生形成正确的世界观、人生观和价值观。倡导"教、学、评"一体化，促进学生学习方式的转变，培养他们的创新精神和实践能力。

③ 教学观：课堂教学是教师教育学生的主要阵地，教师教学观的科学与否直接影响着课堂教学的有效性和质量。根据当下课程改革观念，教师教学方式的呈现更多样化，学生的学习方式也同样得到一定改进，如自主学习、合作学习、探究学习等。目前教师虽有了多种教学形式，却也加入了一些多余的导入、无的放矢的讨论、无效的对话、画蛇添足的总结等。因此化学教师应当减少这种多余环节、无效程序、表面热闹现象，精当地表述教学内容。

综上，教师应当树立让学生学有所得、学有所益的高效教学理念。"学有所得"是指学生通过教师的教学，在知识、能力、素养等方面得到提升；教师应当树立促进学生全面发展的教学理念。"学有所益"是指学生通过教师的教学，能够促进个人智慧、品质、体格发展，成为符合、促进社会发展需求的公民；教师应当树立以人为本、以社会需求为导向的教学理念。

④ 评价观：教学评价是教学过程的重要环节，也是影响教学成功与失败的关键。传统化学教学评价大多采用"目标取向"为主导的终结性评价，缺乏对学生学情了解的"形成性评价"和对学生学习过程考评的"过程性评价"，且评价内容过于注重学生的学业成绩，忽视对综合素养和全面发展的评价。为提高学生综合运用知识解决实际问题的能力，帮助教师和学生共同把握教与学的深度和广度，教师应当形成"教、学、评"一体化的评价思想，置身于教学中去，开发过程性评价与形成性评价方式，多角度实现多元、多项评价。

课堂讨论与实践

结合《义务教育化学课程标准（2022年版）》《普通高中化学课程标准（2017年版）》，分析现代化学教师教育观念，谈一谈你认为当代化学教师应该具有哪些素质？如何发展、完善教师素养？如何在教学中体现？

10.1.2.2　知识结构

教师的知识结构包含化学学科知识、化学教育理论知识和广博的文化知识。

化学学科知识是教师从事本学科教学的前提，是化学教师的本体性知识。教师的化学学科知识包括无机化学、有机化学、物理化学、分析化学等基础知识，这些知识是教师理解教学，灵活处理教材中的重点、难点的基础。另外，教师的化学学科知识还包含对某一化学知识历史、现状、最新发展成果的理解，这些知识是学生树立科学思维的基础。

化学教育理论知识包含教育学、心理学、化学教学论、化学教育测量与评价等知识，是教师从事教学的基础条件，是化学教师应该具有的条件性知识。教师的教育学、心理学知识能够帮助教师更好地分析学生学情、解决学生学习困惑和提高教学效率，是将一线教学与教学理论结合的前提，是教师进行课程资源开发和教学研究的保障。教师的学科教学论知识能影响教师对学科概念或学科知识的表达方式，能够促进学生对教材的理解，提升教学功效，对教师在具体教学情境中有效呈现学科知识、组织学习活动具有指导作用。教师的实践性知识是指教师具有的有关提升教育教学技能的知识，是对教学过程的经验总结，能够帮助教师在面临学生或教学出现困难情境时，作出准确的判断和采取恰当的应变措施，是教师进行教学改革和教学研究、提高教学效果的重要条件。

除此之外，教师还应该具有广博的社会文化知识，即除了化学学科知识以外的社会文化知识和自然科学知识，这些能够帮助教师提升教学效果和促进学生的全面发展，是教师成为"经师"享受教学的必要条件。

课堂讨论与实践

什么知识是教师从事化学学科教学的前提和基础？这些知识包含哪些内容？请结合实际情况，为完善该知识提出建议。

10.1.2.3 能力结构

教师的能力结构包含教师的知识获取能力、教学能力、教育能力、科研能力和教学交往能力。教师的知识获取能力包含教师收集资料、查找资料，以及对资料筛选、分析和综述的能力；教师的教学能力包含教师课堂教学能力、教学评价能力、教学实验能力和现代化教育技术合理使用与开发的能力；教师的教育能力是对学生思想品德方面的教育和引导，包含对学生进行集体教育、个别教育、榜样教育等方式；教师的科研能力是教师通过发现自身在教育教学过程中存在的问题，以此为基础进行反思和讨论，找出蕴含的规律，提炼出新的教育思想和方法等；教师的教学交往能力包含教师与学生、同行、学生家长、教育管理者进行多项协调与交往的能力。

教师的能力结构是教师综合素质的体现，是促进教师专业化发展的必要条件。在建立教师能力结构过程中，教师应当突破学科知识壁垒，常与其他教师交流合作，相互支持，促进教师教育教学功能的实现。

练习与应用

一、单选题

1. 教师的专业素质结构包括（　　　）。

A. 职业理想、专业知识、学科能力

B. 情意结构、知识结构、能力结构

C. 教育教学能力、广博的知识、教学研究能力

D. 化学学科知识、广博的知识、教育理论知识

2. 关于教师的能力结构，以下说法合理的是（　　　）。

A. 教师的能力就是教师的教育教学能力

B. 教师的科研能力是教师能否根据教学实际，写出教学论文的能力

C. 教师的交往能力包含教师与学生、家长、同行以及管理者交往的能力

D. 在教师的多种能力中，以教师的教育教学能力为主，其他的能力是为了更好地辅助教育教学能力

二、填空题

1. 教师的知识结构包含_____、_____、_____、_____。

2. 教师的_____知识是教师从事本学科教学的前提，教师的_____知识是教师从事教学的基础条件，教师的_____知识是进行教学改革和教学研究、提高教学效果的重要条件，_____知识是提升教学效果和促进学生的全面发展以及促使教师成为"经师"享受教学的必要条件。

三、简答题

1. 简述教师的能力构成。

2. 简述教师的教育观。

10.2 现代化学教师的专业化发展途径

问题与思考

1. 你能说出教师职业的专业化发展阶段吗？

2. 你认为"新手型"教师和"熟手型"教师的最大区别在哪些方面？

3. 你知道教学反思的内容、途径和意义吗？

4. 为什么教学研究有利于教师的专业发展？

5. 你能说出教育研究的基本方法吗？

教师专业化是一个日积月累的过程，本节将从教师专业化发展阶段、学科知识专业化、实践反思、教学研究和教学团队建设五个角度展开讨论。

10.2.1 化学教师专业化发展阶段

研究教师专业化发展的学者众多，国内外学者根据关注对象不同、知识经验不同、教师教龄和职称不同，有不同的分类方法。例如普勒·布朗（Puller Brown）根据关注对象不同，将教师专业化发展分为"关注生存—关注情景—关注学生"三个阶段；连榕根据教龄、职称，将教师专业化发展分为"新手—熟手—专家"三个阶段；申续亮根据职业能力，将教师专业化发展分为"学徒期—成长期—反思期—学者期"四个阶段。通过以上学者研究发现，教师专业化具有循序渐进的规律，是不断深化的过程。

本节将重点阐述连榕教授的教师专业化发展的三阶段。

10.2.1.1 新手型教师专业化发展

（1）新手型教师的特征

新手型教师主要指刚走上工作岗位 1～2 年的新教师，他们通常关注自我的生存，注重周围人对自己的评价；重视课前教学策略，课堂调控能力较机械；具有较高的工作热情，成绩目标是其重要的工作动机。

（2）新手型教师的发展

根据新手型教师的心理特征，这个时期教师需要：①熟悉教学内容，深入学习化学课程标准，做好教师角色转换；②熟悉学校环境，了解学校教育理念；③向教学经验丰富的教师学习，做好听课、集体备课和教学反思（详见 10.2.4）等工作；④在教学过程中不断积累、整理教学经验；⑤学习了解学生学情、组织教学的方法等。

新入职教师虽然存在教学经验不足、教学组织策略运用不灵活等问题，但接受新教学思想较多，受传统教学思想束缚较少，新手型教师在较高的起点上适应和发展，为向熟手型教师过渡打下了基础。时间一般为 3～5 年，但具体时间长度取决于校园环境和个人努力程度。

课堂讨论与实践

结合现状，从现代化学教师素质结构方面分析新手型教师存在的主要问题，并提出相应的解决方案。

10.2.1.2 熟手型教师专业化发展

（1）熟手型教师的特征

熟手型教师对课堂中常用的教学操作程序有了熟练的掌握，对课堂教学的调节和控制水平较高，工作动机逐渐从成绩目标转为任务目标，更关注的是自身教学能力的提高和自身职业生涯的发展。对学生的学情分析较准确，有效理解学生，促进学生的个体发展。

（2）熟手型教师的发展

要想实现新手型教师向熟手型教师的转变，需要积累更多、更全面的教育教学经验，关注教育教学任务和目标达成，实现专业职称的晋升。这个时期教师需要：①通过研读化学课程标准，更加深入地理解教材，结合学生实际情况，对教学内容进行思考，组织教学；②通过新手期后，应当将更多的时间放在研讨教学问题上，常与校内外老师交流教学体验，研讨教学经验，积极参与教学研究；③开发教材"内隐知识"，根据教学需要补充其他专业知识；④吸收新的教育教学理念，恰当运用理论指导，提高自身教学水平。

熟手型教师阶段是教师专业化的关键时期，是教师形成独立教学风格的重要时期。但部分处于熟手阶段的教师会由于满足教学现状，出现专业化发展的停滞。

‹ 课堂讨论与实践 👥

查阅文献，设计问卷，了解熟手型教师出现职业倦怠的表现，分析原因，提出相应解决方案。

10.2.1.3　专家型教师专业化发展

（1）专家型教师的特征

专家型教师在教学策略、职业理想、教学情感上都有独立的风格和自我特色。具体体现为：设置教学策略时能够通过教学计划、评估和反思来改进教学，从而产生教学创新，不断提升自己的教学水平。在职业理想上，专家型教师已经完成了目标关注、学历关注、职称晋升等阶段，因此对职业的投入情感度更高，职业的义务感和使命感更强，希望不断追求教师事业深层次的价值所在。在教学情感上，专家型教师具有鲜明的情绪稳定性、理智性，能够理智地处理教育教学中存在的问题，能自觉而实际地对教学进行评估和反思。

（2）专家型教师的发展

从熟手型教师到专家型教师是教师专业化发展的自我超越和自我实现。要想实现从熟手型教师向专家型教师转变，需要做到：①深入研究课标和教材，形成独特见解，设计具有智慧性的教学，灵活运用于教学；②将实际教学经验结合教育理论，将其凝练成自己的教学理论；③进行教学研究，撰写教育教学类论文，与同行进行分享，指导新教师，帮助新教师做好角色转换。

从熟手型教师向专家型教师的转变需要一个较长期的过渡。只有坚持不懈追求自我超越，树立更高职业义务感和职业使命感的教师，才能够跨越这个过渡期，形成自我风格。

‹ 课堂讨论与实践 👥

根据新手型教师、熟手型教师、专家型教师的特点，结合实际，论述你将如何实现从新手型教师逐步向专家型教师的转变？

10.2.2　化学教师学科知识专业化发展

化学教师学科知识专业化主要包含化学专业理论知识和化学实验教学能力两方面。化学教师必须同时具备系统、扎实的专业知识，并注意知识的更新和发展，才能够胜任化学教学工作。扎实的专业知识是促进教师专业化发展的基石。

（1）化学教师的专业理论知识

中学化学学科知识包含陈述性知识、程序性知识和策略性知识三大部分。陈述性知识主要包含系统的元素化合物知识、有机化合物知识、结构化学基础理论知识、化学史知识和科学方法论知识；程序性知识包含化学基本理论知识、化学反应基本原理、化学反应基本规律等知识；策略性知识主要包括化学研究的一般方法和化学研究的专门性方法（如物质结构的测定、物质的合成、分离和提纯等）两大部分。

专业的化学教师不仅能够正确理解和讲解教科书中的知识，掌握知识间的内部联系，还要具有分析每一部分知识与其他知识的联系，结合学生实际情况研究开发课程的能力；专业的化学教师在掌握扎实的专业基础的前提下，还应主动学习当前自然科学和社会科学的最新研究成果，了解学科的发展前景，还要能够结合知识深入理解化学与生活、化学与生产、化学与科学技术之间的关系，培养并发展学生的化学学科核心素养。

（2）化学教师的实验教学能力

化学实验对于激发学生化学学习兴趣、形成化学观念、促进知识与技能形成发挥着重要作用。化学教师在进行教学时充分运用化学实验，能够实现化学学科教育功能最大化。化学实验教学能力包含演示实验的教学能力、设计和改进化学实验的能力和指导学生实验的能力。

化学教师进行演示实验时，除了要了解实验的目的、教会学生知识、进行规范的操作外，还要注意在实验操作过程中提醒学生观察实验现象要点，将实验与学生思维紧密结合，引导学生通过实验得出实验原理、装置和操作之间的关系。化学教师在进行实验设计和改进时，首先要保证改进实验的科学性，其次必须符合实验教学的教学目的和学生的认知规律，是教师研究能力和创造性的体现。指导学生实验操作能力的目的是培养学生的科学态度和科学方法，具体体现在指导学生进行手眼操作、实验观察和实验思维。

（3）学科知识与教师专业化发展的关系

化学教师学科知识的专业水平是影响教师专业化发展的重要因素，主要体现在如下方面：

教师的学科知识专业水平影响学生的知识层次和结构。教师专业知识存在欠缺或错误时，不能帮助学生形成完善的知识体系或传授给学生错误知识，也不能在学生对知识的理解出现错误时及时指出。

教师的学科知识专业水平影响教师对教材内容呈现方式的合理性。新课程改革要求教师不仅是教材知识的传授者，还要成为课程和教材的开发者。如果教师专业水平较低，则无法针对不同学生调整教材结构，开发适应学生的教学案例。

‹ 课堂讨论与实践 👥

1. 结合你的认识，你认为哪一个发展阶段是教师提升"学科知识专业化"的关键时期，阐述理由。
2. 分析新手型教师、熟手型教师和专家型教师提升"化学学科知识"的侧重点。

10.2.3　实践反思促进化学教师专业化发展

美国心理学家波斯纳提出，教师的成长是教师经验和日常反思的总和，他认为没有反思的经验，只是教学过程中简单行为的积累，无法对教师的专业化成长发挥显著作用。为实现教师专业化发展，需要教师在教学实践中主动关注教学行为，通过自我认知、自我监控、自我调整的元认知过程，对教学活动背后的理论、假设进行积极思考，了解并发现自身教学过程中遇到的问题，并积极寻求多种解决问题的方法。教学反思是提高教学水平以及促进专业化发展的重要推力。

10.2.3.1　教师反思的内容

在教学实践过程中，教师需要对教育教学理论、教学过程中的设置、学生的实际情况等方面进行反思（图10-2）。按照教学进程，教学反思分为课前反思、课中反思和课后反思三个维度；按照教学流程，教学反思分为教学设计、教学过程和教学评价三个方面。本节将围绕教学进程三维度和教学流程三方面阐述教师反思的内容。

（1）教学设计反思

教学设计是教师教学的依据，是教师教学的出发点和教学结束后的考评依据，具有综合性、实践性和发展性特点。教师通过课前、课中、课后对教学设计的反思，能够帮助教师发现不足，及时调整，进行优化。概括来说，教学设计反思包含以下几个方面的内容。

教师完成教学设计后应当思考教学目标的制定是否符合课程标准要求；教学内容设置是否切

合学生实际情况，是否体现"学生中心"理念；学习任务和学习活动的设置是否符合学生的个性特点，具有驱动性、诱导性和参与性；教学媒体设置是否恰当；教学策略设置是否有助于教学目标达成等。

对教学设计的反思不仅需要在课前设计时进行，还需要在实施过程中根据学生的实际情况进行调整和修改，更需要在实施教学设计后对教学设计进行完善和修改。使教学设计呈螺旋上升结构不断完善。

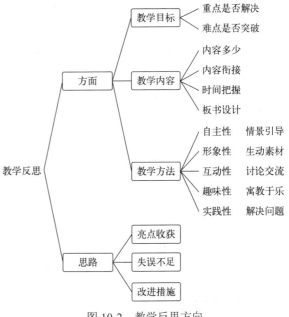

图 10-2　教学反思方向

（2）教学过程反思

教学过程是整个教学流程的核心，是"教师教"和"学生学"双边活动的呈现过程，是化学知识传授的主要途径。课堂教学是一个复杂的系统，受到多重因素影响，需要教师运用"教学机智"应对多变的课堂环境，通过反思整理，形成教学经验，不断优化课堂教学方式。教师对教学过程反思主要思考以下方面内容：教学内容的呈现方式是否恰当，师生、生生的课堂交流是否有效，学生实验、探究过程是否设置合理，学生是否积极主动参与到学习活动中，对课堂意外情况处理是否合理等。

教学过程是教学设计的实施，对教学过程的反思主要关注如何促进教与学双边活动成效，如何充分发挥学生的主体地位。根据这些问题，教师可以判断自己是否成功地完成了教学目标，是否需要调整或尝试新的教学设计。

（3）教学评价反思

教学评价是完成教学实践后，主要针对学生达成学习目标的情况作出相应的评价和判断，是形成一个完整教学结构必不可少的部分，是教师进行教学研究的出发点，也是完善教学设计的重要组成部分。对教学评价的反思主要从以下方面出发：学生是否理解并掌握了预设的教学目标和教学重难点；学生在学习中出现的问题有哪些，出现的原因是什么；学生是否完成了教师预设的科学研究过程，运用了哪些科学方法，是否达到了预设目的；学生的化学观念、化学学科核心素养是否得到了提升等。

教学评价反思应当从多角度出发，除传统的纸笔终结性评价方式以外，还应当设置形成性评价、过程性评价和终结性评价多重评价方案，帮助教师了解学生学情，将"学生主体"观念落地，使教学以一种最优化的形式达成教学目标，从而全面提高化学教学质量。

课堂讨论与实践

1. 什么是教学反思？教学反思一般从哪些角度出发？
2. 小组内组织一节微格课，从以上角度完成一篇教学反思。

10.2.3.2　教师进行教学反思的途径和意义

（1）教学反思途径

① 写教学日志：教师完成教学实践活动后，反思教学过程中自身教学行

案例展示
教学日志示例

为、学生学习过程和课堂中出现的问题，将其整理记录后与同事或专家进行分析、讨论，提出解决办法，对教学实践计划进行完善或改进，将反思记录于实践计划中。教学反思日志能够帮助教师将自身教学经验与他人经验相互结合，内化成为新的经验，促使个人实践经验的丰富。

② 观摩与交流：课程观摩分为同行观摩和自我观摩两种形式。同行观摩是指教师相互来到上课教师课堂，通过听课观察上课教师的教学行为，进行集体交流，相互指出教学过程存在的问题，分析出现问题的原因，研究改进方案，实现互相提高，共同进步。自我观摩则是通过教学录像设备，将教师课堂教学情境实录，供教师自身观摩后评析教学行为，发现自身不足，结合同行意见，进行改进。

案 例 展 示
教学生成性资源的开发❶

③ 教学叙事：教学叙事是指教师在日常工作中，从教师视角出发，对自己的教学进行描述，并通过不断反思提高教学效率和促进教师专业化发展，进而得出一定教学理论，设计教学案例，为其他教师提供间接经验。教学叙事是教师进行教学研究的基石。

④ 行动研究：行动研究是教师对具体教学情境所作的一种反思性研究。它旨在解决教师日常教育、教学活动中出现的问题，改进教师的教育实践，改进实践得以进行的情境，促进教师对教育教学活动的理解以及提高教育教学实践活动的质量，进而实现专业自主和自身解放。

> **课堂讨论与实践**
>
> 说一说"教学日志"和"教学叙事"的共同点和区别，谈一谈它们对教学反思的作用。

（2）教学反思意义

教师反思是指教师把自己的教育教学实践以及周围发生的教育现象作为研究对象，对其进行分析审视，从而修正自己的教学方式、行为，提炼、升华自己的教育理念，进而不断提高自身教育教学效能和素养的过程。教学反思对促进教师专业化发展的意义主要体现在如下方面。

研究表明，影响教育教学效能最主要的知识是实践性的知识，是教师在教育教学活动中，通过完成特定领域内的任务，经过多次总结建构得到与学科知识相关的课堂情境知识。这类知识主要依存于情境，是以"课堂案例"形式存在的"隐性知识"，具有鲜明的"个体性格"。教师想要实现新手型教师向专业型教师转变，则必须通过日常教育实践的创造和反思。其次，反思性实践为教师理解和感悟个体行为提供了强有力的途径，能够帮助教师观察到被自身忽略的教学实践行为，从而对自己产生新的认知，采取合理行动，寻找改进自身行为的方法，是教师个体进步的动力源泉。

10.2.4　教育教学研究促进化学教师专业化发展

苏霍姆林斯基说过："如果你想让教师的劳动能够给教师带来乐趣，使天天上课不至于变成一种单调乏味的义务，那你就引导每一位教师走上研究这条幸福的道路上来。"由此可以看出，教学研究工作是促进教育事业发展的原动力，是提高教师专业知识和工作兴趣的必备途径，是提高教学效果和学术修养的重要方法。教学研究的性质决定了它是促进教师专业化发展的方法之一。

10.2.4.1　教学研究的一般环节

（1）选定课题

发现并提出问题是教学研究的起点，一个好的教学研究课题应当具有一定的理论价值或实践价值，且要有一定的事实依据和教育科学基本原理依据。问题界定时要清晰具体，同时满足选题的新颖性、创新性和时代感。由此，化学教学研究课题主要来自当下化学教学实践中亟待解决的

---

❶ 茅海磊，王东. 关于"化学课堂生成性资源的利用"的叙事研究报告[J]. 化学教与学，2016（06）：69-70.

问题和化学教学理论体系中提出的问题。

（2）查阅文献

文献研究贯穿于教学研究的全过程，从选题、初步调查，到论证课题、制订计划、收集资料和分析资料，都离不开相关课题文献的检索和利用。为了实现研究课题的新颖性、独创性、科学性和时代性，研究者必须调查前人对该课题做过哪些研究、解决了哪些问题、哪些问题未得到完善解决，查阅有关课题的科学理论依据。文献是教学研究顺利进行的基础。

（3）研究设计

在选定课题和查阅文献的基础上，研究者需要确定适合的研究方法和设计方案，制订出切实可行的研究计划。研究计划设计主要包含确定研究类型和方法、选择研究对象、分析研究变量和形成研究计划几个方面，且制订过程要充分考虑研究计划的合理性和可实施性。研究计划设置的合理性影响着研究工作的效率和研究的可靠性。

（4）收集资料

这是研究工作的主体阶段。研究者采用调查、实验、观察或其他各种不同的方法和手段进行研究的实践活动，从中收集有关问题和资料。在收集资料的过程中，应进行记录、分类和整理。

（5）分析资料

研究者通过教师教学过程和学生学习过程中收集到的大量资料，经过研究者的思考和集体讨论，进行理论分析，揭示教学规律，采用科学分析方法，去伪存真，概括得出研究结论。

（6）撰写论文

教学研究的成果是通过论文的形式表现出来的，这有助于教学研究成果的交流与推广，为他人进行教学研究提供理论依据。化学教学论文的结构主要包含如下几个部分。

① 摘要：包含本研究课题的意义和目的；简述本课题的研究背景、研究特点和研究范围；简述本课题拟采用的研究方法。

② 论文主体：这部分主要说明研究过程、研究方法、样本情况和使用的测量方法等，如采用了调查法、实验法研究该课题，则需要列出与研究结果相关的数据、表格和图表等。这部分是全文的精髓，占教学研究论文的大部分篇幅。

③ 结论和讨论：主要针对本研究最终的研究成果，可以特别说明创新的观点，还可以对研究得到的结果展开解释并实事求是地进行评价，也可以提出当前教学研究的局限性或存在的问题，以及今后的研究方向等。

④ 参考文献：教学研究是基于前人研究成果的继承和发展，一般论文习惯将参考文献列于最后或用脚注标明出处。

课堂讨论与实践

1. 什么是教学研究？教学研究对促进教师专业化发展有什么作用？
2. 阅读教育教学研究论文，感知教育教学研究论文的结构和内容特征。

10.2.4.2 教学研究的一般方法

基于教学研究的一般过程，我们能够发现想要从事教学研究，还要具有适当的研究工具，这就是教学研究的一般方法，主要包含历史法、观察法、实验法、调查法、文献分析法和比较法等。其中观察法、调查法、实验法和文献分析法是教师在进行教学研究时最常用的方法。

（1）观察法

在化学教学研究中，观察法是一种较为基本和常用的方法，它是研究者有目的、有计划地对处于自然状态下的研究对象进行考察，从而获得经验事实的一种方法。使用观察法的时候，应当对事实进行全面记录，且不作评价。常用的记录方法有叙述性描述法、频数表记录法、等级量表记录法、仪器设备记录法等。

（2）调查法

教育科学的调查研究是在教育理论的指导下，通过观察、列表、问卷、访谈、个案研究以及测验等科学方法，收集教育问题的资料，从而对教育的现状作出科学的分析并提出具体工作建议的一整套实践活动。调查法是获取资料的常用方法。常用的调查方法有访谈法、问卷法等。

（3）实验法

实验法是教育研究者根据一定的研究目的，人为地以控制变量的方法，在某一情境下使研究对象行为发生变化发展的过程，并将其与其他情境下的研究对象行为变化结果进行比较，从而发现该情境与研究对象行为变化的因果关系，得出研究结论的一种方法。

（4）文献分析法

查找和阅读教学研究文献，能够帮助教学研究者确定研究课题的可用性和判断课题的可行性，然后经过一系列的思维加工，以不同方式对文献展开利用。检索文献时要注重文献的全面性和准确性，除了要广泛查阅与自己研究相关的国内外一手材料，也要收集与自己观点矛盾的材料。对查阅的文献资料要做到去粗取精、去伪存真，逐步整理成为自己需要的文献资料库。

课堂讨论与实践

1. 阅读几篇化学教育教学相关的文献，感受教学研究的一般方法。
2. 撰写一篇化学教育论文。

10.2.5 教学团队建设促进化学教师专业化发展

教师入职后即归属到年级及教研室，通常以学生考核成绩作为量化指标，缺乏科学考评教师科研、教学、师德水平的综合评价标准。有的教师虽然加入了省级、校级等专业学术团队，但是并没有专门的教师专业发展机构对教师的未来发展进行规划引导。在教学压力下，教师通常疏于对自身职业生涯的规划和思考，使教师在职业发展过程中具有很大的盲目性❶。如何促进教师获得良好的职业发展路径，已经成为一个重要课题。

（1）有利于帮助教师形成良好的职业信念

教学团队带头人大多为本领域的专家、教学名师等，他们具有宽广的学术视野、深厚的学术造诣、精湛的教学技巧。而教学团队成员一般由不同职称学历梯队的教师组成，在教学团队中既可发挥中老年教师的传、帮、带的作用，又可让年轻教师的活力得以发挥。在教学团队组建过程中形成具有感召力、凝聚力、向心力的共同愿景❷，可以帮助教师明确坚定自己的职业信念，为教师在从事教育教学活动提供行动支柱和行为指南。

（2）有利于帮助教师建立合作交流机制

教学团队通过定期的教研活动、备课等形式为教学团队成员之间提供交流平台。教师通过交流不仅可以分享材料和课程资源、减轻自己工作负担，还可以获得心理支持，获得新想法。通过交流可以使教师不断超越和提升自己，促进教师可持续发展。所以，教学团队的交流机制为教师的专业发展提供了很好的平台。

---

❶ 王宣赫，谢庆宾，岳大力，等. 基于高等学校教师专业发展的教学团队建设[J]. 吉林省教育学院学报（上旬），2015，31（6）：42-43.

❷ 王鸣. 当前我国高校教师职业发展的现状和对策[J]. 南方论坛，2009（8）：68-70.

（3）有利于建立考核激励机制

教学团队成员的学科专业、研究领域、教学内容一般都相对接近，而一般教学团队成员人数也相对较少，进行考核时指标容易量化，可以为教师的教学科研活动提供较好的参考指标体系，为教师开展教学科研活动提供指南。

课堂讨论与实践

1. 什么是教学团队建设？
2. 谈一谈为什么教学团队建设能够促进教师专业化发展？

练习与应用

一、单选题

1. 最能客观地对自身教学过程进行评价，更好地强化自己已有经验，改正和弥补自身不足的反思方式是（   ）。

A. 写教学日志　　　　　B. 观摩与交流　　　　　C. 档案袋反思　　　　　D. 教学叙事

2. 一位新老师把大量时间花在自己与同事、领导的关系上，这表明其成长阶段处于职业生涯的（   ）。

A. 关注情境阶段　　　　B. 关注学生阶段　　　　C. 关注生存阶段　　　　D. 关注自我感受阶段

3. 每学期开学，王老师总是根据自己班级人数、课时量以及备课资料是否充分等来安排自己的教学方式与教学进度，王老师处于职业生涯的（   ）。

A. 新手型教师阶段　　　B. 熟手型教师阶段　　　C. 专家型教师阶段　　　D. 关注自我阶段

二、判断题

1. 教学团队建设主要是通过教学团队申报教研课题，帮助教师实现专业化发展。（   ）
2. 教学研究是提高教学效果和学术修养的重要方法，专家型教师是进行教学研究的主要团队。（   ）
3. 教师的教学反思仅出现在教师教学后对学生掌握知识程度的思考。（   ）

三、填空题

1. 中学化学学科知识包含＿＿＿＿＿＿＿＿、＿＿＿＿＿＿＿＿和＿＿＿＿＿＿＿＿三大部分。
2. ＿＿＿＿＿＿＿＿＿＿＿＿＿＿是研究者有目的、有计划地对处于自然状态下的研究对象进行考察，从而获得经验事实的一种教学研究方法。

四、简答题

1. 教师的专业化发展要经历哪些阶段？跨越该阶段需要突破哪些障碍？
2. 教学反思为什么能促进教师的专业发展？
3. 教育教学研究需要经历哪些过程？对教师的专业发展有什么作用？

10.3 现代化学教师的专业化发展评价

问题与思考

1. 你能说出教师职业的专业化含义吗？
2. 你能说出教师专业化发展评价的意义吗？
3. 你能说出教师专业化发展评价的内容吗？
4. 你能说出教师专业化发展评价的方式吗？

　　美国著名的教育心理学家桑代克有一句名言："任何事物终究是一定量存在的,对之完整的认知包括知晓其数量和质量。"随着人们对教师专业化发展的认识越来越全面,目前对教师专业化发展的评价正从完全定量评价,朝着发展性评价和档案袋评价等定性评价方式转变。这种综合式评价方式更注重教师的个性发展和未来发展,能够帮助教师提高专业技能,激发教师的积极主动性。

10.3.1　化学教师专业化发展评价的含义

（1）专业化发展评价目的

　　化学课程改革要求学生能够适应现代社会生活和未来发展,教师作为教学的主导者,应当着眼于提高21世纪公民科学素质、科学思维,努力开发课程资源,搭建跨学科、大概念平台,帮助学生从"做中学""用中学",实现学生个性发展,结合人类探索物质及其变化的历史与现代化科学发展的趋势,形成科学的世界观。因此可以看出,教师的综合素质显得尤为重要,促进教师专业化势在必行。对教师素质专业化程度,需要科学、有效的评价。

　　评价就是根据专业化发展测量及其他途径所获取的资料、数据等信息,对比发展目标对专业化的过程与效果,作出价值上的判断,它是对教师专业化提供方法依据的过程。教师专业化发展评价以促进教师专业化发展为目的,在传统管理性发展评价的背景下,满足"以人为本",将教师专业化成长的外在压力和内在动力有机结合,激发教师的内、外驱动力,促进教师的专业发展。

（2）专业化发展评价特点

　　第一,教师专业化发展评价的根本目的是使教师能够了解自身专业知识、专业情意等专业素质的长处与不足,帮助教师有针对性地提高专业素养、教学技能,不断适应现代教育的发展。

　　第二,对教师专业化发展的评价应当注重全面性。传统对教师能力的评价局限于学生成绩,但学生成绩受到家庭因素、认知水平、学习能力等多因素影响。因此仅依据学业成绩评价教师专业化程度是片面的。不仅要评价教师的教学效果,还要评价教师的教学思想、教学内容、教学方法和职业道德,以及在该教师的教育、教学影响下,学生的学习态度、学习毅力等非智力因素转变和学习能力的提升。

　　第三,对教师专业化发展的评价是交互的、发展的、形成性的。教师专业化发展评价不仅是领导自上而下的评价,还是学生、同行、领导、家长、社会等全员参与的评价。教师专业化发展评价重视教师发展过程的评价和动态的监控,既关注教师综合素质,也关注教师潜在素质和能力发展方向。

10.3.2　化学教师专业化发展评价的内容

　　教师专业化发展评价不仅从专业知识水平、教学技能、教育理论进行评价,还要从教师的专业情意、专业能力的维度进行评价。

　　从现代化学教师的素质结构来看,实现教师专业化发展,应当提升教师的专业情意、专业知识和专业能力。如表10-1[1]所示:

表 10-1　化学教师专业发展评价内容

一级标题	二级指标	观察点
专业情意	专业理念	通过听课、交流、向同事了解等,评价教师是否及时更新自己的教育理念,是否有相对科学的教师观、学生观,在教学过程中能否体现新课程理念
	专业情操	通过听课、交流,向学校领导、同事、学生了解,观察教师日常行为表现等,了解教师是否有责任心及教师的职业道德
	专业自我	通过与教师座谈,了解教师的自我意识,在教育教学过程中的满意程度及自我效能感,能否正确地调整自身状态

[1]　胡志刚. 化学课程与教学论[M]. 北京:科学出版社,2014:155-156.

续表

一级标题	二级指标	观察点
专业知识	化学学科知识	通过观察化学课堂教学过程中教学方法的使用、课堂教学组织能力和教师对教育问题的处理方法等，判断化学教师是否掌握并运用教育理论知识
	化学教育理论知识	通过观察教师化学课堂教学、实验课教学、组织化学课外活动等方式，了解教师专业知识是否丰富和对化学与社会、生活的关系的把握
	广博的文化知识	通过观察教师的课堂教学，与同行进行交流，向同事、学生了解等方式，评价教师是否具有丰富的社会科学、人文科学知识
专业能力	一般能力	通过走访或问卷调查，了解教师与领导、同事、学生、家长的交流、合作能力，观察教师课堂教学，了解教师的口头语言表达能力、书写能力、记忆能力、测量表达能力等
	化学教育教学能力	通过了解教师的教学设计、课件制作、教学过程中对课堂的掌控、与学生的交流活动、教学环节的处理等评价
	化学教育研究能力	通过了解教师的论文发表情况、专著、教学日记、教学反思、教学经验的总结等评价

10.3.3　化学教师专业化发展评价的方式

教师的专业化发展评价应当注重发展的整个过程，采用多种方式进行，灵活运用。常用的评价方式有调查、评课、走访、座谈、考试等。例如：想要评价教师专业知识结构的发展，可组织知识测试，根据测试结果找到教师知识结构存在的问题，给教师指明自修方向；若想评价教师的教学能力，可以通过听评课的方式，相互交流，了解不足，互助发展。学校对教师专业化发展评价的形式应当多样化，如随机评价、阶段评价、终结性评价、定量评价、定性评价等。

资 料 卡 片
教师专业发展成长之路

练习与应用

一、选择题

1. 教师专业化发展评价的根本目的是（　　　）。

A. 提高学生的学业成绩　　　　　　　　B. 了解教师的专业素质长处与不足

C. 评价教师的教学效果　　　　　　　　D. 提升学校的整体教学质量

2. 以下哪项不是教师专业化发展评价的内容？（　　　）

A. 教师的专业理念　　　　　　　　　　B. 教师的化学学科知识

C. 教师的家庭背景　　　　　　　　　　D. 教师的化学教育研究能力

3. 对教师专业化发展评价应当注重（　　　）。

A. 学生的学业成绩　　　　　　　　　　B. 教师的职业道德

C. 教师的专业情意、知识结构和能力结构　　D. 教师的教学方法

二、简答题

1. 简述教师专业化发展评价的目的及其重要性。

2. 请列举三种教师专业化发展评价的形式，并简要说明每种形式的具体操作方法。

3. 如何评价化学教师的专业知识结构？请给出具体的评价方法。

三、案例分析题

假设某中学正在对化学教师进行专业化发展评价，以下是几位教师的情况：

张老师，教龄 10 年，教学成绩优秀，但很少参与学校组织的教研活动。

李老师，教龄 5 年，教学成绩一般，但积极参与教研活动，经常发表教学论文。

王老师，教龄 15 年，教学成绩良好，对学生非常负责，但教学方法比较传统。

请根据教师专业化发展评价的标准，对以上三位教师进行评价，并提出对每位教师今后发展的建议。

第11章

教育实践与教师资格证考试

引言

化学教育实践通常包含教育见习、教学技能训练、教育实习和教育研习，也称为教师教育"三习"。教育见习是"见"中的学习，目的在于帮助师范生明确化学教师的职业意识和职业要求，经历、体验学习课程的有关内容，了解中学教学常规、教学改革情况及其对教师素质的要求，了解中学班主任工作程序、班级管理的任务及其对班主任素质的要求；认识岗位情境与职业素养，感知基础教育学情的同时，观摩基础教育教师施教的课堂情境，熟悉课堂教学操作流程，了解课堂教学设计的基本原理和教学策略，感知课堂教学的基本方法。

学会教学设计，书写规范教学方案，进行课堂模拟授课和教学技能的综合训练是完成教师教育、师范生成长为准教师最核心的过程。说课是教师对一堂课的教学设计进行反思，阐述自己的教学观点，表述自己具体执教某课题的教学设想、方法、策略以及组织教学的理论依据等。结合教育教学的基本理论以及基础教育改革的现实，在教学设计的基础上说出在课堂教学中做什么、怎么做、为什么这样做，这也是师范生在成为教师过程中必须要经历的综合训练内容。

以上的见习、模拟训练到实战实践、经验交流或研习几个过程，对师范生教学能力的培养是螺旋上升的，是培养未来化学教师的基本模式和过程。

教师资格认定考试是教育部为保证师资质量，根据教育系统实行教师准入制度的要求设置的一项考试。国家教师资格考试制度是国家选拔合格教师、掌控教师质量的重要工具。

本章力图让学生知道，实践教学是成长为教师的必要过程，是教师培养最重要的一门课程。

师范教育实践包含几个阶段？各个阶段先后顺序是什么？每个阶段的主要过程是什么？每个阶段的主要任务是什么？应该怎样学习？化学教师的培养步骤是什么？教育见习、教育实习和教育研习等每一实践项目中的核心要素有哪些？如何理解和实践？什么是教师资格证？教师资格证怎么考？如何准备教师资格证考试？本章将重点围绕这些问题进行讨论。

学习目标

1. 知道教育见习的内容与要求。
2. 知道教育实习的内容与要求。
3. 学会用设计好的教学方案讲课和说课，理解教学评价的一般方法。
4. 懂得教育实习的目标、评价标准、实习内容与步骤。
5. 知道教育研习的内容与要求。
6. 了解中学化学教师资格证考试笔试和面试的目标、内容及流程。
7. 能够在知识教学中进行爱国主义教育。
8. 认识教育实习中对中学生的化学思维方法教育。
9. 理解国家对教师资格证考试的思政要求。

11.1　化学教育实践❶

问题与思考

1. 你能说出见习Ⅰ、Ⅱ、Ⅲ的见习目标吗？
2. 你知道见习Ⅰ、Ⅱ、Ⅲ的见习内容吗？
3. 你知道什么是"说课"吗？它与讲课有何区别与联系？
4. 你能简述见习、实习的意义吗？

　　师范生在学习化学学科教学理论的同时，必须参与到化学教育实践中，不断在实践训练中找寻、总结自己的教学方法，提高讲课技能水平，方能成为真正的化学教师。

　　教育见习是师范院校的教师教育的第一个环节。师范生在教师指导下，对中学的教育教学、中学生的学校学习和生活各方面工作及学校设施进行观察和分析，是师范院校学生到中学接受教育和教学专业训练的一种实践形式。它是师范教育贯彻理论联系实际原则、实现培养目标不可缺少的教学内容，是人才培养方案中的重要组成部分。通过教育实习，可以使师范生把知识综合运用于教育和教学实践，以培养和锻炼师范生从事教育和教学工作的能力，加深和巩固师范生的专业思想；认真研究在人才培养方案中对教育实习的各项要求。

　　教育研习是师范生参加了教育实习后，在教师指导下运用所学的教育学、心理学理论对教师职业的专业化过程中出现的有关问题进行分析、探讨和研究，在理论与实践的互动中提高反思能力和研究能力，进而提升自己的职业技能水平，以便更好地适应将来的教师工作。

---

❶ 化学教育实践是以内江师范学院教育实践工作模板为参考。

化学教育实践通常包含教育见习、教学技能训练、教育实习和教育研习（三习）几个阶段。这几个阶段对师范生教学能力的培养是螺旋上升的，是循序渐进培养未来化学教师关键的过程。

11.1.1 教育见习

教育见习是教师教育专业必修课程，是强化教育实践环节、提升教师教育专业的育人质量的必要准备。教育见习的目的在于帮助师范生明确化学教师的职业意识和职业要求，激活师范生学习的经历，亲自体验具体的教学经历，联系实际学习课程的有关内容，帮助师范生在教育实习之前了解中学教学常规、教学改革情况及其对教师素质的要求，了解中学班主任工作程序、班级管理的任务及其对班主任素质的要求。具体说来其意义有以下两点：

第一，强化师范生对教育活动、教育现象的感性认识。师范生通过置身于中小学教育实际情境中，以教师助手或辅导教师的身份观察教育教学活动，较长时间和中小学教师及学生们在一起。这样不仅能观察到真实的教育教学实际状况，让师范生了解"原来课是这样上的""班级该这样管理"，为进一步学习教育理论和从事教育实践奠定感性认识基础，还能培养师范生思考和研究教育问题的兴趣，为教育批判提供原始素材。

第二，奠定师范生形成综合职业素养的基础。教师职业专业化已成为各国教育界的共识。作为专业化的教师职业，必须具有综合的职业素养，包括关注教育现象的职业敏感、与学生及家长的交往沟通能力、组织与传导能力、反思的能力、从事职业的责任心及自信心、民主精神及合作观等。教学是一种交往活动，而通过教育见习能让师范生认识和实践这种交往活动。在教育、教学的一系列过程中，师范生通过参与、观察、思考，将会认识到教师应具有什么样的组织与传导能力，如语言表达、教育机智、使用多种教学手段的能力等。任课教师对待教育教学活动的职业态度、学生观、角色行为等都会潜移默化地影响见习师范生。一名优秀教师所表现出来的职业品质会对见习师范生起到很好的榜样作用，一名不合格教师的职业道德和执教能力会引起见习师范生的反思，引以为戒。一些研究表明，增加见习活动有效地提高了师范生的学习兴趣。

教育见习有三个阶段，即教育见习Ⅰ、教育见习Ⅱ、教育见习Ⅲ。

11.1.1.1 教育见习Ⅰ

（1）见习目标

见习Ⅰ的目标是认识岗位情境与职业素养。即了解中学课程设置的基本情况，感知中学教育教学的基本形式，体验及感悟中学教师的职业素养和岗位特征，理解中学教师的职业标准，思考教师职业胜任能力。

（2）见习内容

① 准备

a. 放假前，以班为单位到文印室将《教育见习成绩考核册》领回并发放到每一个同学手上，或直接在学校相关网站下载并打印。

b. 班上统一做见习动员，明确见习的内容和目标、学校管理办法和要求、见习注意事项。

c. 为每一个同学联系见习学校及指导教师（一般是原中学母校和老师），登记。

d. 见习专用记录本、照相机，下载签到 APP 等相关准备。

② 见习课程设置

a. 感受学校的校园情境、课堂情境、课余情境；

b. 记录教师一天的职业活动；

c. 体验教师的职业角色。

③ 见习化学教育教学

a. 多途径了解化学教师的知识、能力、品性及其成长轨迹；

b. 归纳教师的职业生活特点及所需要的素养结构；

c. 体验及感悟中学化学教师的职业素养和岗位特征。

④ 了解中学化学教师的职业标准，思考教师职业能力。

⑤ 小结

a. 反思如何培养教师职业素养；

b. 完成《教育见习成绩考核册Ⅰ》；

c. 反思讨论如引导学生的学习生活。

‹ 课堂讨论与实践 👥

1. 讨论填写《教育见习成绩考核册Ⅰ》。

2. 你需要带着哪些问题去进行教学见习Ⅰ？

11.1.1.2　教育见习Ⅱ

（1）见习目标

① 调查中学生学习的基本情况，为教育学、教育心理学的学习奠定基础。

② 了解中学教育改革的方向与化学教学的现状，提高对中学教育与化学教学的认识，培养热爱教育的情感，增强责任感，打下做一名合格的中学化学教师必须具备的思想品质和业务素质的基础。

（2）组织形式

分散见习。一般是在第三学期的最后一周由学生回原所读学校进行，每天在规定时间、在登记的学校用手机签到。见习时间为 1 周（5 天）。

（3）基本要求

自觉、认真按《教育见习成绩考核册Ⅱ》内容参与见习，完成表格要求，在见习学校开具证明（鲜章）。

（4）实践内容

① 了解基础教育学情，调查中学生学习的基本心理、基本特征、基本规律，感知学生学习生活特点，初步掌握学生的学习生活基本情况。

② 了解中学教育改革的方向与化学教学的现状。

（5）成绩评定

形成性评价与终结性评价相结合，根据学生在见习中的表现和教育见习手册评定成绩。

说明：①化学教育见习结束后，《教育见习手册Ⅱ》第四学期返校后的第二周内统一上交，未能按时、完整上交相关材料视为未完成见习，无成绩。②《教育见习手册Ⅱ》成绩为 50%；结合见习期间的感受，围绕化学教学及其他教育问题撰写调查报告或专题论文为 50%。

‹ 课堂讨论与实践 👥

1. 讨论填写《教育见习成绩考核册Ⅱ》。

2. 你需要带着哪些问题去进行教学见习Ⅱ？

11.1.1.3　教育见习Ⅲ

（1）见习目标

教育见习Ⅲ又称为综合见习，基本目标是认识课堂情境与教学操作。即观摩基础教育教师施教的课堂情境，熟悉课堂教学操作流程，了解课堂教学设计的基本原理和教学策略，感知课堂教学的基本方法，为学科教学论的学习与模拟试讲课奠定基础。

（2）见习内容

① 课堂教学见习，观摩教学示范课。

② 观摩教学，分小组讨论、交流。

③ 进行教学和教育管理见习。

（3）见习要求

① 中学课堂见习要求

a. 见习带队老师要加强指导和管理，强调路途安全。见习期间，严格执行见习相关规定及纪律要求；坚持考勤，学生不得无故缺席或不参加见习。

b. 认真观摩课堂教学视频，并做记录，分析课堂教学的构成要素、操作流程等。

c. 严格遵守班级纪律，不得干扰见习学校正常教学秩序。保持校园内尤其是课堂的安静，尊敬老师，尊重学生。

d. 在见习过程中认真做好相关记录，积极参与班上组织的讨论，认真思考和发表自己的见解。

e. 通过见习调查，完成《教育见习成绩考核册Ⅲ》。

② 校内见习要求

a. 将见习安排进课表，指导老师制订详细的见习指导计划，选取典型课堂录像进行分析与讨论。

b. 在见习过程中认真做好相关记录，积极参与班上组织的讨论，认真思考和发表自己的见解。

c. 根据见习内容，认真完成《教育见习成绩考核册Ⅲ》。

通过教育见习，初步对教师职业、教师工作内容、教师训练等有一定的准备。

课堂讨论与实践

1. 请详细陈述见习Ⅲ中老师展示案例的教学过程。

2. 你认为听课中最需要注意的是什么？为什么？

3. 讨论《教育见习成绩考核册Ⅲ》的各项要求。

11.1.2　试讲、说课和教学技能训练

11.1.2.1　试讲

学会教学设计，书写规范教案，能讲课，讲好课是师范教育对合格师范毕业生最基本的要求。试讲一般安排在第五、第六两学期进行。

（1）试讲的意义及基本要求

强化师范学生课堂教学中讲好课的基本步骤与技能，学生必须全程参与。

（2）试讲的形式

分小组微格训练，每个小组一般10～12名同学。学生模拟课堂授课，同学观摩、讨论和交流，教师指导与点拨，反复多次。

（3）试讲的准备

① 选定某一中学化学课题。

② 研究讨论该课题：教材内容、目标分析，重难点，讲课线索、步骤，实验内容及应用，板书设计等。

③ 备课包括教材内容的阅读与理解；教学资料的理解；教学实验的准备与练习；完成教学方案的设计与规范书写；熟悉讲课步骤；课件的制作等。这些内容可以在讲课训练中边学习边修改。

准备好规范的纸质教案、说课稿、演示的实验器材与药品等。

（4）试讲的过程

按规范讲课，模拟授课，重视各项教学技能训练，化学学科必须结合相关实验及应用。

（5）试讲的反思及考核

模拟授课后，师生就内容处理、讲课方法、技能改进建议等共同交流与探讨，然后根据通常的标准模拟给出参考成绩。表 11-1 是某师范学校学生讲课水平评定参考。

表 11-1　学生讲课水平评定参考

内容	评分标准	得分	讨论与建议
教案（10分）	教案规范，要素完整，美观（5分）		
	教学目标明确（知识与技能，过程与方法，情感、态度与价值观等方面均有体现），重难点定位准确，符合新课程标准和学生实际情况，可操作性强（5分）		
教学过程（40分）	教学重难点突出，层次分明，详略得当；概念、原理等讲解清楚，无科学性错误（10分）		
	结合教学内容、学科特点与学生情况，教学方法选用得当；注重提高学生的学习效率，能较好地引导学生质疑、探究、实践，培养学生发现、提出、分析、解决问题和创新思维的能力（10分）		
	教学具有吸引力，能激发学生学习兴趣，教学互动形式多样，完成课堂教学任务，实现教学目标（10分）		
	教学方法或教学设计有独到之处，且效果好（10分）		
手段（30分）	课件制作美观、实用（5分）		
	板书工整、精简，脉络清楚，布局合理（5分）		
	根据教学需要能较好利用图表、教具、课件等必要的教学辅助手段，多媒体与板书等教学活动结合效果较好（10分）		
	实验演示操作规范、成功，能够用于教学（10分）		
语言（10分）	普通话标准，语言清晰精练，表述流畅，语速适度，语调富有激情、感情，逻辑性强（10分）		
教态（10分）	仪表端庄，教态自然大方（10分）		
总分			

通常，教育试讲是训练学生师范技能最直接、最有效的实践方式。为了保证师范学生讲课人人都能过关，一般把所有师范学生分成若干小组，由有教学经验的老师手把手指导，但是这种试讲训练往往挤占师生大量的课余时间，使师生身心俱疲。随着不断的总结和教育教学的改变，提倡把学生的时间还给学生，建议学生用校园一卡通灵活预约教室训练，或使用教师教育虚拟仿真实验室进行训练，传统的教育试讲已逐渐被教师教育技能训练（包含微格训练）代替。为了严把质量关，教育试讲采用"教考分离"方式。

资料卡片
师范生教考分离课堂教学
能力综合测评标准

> ◄ **课堂讨论与实践** 👥

1. 比较和分析"试讲评分参考"和"师范生教考分离课堂教学能力综合测评标准"所涉及的各个方面要求。
2. 选定中学化学教材某一课题，写出其规范的教学设计稿，准备好上课实验内容、课件，在组内练习。

11.1.2.2　说课

（1）基本含义

说课是指教师在备课基础上，面对同行用口头语言讲解具体课题的教学设想及其依据的一种教研活动，从本质上说是深度备课。教师说课，就是教师对一堂课的教学设计进行阐述，阐述自己的教学观点，表述自己具体执教某课题的教学设想、方法、策略以及组织教学的理论依据等，结合教育教学的基本理论以及基础教育改革的现实，在教学设计的基础上说出在课堂教学中做什么、怎么做、为什么这样做的教学研究活动。

（2）说课内容

一个完整的说课主要包括教学目标、教学内容、学生情况、教学方法、教学程序设计、练习的内容与方法。其中，在说教学内容的时候，除了简单介绍教学内容在学科中的地位与作用以外，还要指出教学内容的重点、难点和关键点。

（3）说课基本过程

一般分为说课准备、说课实施、说课评说和说课反思四个基本阶段。其中，说课准备是说课的起始环节，说课实施是说课过程的中心环节，说课评说是促进教师业务能力提高的主要阶段，说课反思是整个说课过程的提高阶段。所以说课实际是深度备课的一种训练方式。

（4）说课稿

说课稿应有教学内容分析、教学目标、教学内容、学生情况、教学方法、教学程序设计、练习的内容与方法、板书要点等内容。

说课稿是说课前的必备材料，它要求教师深入备课，说明针对教学内容的设想及依据，没有固定的格式但要有相应的要点、教学思路等。

案 例 展 示
"硝酸"说课稿

案 例 展 示
说课评价参考和记录表

课堂讨论与实践

1. 写出《气体摩尔体积》说课稿。
2. 选定中学化学教材某一课题，写出其规范的教学设计稿、课件、实验内容，在组内练习。

11.1.2.3 教学技能训练

师范生讲课和说课的水平及提高是需要不断实践和强化训练的。对师范生最直接的训练与指导就是通过微格训练模式实现的。

（1）微格教学简介

微格教学又称微型教学、小型教学，是一个有控制的实践系统。它使师范生和教师有可能集中解决某一特定的教学行为，或在有控制的条件下进行学习。它是建立在教育教学理论、视听理论和技术基础上，系统训练教师教学技能的方法。微格训练属于微格教学，一般5～10个学员组成一个小组，即微型班，对每小组学员针对某一教学内容进行5～10分钟的教学技能训练，对学员的教学活动进行现场录像，然后在教师的指导下组织小组成员一起反复观看录像，进行讨论和评议。它是培养师范生教学技能和提高在职教师业务水平的一种方法，使师范生尽快地建立信心，也能帮助教师加强、改进教学技能和方法。

微格教学的教学设计与一般的课堂教学设计既有联系，又有区别。微格教学的教学内容通常只是课堂教学内容的一个片段，但每一个微型课片段都是一个完整的教学事件，也应该有开头、展开和结尾。微格教学的教学目标除了一般的教学目标外，还有非常重要的一点，即培训受训者去掌握教学技能。为了便于训练，在教学设计中要将教学技能进行分解，但是同时每一个微型课片段又是一项综合技能的运用，如在导入技能的训练中也可能用到提问技能，或演示、教态、语言等技能。因此，在设计微型课时，必须注意到实施过程中各项要素的合理协调。

完整的微格教学过程包括理论学习和实践训练两部分，一般具有以下六个过程：微格教学前理论的学习和研究→提供示范→编写教案→教学实践（微型课堂、角色分析、准确记录）→反馈评价（重放录像、自我分析、讨论评价）→修改教案。微格教学实践训练是内化理论的需要，离开实践的教学理论是空洞的、抽象的，教学理论只有置于教学实践中，与教学实践相结合，才是鲜活的、有生命的，才能被受训者接受、掌握。化学微格教学是一个完整地将理论与实践相融合的整体。

微格教学中的评价与反馈是非常重要的一个环节，它能够直接影响受训者的教学技能训练的效果。微格教学中的评价既有受训者的自我评价，也有来自小组学员的评价，还有来自指导教师或其他教师的评价。在微格教学的评价中，要坚持定性评价和定量评价相结合、多角度、全方位评价的原则。

微格训练主要是针对口语技能、导课技能、提问技能、调控技能、强化技能、变化技能、演示技能、体态语言技能、结课技能、板书技能等常见技能的训练。它是培养师范生教学技能和最终形成教学综合能力的一种方法，还能使师范生尽快建立信心。

课堂讨论与实践

1. 什么是微格教学？它是怎样发展起来的？
2. 微格教学有哪些基本特点和基本功能？
3. 简述微格教学实施的基本步骤及要点。
4. 微格教学评价的分类、过程和方法如何？
5. 试选择一个中学化学教学片段，撰写微格教学教案，并在小组内进行评价。

（2）试讲训练内容和计划时间（表11-2）

表 11-2　试讲内容和计划时间参考

序号	内容	计划时间（周）
1	教师礼仪和教态训练	1
2	内容选取与分析	1
3	教学内容的教学设计与规范	2
4	分组说课和试讲训练，听、评课训练	7
5	演示或探究性实验的规范操作和使用	1
6	课件的制作与使用	1
7	综合展示和微格训练	2
8	小结和成绩评定	1
9	全班的验收	1

课堂讨论与实践

1. 课后反思的训练：强调学生讲课后的自评，并说明得分理由、失分原因和改进措施，以此为最后成绩的评分依据。
2. 老师的指导怎样才是"因材施教"？怎样才能让每一个学生讲课突出特色？（认真分析仪表、教态、语言、性格特点等）
3. 学生如何才能知道自己的讲课水平？通过哪些训练才能改变讲课方式和提高讲课技能？他们所讲的内容怎样才是"好"课？
4. 写出高中化学"物质的量浓度"课题的说课稿，并练习说课。
5. 完成选定内容的教学设计、备课、说课、课件制作和使用、演示实验准备，模拟上课训练与修改，做到炉火纯青接受综合考评。

11.1.3　教育实习

11.1.3.1　教育实习概述

教育实习是师范人才培养延伸到中学的实践性学习。化学教育实习是化学师范专业学生的一门必修实践性课程。教育实习是由师范院校与实习学校密切结合，在双方教师指导下，以师范院校学生为主体所完成的特殊的教育教学实践活动。化学教育实习一般是指师范生在教师的指导下，运用已获得的相关知识和技能，到中学直接参加化学教育教学工作，从而获得实际工作能力。这是对学生专业知识和能力的综合检验，也是学生从事化学教师职业的关键性开端，具有师范性、特殊性、综合性和实践性等突出特点。

教育实习是一门重要的综合实践课程，是师范生专业发展的必经之路。教育实习具有专业性、实践性和综合性，教育实习能满足社会的需求而具有一定的社会价值，能满足师范生主体需要而具有人的主体价值。

确立教育实习目标的依据是师范教育的人才培养目标和要求、教师专业化的需要、中学教育的需求。教育实习课程是为培养教师奠定实践基础，任务包括专业教学实习、班级工作实习和教育研究实习，内容贯穿大学本科全程。

首先，教育实习以其特有的专业性，以师范生主体发展为本，加强基础理论指导下的专业训练，将理论转化为实践，将知识转化为智慧，将潜力转化为能力，使师范生经过教育实习课程特殊的教育和训练，成为具有一定理论基础和特殊技能，具有一定教学智慧和艺术的新一代教师。教育实习课程彰显的专业性，使教育实习成为师范生专业发展的必然选择和必由之路，从而为教师具有崇高的社会地位和崇高的学术地位打下基础，提升和改变教师职业形象。这正是21世纪高等院校教育实习的社会价值所在。

其次，教育实习的开发和设计以师范生为主体，使他们在教育实习的过程中独立自主地学习。通过自主的实践性学习，培养实事求是的科学态度；通过自主的经验性学习，关注学习过程，体验学习过程，在学习过程中充实自己的体验，探索新的经验；通过自主的反思性学习，进行反思性实践，自主探索成功的经验、失败的教训；通过自主的探究性学习，发现问题，解决问题，力求创新。这样使自主性学习成为教育实习的有机构成。在教育实习中师范生独立自主地实习，是个性发展观的价值体现。

此外，教育实习的基本特征是学习者的亲自参与，亲身参与中学的课堂教学，亲自参与中学生的多种教育活动，在参与教学的过程中学会教学，在参与教育活动的过程中学会教育。在教中学，在学中教，教学相长。在教学中成长，在教学中成熟，促使师范生成为完善的人。师范生学会教学，就是学会做事，学会做教师的事，在教育实习过程中学会与实习学校的学生共同生活，发展自己处理人际关系的能力，从而学会生存。这些是主体教育观的价值体现。

学生通过12周深入中学化学教学实践，在实习学校和校内指导教师的指导下，参与听课、备课、作业批改、教学辅导、上课、评课等完整的化学教学实习和班主任各项工作实习。在整个实习过程中完整记录、听课、备课、上课交流与总结，到实习结束，能胜任中学化学教师基本工作，理解教师职业价值，树立从教信念，达到培养合格中学化学教师的基本要求。

11.1.3.2　教育实习的意义

化学教育实习是在理论与实践结合的基础上，围绕怎样当好一名化学教师这个中心问题，对师范生进行的一次全面的综合训练。教育实习能巩固和提高师范生的专业思想，培养其教学工作能力、班主任工作能力及教育调查能力，检验师范教育的质量，是师范教育的一个重要组成部分。化学师范生的教育实习，对于他们的事业成长，具有非常重要的意义。

第一，巩固和提高师范生专业思想。教育实习能提高师范生从事教育职业的认识和兴趣，增强师德修养，激发师范生献身教育事业的使命感。师范生中也存在专业思想不牢固、不愿投身教育事业的学生，在实习中他们受到指导教师的引导和帮助，再加上亲身实践和体验，思想感情能发生很大变化，对自己将来从事教育事业产生强烈的自豪感、责任心和事业心。特别是当实习生用自己的言行感染、影响学生并为学生所仿效的时候，他们会真实地体验到教师职业的神圣和光荣，真实地感受到师范生所肩负的重任，会逐步养成良好的教师职业道德。

第二，培养师范生教学能力。教育实习中，师范生接受师范院校和实习学校两方指导教师的悉心教导，他们把自己多年积累的教学经验毫无保留地传授给师范生，大大缩短了师范生教学工作经验的摸索期。一些教学工作能力，如教学语言和板书的能力，尽管教育学和教学法的教师在课堂教学时对师范生提出了明确的要求，但某些具体的内容，如教学语言中的条理清楚、表情自然、富于启发性、以手势助说话，板书要求中的计划性、规范性、图形的美观性等，师范生只有在教育实习的实践中才能逐步加深对它们的认识，并且找到自己在这方面的差距，从而有针对性地加强锻炼，逐步提高自己的语言表达和板书等基本教学能力。

第三，培养师范生班主任工作能力。在师范生进行班主任工作实习期间，一方面，与常年从事基础教育工作的教师接触频繁，榜样的感染使他们认识到教师劳动的社会价值；另一方面，实习生的一举一动都受中学生监督，这在客观上也能鞭策实习生加强自身修养。此外，班主任工作的相对独立性和对学生教育效果的综合性，使实习生可以在其中锻炼自己的社会活动能力和协调能力，能加深他们对所学教育科学理论的理解，初步掌握班主任工作技能技巧和独立从事学生思想教育工作的能力。

第四，培养师范生教育调查能力。师范生通过教育实习走进了中学，面对着基础教育现状，面对着中学的老师和学生，正式走上讲台，初次体验教书育人的滋味。对于还是学生身份的实习生来说，会有很多的感慨和迷茫。开展教育调查、进行研究，撰写调查报告或教研论文，本身就是在提高师范生教育调查能力。

第五，检验师范教育办学质量。教育实习是检验师范院校教育质量的重要途径，通过教育实习的检验，可以对师范教育的质量做出一些基本的分析与评价。这种基本的分析，一方面有利于广大实习生看到自己的不足，有的放矢地补充知识。另一方面也有利于师范院校针对师范生的薄弱环节对症下药，进行改进，甚至调整教育模式，进行教学改革，进一步提高办学质量，更好地为基础教育服务。

总之，教育实习是师范教育不可缺少的重要组成部分，包括教学工作实习（实习备课、编写教案、试讲和上课、课后辅导和作业批改、成绩的考核与评定）、班主任工作实习（处理班级日常工作、组织主题班会、抓好个别教育、进行家访）、教育调查等内容。师范院校应该加强师范生的教育实习训练，把握教育实习这一契机，探索教育实习的有效途径，培养合格的基础教育师资，使师范生获得实际工作能力。

11.1.3.3 教育实习的目标

从师德规范、教育情怀、沟通合作、班级管理、综合育人、教学能力、学科素养、学会反思八方面，帮助师范生掌握运用教育教学理念，有序、有方和有效地完成一定教学任务，做好教育教学辅导，当好班主任，上好汇报课，获得参与学校教育实践的经历与体验，初步形成学科教学能力、班集体教育能力和教师实践性品性，明确或巩固教师职业志愿。教育实习的目标设置为下面三方面：

① 师德规范、教育情怀、沟通合作方面：能严格遵守实习的一切规章制度，认真考勤。虚心求教，尊敬师长，团结互助，严于律己，热爱学生，认真完成各项教育实习工作。能与指导老师沟通交流，能与实习小组同学合作探讨实习中的问题。

② 班级管理、综合育人方面：能较快熟悉全班学生的思想情况、组织情况及班级特点。制订明确具体、切实可行的班主任工作计划，能配合原班主任处理日常事务，会做学生思想工作，主题班会内容丰富有针对性。能进行个别教育，能与家长密切配合对学生进行教育。

③ 教学能力、学科素养、学会反思方面：初步具备运用所学化学学科知识及中学化学教科书等材料，在教师指导下制订课程教学计划、开展课堂教学设计，运用各种课堂教学技能、方法与

手段开展课堂教学，并学会优化课堂教学。获得参与学校教育实践的经历与体验，有序、有方和有效地完成一定教学任务，做好教育教学辅导，初步形成化学学科教学能力和教师实践性品性，达到中学化学课程教学工作及中学化学教师的岗位要求。教案格式正确，教学内容完整，能体现教学方法、教学策略，体现对学生的学习指导。突出重点，抓准难点，教学目标明确。讲课启发性强，师生互动好；板书安排有序，文字规范美观；教学语言简洁流畅，教学内容能当堂消化巩固，课堂组织严密，应变能力强；课后辅导耐心细致，能正确解答学生提出的问题，能进行课后反思。

这些目标，既是师范人才培养的基本要求，也是必须在教育实习中实践和实现的目标。

11.1.3.4　教育实习的准备

充分的准备是教育实习取得成功的保证。了解有关教育实习的组织机构、教育实习基地、教育实习指导教师、教育实习计划与规章制度等方面的情况，以便实习生了解教育实习的组织机构及其各自的主要职责，了解教育实习基地的选择和建设，了解实习学校接待教育实习所需做的各个方面的准备工作，了解实习指导教师应具备的素养和指导原则，熟悉教育实习计划制订的程序，制订个人教育实习计划。

实习生的实习准备内容非常多，强调师德修养的准备、教育理论素养的准备和教师专业技能的准备。其中，师德修养的准备是前提；教师专业技能的准备是基础，只有具备了基本的教师专业技能，才能尽快地融入中学教育中去，才能够获得更多的实践机会；教育理论素养的准备是核心，实习生如果没有树立以人为本的教育观、主体性的学生观、专业化的教师观、新课程背景下的教学观，在实习中就会感到无所事事，不知所措，也就难以有所收获。

随着社会的发展，人的心理素质和人际交往能力已成为一个人取得成功的重要因素。一个人能否成功，在很大程度上取决于处理人际关系和为人处世的能力，而良好的人际关系和为人处世的能力则是以良好的心理素质为基础的。所以作为实习生，是否具有良好的心理素质和人际交往能力对于其能否在教育实习中取得成功，更是具有举足轻重的影响。它不仅影响着实习生在实习阶段能否成功，更重要的是，它可能影响到实习生毕业后终身的教育生涯的发展。

除了以上要求外，在实际操作层面上，实习生在实习前应该做好以下几点：

第一，在实习前学期放假时，明确自己的实习方式是学校安排、学院安排还是自主实习。如果是学校或学院，要了解实习时长、实习地点、交通工具、行走路线、报道时间，以及是集体报道还是个人报道，有无介绍信，带队或指导教师是谁，针对实习有何建议和要求等事项。

第二，实习点如何解决食宿。更重要的是住宿的问题，比如住所距离实习学校的远近、往返交通工具，独立租房还是集体安排。住宿是实习生去报道前必须解决的首要问题。如果是校外租房，那么必须了解当地的租房行情，小组成员是否都同意，怎么签租房合同，是否安全等。

第三，建立和进入实习微信群、QQ群。无论是学院还是学校安排，一个实习小组往往有不同专业的同学，熟悉、团结同组实习同学是必需的。实习生进入实习点或学校，一言一行都代表了师范学校，也展示个人风采。所以实习前的组内通知、要求，各种信息交流，实习期间的讨论、会议、考勤、指导，实习后期的资料收集与评议等都需要实习生参与。

第四，思考如何协调实习期间校内英语、普通话、教师资格证、党校学习等各种考试以及其他可能的突发事件。如果实习生准备考研，如何协调实习时间？这些都需要做预案。

第五，加入学校记录、考勤平台，比如"校友邦"这类学校的实习统一管理平台。

课堂讨论与实践

1. 甲同学在实习的第三天就病了，后面的实习都没有参加。他毕业后在某中学就职，工作的当年参加了全市的教学大奖赛，并一举夺冠。他说："师范生不需要实习。"乙同学在实习中表现很出色，被评为优秀实习生，参加工作后却始终成绩平平。他感慨道："实习成绩好没用。"你对此有何想法？

2. 一位指导教师告诉实习生，实习是一门综合课，是对学生的综合知识、综合能力的检验，因此实习生在实习期间一定要把自己所有的优点和长处都表现出来。另一位指导教师告诉实习生，实习是一门向实践学习的课程，实习生一定要虚心地学习，谦逊地做人，过于张扬是不受中学教师和学生家长欢迎的。实习生听后眼睛睁得大大的，不知道该怎么做。你认为该怎么做呢？

素质教育的目标与要求

高等院校全面贯彻党的教育方针，深化教育改革的根本任务在于全面推进素质教育。素质教育的内涵博大精深，素质教育的目标和要求应该是高等院校所有课程目标的总依据。事实上，在"教育要面向现代化，面向世界，面向未来"的思想指引下，从党的教育方针出发，随着素质教育的内涵逐步明确，人们已经根据素质教育的总目标，形成了一系列直接制约课程目标的要求、规格等。建设高素质的教师队伍，是全面推进素质教育的基本保证。师范院校要率先进行素质教育，并将提高教师实施素质教育的能力和水平作为师资培养和培训的重点。为此，李岚清同志提出了高素质教师的基本要求。①必须以教师职业道德培养为核心，强调忠于人民教育事业，热爱中学教育。②必须关注未来教师的人格发展，既要树立正确的世界观、人生观和价值观，又要树立正确的教育观、质量观和人才观。③一定要突出素质教育的重点，培养创新精神和实践能力。④要明确教育实习各个领域如学科教学、班队工作和教育研究等方面的目标要求。⑤强调尊重学生的人格，促进他们个性的健康发展。

问题与思考

1. 在知道你的实习学校后，你会争取当实习组长吗？为什么？
2. 如果学校指定你当实习组长，你认为在进入实习学校前必须做好哪些准备？

11.1.3.5　化学教育实习的内容

化学教育实习的内容是广泛的、全面的，主要包括教学工作实习、班主任工作实习、教育调查等。师范生在教学见习中体会到的相关感性认识将通过实习化为真实体验，下面分别加以阐述。

（1）教学工作实习

化学教学工作的实习是化学教育实习的首要任务，内容包括备课、编写教案、试讲、上课、课后辅导、作业的检查与批改、成绩的考核与评定、组织课外学习活动、进行教学专题总结等。这几方面工作使学校教学工作形成一个有机的整体，其中上课是中心环节。

① 备课。备课是教学工作的第一个重要环节，是上课的前提，是决定教学质量的关键。师范生首先要研究化学课程标准，在课程标准的指导下恰当选择教学参考资料，研究教材，了解教材知识系统、设计思路和组织结构，熟练地掌握教材的全部内容，准确地把握重点章节以及各章节的重难点。

备课还要防止重课本、轻学生，重资料、轻教材，重内容、轻方法，重讲授、轻训练等错误倾向，努力做到钻研教材要透、确定目的要准、教学内容要精、教学方法要巧。此外，由于实习生的教学经验不足，所以还要加强备课的预见性，做到了解学生细致些，考虑问题周密些，查找资料勤快些，以避免教学中出现意料不到的情况。

② 编写教案。包括课题、教学目的、课型、重难点、教学方法、实验用品和教材媒体、教学要求、教学过程、板书设计、作业布置以及教学后记等。

编写教案要求做到：第一，教学目的准确具体，符合课程标准，切合教材实际，符合学生需要；第二，教学内容充实恰当，恰如其分地对教材进行取舍，做到重点突出，难点分散，疑点明确；第三，教学紧凑有序，教学步骤有较强的节奏感，张弛有致；第四，教学灵活有效，讲求实效、多样化；第五，教学时数分配得当。

③ 试讲。试讲是实习生正式上课之前的预演，可以促使实习生熟悉教材和教案，初步掌握课堂教学过程，培养口头表达能力和板书能力，锻炼讲课的胆量，及早发现并解决备课中的问题，纠正差错，弥补不足，以保证实际课堂教学实习的效果。

试讲的形式不拘一格，一般采用模拟式和自由式两种。模拟式试讲，即由同一学科的实习生若干人组成一个微型课堂，一名实习生试讲（扮演教师角色），其他实习生听课（扮演学生角色），在教室里按课堂教学常规和程序进行，模仿正式讲课。指导教师对每个实习生的试讲情况一定要及时组织实习小组进行评价，有条件的师范院校可以通过微格教学的方式进行录音、摄像，在评议过程中重放，这样可以更加客观详细地反映试讲学生的表现，促使其不断提高和完善。

自由式试讲较为灵活，不要求组成课堂，可以因地制宜，各取所需，可以在室内，也可以在室外，可以放声演讲，也可无声默讲，是模拟式试讲的一种补充。两种形式可交错使用，加强试讲是实习成功的基本保证。

④ 上课是整个教学工作实习的中心环节，是课堂教学实习的主要内容，也是锻炼和检验实习生教学能力的重要途径。对实习生来说，尽管在备课方面用了一番苦心，但要上好一堂课，特别是上好第一堂课，仍然是一件不容易的事。因此，上课是教学工作实习的核心，决定着教学工作实习的成败。

实习生要上好一堂课必须紧紧地把握以下要点：上课前，要做到准备充分、坚定信心。课前认真备课、熟悉教案、反复试讲，是上好课必要的业务准备；检查教具、整理仪表，是必要的细节准备；调节情绪、坚定信心是必要的思想准备。上课中，要做到教态从容、头脑冷静。首先情绪要放松，语速要平稳，教态要自然，严格按照课堂教学常规一步一步进行；其次要依案施教、有条不紊。实习生难免紧张慌乱，但只要充分熟悉教案，按照一定的教学程序讲课，就不会出错。即使出现偶发事件，实习生也应该利用教育机智，随机应变；最后要保证重点突出、过程完整。要根据教学目的的需要突出教学重点，同时按部就班地完成各个教学环节。上课后，实习生应该写教学后记，认真回顾一下课堂教学中的各个环节，看教案的编写是否科学适用，教学的组织是否严谨有序，教法的运用是否得当有效，学生活动是否积极踊跃，教学目的是否达到。然后用简明扼要的语言，将经验、教训、改进方向记录在教案后面，以此改进教学，不断提高自己的教学水平和教学能力。

⑤ 课后辅导。课后辅导是教师在课堂集中教学之外所进行的教学活动，是课堂教学的必要补充，具有目的明确、重点突出、形式灵活、针对性强等特点。它是教师获得教学反馈信息的重要渠道，也是贯彻因材施教原则的好机会。内容包括答疑、指导课外作业、学习方法指导、给基础较差或缺课学生补课以克服其学习中的困难、给优秀生个别指导以扩大其知识领域等。通过辅导，教师可以帮助学生树立明确的学习目的，端正学习态度，激发他们的学习热情，调动学习积极性。

⑥ 作业批改。这是教学工作实习的一个有机组成部分，是锻炼师范生教学能力的一条重要途径，也是实习成绩考核的一项必不可少的内容。实习生一要认真对待，每一本、每一题都要精心批阅，切忌草率了事、敷衍塞责；二要及时反馈，以便于发现教学中的问题，及时调整自己的教学工作；三要统一标准，不能偏高偏低，时紧时松，要与原任课教师的评分标准相衔接；四要讲评笔记、批改作业时随手做好批改笔记，定期进行讲评。

⑦ 成绩的考核与评定。学生学习成绩的考核与评定，是检查教学效果、调控教学进程、掌握教学平衡的重要环节，实习生通过教学工作实习，要初步掌握学生成绩考核与评定的形式和方法，以便正确地运用这一手段督促学生学习、获取反馈信息、改善教学管理、提高教学质量。考试是考核评定学生成绩和教学效果最常用的一种方法，实习生必须熟练掌握编制试题、实施考试、评卷、讲评等几个环节。

⑧ 专题总结。实习生在实习即将结束时应把实习中体会最深的某一点总结出来，写成教学实习或班主任实习专题总结。这可以促使实习生养成总结回顾工作的习惯，学会撰写教育专题总结

的方法，培养开展教育教学研究的兴趣和能力。

中学化学教学和教书育人方面的问题都可以作为专题总结的内容。选题宜小不宜大，涉及面宜窄不宜宽，篇幅要适度，材料要是自己最熟悉的。专题总结的类型，可以是科研小论文，从理论与实践的结合上论证化学学科教育或思想教育领域某一个具有学术价值的课题，可以是教学或班主任工作经验体会，可以是调查研究报告，还可以是教学随笔。撰写专题总结应早准备、早动手，从实习一开始就着手积累资料，及早确定选题，提前动笔写作，待到实习结束便可完成。

（2）班主任工作实习

班主任工作实习是教育实习中的一个重要部分，内容主要有：处理班级日常工作、组织主题班会，对学生进行个别教育、感情教育，进行家访和处理偶发事件，以及利用各种有利条件做好学生思想的转化等。班主任工作实习要在原班主任指导下有计划、有步骤地进行，要记好实习日记，进行实习调查，做好实习总结。

① 处理班级日常工作。班级日常工作包含以下几类：

第一，政治思想教育方面，有升国旗、团队活动、班会、读报、黑板报等。实习生需要协助原班主任对学生进行思想品德教育，提高学生的思想觉悟、道德修养，培养他们的远大理想，把全班学生组织成一个团结友爱的坚强集体。

第二，文化课学习方面，有上课、早晚自习、第二课堂及一些与此有关的评比、竞赛等各种活动。协助原班主任对学生进行学习目的教育，教育学生努力学习，培养他们勤奋学习的习惯，认真完成学习任务，充分发展学生的智力，提高他们的学习成绩。

第三，组织纪律方面，有考勤、课堂和集体活动中的秩序与纪律等。协助原班主任了解学生情况，提供信息，使之能够更加有针对性地教育学生、帮助学生，并正确评价学生的操行。

第四，文艺体育活动方面，有早操、眼保健操、课外的文艺体育活动、晚会等。协助原班主任对学生进行健康教育，关心学生的身心发育和健康成长。定期组织学生参加课外文体活动，积极锻炼身体，增强体质。

第五，劳动和卫生方面，除了按教学计划安排的生产劳动课以外，还有保持教室、寝室内外的清洁卫生，进行大扫除等。协助原班主任组织带领本班学生参加劳动，培养学生的劳动观念，增强其对劳动人民的感情，养成劳动习惯。

② 组织主题班会。主题班会是对学生进行集中教育的好形式。实习期间组织以特定内容为主题、形式生动活泼的主题班会，既可以有效地加强实习班级学生的思想教育，又可以培养和锻炼师范生的教育工作能力和组织领导才干。一次成功的主题班会胜过十次空洞的说教，其作用是其他教育形式所不能比拟的。师范生在实习中要勇于组织主题班会，努力学会如何通过会议形式来对学生进行教育的领导艺术和组织策略。

主题班会以特定内容为主题，诸如理想前途教育、道德品质教育、纪律劳动教育、学习目的教育等。主题既要针对本班特点，又要结合形势，而且表现内容方式也要注意主题集中、形式活泼，寓庄于谐、寓教于乐。在开展班会时，要培养学生的主动精神，让他们当主角，而实习生要做好"导演"与"教练"的角色，发挥学生主导作用。

③ 抓好个别教育。个别教育是班主任工作的常规性内容。实习生要善于向原班主任学习，把握不同类型学生的特点，运用"抓两头带中间""抓好个别推动一般"等方法，把全班学生都教育好。

接触实习班级，实习生要分析学生状况，掌握不同类型学生的基本构成，确定个别教育的重点，主要精力放在后进学生的思想转化上。要分析学生的思想心理，针对其个性特点，进行耐心细致的工作。一要推诚相见，艰苦深入；二要动之以情，晓之以理；三要转移兴趣，引向正道。因为实习时间有限，实习生不要急于求成，一次实习能帮助一两名在班级上有影响的后进生进步就算是成效明显了。

另外，一些偶发事件也往往需要通过个别教育来解决。因此，个别教育是班主任工作的重要内容和方法。个别教育工作做得怎样，既是班主任工作责任心和工作能力的重要标志，也是其所负责的班级能否进步的重要因素。

④ 进行家访。教师造访学生家长，是对学生和家长的尊重，表示了学校和教师解决问题的诚意，会引起家长的重视，缩短学校和家庭间的距离，沟通教师和家长间的感情，对解决问题十分有利。实习生要充分认识家访的意义和作用，在有限的实习时间内挤出时间进行家访，掌握家访的基本方法。实习生家访可以陪同原班主任进行，也可以在原班主任指导下单独或几个实习生一起进行。家访前要与原班主任协商好家访计划，包括家访目的，即要解决的问题；研究学生本人和家长的有关情况，确定与家长谈话的内容及方式；分析家长可能做出的反应，预测家访结果，对可能出现的问题想出对策等。

家访的内容包括：了解学生及其家庭成员在政治、思想、经济、文化、生活等方面的情况；了解学生在家庭中的地位、习惯、爱好、交际等方面的情况；了解学生家长对教育、学校、教师及学生学习等方面的态度，征求他们的意见和建议，作为学校和班主任制订计划的材料和依据之一；向家长反映学校或学生的一些情况，与家长协商如何对学生共同教育的问题等。

时代在变，受多方面因素影响，现在的家访更多采用电话、微信等形式进行。班主任工作实习基本变成了见习。

（3）教育调查

教育调查是运用科学的方法来考查既成事实，掌握实际情况，找出规律，以便更好地进行教育工作的活动。

① 教育调查的步骤。要顺利有效地开展教育调查，必须掌握以下教育调查的步骤：

第一，选题。这是教育调查的关键。选题是多种多样的，从形式上看，有经常性调查选题，指对学生思想品德、学习成绩、身体发育等方面的调查了解；阶段性调查选题，如刚到实习学校时的调查；临时性调查选题，如开展理想教育前后学生的思想变化；长期性调查选题，如应用新的教学方法所产生的效果；跟踪性调查选题，如在实习生完成实习任务后继续考查实习期间的教育效果。

从内容上看，有关于环境的选题，这里的"环境"指的是学生周围的境况；关于家庭的选题，即家庭的物质状况、父母的文化程度、情感态度等对子女的影响；关于学生本人思想品德、智力、学习兴趣、健康状况等的选题；关于教学的选题，如自己的教学效果、学生对实习教师的评价等；其他选题，如优秀教师成长过程调查、社会集资办学情况调查等。

第二，编写调查提纲。调查提纲必须包括：调查目的、要求、内容、对象、项目、方法以及完成时间等。

第三，制定调查问卷。调查问卷就是调查表，一般有只能在提供答案中选择的封闭式、被调查者自由填写的开放式和事先列出几种答案允许被调查者任意选择的半封闭式三种。制定调查问卷要注意问题明确、繁简得当，还要考虑被调查者水平等。

第四，设计统计表。统计表能够把调查得来的大量数据和资料系统地组织起来，便于对照、比较、分析、综合，找出现象之间的联系和规律。设计统计表要注意几点：表的结构要明了，表中的层次要清楚，表中的线条不宜太多。

② 教育调查的方法。第一，全面调查。全面调查就是对所要调查的全部对象一个不漏地进行调查。全面调查的结果可以全面反映总体情况，因而比较可靠，但比较费时费力。第二，典型调查。典型调查是从所研究的对象中有目的地选取一个或数个典型，作周密、系统的调查，并把结果推及全体。其优点是了解资料生动具体，研究规律深入细致，反映情况比较真实。第三，抽样调查。抽样调查就是从总体中选出若干样本做调查，然后把结果推向全体。其优点是既节省了研究成本，又使结论具有典型性。

这几种调查方法各有所长，全面调查和抽样调查适合于定量研究，典型调查适合于定性研究，可以根据需要采用其中一种或综合采用几种方法进行调查。

③ 撰写调查报告的方法。调查报告是调查的总结。教育调查是为了了解情况、总结经验、发现规律、指导工作，应让其他教师、领导和更多的人知道，这就需要将调查结果用文字形式反映

出来，形成调查报告。具体的写作过程包括：

第一，确立主题。调查报告的主题是否明确、是否有价值、是否引人注意，对调查报告至关重要。一般情况下，调查报告的主题应在调查开始时就确定，也可在调查的基础上选择不同的角度另定。题目小一点，确保主题明确。

第二，突出观点。写调查报告，一定要注意用观点统帅材料，用材料说明观点，把材料和观点统一起来。

第三，安排结构。首先，要开门见山地说明调查问题的开头，概括介绍为什么调查这个问题、选择什么样的调查对象、使用何种调查方法、经历哪些阶段、用了多长时间等。其次，正文部分写调查研究获得的具体情况、做法、经验和结论，此部分要突出中心，层次分明。在观点与材料的处理上，可以先列材料，从分析、推理中得出结论，也可以先亮观点，然后用事实和对事实的分析来说明。再次，写出对问题的调查研究，经过充分分析之后写出所得出的明确结论，注意要干净利落，不拖泥带水。最后还可以附上必要的原始资料，以便人们鉴定收集方法的科学性和材料的可靠性。

11.1.3.6　化学教育实习的要求

通过教育实习的综合性实践，使实习生了解中学化学的教育改革现状和形势，使学生获得对中学化学教育的感性认识，提高对教育职业的认识水平，培养从事化学教育教学工作的基本能力，加速专业知识和教育知识向能力的转变，基本完成由学生向教师的过渡。教育实习的目的决定了它的要求。

（1）教学工作的要求

① 实习生要充分锻炼、提高自己的能力，根据各实习学校的实际情况，以多上课为宜。每个学校要求不一样，一般要求讲授 10 节以上新课（不包括重复课），6 节新的独立课（不需要教师指导，独立写出新教案上课）。鼓励上重复课、跨年级上课。

② 实习生应深入了解中学生的实际学习情况，必须认真钻研化学学科的课程标准和课程内容，掌握教材的精神实质，对于基本理论、基础知识和基本技能，要力求弄懂、弄通。写出详细教案，并在上课前 2～3 天送交双方指导教师，与指导教师交流讨论和审批签字后方能上课。

③ 确保课堂教学质量，每节课上课前必须进行检查性试讲，同组实习生参加听课，并邀请原科任教师参加。试讲后由听课师生提出意见，试讲通过才能上课。

④ 实习生上课时，应课堂教学组织严密，教学方法得当，语言表达清楚，板书工整无误，教态自然大方，能吸引学生的注意力和引导学生创新思维，并恰当运用现代教育技术。对每一个教学中的实验，实习生必须课前做实验和练习，确保实验的成功、安全和效果。原则上对实习生的每一堂课都应进行评议。评教由指导教师或原任课教师主持，所有听课人员均应参加。每次评议都要有记录和评语，原任课教师和指导教师按课堂教学计分标准给实习生上的每一节课计分。

⑤ 认真批改作业。首先要认真研究作业的正确答案，做出正确答案，送原任课老师审批。批改要认真、及时、正确，批语要慎重，字迹要清楚、端正。做好情况笔记与指导教师交流。作业批改后，应先在实习小组内互相检查，防止错漏，然后再发放。

⑥ 实习生需深入学生中去，了解学习情况，针对不同类型学生的学习基础、学习态度，有的放矢地进行课后辅导。在辅导过程中，对学生要亲切、耐心，要善于启发，答疑要准确，不能不懂装懂，更不能信口开河。

⑦ 实习生能够正确地进行教学自我评价，认真地总结经验，发现问题并及时加以改进。为确保实习质量，实习生上课、讲课、与指导教师交流等须有意见、签字、照片、视频等记录。

（2）班主任工作实习的要求

① 认真学习有关中学班主任工作制度等材料，明确班主任工作的具体内容、目的、要求等。能较快地掌握和熟悉全班学生思想情况以及班级特点。能以正确的教育思想为指导，根据实习学校的要求，拟订班级工作计划，送原班主任审批。

② 必须坚持在原班主任的指导下开展各项班主任工作,积极协助原班主任做好学生日常管理和思想品德教育工作。

③ 在原班主任指导下,主持召开主题班会,组织一项班级课外活动。组织班会或开展班集体活动要准备充分,目的明确,内容丰富,有针对性,适合学生特点,能开拓思想,开发智力。班会提纲或活动计划要详实具体、操作性强。

④ 按工作计划到学生中去,了解学生思想、学习、生活和家庭情况。认真做好个别教育工作,在全面了解全班各方面情况的基础上,深入了解一个后进生的学习、思想、行为习惯等方面情况,做好个别学生转化工作。

⑤ 在原班主任指导下,走访学生家长 1～2 名,调查了解 2～3 名不同类型的学生,收集相关材料并在个人实习总结中反映出来。

⑥ 实习生需开展班主任工作实习总结,实事求是地评价工作效果。

（3）教育调查的要求

① 拟订调查计划,送实习学校或指导教师审批后执行,注意调查计划既要全面又要有侧重点。

② 调查要从实习学校的实际情况出发,认真进行,并在充分研究、分析、整理资料的基础上,就一个专题写出切合实际的调查报告。

③ 调查报告内容要真实,观点要明确,有典型材料和分析,文字要简明扼要。调查报告完成后,要征求被调查单位或者个人的意见,进行修改。

11.1.3.7　实习纪律

① 积极参加实习学校安排的一切教学和其他活动,不得无故缺席、迟到或早退。

② 尊重指导教师和实习学校的教职工,搞好团结,虚心学习,严格要求自己。

③ 关心全体学生健康成长。对学生坚持正面教育,坚持正确的教育观、学生观,确保学生安全。

④ 保持教师的风采,衣着、仪表、举止必须符合中学要求,不搞特殊化。

⑤ 爱护实习学校的一切公共财产,所借用的图书资料、仪器物品必须妥善保管、按期归还,如有遗失或损坏应按学校有关规定赔偿。

⑥ 实习期间凡组织学生参加校外活动,必须经指导教师和实习学校领导同意,并作好必要的思想、物质准备,制定相应的安全措施,把学生安全放在第一位。

⑦ 坚持在校友邦 APP 等签到打卡,严格考勤制度。

⑧ 实习期间注意个人行为规范,凡言行不检点、违反纪律、造成恶劣影响的,将受到批评教育、纪律处分或令其停止实习。

⑨ 实习期间注意自身安全。严禁下河游泳,凡由此引起的一切后果由自己负责;要注意饮食卫生和乘车安全,确保实习的顺利进行。

⑩ 请假制度与违纪处理:实习生因事、病(应有医生证明)缺课、离校,必须履行请假手续,三天以内由实习学校审批,三天以上报校教务处审批。不假离校、缺课按旷课处理。实习学生累计旷课达 30 学时(一天按 6 学时计)或以上,均按退学处理。私自调换实习学校,实习成绩记零分。违反校纪,给实习学校造成不良影响的,实习成绩为不及格。违反学校学籍管理条例,按学籍管理条例的有关规定予以处分。

11.1.3.8　成绩评定和资料整理

① 实习生在规定的时间内完成实习任务,由实习学校根据课程大纲要求,对实习生各方面的情况签署考核意见。

② 实习学生按规定时间交回完整的实习材料,如听课本、备课本、讲课视频、成绩考核册等。听课本上的每一堂课要有授课老师签名,备课本的每一节都应该有指导老师的指导记录和签名,成绩考核册里所有内容必须真实,有意见签署和实习学校的公章。

③ 学院老师结合签到考勤和实习答辩,按优、良、中、及格、不及格五个等级评定实习成绩。

④ 有下列情况之一者，实习成绩为不及格：未达到实习大纲的基本要求。请假超过实习时间三分之一。实习中严重违反纪律。不用普通话讲课。未交回《教育实习成绩考核册》或完整的听课本、备课本及记录视频。

凡实习成绩不及格的学生，不颁发毕业证书。

⑤ 班上统一按每一个同学的教育实习总结、答辩、评优资料、听课笔记、备课本、讲说课和交流讨论等视频、实习成绩考核册等分类、依序、规整存档。

‹ 课堂讨论与实践 👥

1. 你清楚教育实习的主要任务吗？怎样才能让自己的教育实习收获满满？

2. 除学校规定的实习任务，你觉得还有哪些内容需要实践？

3. 按照人才培养方案，教育实习通常安排在本科学习的第七学期。对于准备考研的同学来说，第七学期是考研复习最重要的时期，你觉得应如何化解这一冲突？

4. 教育实习的前期准备非常重要，尤其是食宿问题。请拟一份详细的个人教育实习计划书。

11.1.4　教育研习

（1）教育研习的基本目标

教育研习重在对教师教育专业学生实习过程的反思与研究，应该结合学科教学的新理念、新思想、新方法、新技术以及新课程的实施要求，通过实习经验交流、教学设计研讨、课堂观察评议等多种途径，对教师教育专业学生实习过程中的教育教学行为加以分析、探究与评价，以达到经验交流与反思、合作分析与探讨、及时总结与提升的目的。

① 总结反思教育实习过程中的经验与不足，探索提升自身教育教学技能的方法与手段。

② 通过研讨教学设计、主题班会和评议课堂观察等途径，反思教学设计、教案编写、教学语言、板书图示、资源开发、媒体运用、应变技巧、班主任工作等教学技能、方法策略等方面存在的不足，提升教育教学理念，完善知识体系。

③ 应用评价标准进行自我评价，并及时反思改进。

（2）教育研习的主要内容

教育研习的内容主要侧重教学设计文本研讨和教学名师授课视频研讨，也可以通过讨论确定研习内容，一般有以下内容。

① 教学设计文本研讨：教学教案、说课文本规范性分析；教学思路及理由研讨（导入、展开、强化、收束及过渡语等）；教学重点与难点研讨（重点难点的合理性、突出重难点的方式方法等）；教学目标与理念研讨（目标的预设与生成、理念的运用与体现等）。

② 教学名师授课视频研讨。

③ 教学专题研讨：教学技能研讨（语言、板书图示、教态、课件运用、资源运用、课堂提问等技能的合理性）；教学方法研讨（讲授、提问、阅读指导、材料分析、情境创设、问题讨论等教学方法的合理性）；教学策略研讨（教学过渡、方法引导、机智应变、偶发事件处理等策略的合理性）；教学效果研讨（重点难点的解决、教学目标的达成、教学理念的渗透）。

④ 结合教育实习中共识问题研讨。

（3）教育研习的组织实施

① 教育研习工作在二级学院院长的统一领导下进行。具体组织管理工作由教务处负责，主要职责是：制定教育研习工作标准及要求；审定二级学院教育研习工作方案；督查二级学院教育研习工作实施情况；协助二级学院及时解决教育研习工作中存在的实际问题。

② 各二级学院主要职责是：制定本二级学院教师教育专业教育研习大纲和教育研习工作计划。

选派学科教学法教师进行学生教育研习。结合学生整体情况,并根据学生在教育研习期间的表现、完成研习任务情况评定学生的教育研习成绩。

③对参加并完成教育实习的师范学生的教育研习组织安排,可以分小组,也可全班;可以一个课题,也可多个主题;可以在课内,也可以在课外;形式多样,时间灵活。

(4)教育研习的操作标准

① 教育研习可以采用经验交流、观摩研讨、小组讨论等方法进行教学,强调学生的主动参与、积极反思和有效探究。

② 教学设计文本研讨、教学名师授课视频研讨(包括教案设计、教学录像)的一般模式:观察文本、案例或报告(记录教学思路、教学技能、教学方法、教学策略、教学目标等的表现)→授课说明(教授者对课堂教学或教育科研相关情况的说明,此步骤由教师完成)→合作交流(分析总结、质疑问难等)→反思提高(总结经验教训,自我改善)。

(5)教育研习的要求与评价

① 研习指导教师要对实习生的研习情况进行宏观把握,引导实习生观察分析同课同构、同课异构、异课同构等课堂教学的不同效果,并据此进行一些比较深入的专题研究。指导教师必须对每位实习生给予一课时的指导。

资料卡片
教案文本的评价标准

② 研习指导教师可根据学科特点和单位时间,具体安排所负责小组的研习内容。一般而言,研习的侧重点在于教学设计文本研讨与课堂教学观察评议两大部分。

③ 教学视频研究:应研讨至少三位不同教学名师的授课视频,教学名师的授课风格、模式、内容不应雷同,可以采用同类学科的授课视频。主要通过观看视频,从教学行为等方面寻求课堂教学的改进举措,以提高课堂教学的基本技能与教学能力。建议在观看视频前或者小组讨论时,先由授课者说课,然后针对某一个或几个方面的问题进行研讨。在研讨过程中,参与者需要做好相应的工作笔记,整理笔记内容,并填入表 11-3 中,最后由指导教师签名留存。

在研讨过程中,指导教师要引导学生发现课堂教学中的问题,针对该问题提出一些分析思考的框架和专业方面的指导,鼓励学生对问题进行深入研究。

表 11-3　教学视频分析简表

教学时间	教学行为 (客观描述观察到的课堂事件)	教学技能	教学表现 (优良之处与改进建议)
片段 1:0~5 分钟			
片段 2:6~10 分钟			
片段 3:11~15 分钟			
片段 4:16~20 分钟			
片段 5:21~25 分钟			
片段 6:26~30 分钟			
片段 7:31~35 分钟			
片段 8:36~40 分钟			
指导教师评语:			
研习指导教师(签名):			年　月　日

④ 总结阶段:撰写研习报告,上交有关材料,评定研习成绩。

教育见习、试讲和说课等教学技能训练、教育实习和教育研习是师范教育中最重要的师范实践训练。如果以时长来衡量,足有 19 周时间,是师范生成长为教师绝不能缺失的过程,也是师范人才培养的重要保证。

练习与应用 ✈

1. 化学教学见习与教育实习有何不同？在培养师范生教师素质方面起到何种作用？
2. 根据教学见习和教育实习内容，结合自身实际，谈谈自己存在的不足。
3. 选取中学化学某一课时内容，在班级内部组织一次试讲活动，并邀请相关任课教师进行评定。

11.2　教师资格考试

问题与思考 💡

1. 你能说出教师资格考试的考试科目吗？
2. 你能说出化学学科知识与能力的考试题型吗？
3. 你能说出教育知识与能力的考试题型吗？
4. 你能说出综合素质科目的考试题型吗？

11.2.1　中学教师资格考试简介

教师资格认定考试是教育部为保证师资质量，在教育系统实行教师准入制度的要求设置的一项考试。国家教师资格考试制度是国家选拔合格教师，掌控教师质量的重要工具。要提高教师质量，教师资格的设置必须专业化。

《中华人民共和国教育法》和《中华人民共和国教师法》明确规定，凡在各级各类学校和其他教育机构中从事教育教学工作的教师，必须具备相应教师资格，没有相应教师资格的人员不能聘为教师。教师资格是国家对专门从事教育教学工作人员的基本要求，是公民获得教师职位、从事教师工作的前提条件。教师资格制度是国家实行的教师职业许可制度。教师资格法定凭证为教师资格认定申请表和教师资格证书。取得教师资格可在本级及以下等级学校和机构任教；中等职业学校教师资格只能在中专、技校、职高或初级职业学校担任教师。高级中学教师资格与中等职业学校教师资格相互通用。按要求，中学化学教师必须取得高级中学或初级中学化学教师资格证。

11.2.2　考试内容

教育部考试中心根据中小学和幼儿园教师资格考试标准，制定各科考试大纲。考试科目为教育学、教育心理学，部分地区还需考教育法律法规和教师职业道德等科目。中小学和幼儿园教师资格考试大纲规定了考试内容和要求、试卷结构、题型示例等，是考生学习和考试命题的依据。

考试分中学（含中等职业学校）、小学和幼儿园三个级别。申请认定中等职业学校教师资格，高级中学、初级中学教师资格的人员参加中学层次考试；申请认定小学教师资格的人员参加小学层次考试；申请认定幼儿园教师资格的人员参加幼儿园层次考试。

11.2.3　考试方法

教师资格考试属于国家级考试，分为笔试和面试两部分。

（1）笔试

全国在统一的时间，统一进行。就化学教师资格证考试笔试而言，初级中学教师资格考试的大纲有《综合素质》（中学）、《教育知识与能力》（中学）、《化学学科知识与教学能力》（初级中学）三科；高级中学教师资格考试大纲有《综合素质》（中学）、《教育知识与能力》（中学）、《化学学科知识与教学能力》（高级中学）三科。其中，初级中学和高级中学的《综合素质》和《教育知识与能力》是相同的。笔试一般是规定时间，统一试卷，统一评阅。

（2）面试

笔试各科考试成绩合格，才能参加面试。

① 面试内容：《中小学和幼儿园教师资格考试大纲（试行）》（面试部分）测试内容与要求指出，面试主要围绕"职业认知、心理素质、仪表仪态、言语表达、思维品质、教学设计、教学实施、教学评价"八个方面的内容对申请教师资格人员的基本素养、职业发展潜质和教育教学实践能力进行考察和评估。

职业认知：a. 热爱教育事业，有较强的从教愿望，正确认识、理解教师的职业特征，遵守教师职业道德规范，能够正确认识、分析和评价教育教学实践中的师德问题。b. 关爱学生、尊重学生，公正平等地对待每一位学生，关注每一位学生的成长。

心理素质：a. 积极、开朗，有自信心。具有积极向上的精神，主动热情工作；具有坚定顽强的精神，不怕困难。b. 有较强的情绪调节与自控能力。能够有条不紊地工作，不急不躁；能够冷静地处理问题，有应变能力；能公正地看待问题，不偏激，不固执。

仪表仪态：a. 仪表整洁，符合教育职业和场景要求。b. 举止大方，符合教师礼仪要求。c. 肢体语言得体，符合教学内容要求。

言语表达：a. 语言清晰，语速适宜，表达准确。口齿清楚，讲话流利，发音标准，声音洪亮，语速适宜；讲话中心明确，层次分明，表达完整，有感染力。b. 善于倾听、交流，有亲和力。具有较强的口头表达能力，善于倾听别人的意见，并能够较准确地表达自己的观点；在交流中尊重对方、态度和蔼。

思维品质：a. 能够迅速、准确地理解和分析问题，有较强的综合分析能力。b. 能够清晰有条理地陈述问题，有较强的逻辑性。c. 能够比较全面地看待问题，思维灵活，有较好的应变能力。d. 能够提出具有创新性的解决问题的思路和方法。

教学设计：a. 了解课程的目标和要求，准确把握教学内容。准确把握所教的教学内容、理解本课在教材中的地位以及与其他单元的关系。b. 根据教学内容和课程标准的要求确定教学目标、教学重点和难点。c. 教学设计要体现学生的主体性，因材施教，选择合适的教学形式与方法。

教学实施：a. 能够有效地组织学生的学习活动，注重激发学生的学习兴趣，有与学生交流的意识。b. 能够科学准确地表达和呈现教学内容。c. 能够适当地运用板书；板书工整、美观、适量。d. 能够较好地控制教学时间和教学节奏，合理地安排教与学的时间，较好地达成教学目标。

教学评价：a. 在教学实施过程中注重对学生进行评价。b. 能客观评价自己的教学效果。

② 面试流程：面试采用结构化面试、情景模拟等方式进行，基本流程为抽题、备课、试讲、答辩等环节，规定时间内完成面试。

第一步抽题：在工作人员引导下，考生登录面试测评软件系统，计算机从题库中抽取 2 道试题，考生任选其中 1 道试题，通过计算机打印试题清单。学生抽取的试题是根据所报考教师资格证的级别随机生成的，题目是由现行不同版本化学教材中截取相对完整的片段内容，提供给考生。因为面试试讲仅有 10 分钟，所以有的题目就一句话，有的是课本专题里一个小片段，灵活多样。可能讲课内容分布在整个学段，要求我们对报考学段的教材内容都比较熟悉。

第二步备课：考生持试题清单、备课纸进入备课室，撰写教案。20 分钟的准备时间，要读材料，读懂题目，要熟悉基本内容；要思考讲解的重点、难点、方法、过程、板书的要点、线索、教课的手段、教学技能、讲课的环节安排，手写尽量项目齐全、规范的教学简案。时间非常紧迫，20 分钟后由工作人员引导进入指定考场。

第三步面试：

a. 上交证件，验明正身。

b. 回答规定问题：考官从试题库中随机抽取 2 道规定问题，要求考生回答。时间为 5 分钟左右。

⟨ **资料卡片** →⟩

结构化面试试题案例

1. 你如何理解"学高为师，身正为范"？

2. 有一个学生表现不好，班主任当着该同学的面向家长告状，学生当场回嘴。请你评价班主任的行为。如果你是班主任，你会如何处理这种问题？

3. 有一个学生成绩不好，在班主任的帮助下成绩提高很快，班主任就在班上表扬该学生是"传、帮、带"的典型，这位学生却很快疏远了班主任。你认为这是为什么？怎样表扬才恰当？

4. 有些家长说，把孩子送到学校，孩子教不好，全是老师的责任。你认为对吗？为什么？

5. 有的人认为做班主任吃亏，你同意吗？为什么？

6. 案例分析题：下课期间，有一个学生站在教室的书桌上大声喧闹。你会如何处理这件事？

c. 试讲：考生按照准备的教案进行试讲，时间控制在 10 分钟左右。一般要求考生在试讲中要有简洁的导课、提问的环节、简短的小结、过程性评价和适当的板书。需要特别说明，这是模拟授课，不是说课。

d. 答辩：考官围绕考生试讲内容进行提问，考生答辩。时间为 5 分钟左右。

e. 离场：清洁黑板，带上离场证和个人证件离场。

第四步评分：考官依据评分标准（表 11-4）对考生面试表现进行综合评分，填写面试评分表，

表 11-4　中学教师资格考试面试评分细则

序号	测试项目	权重	分值	评分标准
一	职业认知	5	2	较强的从教愿望，对教师职业有高度的认同，对教师工作的基本内容 和职责有清楚了解
			3	关爱学生，尊重学生，平等对待学生，关注每个学生的成长
二	心理素质	5	3	活泼、开朗，有自信心
			2	有较强的情绪调节能力
三	仪表仪态	5	2	衣着整洁，仪表得体，符合教师职业特点
			3	行为举止稳重、端庄大方，教态自然，肢体表达得当
四	言语表达	15	8	语言清晰，表达准确，语速适宜
			7	善于倾听、交流，有亲和力
五	思维品质	15	3	思维缜密，富有条理
			4	迅速地抓住核心要素，准确地理解和分析问题
			4	看待问题全面，思维灵活
			4	具有创新性的解决问题的思路和方法
六	教学设计	10	4	了解课程的目标与要求、准确把握教学内容
			3	能根据学科的特点，确定具体的教学目标、教学重点和难点
			3	教学设计体现学生的主体性
七	教学实施	35	6	情境创设合理，关注学习动机的激发
			10	教学内容表述和呈现清楚、准确
			4	有与学生交流的意识，提出的问题富有启发性
			8	板书设计突出主题，层次分明；板书工整、美观、适量
			7	教学环节安排合理；时间节奏控制得当；教学方法和手段运用有效
八	教学评价	10	5	能对学生进行过程性评价
			5	能客观地评价教学效果

经组长确认，通过面试测评软件系统提交评分。每个考评组由 3 名考官构成，1 名考官为教育学背景，2 名考官为相应学科背景；设组长 1 名。

③ 教师资格考试时间：全国教师资格考试时间一年举行两次，如 3 月、10 月底笔试，5 月、元月初面试。只有笔试全部合格后才有资格面试，只有笔试、面试都合格的考生才有资格申请教师资格证。

（3）注意事项

① 《中华人民共和国教育法》和《中华人民共和国教师法》明确规定，凡在各级各类学校和其他教育机构中从事教育教学工作的教师，必须具备相应教师资格，没有相应教师资格的人员不能聘为教师。作为师范生，一定要高度重视，毕业前必须取得教师资格证。

② 明确自己的就业去向。化学专业的本科师范毕业生，应该是初级中学或高级中学教师资格证。

练习与应用

1. 中学化学教师的素质构成有哪些？国家教师资格考试是如何考查这些素质的？

2. 中学化学教师资格考试面试的测试目标及内容是什么？

3. 中学化学教师资格考试面试流程是怎样设计的？面试考官是如何进行评分的？

4. 选取现行初中或高中某版本教材中的片段内容（概念课、理论课、元素化合物课、实验课），在 30 分钟时间内进行备课，写出简单的教案，然后进行试讲，对照评分标准进行评定。请师生提出改进意见。

5. 用设计的教学简案，在班上进行"结构化面试"模拟训练。

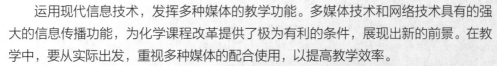

第12章

现代信息技术在化学教学中的应用

🌐 引言

本章在理论层面介绍信息技术与化学课程整合的含义。在资源建设层面，详细介绍了多媒体技术、手持技术、网络技术等现代信息技术的典型代表的特点，利用丰富的案例和资源帮助学生客观全面地认识信息技术在化学教学中的应用。

◎ 学习目标

1. 了解信息技术与化学课程整合的内涵与现实意义。

2. 了解多媒体技术、手持技术、网络技术等现代信息技术的典型代表在化学教学中的应用。

3. 理解信息技术与化学课程整合的目的是实现化学课程目标。

4. 利用唯物主义辩证法客观全面地认识现代信息技术对化学教学的作用。

5. 把"立德树人"作为教育的根本任务，提高网络信息安全，遵守网络安全法律法规。

6. 利用多种现代信息技术改善教学手段和环境，促进终身学习理念的达成。

12.1 信息技术与化学课程的整合

问题与思考

1. 什么是信息技术与课程整合?
2. 你对信息技术与化学课程整合有哪些认识?

12.1.1 整合的含义

"整合"一词,源于英文"integration",可解释为"一体化、成为一个整体"。从哲学角度讲,整合通常是指若干相关事物或因素之间相互作用而合成为一个新的统一整体的建构和细化过程,其结果是引起这些相关事物的共同发展变化。

整合不等于混合。混合只意味着将两种或多种事物简单地相加在一起,混合的各个事物本身并没有发生质的变化。而整合则强调事物之间彼此融合,各构成部分发生质的变化并最终形成新的统一体。从系统论的角度讲,整合是指一个系统内各个要素的整体协调,相互渗透,使各要素发挥最佳作用,以达到系统发挥最大效益的目的。因此,整合是全面深入的,需要一个相对较长的发展变化过程❶。

12.1.2 信息技术的含义

信息技术不等同于计算机技术。信息技术包括计算机技术,计算机技术只是信息技术的一部分。但是在当前教师群体中,特别是中小学教师中有很多人误解了信息技术的含义,将信息技术等同于计算机技术,信息技术与课程的整合也就被简单地理解为制作多媒体课件、上课播放多媒体视频或课件。

12.1.3 信息技术与课程整合

几十年来,信息技术在教育中的应用经历了计算机辅助教学(CAI,computer-assisted instruction)、计算机辅助学习(CAL,computer-assisted learning)和信息技术与课程整合(IITC,integrating information technology into the curriculum)三个阶段,当前我国正处于信息技术与学科教学整合应用的第三阶段。通过加强信息技术在教学过程中的应用和整合来促进传统教学理念方式的转化已成为人们的共识。

2000年10月,时任教育部部长陈至立在报告中明确提出:要努力推进信息技术与学科教学的整合,鼓励在学科教学中广泛应用信息技术手段,并把信息技术教育融合在学科的学习中。

何克抗指出,所谓信息技术与学科课程的整合,就是通过将信息技术有效地融合于各学科的教学过程来营造一种新型教学环境,实现一种既能发挥教师主导作用,又能充分体现学生主体地位的以"自主、探究、合作"为特征的教与学方式,从而把学生的积极性、主动性、创造性较充分地发挥出来,使传统的以教师为中心的课堂教学结构发生根本性变革,从而使学生的创新精神与实践能力的培养真正落到实处。

这一定义包含三个基本属性:营造信息化教学环境;实现新型教与学方式;变革传统的课堂教学结构。这三个属性并非平行、并列的关系,而是逐步递进的关系:新型教学环境的建构是为了支持新的教与学方式,新的教与学方式是为了变革传统教学结构,变革传统教学结构则是为了

---

❶ 何克抗. 信息技术与课程深层次整合的理论与方法[J]. 电化教育研究,2005(1):7-15.

最终达到创新精神与实践能力培养的目标。可见，"整合"的实质与落脚点是变革传统的教学结构，即改变"以教师为中心"的教学结构，创建既能发挥教师主导作用，又能充分体现学生主体地位的新型"主导-主体相结合"的教学结构。只有从这三个基本属性，特别是从变革传统教学结构这一属性去理解整合的内涵，才能真正把握信息技术与课程整合的实质❶。

‹ 推荐阅读 📚

何克抗. 信息技术与课程深层次整合理论[M]. 北京：北京师范大学出版社，2008.

‹ 资料卡片 ⇥

　　不同专家、学者及一线教师对信息技术与课程整合的内涵有不同的观点，但总体可以归纳为两大类：

　　一是小整合观。这种观点认为信息技术与课程整合等同于信息技术与学科教学整合，信息技术主要作为一种工具、媒介和方法融入教学的各个层面中；认为整合就是将信息技术作为一种工具，来有效地促进教师的教和学生的学，强调信息技术对课程教学任务完成的重要作用。这种观点是信息技术与课程整合实践中的主流观点，一线教师的整合实践基本以这种观点为指导。

　　二是大整合观。这种观点认为信息技术与课程整合是指将信息技术融入课程的整体中，改变课程内容和结构，变革整个课程体系。当然，持有此观点的人主要是教育技术专家及部分学者，他们倾向于从课程整体的角度去探讨信息技术的地位和作用。

‹ 练习与应用 ✈

1. 请查阅资料，总结现代信息技术与化学课程整合的模式有哪些，思考整合的意义是什么。
2. 请说出信息技术与课程整合的三个基本属性。

12.2　多媒体技术在化学教学中的应用

‹ 问题与思考 💡

1. 多媒体技术在化学教学中可以发挥哪些作用？
2. 在化学教学中使用多媒体技术应注意什么？

12.2.1　多媒体技术的含义

　　多媒体技术是多媒体计算机技术（multimedia computer technology）的简称，其含义是综合处理文本、图像、音频等多种媒体信息，使各种信息之间建立逻辑连接，并集成为一个具有交互系统的计算机技术，信息载体的多样性、集成性和交互性是多媒体技术的核心特征❷。

---

❶ 何克抗. 信息技术与课程整合的目标与意义[J]. 教育研究，2002（4）：39-43.

❷ 周佳甜，梁学正. 多媒体技术在化学实验教学中应用[J]. 化学教与学，2012（12）：89-90.

12.2.2 多媒体技术在化学教学中应用的具体案例

富集在海水中的元素——氯[1]

（1）教学目标

知识与技能：①了解氯气的物理性质；②初步掌握氯气的化学性质（氯气与水、碱、金属单质及非金属单质的反应）。

过程与方法：①初步学习结合化学史来学习化学的思维和方法；②通过多媒体技术再现化学家发现氯气和探究氯气的物理和化学性质的过程，树立科学探究的意识，了解科学探究的过程，掌握科学探究的方法。

情感态度与价值观：①认识化学发展的轨迹，培养对化学知识的亲近感；②感受科学探究的艰辛和喜悦，了解科学发展是不断进步与完善的过程。

（2）教学流程

教学设计思路流程见图12-1。

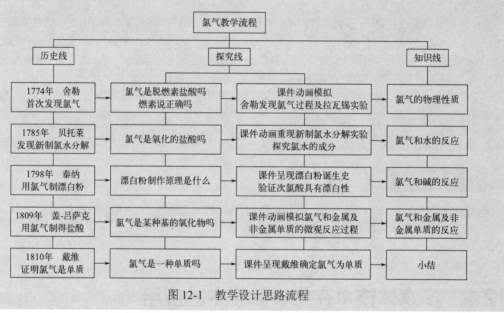

图 12-1　教学设计思路流程

12.2.3 多媒体技术在化学教学中应用的意义

（1）实验模拟

① 模拟有毒和有危险的实验：化学实验中，有些反应物或生成物有毒或有刺激性，或有一定的危险，这些实验不便于作为演示实验，更不便于让学生来完成。做这些实验一方面会影响学生的身心健康，另一方面也会影响环境，不利于学生环境保护意识的形成。例如氯气、硫化氢、二氧化硫等气体的制备，氢气与氧气、氢气与氯气的爆炸实验等，可以采用计算机模拟演示来完成。

② 模拟需要反复观察现象的实验和现象不明显的实验：有些化学实验持续时间比较短或比较长，或者实验现象不明显，可以采用计算机课件，在教学中可以采取录像定格、慢放、重放等手段以方便学生的观察。也可以模拟难以再现的化学现象。例如 TNT（$C_7H_5N_3O_6$，三硝基甲苯）、原子弹的爆炸，学生不可能实地观察，教师也无法演示，利用 GAI（Generative Artificial Intelligence，生成式人工智能）模拟可再现其壮观场面。

③ 模拟化学实验错误操作后果：有的化学实验如果错误操作会具有很大的危险性，这样的实

❶ 宝秋兰，刘子忠. 基于化学史与多媒体技术整合的氯气教学设计[J]. 化学教育，2015，36（11）：4.

验可以让学生认识到其危险性，是非常必要的。但在教学过程中，教师仅凭讲授并不能引起学生的注意，又不能通过实验的错误操作来呈现错误的后果，利用课件模拟是非常有效的途径之一。如浓硫酸的稀释，将水倒入浓硫酸中，液体沸腾并飞溅；氢气还原氧化铜，未检验氢气的纯度就点燃，导致整个装置爆炸；碳酸氢钠的加热分解，试管口向上，生成的水倒流，引起试管的炸裂；制备氯气时没有尾气吸收装置造成人员中毒等。计算机模拟这一系列错误操作，辅之以适当的图像、声音，会给学生留下深刻的印象，从而引起对实验中的安全规范操作高度的重视。

（2）模拟物质结构和化学反应机理

对于物质结构、化学反应机理等内容，学生理解起来较困难，运用多媒体技术能帮助学生较好地解决这个问题。多媒体技术以其丰富的表现力把化学现象、反应过程生动地呈现出来，使微观粒子由小变大、由静变动，从而帮助学生理解一些无法观察到的抽象概念和理论。如学习"酯化反应"时，学生对酯的形成过程很难想象，通过多媒体技术，运用三维动画，就可以生动、形象地模拟演示乙酸分子中碳氧键断裂和乙醇分子中氢氧键断裂。随后由于化学键断裂形成的基团重新组合，即 $CH_3—C—$ 与 $CH_3CH_2O—$ 结合成 $CH_3—C—OCH_2CH_3$，$—OH$ 与 $—H$ 结合成 H_2O。学生通过观察旧键断裂、新键的形成，很容易掌握酯化反应的过程，通过动画演示，可以把抽象的内容具体化，把微观世界宏观化。

（3）模拟化工生产过程

对于化工生产过程，如接触法制硫酸、氨氧化法制硝酸、炼铁炼钢、石油炼制等，受条件的限制，学生实地考察的机会不多，单凭对模型的观察很难把握化工生产过程的全貌。利用多媒体开发课件，在屏幕上进行宏观缩小、局部放大，动静结合，图文并茂，在短时间内多角度、多层面展示反应流程，使学生不仅可以认识各种设备的构造、作用，还可以看到生产流程及反应情况。

12.2.4　运用多媒体技术应注意的问题

（1）处理好多媒体与常规教学媒体的关系

应用多媒体技术辅助教学要明确其地位是"辅助"而不是"代替"。多媒体技术与常规教学媒体应该是相辅相成的关系。我们在使用多媒体技术时应该把重点放在解决那些运用常规教学媒体不便解决或无力解决的学与教的问题上，凡是用常规教学媒体如教师语言、挂图、模型、实验等就能解决的，不一定非要用多媒体课件模拟或展示。因为任何好的课件本身都无法预测课堂变化，也无法进行课堂秩序的调控。如果教师在使用多媒体技术辅助教学时，抛弃优势方面，只是为了赶时髦，摆花架子，顾此失彼，则会造成负面影响。

（2）多媒体技术的运用要适度

有的化学教师每堂课都要播放多媒体、动画，可谓十分生动、热闹，教师成了放映员，学生成了观众。其实在化学教学过程中，不仅要培养学生的形象思维，还要培养学生的抽象思维能力。如果教学过程中完全依赖多媒体教学，那么很可能会影响学生抽象思维能力的形成和发展。所以要根据需要适度选择和运用多媒体技术。

（3）模拟实验不能代替化学实验

计算机模拟实验具有形象、生动、直观、经济、有交互能力和使用方便等优点，使学生能像科学家、技术专家那样进行科学研究，进行产品设计，进行一些在实验室难以操作的实验，从而使学生获得进行科学技术活动的经验。但模拟实验也存在明显的缺陷。在模拟实验中，一些感觉特别是嗅觉、味觉和触觉，学生是无法体验的，加上模拟实验的其他不"真实"性，学生也就不能形成对整个化学实验的正确感知。长此以往，这种计算机模拟实验势必造成学生对化学实验的感知缺陷。学生在这种不"真实"的感性认识材料基础上形成的化学概念、理论和对元素化合物性质、变化的认识也必然会出现偏差，同时也不利于培养学生耐心、机警、细心等良好的心理品质。另外，模拟实验更不能使学生获得化学实验的基本技能以及严谨的科学研究方法。因而，计算机模拟化学实验不宜代替学生动手实验。

    1. 多媒体技术在化学教学中应用的优点是什么?
    2. 尝试分析一节优质化学课的多媒体技术使用情况。
    3. 在当前信息化技术不断发展的时代背景下,中学化学课堂实验教学形式多样,教师既可以现场演示实验或带领学生到实验室一起亲自动手实验,也可以播放真实实验的视频或者实验的 Flash 动画,还可以到虚拟仿真实验平台进行实验操作。你认为这些类型的实验各自的优势与局限有哪些? 在教学中应如何恰当使用这些实验教学手段?

12.3   手持技术在化学教学中的应用

    1. 你了解什么是手持技术吗?
    2. 你能举例说出如何将手持技术与化学教学、化学实验进行整合吗?

12.3.1   手持技术的含义

    21 世纪以来,移动通信技术(mobile technology)的发展被称为信息技术进步的第四次浪潮,促使信息技术与教育的整合向更深层次发展,较为突出的是手持技术在理科实验与研究性学习中的应用,来支持课程改革、学生科学素养培养与教学目标的实现。

    手持技术是由数据采集器、传感器和配套的软件组成的定量采集各种常见数据并能与计算机连接的实验技术系统。该系统能采集的化学数据包括温度、电流、气压、pH、溶解氧、电导率、CO_2 浓度、色度以及离子浓度等。因主要使用手持数据采集器,又称为掌上实验室,见图 12-2。

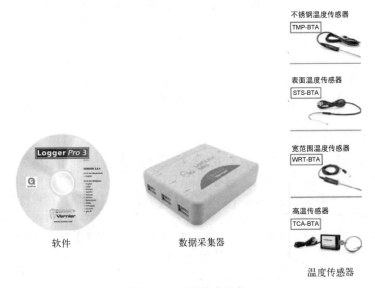

不锈钢温度传感器 TMP-BTA

表面温度传感器 STS-BTA

宽范围温度传感器 WRT-BTA

高温传感器 TCA-BTA

软件   数据采集器   温度传感器

图 12-2   手持技术设备

12.3.2 手持技术的特点

便携：数据采集器和传感器体积较小，在手掌上就可以操作。外出采集数据时，不需要携带计算机，待采集完数据后再进行数据处理。

实时：数据变化过程与实验过程同时进行。如果与计算机连接，就能将显示变化过程的各种形式同时演示出来。

准确：既可以由机器或电脑自动收集实验数据，又可以人工控制收集实验数据。

综合：它与各种传感器连接，可同时进行物理、化学、生物、体育、环境、气象等学科的实验和探究研究。

直观：能以图像、指针、刻度计、表格等多种形式动态、实时地显示实验的变化过程。

12.3.3 手持技术与化学教学整合

（1）手持技术与化学教学整合的实践研究

手持技术与化学教学整合的实践研究，主要是结合具体的教学内容探讨手持技术在教学中的应用过程和使用策略。通过文献检索，将 2004—2014 年十年间手持技术与化学教学整合的实践研究按照"教材-主题-内容"的形式进行了分类和统计，见表 12-1[1]。

表 12-1　手持技术与化学教学整合的实践研究

教材	主题	内容
《化学1》	元素化合物知识	"氯水成分"探究实验的研究和启示
		氢氧化铝制备实验过程中，对溶液的电导率变化进行探究
		探究"黑面包实验"
		酸雨的形成
		研究喷泉实验中的气压变化
	分散系	选择氢氧化铁胶体渗析实验半透膜
	氧化还原反应	"氧化还原反应"教学设计
	离子反应	离子反应及其发生条件
《化学2》	食品中的有机化合物	测定乙醇分子结构实验
		乙酸乙酯水解实验研究
《化学反应原理》	化学能与热能	测定不同物质溶解于水时溶液的温度变化
		中和热测定实验研究
	化学能与电能	探究铜锌原电池电流强度的影响因素
		电解法测量阿伏伽德罗常数实验
		金属电化学腐蚀实验改进
	化学反应速率	浓度对硫代硫酸钠与硫酸反应速率的影响
		浓度对化学反应速率的影响
	弱电解质的电离平衡	冰醋酸电离过程实质的探究
		"电离平衡"教学研究
		探究醋酸电离平衡移动
		基于 POE 策略的电离平衡教学研究
		"弱电解质的电离平衡"的高三复习课
		测定甲基橙的电离常数 K_a

[1] 俞真蓉，田涛，李峰伟. "手持技术"与化学教学整合的文献统计分析[J]. 化学教育，2017，38（9）：8.

教材	主题	内容
《化学反应原理》	溶液的酸碱性	测定 $NH_3 \cdot H_2O$ 滴定盐酸、醋酸及盐酸与醋酸的混合酸的电导率的变化
		酸碱滴定实验，测定酸碱中和反应过程的电导率变化
		盐酸滴定碳酸氢钠和碳酸钠的 pH 变化
		手持技术在酸碱中和滴定终点判定中的应用
	盐类的水解平衡	"影响盐类水解因素及其应用"教学设计
		"离子浓度大小比较专题"教学设计
《化学与生活》	化学与可持续发展	公共交通工具车厢内二氧化碳含量的测量
		温室效应
		二氧化碳的灭火实验
		水质调查
《化学与技术》		不同酸碱环境下生物体 pH 变化的规律
		酒精灯各层温度的变化规律
		探究菠菜中叶绿素提取的最佳实验条件
		探究 $CaCO_3$ 吸附水中的重金属离子
		测定室内空气与人体呼出气体的成分

由表 12-1 可知，目前运用手持技术和化学教学整合的实践研究，主要以解决《化学反应原理》相关问题为主。究其原因，首先手持技术本身具有"转定性为定量，化抽象为直观"的特点，能够较好地解决此主题教学内容相对定性、抽象的问题。其次，《化学反应原理》这一主题的相关内容是中学化学教学中的重点与难点，也是学业水平考试、高考、竞赛的重点考查内容，教师解决这一问题的需求也促进了手持技术在这一主题中的应用。

（2）传感器与化学实验的整合

手持技术可以应用于化学教学的一个重要原因是，它有多种可以直观表现化学变化过程的传感器。手持技术与化学教学整合的主要内容之一就是对手持技术各种传感器的开发，开发各种传感器的最终目的是将其应用到化学教学中。根据文献查阅，表 12-2 对传感器可应用的化学实验进行了分析和整理。

表 12-2　传感器与化学实验的整合

传感器	实验内容
pH	"氯水成分"探究实验的研究和启示，探究"黑面包实验"，酸雨的形成，乙酸乙酯水解实验研究，金属电化学腐蚀实验改进，冰醋酸电离过程实质的探究，探究醋酸电离平衡移动，基于 POE 策略的电离平衡教学研究，弱电解质的电离平衡的高三复习课，测定甲基橙的电离常数 K_a，盐酸滴定碳酸氢钠和碳酸钠的 pH 变化，影响盐类水解因素及其应用，离子浓度大小比较专题教学设计，水质调查，不同酸碱环境下生物体 pH 变化的规律
电导率	"氯水成分"探究实验的研究和启示，氢氧化铝制备实验过程中，对溶液的电导率变化进行探究，选择氢氧化铁胶体渗析实验半透膜，离子反应及其发生条件，乙酸乙酯水解实验研究，"离子平衡"教学研究，弱电解质的电离平衡的高三复习课，测定 $NH_3 \cdot H_2O$ 滴定盐酸、醋酸及盐酸与醋酸的混合酸的电导率的变化，酸碱滴定实验，测定酸碱中和反应过程的电导率变化，水质调查
压强	探究"黑面包实验"，研究喷泉实验中的气压变化，测定乙醇分子结构实验，金属电化学腐蚀实验改进
氧气	金属电化学腐蚀实验改进，二氧化碳的灭火实验，测定室内空气与人体呼出气体的成分
光强度	二氧化碳的灭火实验
滴数	手持技术在酸碱中和滴定终点判定中的应用
温度	"氯水成分"探究实验的研究和启示，探究"黑面包实验"，酸雨的形成，测定不同物质溶解于水时溶液的温度变化，中和热测定实验研究，冰醋酸电离过程实质的探究，探究醋酸电离平衡移动，基于 POE 策略的电离平衡教学研究，手持技术在酸碱中和滴定终点判定中的应用，温室效应，水质调查，探究微型酒精灯火焰各层温度的变化规律

传感器	实验内容
色度计	酸雨的形成，浓度对硫代硫酸钠与硫酸反应速率的影响，浓度对化学反应速率的影响，测定甲基橙的电离常数 K_a，影响盐类水解因素及其应用，探究菠菜中叶绿素提取的最佳实验条件，$CaCO_3$ 吸附水中的重金属离子
电流	"氧化还原反应"教学设计，探究铜锌原电池电流强度的影响因素，电解法测量阿伏伽德罗常数实验
二氧化碳	公共交通工具车厢内二氧化碳含量的测量，测定室内空气与人体呼出气体的成分
湿度	测定室内空气与人体呼出气体的成分

课堂讨论与实践

1. 手持技术参与的化学实验需要注意哪些问题？
2. 手持技术给教学模式和教学理念带来哪些改变？

（3）手持技术与化学教学整合的具体案例

盐酸滴定碳酸氢钠和碳酸钠的 pH 变化[1]

（1）教学目标

知识与技能：①通过对手持仪器和实验的介绍，了解手持技术并初步掌握手持实验的操作方法；②通过手持实验分别得出盐酸滴定碳酸钠和碳酸氢钠过程中 pH 变化曲线，从实验现象等宏观表征、粒子浓度变化等微观表征、化学式等符号表征多个角度分析反应过程，从定性和定量的角度深刻认识盐酸滴定碳酸钠和碳酸氢钠的差别；③通过分析盐酸滴定碳酸钠溶液的 pH 变化曲线，认识反应的阶段性，加深对滴定突跃、滴定终点和指示剂选择间关系的理解。

过程与方法：①通过各组实验，了解设计对比探究实验的一般思路，掌握实现对比实验一致性的有效方法；②通过传统实验和手持实验的结合，掌握定性和定量相结合的实验探究方法；③通过"四重表征"模式的学习，掌握分析曲线的一般方法。

情感态度与价值观：①通过实验结果(录像、曲线、数据)分析，进一步了解现代测量技术，感受手持技术的便捷性、实时性、准确性和直观性等特点；②通过对实验的整体分析比较，体验实验在科学探究中的重要作用，激发科学探究的兴趣和学习化学的热情；③通过电离和水解程度比较，了解二者强弱差异，感受到化学对峙过程的和谐统一。

（2）教学流程（表 12-3）

表 12-3　教学流程[2]

教学环节	教学方法和载体	具体教学	详细解释
从生活中引出化学	多媒体	展示药物"龙胆碳酸氢钠片"说明书 图 1　药物"龙胆碳酸氢钠片"说明书	从生活中治疗胃酸过多的碳酸氢钠片引入，说明碳酸氢钠和碳酸钠反应的不同

[1] 施俊芳. 基于手持技术的高中化学实验改进——以"碳酸钠，碳酸氢钠与盐酸的反应"为例[J]. 亚太教育，2020（14）：2.
[2] 高妙添. 基于"四重表征"与"手持技术"教学模式的实践研究——以"盐酸滴定碳酸氢钠和碳酸钠的 pH 变化"为例[J]. 化学教育，2013，34（6）：4.

续表

教学环节	教学方法和载体	具体教学	详细解释
利用手持技术测定盐酸滴定碳酸氢钠溶过程的 pH 变化	手持技术 四重表征 学案导学 实验演示	pH传感器 多功能手持分析仪 图2 实验装置 0.1mol/L碳酸钠溶液 pH=11.32 0.1mol/L碳酸氢钠溶液 pH=8.24 pH=8.03 V=8.95mL观察到开始产生大量气泡 图3 同浓度盐酸逐滴滴入碳酸钠溶液的 pH 变化曲线	教师演示利用手持技术测定盐酸滴定碳酸氢钠溶液过程的 pH 变化的手持技术实验（加入酚酞溶液做指示剂），让学生在学案上书写滴定起点、终点、过程和突跃的变化情况及原因，并从宏观、微观、符号和曲线 4 个方面进行分析，将手持技术和四重表征完美结合
利用手持技术测定盐酸滴定碳酸钠溶液过程 pH 变化	手持技术 四重表征 学案导学 学生实验 小组讨论	碳酸钠 碳酸氢钠 图4 同浓度盐酸逐滴滴入碳酸钠和碳酸氢钠溶液的 pH 变化曲线	在盐酸滴定碳酸氢钠溶液的 pH 变化曲线的基础上，让学生预测盐酸滴定碳酸钠溶液的 pH 变化曲线；在教师演示完盐酸滴定碳酸氢钠溶液的手持实验的基础上，学生自主实验（先加入酚酞溶液，待溶液变色后加入甲基橙溶液做指示剂）；在教师分析讲解盐酸滴定碳酸氢钠溶液的 pH 变化曲线的基础上，学生以小组为单位讨论分析滴定碳酸钠溶液的 pH 变化曲线，体现支架教学的思想
从化学回归生活	多媒体	展示碳酸氢钠滴耳液的图片 图5 碳酸氢钠滴耳液	让学生分析如何测定变质的碳酸氢钠滴耳液中碳酸钠和碳酸氢钠的含量，解决实际问题

推荐阅读

钱扬义. 手持技术数字化化学实验教学研究——理论构建与创新实践[M]. 北京: 科学出版社, 2022.

练习与应用

1. 手持技术实验设备一般由_____、_____以及电脑端的软件三个部分组成。

2. 随着化学学科"定性→定量"的发展以及具有即时收集数据和自动生成曲线特点的手持技术数字化实验逐步得到推广，（　　）成为化学知识的一种重要表征形式。

A. 宏观　　　　　　B. 微观　　　　　　C. 符号　　　　　　D. 曲线

3. 三重表征中，符号表征的内涵是指（　　　）。

A. 物质或微粒的组成、结构、性质等层面的信息表征

B. 物质变化产生的现象、物质的存在与用途等直接感知的信息表征

C. 微观粒子运动及相互作用、反应机理等层面的信息表征

D. 物质变化的物理量与时间的关系的点的集合的信息表征

4. 在探究"铝三角"中铝的化合物之间的相互转化过程案例的图 12-3 实验曲线中，以下说法不正确的是（　　　）。

A. DE 段沉淀大量生成，曲线再次发生突变；EF 段溶液仍为白色混浊状态，但曲线上升的斜率减小，说明此时的碱液稍过量，沉淀稍有溶解

B. FG 段中 F 点为沉淀恰好完全溶解的时刻点，此后再滴加碱液，曲线平缓上升，溶液澄清无色

C. BC 段中 B 点为滴加 NaOH 溶液的时刻点，酸性溶液中的氢离子和氢氧根离子结合，曲线发生突变

D. CD 段主要发生 $Al_2(SO_4)_3+6NaOH\!\!=\!\!=\!\!2Al(OH)_3\downarrow +3Na_2SO_4$ 的反应，消耗铝离子，使其水解反应逆向进行，曲线平缓上升，溶液酸性增强

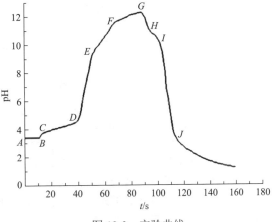

图 12-3　实验曲线

5. 手持技术实验是利用手持技术仪器，自动、实时、快速地采集大量数据，并实时呈现（　　　）的数字化实验。

A. 直线　　　　　　B. 温度　　　　　　C. 曲线　　　　　　D. 时间

12.4　网络技术在化学教学中的应用

问题与思考

1. 你了解网络技术在化学教学中的应用模式吗？

2. 你能说出这些应用模式的流程吗？

　　利用网络进行教学将是未来信息技术与课程整合的主流。因为网络教学不仅可以突破传统课堂的时空限制，更重要的是其建立在建构主义的学习论上。

12.4.1　以学生学习为中心的网络课堂教学模式

（1）教学流程

　　创设情景→提出课题→自主探究→网上协作→课题小结→网上测试→课题延伸，见图 12-4。

以学生学习为中心的网络课堂教学模式的优点与缺点是什么?

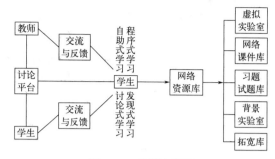

图 12-4　教学流程图

（2）以学生学习为中心的网络课堂教学模式特点

学生是信息加工的主体，是知识意义的主动建构者；教师是课堂教学的组织者、指导者，是学生建构意义的帮助者、促进者。具体来说，教师负责教学中的情景创设，课题提出，及时对学生在自主探究过程中反馈的信息作出回应，并对学生的学习成绩进行评价；教学媒体与技术是促进学生自主学习的认知工具、情感激励工具；教材不是学生唯一的学习内容，在自主学习中，学生从其他途径（例如图书馆、资料室及网络）来获取大量的知识❶。

12.4.2　网络探究模式——WebQuest

1995 年，美国圣地亚哥大学的伯尼·道奇（Bernie Dodge）教授在对职前教师进行培训时提出了 WebQuest 的概念。目的是为职前教师提供一种在线教学的模式，以便充分利用学生的时间和提高思维水平。

（1）WebQuest 的含义与教学理念

WebQuest 即"网络探究"，指学生通过网络来寻求解答某个问题的相关材料、解决方案或技术支持等，是在网络环境下的一种任务驱动式的学习模式。

这种学习模式的核心教学设计理念是教师先创设某个特定的情境，将学生引入其中，然后落实具体探究或解决的任务，要求学习者独立或协作完成，提供的各种网络资源是学习者的主要信息来源和制定解决方案的依据❷。

（2）WebQuest 的课程结构

为了使学习者明确学习目标，在网上充分地利用时间，避免无目的漫游，课程应该经过精心设计，赋予学习者明确的方向。要包含一个可行的任务、能够指导他们完成任务的资源库、评价方式和进一步拓展的方式。WebQuest 一般包括绪论（introduction）、任务（task）、过程（process）、资源（resources）、评估（evaluation）、结论（conclusion）等六个关键部分。其中，每一个关键部分都自成一体，设计者可以通过改变各模块的顺序与搭配来实现不同的学习目标，见表 12-4 与图 12-5。

表 12-4　WebQuest 模式教学构成部分

构成部分	教师活动	学生活动	作用
绪论	给学生指定方向并通过各种手段激发学生的学习兴趣		情景创设
任务	让学生明确研究活动的全过程		会话
过程	将学生分组，并委以角色，从旁提供及时的建议	根据自己的角色收集资料，并与同伴展开合作和对话	协作，会话
资源	提供一份本课题的网址链接清单	根据提供的清单快速查找资料	避免学生盲目地"冲浪"
结论	提供机会给学生总结经验，并概括和拓展所学知识	根据收集的资料进行角色扮演，完成意义建构	意义构建
评估	制定一套标准的评估标准	根据评估结果自我检查，总结经验	总结反馈，为下一个活动提供经验

❶ 刘知新. 化学教学论[M]. 3 版. 北京：高等教育出版社，2006.

❷ 郑长龙. 化学课程与教学论[M]. 长春：东北师范大学出版社，2005.

（3）WebQuest 的教学特点

①　给予学生相对充分的自由,同时限制他们在指定的空间,要求学生充分利用他们的学习时间,应用网络工具完成赋予的任务,以求提高他们的学习效率。

②　培养合作意识和团队精神。单个学习者先在远程教育系统或者网络资料库的帮助下独立完成任务,而后大多数的 WebQuest 要求学习者协同工作,共同解决问题,进行团队合作。

③　在教师设计的 WebQuest 特定情境中,通过角色扮演的方式来刺激学生的学习动机,要求学生扮演的各个角色通过网络来完成他们的合作。

④　书本知识的拓广,用 WebQuest 进行的学习,实质上是一种任务驱动式的学习方式。在完成任务的过程当中,要求学生分析利用各种网络资源,通过独立的或者协作的方式提出任务的解决方案,并将方案加以实施。在这个过程当中,学生会对问题有一个超

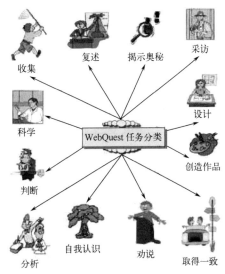

图 12-5　WebQuest 结构图

越教材的比较宽泛、全面的了解;通过对各种资源的比较和提炼,学生会对问题有更加深刻的认识,形成概念;通过实施解决方案,学生将理论付诸实践,并进一步从实践中修补他们对于问题认识的缺陷和不足。

⑤　各学科知识的综合、理解与运用。教师们在制定 WebQuest 的时候,往往希望学生能够超越课本和教室的范围,开拓更广阔的学习视野,获得更深刻的认识。因此 WebQuest 通常覆盖了多个学科,在解决问题的过程中要求学生自主地创造各个学科的有机结合,并将理论与实践联系起来,运用各种技能完成任务。

⑥　能够最大限度地激发学生和老师的兴趣及想象力。在网络虚拟社会中,在各种资源的支持和启发下,针对亟待解决的任务,学生可以充分发挥自己的想象力,提出各式各样的解决方案,而不会受到课本或是课堂的约束。对于教师而言,在设计 WebQuest 的时候,相对于设计课堂教学有了更大的自由度;可以采用与课本完全不同的材料,使学生通过一种完全不同的知识构造的方法或顺序,来达到与课堂教学相同的教学目标,同时获得更好的教学效果。

⑦　WebQuest 是虚拟与现实的结合。WebQuest 的基础是 Internet 的虚拟世界,而 WebQuest 的问题却是现实世界的问题。因此,一方面 WebQuest 要求学生超越对现实世界的认识,在虚拟世界中分析和批判各种资料,寻求问题的解决方案;另一方面,WebQuest 的问题又是直接来源于现实世界的问题,它的解决方案当然也必须是现实的,而不是空洞的、不切实际的。

12.4.3　专题网站学习模式

（1）专题网站学习模式的含义

"专题学习网站"即在网络环境下,围绕某一专题进行深入研究的资源学习网站,以培养学生的创新能力和实践能力,培养学生在信息时代收集信息、分析信息、处理信息和利用信息解决实际问题的能力,提高学生的综合素质。专题学习网站强调的是深入研究和提供某专题全面的资源。其构成如表 12-5 所示。

（2）专题网站学习模式的结构与操作流程

图 12-6 展示的是谢幼如、余红、尹睿教学团队所研发的基于专题网站的开发性学习模式的结构图❶。

❶ 谢幼如, 余红, 尹睿. 基于专题网站的开发性学习模式的行动研究[J]. 电化教育研究, 2004 (11): 5.

表 12-5　专题学习网站的组成模块

结构组成	包含部分
网络资源库	经结构化组织的课本文本，图形；模拟实验演示课件；虚拟实验室；相关背景资料或互联网链接；拓展性学习资源；情感态度教育模块
网上交流平台	BBS，留言板
使用介绍模块	网站的框架介绍，使用方法，支持软件下载
自我评测平台	相关的思考问题，检测型练习，巩固型练习，拓展模块

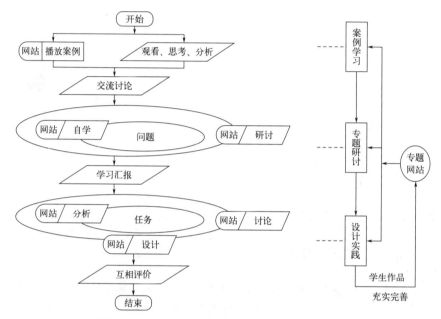

图 12-6　基于专题网站的开发性学习模式结构图

操作流程见表 12-6～表 12-8。

该模式的优点是打破时空限制，能进行远距离学习。大容量的资源能引导学生对某个专题进行广泛、深入的研究。在进行自主探索过程中遇到问题能及时在论坛里发表并展开讨论，发挥协作互助精神。不足之处在于，由于展开问题讨论时专业图形或符号较多，至今还没有一个软件能胜任实时表达这项工作，所以使实时交流存在瓶颈。

表 12-6　案例学习环节

呈现案例	教师根据教学目标与教学内容提供教学案例
示范讲解	教师围绕一个典型案例，引导学生观察，并详细讲解，然后教师围绕案例提出思考问题，引发学生思考
观察思考	学生利用专题网站提供的案例进行观摩、思考、分析
交流讨论	学生可以以同伴的形式交流学习心得与体会

表 12-7　专题研讨环节

提出问题	教师根据教学内容，精心设计问题，并发布到专题网站的"专题研讨"模块
自主学习	学生围绕自己感兴趣的问题，从专题网站中收集相关的资源进行学习
协商研讨	学生以小组的形式利用专题网站提供的交流工具讨论问题
指导监控	教师参与学生的讨论过程，及时发现问题，并给予指点引导

表 12-8　设计实践环节

布置任务	教师根据教学目标与教学内容，设计实践任务与要求，并提供实用性强的实践工具便于学生操作实践
分析讨论	学生参考专题网站提供的大量教学设计案例，进行观摩学习，并以小组的形式分析、讨论如何完成任务
设计作品	学生以小组的形式，利用专题网站提供的设计工具完成实践任务，并将设计作品上传至专题网站
评价反馈	教师展示专题网站中学生的设计作品，组织指导学生对作品进行评价

练习与应用

一、单选题

下列说法错误的是（　　　）。

A. 手持技术数字化实验具有便携、实时、准确、综合、直观的特点

B. 培训中，执教者以演示实验方式向师范生展示手持技术实验的具体操作步骤

C. 手持技术在未来化学教学过程中具有可操作性和可应用性

D. 师范生不可以动手使用手持技术仪器进行实验

二、填空题

1. 信息载体的＿＿＿＿＿＿、集成性和＿＿＿＿＿＿是多媒体技术的核心特征。

2. 以学生学习为中心的网络课堂教学模式的教学流程为：创设情景→提出课题→＿＿＿＿＿＿→网上协作→课题小结→＿＿＿＿＿＿→课题延伸。

三、判断题

1. 信息技术与学科课程整合的三个基本属性营造信息化教学环境、实现新型教与学方式、变革传统的课堂教学结构，是平行、并列的关系。（　　　）

2. 处理好多媒体与常规教学媒体的关系，凡是用常规教学媒体如教师语言、挂图、模型、实验等就能解决的，不一定非要用多媒体课件模拟或展示。（　　　）

3. 以学生为中心的网络课堂教学模式，教材不是学生唯一的学习内容，在自主学习中，学生从其他途径（例如图书馆、资料室及网络）来获取大量的知识。（　　　）

4. WebQuest 教学模式一般包括绪论（introduction）、任务（task）、过程（process）、资源（resources）、评估（evaluation）、结论（conclusion）六个关键部分，六个部分必须严格按步骤依次进行。（　　　）

四、简答题

1. WebQuest 教学模式的构成部分是什么？

2. 充分发挥创造性，尝试为原电池这一课题制作 45 分钟的多媒体教学课件，同学相互赏析点评。

3. 尝试采用 WebQuest 教学模式进行教学设计。

4. 当前在互联网上有许多化学教学项目，你认为哪一种效果最好？你希望互联网上的化学教学是什么样的？应该如何实现？

5. 常见的化学绘图软件有哪些？在网上下载并安装这些软件，比较它们的特点与功能。

参考文献

[1] 陈光旭. 中国教育的发展：中国化学五十年[M]. 北京：科学出版社，1985.

[2] 吴俊明. 化学教学论[M]. 西安：陕西师范大学出版社，2003.

[3] 解守宗. 中学化学教学与实践研究[M]. 北京：高等教育出版社，2003.

[4] 刘知新. 化学教学系统论[M]. 南宁：广西教育出版社，1996.

[5] 王后雄. 新理念化学教学论[M]. 北京：北京大学出版社，2015.

[6] 胡志刚. 化学课程与教学论[M]. 北京：科学教育出版社，2018.

[7] 刘知新. 化学教学论[M]. 5 版. 北京：高等教育出版社，2018.

[8] 王后雄. 新理念化学教学论[M]. 2 版. 北京：北京大学出版社，2015.

[9] 胡志刚. 化学课程与教学论[M]. 北京：科学出版社，2018.

[10] 郑长龙. 化学课程与教学论[M]. 2 版. 长春：东北师范大学出版社，2018.

[11] 中华人民共和国教育部. 普通高中化学课程标准（实验稿）[M]. 北京：人民教育出版社，2003.

[12] 中华人民共和国教育部. 普通高中化学课程标准（2017 年版）[M]. 北京：人民教育出版社，2018.

[13] 中华人民共和国教育部. 义务教育化学课程标准（2011 年版）[M]. 北京：人民教育出版社，2012.

[14] 中华人民共和国教育部. 义务教育化学课程标准（2022 年版）[M]. 北京：人民教育出版社，2022.

[15] 钟启泉，崔允漷，张华. 为了中华民族的复兴，为了每位学生的发展[M]. 上海：华东师范大学出版社，2001.

[16] 王后雄. 中学化学课程标准与教材分析[M]. 北京：科学出版社，2012.

[17] 王后雄. 新理念化学教学技能训练[M]. 2 版. 北京：北京大学出版社，2014.

[18] 姜建文. 化学教学论与案例[M]. 北京：化学工业出版社，2021.

[19] 范杰. 中学化学教学法与实验研究[M]. 2 版. 北京：高等教育出版社，1995.

[20] 高剑南. 化学教育展望[M]. 上海：华东师范大学出版社，2001.

[21] 刘克文. 试论当前中学化学课程改革与发展的主要趋势[J]. 课程. 教材. 教法，2003（5）：67-70.

[22] 王磊. 初中化学新课程的教学设计与实践[M]. 北京：高等教育出版社，2003.

[23] 中华人民共和国教育部. 全日制义务教育化学课程标准（实验稿）[M]. 北京：北京师范大学出版社，2022.

[24] 杨九俊，吴永军. 学习方式的变革[M]. 南京：江苏教育出版社，2006.

[25] 乌尔里希·伯泽尔. 有效学习[M]. 张海龙，郭霞校，译. 北京：中信出版社，2018.

[26] 王道俊，郭文安. 教育学[M]. 北京：人民教育出版社，2016.

[27] 唐纳·威尔逊，马库斯·科尼尔斯. 元认知学习[M]. 盛群力，滕梅芳，沈宁，译. 杭州：浙江教育出版社，2022.

[28] 童文昭，邹国华，杨季冬. 基于标准的化学核心素养的教学理解[J]. 中小学教师培训，2020（1）：66-69.

[29] 陈诚. 回归概念教学的本真——以"物质的量"教学为例[J]. 福建基础教育研究，2016（5）：72-74.

[30] 林正雄. 中学化学新课程教学设计[M]. 北京：科学出版社，2014.

[31] 姜建文，王丽珊. 基于核心素养的化学教学目标设计策略[J]. 化学教育，2020，41（5）：37-44.

[32] 裴娣娜. 教学论[M]. 北京：教育科学出版社，2007.

[33] 吴小鸥. 教学场论[M]. 长沙：湖南师范大学出版社，2007.

[34] 王宇薇. 国内外教学理念陈述研究述评[J]. 教育探索，2022（4）：89-93.

[35] Sankey L，Foster D. A content analysis of teaching philosophy statements of award winning colleges of agriculture professors [J]. Journal of Agricultural Education，2012（4）：124-140.

[36] 邵朝友. 指向核心素养的逆向课程设计[M]. 上海：华东师范大学出版社，2018.

[37] 李婷. 学生分析：意义、内容及策略[J]. 考试周刊，2017（8）：82.

[38] 何晓云，王锋. 基于"前诊"的初中化学教学实践——以《燃烧与灭火》为例[J]. 中小学教学研究，2020（2）：59-63，96.

[39] 朱妍蓉. 以问题为中心的高中化学教学设计研究[D]. 杭州：浙江师范大学，2008.

[40] 张飘. 基于化学学科核心素养的元素化合物知识教学设计[J]. 教育科学论坛, 2019（8）: 56-58.

[41] 张仁波. 教学情境的应用视角与评析——《燃烧与灭火》的教学启示[J]. 福建基础教育研究, 2021（7）: 132-134.

[42] 高兆芬. 高师学生中学化学教材分析能力培养策略的探讨[J]. 上饶师范学院学报, 2017, 37（6）: 70-76.

[43] 王海燕. 中学化学课程标准与教材分析方法研究[J]. 内蒙古师范大学学报（教育科学版）, 2018, 31（5）: 120-124.

[44] 付佳雨. 高中化学教学内容结构化的实践研究[D]. 牡丹江: 牡丹江师范学院, 2022.

[45] 湛垦华, 沈晓峰. 普里高津和耗散结构理论[M]. 西安: 陕西科技出版社, 1982.

[46] 郑爱芳. 基于"教、学、评一致性"的高中化学课堂教学评价模型构建与应用——以"甲烷"教学为例[J]. 化学教学, 2021（2）: 29.

[47] 白建娥, 张观成. "金属与酸和水的反应"教学设计及课堂实录[J]. 化学教育, 2012（11）: 35.

[48] 黄咏梅. 核心素养导向的中学化学教学设计[M]. 重庆: 西南大学出版社, 2020.

[49] 王信忠. 说课的误区[J]. 数学通讯, 2005（9）: 6-8.

[50] 王俊祺. 化学学科核心素养导向的课堂实录[J]. 化学教育, 2020, 41（3）: 33.

[51] 杨九俊. 新课程说课、听课与评课[M]. 北京: 教育科学出版社, 2004.

[52] 雷万秀. 初中化学探究式教学的实施现状与改进策略研究[D]. 重庆: 重庆师范大学, 2016.

[53] 李秀伟, 韩吟. 探究教学[M]. 青岛: 青岛出版社, 2006.

[54] 苗深花, 肖立泽. 探究性化学实验的设计[J]. 化学教学, 2003（10）: 20-21.

[55] 王磊, 李慧珍, 徐萍. 初中化学新课程倡导的探究式教学与多样化评价策略的实施研究[J]. 化学教育, 2004（11）: 14-18.

[56] 刘知新. 化学教学论[M]. 3版. 北京: 高等教育出版社, 2004.

[57] 丁邦平. 探究式科学教学: 类型与特征[J]. 教育研究, 2010, 31（10）: 81-85.

[58] 胡南. 高中化学探究式教学的研究与实践[D]. 沈阳: 辽宁师范大学, 2017.

[59] 聂志成. 研究性学习的本质、原则及其影响因素[J]. 中国教育学刊, 2003（3）: 4.

[60] 任宁生, 邓小丽. 科学论证取向的原子结构教学设计[J]. 化学教育, 2017（17）: 16-21.

[61] 郑长龙. 中学化学课程与教学改革[M]. 长春: 东北师范大学出版社, 2001: 155.

[62] 马建峰. 化学实验教学论[M]. 北京: 科学出版社, 2008.

[63] 李广洲. 化学教学论实验[M]. 北京: 科学出版社, 2006.

[64] 郑长龙. 化学实验教学论[M]. 北京: 高等教育出版社, 2002.

[65] 任红艳. 化学教学论实验[M]. 北京: 科学出版社, 2015.

[66] 郑长龙. 化学实验及其教学改革——化学实验改革的新特点[J]. 中学化学教学参考, 2001（11）: 3.

[67] 刘知新. 对"化学实验教学改革"的思考[J]. 化学教育, 1991, 12（3）: 22-26.

[68] 师素方. 推广微型化学实验 深化中学教学改革——对武汉市高中微型化学实验实施现状的调查及其思考[D]. 武汉: 华中师范大学, 2005.

[69] 宋心琦. 有关化学实验改革的想法与建议[J]. 化学教育, 2001, 22（3）: 3.

[70] 姜建文, 杨宇航, 管华. "化学教育测量与评价"的项目式教学——命制一道高考化学试题[J]. 化学教育（中英文）, 2022, 43（18）: 98-106.

[71] 黄光扬. 教育测量与评价[M]. 上海: 华东师范大学出版社, 2012.

[72] 胡志刚. 化学课程与教学论[M]. 北京: 科学出版社, 2014.

[73] 张龙军. 《数学教育测量与评价》课程教学做一体化实践研究[J]. 数学学习与研究, 2016（7）: 6-7.

[74] 茅海磊, 王东. 关于"化学课堂生成性资源的利用"的叙事研究报告[J]. 化学教与学, 2016（6）: 69-70.

[75] 林玉体. 美国教育思想史[M]. 北京: 九州出版社, 2006.

[76] 王宣赫, 谢庆宾, 岳大力, 等. 基于高等学校教师专业发展的教学团队建设[J]. 吉林省教育学院学报（上旬）, 2015, 31（6）: 42-43.

[77] 王鸣. 当前我国高校教师职业发展的现状和对策[J]. 南方论坛, 2009（8）: 68-70.

[78] 胡志刚. 化学课程与教学论[M]. 北京: 科学出版社, 2014: 155-156.

[79] 洪早清. 中小学教师资格考试面试大纲解析与应试技巧[M]. 北京: 高等教育出版社, 2012.

[80] 余仁胜. 完善我国教师资格考试制度的构想[J]. 中国考试，2005（7）：22-24.

[81] 王后雄，王世存. 国家教师资格考试——教师教育发展的里程碑[J]. 中国考试，2013（9）：22-25.

[82] 顾敦沂. 教育实习指导书[M]. 北京：人民教育出版社，2008.

[83] 朱慕菊. 走进新课程——与课程实施者对话[M]. 北京：北京师范大学出版社，2002.

[84] 朱新春. 教学工作技能训练[M]. 北京：人民教育出版社，2001.

[85] 王鹰. 班主任工作技能训练[M]. 北京：人民教育出版社，2001.

[86] 何克抗. 信息技术与课程深层次整合的理论与方法[J]. 电化教育研究，2005（1）：7-15.

[87] 何克抗. 信息技术与课程整合的目标与意义[J]. 教育研究，2002（4）：39-43.

[88] 陆真. 信息技术与化学课程整合的研究[D]. 南京：南京师范大学，2007.

[89] 钱扬义，王祖浩，陈建斌，等. 信息技术与化学课程整合研究[J]. 课程. 教材. 教法，2004（7）：5.

[90] 周佳甜，梁学正. 多媒体技术在化学实验教学中应用[J]. 化学教与学，2012（12）：89-90.

[91] 宝秋兰，刘子忠. 基于化学史与多媒体技术整合的氯气教学设计[J]. 化学教育，2015，36（11）：4.

[92] 施俊芳. 基于手持技术的高中化学实验改进——以"碳酸钠，碳酸氢钠与盐酸的反应"为例[J]. 亚太教育，2020（14）：2.

[93] 高妙添. 基于"四重表征"与"手持技术"教学模式的实践研究——以"盐酸滴定碳酸氢钠和碳酸钠的 pH 变化"为例[J]. 化学教育，2013，34（6）：4.

[94] 俞真蓉，田涛，李峰伟. "手持技术"与化学教学整合的文献统计分析[J]. 化学教育，2017，38（9）：8.

[95] 谢幼如，余红，尹睿. 基于专题网站的开发性学习模式的行动研究[J]. 电化教育研究，2004（11）：5.

[96] 郑长龙. 化学课程与教学论[M]. 长春：东北师范大学出版社，2005.